식탁 위의 한국사

■ 일러두기

· 이 책의 인용문은 원문을 그대로 옮기되 일부는 가독성을 위해 국립국어원 표기법에 따라 맞춤법을 고쳐 옮겼다.
· 인용문에서 인용자의 주석은 대괄호([ ])로 표기했다.
· 1895년까지는 음력 날짜를 기준으로 했으며 1986년 이후의 연월일은 모두 양력으로 환산해 표기했다.
· 사진 출처 및 제공은 다음과 같다.
  국립민속박물관 '손진태 사진 아카이브', 국립중앙박물관, 궁중음식연구원, 규슈국립박물관, 백성현, 베이징고궁박물원, 연합뉴스 헬로포토, 《일본지리대계12 조선편》, 《일본지리풍속대계 16 조선편 상》, 《일본지리풍속대계17 조선편 하》, 《조선주조사》, 주영하, 한국학중앙연구원 장서각, 하현희

식탁 위의 한국사

메뉴로 본 20세기 한국 음식문화사

주영하 지음

Humanist

책을 펴내며

음식인문학자가 차린
식탁 위의 20세기 한국사

하루에도 네댓 번씩 전화를 받는다. 방송 작가라고 하면서 우리나라 사람들이 삼계탕을 언제부터 먹었는지, 신선로에 대한 역사문헌은 무엇인지, 심지어 비빔밥의 원형은 무엇인지 등등. 전화를 받을 때마다 참 난감하다. 이들은 왜 이렇게 한국 음식의 '전통'과 '원형'을 찾는 데 몰두할까? 아마도 일반 시청자의 관심을 끌기에 좋은 아이템이어서 그런 것은 아닐까? 그러나 나는 한국 음식의 '순수하고 위대한' 역사에는 별 관심이 없다. 그보다는 한반도에 살았던 사람들이 어떻게 먹고 살았기에 오늘날의 한국인이 이렇게 먹고 마시는지에 관심이 더 많다.

음식의 역사를 살피는 작업은 결코 쉽지 않은 일이다. 요즘 우리가 먹는 배추가 100여 년 전의 요리책에 나오는 배추와 같다고 누가 단언할 수 있겠는가? 옛 문헌에 나오는 '배추'와 오늘날의 배추가 같은 것이라 생각하고 조선시대 배추김치를 복원할 수 있을까? 만약 비숫하게 복원했더라도 당시 사람들의 생각까지 이 음식에 담을 수 있을까? 음식의 역사를 다루면서 어떤 문헌에 이러이러한 내용이 나온다는 식으로 단순 나열만 한다면 그것은 역사가 아니다. 당시 사람들이 왜 그러한 음식을 만들어 먹을 수밖에 없었는지를 밝혀야만 그 음식의 역사에 다가갈 수 있다. 음식의 역사는 결코 에피소드 모둠이 아니다. 그 속에는 경제와 정치와 사회가 있다.

나는《음식인문학: 음식으로 본 한국의 역사와 문화》(2011)에서 한국 음식의 근대성은 외식이 이루어지는 상업적 음식점에서 찾아야 한다고 주장했다. '근대적 외식업'이란 손님을 맞이하기 위해 정해진 메뉴를 판매하는 전문 음식점을 가리킨다. 전근대 시기에 아는 사람 집에 가서 밥 한 끼 얻어먹던 식객(食客)과 근대 외식업의 고객(顧客)은 확연히 다르다. 둘 다 끼니를 해결하려는 목적을 지니고 있지만, 고객은 식객과 달리 식당의 메뉴와 음식 값을 보고 자신이 선택해 식사를 한다. 그러니 근대 외식업의 '외식'은 식객의 외식이 아니라 돈을 내는 고객의 외식이다. 조선 후기에도 이런 음식점이 없지는 않았지만, 당시 음식점을 근대적이라 할 수는 없다.

서유럽에서 탄생한 '근대성'은 과학주의와 합리성, 그리고 전문화를 바탕으로 이루어진 새로운 시대정신이었다. 그렇기에 '근대적인 외식업'이라 하면 정해진 메뉴에 표준화된 조리 기술과 일정한 서빙 방식을 갖추고 있어야 한다. 이러한 근대적 외식업이 바로 지난 100년 사이에 한국 사회에서 탄생했고, 주류가 되었다. 나는《음식인문학》에서 이 시기의 한국 음식 역사에 관한 이론적 시각을 제시했다. 하지만 책의 성격상 지난 100년 사이에 전개된 한국 음식의 여러 면모를 민낯 그대로 드러내지는 못했다. 그래서 준비한 것이 바로 이 책

《식탁 위의 한국사: 메뉴로 본 20세기 한국 음식문화사》이다.

이 책은 크게 일곱 부분으로 구성되어 있다. 본문에 앞서 프롤로그에서는 20세기 100년의 음식사를 어떻게 시대구분할 것인가에 대해 논의한다. 본문은 모두 다섯 개의 부로 구성했는데, 1부에서는 개항기 외래 음식의 유입에 관해 다룬다. 서양 음식, 중국 음식, 일본 음식이 본격적으로 우리나라에 들어오게 된 역사적 배경에는 정치적 사건이 개입되어 있지만, 외래 음식이 확산하는 데에는 한반도에 이주한 외국인의 영향이 컸다. 그다음은 음식점을 업종별로 나누어 가장 오래된 음식점인 국밥집(2부), 20세기 초반에 근대적 도시에서 유행한 조선요리옥(3부), 그리고 해방 이후 주당들에게 큰 인기를 얻은 대폿집(4부)과 이곳의 대표 메뉴에 대해 다루었다. 여기에서 대표 메뉴는 당시에 인기가 많았던 음식들로 오늘날에도 많이 소비되고 있다. 비록 이 대표 메뉴에 들어가지는 못했지만, 당시 음식점 사정을 이해하는 음식과 사건은 각 부에서 특집으로 다루었다. 5부는 해방 이후 한국 음식점과 식품산업의 전개 과정을 살폈다. 비록 식민지 경험과 세계 체제로의 편입 과정에서 생겨난 결과이지만, 오늘날 한국의 음식점과 식품산업은 1960~70년대 개발독재시대에 이루어진 '한국적인 것'의 부각과 농수산물과 식품의 대량 생산 체제, 그리고 수입을 통한 식량 안정 정책에 그 기반을 두고 있다. 마지막 에필로그에서는 한 상에 모든 음식을 배열하는 한국 음식점의 '공간전개형' 식사에 대한 오해를 다룬다. 이런 오해는 특정 음식의 역사에서도 마찬가지로 나타난다. 이 책에서는 한국 음식에 대한 시중의 수많은 문헌적 오독을 문제 삼았다.

오래된 음식의 지속과 새로운 음식의 개입, 그리고 혼종 과정은 바로 오늘날 한국 음식이 직면하고 있는 현실이다. 20세기 한국 음식은 식민주의, 전통주의, 민족주의, 국가주의, 세계 체제, 세계화 담론이 혼종된 결과라고 본다. 이것은 결코 부정적이지 않다. 한반도에서 음식을 비롯한 문화의 흐름이 모두 혼종 과정이기 때문이다. 나는 이 책을 쓰면서 20세기 100년을 관통하는 한국의 음식점과 메뉴, 그리고 식품산업의 사회·문화적 특징을 정리할 수 있었고, 이와 더불어 20세기 한국 사회에서 일어난 음식점과 메뉴의 혼종이 새로운 패러다임을 이끄는 동력이 될 수 있다는 사실을 발견했다.

음식의 역사는 거시적인 관점에서 접근하면 사소한 것처럼 보일 수도 있다. 하지만 음식의 역사만큼 거시사와 미시사를 아우르는 것도 없다. 사람은 잘났건 못났건 누구나 먹어야 살고, 먹기 위해 경제활동은 물론이고 사회활동도 정치활동도 하기 때문이다. 그러니 한 개인이나 사회가 무엇을 어떻게 먹고 살아왔는지를 알면 그 사회의 역사가 보인다. 특히 20세기 세계 체제에 편입된 대한제국의 '한국'과 식민지 시기, 그리고 대한민국의 '한국'이 겪은 음식의 역사는 거시사와 미시사의 절묘한 조합이다.

이 책을 펴내기까지 많은 분의 도움을 받았다. 먼저 음식사 연구에 매진한 선배 학자들의 가르침은 큰 도움이 되었다. 아울러 역사 문헌 자료를 디지털화해 인터넷으로 쉽게 검색하고 원문을 볼 수 있게 해준 이름 모를 작업자들에게 무한한 고마움을 전한다. 많은 원문 자료를 다듬고 원고를 편집한 휴머니스트 출판사 일꾼들에게도 감사의 말을 전한다.

마지막으로 감사할 분들이 있다. 몸소 낳으시고 맛있는 음식을 먹도록 길러주신 나의 어머니다. 어머니는 내 입맛이 모든 것을 경험할 수 있도록 해주셨다. 특히 음식에 대한 정보가 혼란스러울 때마다 훌륭한 정보제공자이면서 조언자이셨다. 더하여 나의 아버지는 한반도 남쪽에서 교육공무원으로 살아오면서 경험했던 음식 이야기를 생생하게 알려주셨다. 남한의 남단 항구도시 마산 출신인 내가 북한 음식에 익숙해지는 데는 장인의 덕이 컸다. 함경북도 제일 북쪽의 '서수라'가 고향인 장인은 함경도 음식의 진수를 몸으로 알려주셨다. 이남이 고향인 장모는 혼인 이후 서울 중구에서 살아오면서 겪었던 서울 사람들의 음식 이야기를 전해주셨다. 그래서 이 책을 나의 어머니(신찬곤, 1932년생)와 아버지(주봉회, 1932년생), 그리고 장인(김창모, 1933년생)과 장모(홍옥희, 1934년생)께 바친다.

역사학은 증명이 아니라 해석을 하는 학문이다. 20세기 식탁 위에 펼쳐진 한국사를 다룬 이 책 역시 증명을 목적에 두고 있지 않다. 그보다는 음식점과 메뉴를 통해 한국 근현대사의 또 다른 측면을 해석하고자 했다. 또한 가능한 한 원문 자료를 책의 본문에 드러내려고 노력했다. 나의 해석에 의지하지 않고도 독자들이 당시의 정황을 이해하고 나름의 해석을 시도할 수 있기를 기대한다. 지금부터 나는 색다른 요리사가 되어 식탁 위의 20세기 한국사를 풀어내려 한다. 그 자리로 독자 여러분을 초대하니, 여러 음식에 담긴 역사를 함께 즐겨주기 바란다.

2013년 가을을 기다리며
판교 두밀재(杜密齋)에서 저자 씀

차례

책을 펴내며 음식인문학자가 차린 식탁 위의 20세기 한국사 · 5
프롤로그 한국 음식의 역사를 어떻게 시대구분할 것인가 · 17

1부   개항기, 다양한 외래 음식이 들어오다

제물포의 다이부쓰호텔과 중화루   32
서양인, 서울에서 식사를 하다   36
정동 화부인 손탁과 손탁호텔   42
일본인의 이주와 식품공업의 유입   50

2부   국밥집

0   가장 오래된 외식업, 국밥집   59
    많이 드십시오!   60
    한 그릇의 끼니음식, 장국밥   65

1   서민의 한 끼, 설렁탕   74
    설렁탕의 유래   76
    서울의 명물이 되다   81
    제맛을 잃어버린 설렁탕   85

2   가을 식객을 사로잡은 추어탕   89
    추어탕집 풍경   90

　　　　추어탕 조리법　93
　　　　사시사철 먹으려니 양식 미꾸라지뿐　95

3　개장의 변이, 육개장　　　　　　　　　　　　　　　101
　　　　개장을 둘러싼 오래된 찬반양론　103
　　　　개장에서 육개장으로　107

4　육회비빔밥 탄생의 비밀　　　　　　　　　　　　　113
　　　　비빔밥의 본래 모습　114
　　　　육회비빔밥의 탄생　117
　　　　비빔밥의 양념으로 굳어진 고추장　121

5　면옥집의 대표 메뉴, 냉면과 만두　　　　　　　　125
　　　　냉면, 겨울음식에서 여름음식으로　126
　　　　냉면+아지노모도=미미　131
　　　　개성의 대표 음식, 편수　134
　　　　밀가루로 만드는 색다른 음식, 만두의 대중화　137

6　근대가 만들어낸 음식, 삼계탕　　　　　　　　　　142
　　　　늘어난 닭고기 소비와 닭요리　143
　　　　닭고기보다 인삼을 앞세운 삼계탕　148

●　김치, 조선배추에서 호배추로　　　　　　　　　　154
　　　　만반진수가 있더라도 김치가 없으면⋯　155
　　　　배추김치의 변천사　159

3부　조선요리옥

0　고급 음식점, 조선요리옥의 탄생　　　　　　　　　167
　　　　조선요리옥 원조 이야기　170
　　　　가자, 명월관으로!　175

1   신선로, 조선요리옥의 상징이 되다   181
     요릿집 상차림의 으뜸, 신선로   182
     신선로는 음식이 아닌 식기 이름   185
     뜨끈뜨끈 운치를 더하는 신선로 맛   190

2   구절판은 궁중음식이었을까   194
     흔치 않았던 식기, 구절판   195
     구절판의 핵심은 밀전병   199

3   한정식의 기본 요리, 탕평채   206
     영조의 탕평책에서 비롯된 음식?   207
     탕평채는 담백한 맛이 일미   209

4   전복초가 요리옥 식탁에 오르기까지   215
     궁중 잔치에서 명월관 식탁에 오른 전복초   217
     말린 전복에서 통조림 전복까지   221
     대량 채취로 씨가 마른 자연산 전복   225

5   쇠고기편육, 고급 요정의 최상급 메뉴   228
     양지머리편육·업진편육·제육편육·쇠머리편육   230
     정책적으로 유도된 돼지고기 요리의 유행   235

6   한국식 어회에서 일본식 사시미로   240
     어회와 사시미의 차이   241
     식민지 시기 생선회 조리법   249

7   약주, 정종에 밀려나다   258
     양반가에서 마시던 고급술, 약주   259
     한반도에 진출한 일본 청주, 정종   263
     더 이상 알아주는 이 없는 약주   268

8   명란이 후쿠오카로 간 사연   272
     겨울에 먹던 명란젓   273
     제국으로 건너간 명란   275

| 한·중·일 3국의 합작품, 당면잡채 | 280 |

　재래지나제 당면　281
　양조간장으로 간을 맞춘 당면잡채　285

| 요리옥 사람들, 기생과 보이 | 290 |

　조선요리옥의 꽃, 기생　292
　보이의 고역　294

4부　대폿집

0　고달픈 서민의 안식처, 대폿집　301
　대폿집에 앞서 유행했던 선술집　303
　선술집에서 대폿집으로　308

1　대폿집의 끼니술, 막걸리　315
　농민과 노동자의 술　316
　정부, 막걸리에 개입하다　325

2　술국 중의 으뜸, 전주 탁백이국　338
　전주의 명물, 탁백이국　340
　콩나물 푹신 삶아 소금 쳐 훌훌 마시면…　344
　사서 먹어야 제맛　348

3　갈비구이는 본래 대폿집 메뉴　350
　기름기가 송알송알, 고기는 연하고 맛도 좋아　351
　갈빗집 식당촌의 등장　354
　갈라진 소비층　357

4　좌판에서 시작한 저렴한 안주, 빈대떡　361
　빈자의 떡, 빈대떡　362
　빈대떡 사상　366

해방 이후 가장 발전한 음식　368

5　고급 음식에서 대폿집 메뉴가 된 돼지순대　373
　　소, 돼지, 개, 생선 등 여러 종류의 순대　374
　　값싼 당면돼지순대의 유행　381

6　복엇국이 시민권을 얻기까지　385
　　선비들이 목숨 걸고 먹었던 복어　386
　　일본인이 버린 복어 먹다 죽은 사연　390
　　복엇국, 드디어 시민권을 얻다　395

7　보양식에서 술꾼의 별미가 된 쏘가리매운탕　401
　　보양식, 궐어와 금린어　402
　　쏘가리지짐이에서 쏘가리매운탕으로　405
　　자연산에서 양식으로　408

🍲　식민지 시기 조선인 양조업자 장인영과 천일양조장　413

🍲　청어과메기와 꽁치과메기　420

5부　해방 이후, 음식의 혼종과 음식점의 글로벌화

0　음식점과 메뉴의 끊임없는 진화　431

1　한국 음식으로 자리 잡은 일본 음식　434
　　어묵의 본래 이름은 가마보코　434
　　일본 음식에서 비롯된 김밥　439

2　호황을 맞은 밀가루 음식점　450
　　식민지 시기에 출발한 근대적 제분업　450
　　빵 행상에서 프랜차이즈 빵집까지　453

짜장면, 대중음식이 되다　460
　　　한국식 짜장면의 탄생　466
　　　밀가루 무상공급과 혼분식장려운동　470
　　　밀가루 음식의 새로운 진화　473

3　**식품공업의 성장과 뒤안길**　　　　　　　　　　　　　　477
　　　공장제 간장의 변신　477
　　　희석식 소주의 전성시대　483
　　　대형 식품회사의 등장과 독과점　493

4　**한국 음식점의 맥도날드화**　　　　　　　　　　　　　　497
　　　호프집에서 '치맥'까지　497
　　　한국 음식점의 프랜차이즈화　505

에필로그 비판적 음식학, 한국 사회를 읽는 새로운 시선 · 516

본문의 주 · 526
찾아보기 · 556

프롤로그

한국 음식의 역사를 어떻게 시대구분할 것인가

　이 책은 '메뉴로 본 20세기 한국 음식문화사'이다. 시기별로 음식점과 그곳의 메뉴를 통해서 20세기 한국 음식의 역사를 가늠하도록 구성했다. 나는 독자들이 각각의 음식점과 메뉴의 역사를 읽기에 앞서 거시적인 20세기 한국 음식의 역사를 이해할 필요가 있다고 생각한다. 20세기 음식사의 거시적 구분은 역사학에서 주로 수행하는 시대구분에서 출발해야 한다. 보통 역사학에서는 정치·경제·제도의 변화를 시대구분의 기준으로 삼지만, 음식사에서는 그러한 기준에 따라 시대구분을 할 수 없다. 왜냐하면 사람들의 음식 관습은 정치·경제·제도의 변화에 따라 곧장 변하기도 하지만, 그렇지 않기도 하기 때문이다. 나는 음식사의 시대구분에서 다음과 같은 몇 가지 기준이 필요하다고 본다.

　첫째, 특정한 음식 재료가 광범위하게 유행한 시기를 고려해야 한다. 새로운 음식 재료가 특정 시기에 유입되었다고 해도, 그것이 정착되기까지는 어느 정도 시간이 걸린다. 고추의 유입[1]이 대표적인 사례이다. 고추는 임진왜란을 전후하여 한반도에 들어왔지만, 그로부터 거의 100여 년이 지나서야 한국 음식의 주요 양념으로 쓰이기 시작했다. 이런 탓에 한국 음식사에서 매운맛의 유행을 나누는 시대구분 시점을 고추가 유입된 임진왜란 전후인 16세기 말로 설정할 수 없다. 오히려 홍만선(洪萬選, 1643~1715)이 《산림경제(山林經濟)》를 집필한 18세기 초반을 매운맛이 유행한 시기로 보아야 한다. 이때부터 왜개자(倭芥子)·남만초(南蠻椒)·번초(蕃椒) 따위로 불리던 고추의 명칭이 그 이전부터 매운 향신료를 두루 일컬을 때 사용되던 고초(苦椒)라는 말로 대체되었다. 매운맛의 유행 시기를 이때로 잡아야 하는 이유는 근대 이후 밀가루 음식의 소비가 확산된 시점을 1950년대 말로 설정해야 하는 이유와도 비슷하다. 이미 식민지 시기부터 소련이나 중국에서 밀가루를 수입하고 제분소도 도시 곳곳에 자리 잡았지만, 밀가루 소비가 확산된 결정적인 시점은 1954년 미국 의회에서 PL-480호(Public Law-480, 통칭 잉여농산물처리법)가 통과되면서부터이다. 이때부터 미국의 잉여농산물이 무상으로 들어와 밀가루로 만든 음식이 한국 사회에서 일대 유행했다.

둘째, 특정 음식이 음식점의 메뉴가 되어 유행한 시기를 시대구분의 기준으로 삼아야 한다. 이 책의 본론에서도 다루지만, 비빔밥은 조선시대 이전부터 매우 일상적인 음식이었을 가능성이 크다. 하지만 비빔밥의 유행 시기는 적어도 이 음식이 음식점에서 전문적으로 판매되기 시작한 시점을 기준으로 삼아야 한다. 아무리 오래된 조리서에 조리법이 적혀 있다고 해도 그것으로 시대구분의 시점을 확정하기는 어렵다. 비빔밥은 1910년대 이후 육회비빔밥이란 모습으로 서울과 진주 등지에서 전문적으로 판매되기 시작했다[2]는 점에 주목해야 한다. 1910년대 서울을 비롯한 진주의 근대적 도시화와 우시장의 성장은 육회비빔밥의 메뉴화를 이끈 사회·문화적 동력이었다. 여기에서 가정식 비빔밥과 음식점 메뉴로서의 비빔밥을 구분하는 안목이 필요하다.

    셋째, 국가나 지역사회의 사회·문화적 변동 또한 음식사의 시대구분 기준이다. 가령 1990년을 전후하여 한국 사회는 도시화가 급격히 이루어지고, '아파트'라는 공동주택에서 거주하는 사람이 전체 인구의 반 이상을 넘어섰다. 이러한 변화 과정에서 많은 가정에서 입식(立式) 식탁을 갖추었다. 연령이 낮을수록 방이나 마루 바닥에 앉아서 식사하는 것보다 식탁 의자에 앉아서 식사하는 것을 선호했다. 가정에서 식사하는 모습이 바뀌긴 했지만 밥·국·반찬으로 이루어진 종래의 상차림은 유지되는 듯했다. 하지만 점차 넓은 입식 식탁에 여러 개의 반찬 그릇 대신 일품요리가 담긴 큰 접시가 놓이기 시작했다. 일품요리 위주로 상차림이 바뀌면서 밥의 양은 그전에 비해 눈에 띄게 줄어들었다. 아울러 경제가 성장하면서 주식으로 먹던 밥도 통일벼가 아닌 이른바 '일반미'로 지은 차진 밥을 먹게 되었다. 이 과정에서 숟가락은 주로 국물을 떠먹는 도구로 용도가 바뀌었고, 그 대신에 젓가락이 밥과 요리를 먹는 데 사용되기 시작했다. 아파트 거주가 보편화되고 식품산업이 성장하면서 곧장 김치의 상품화를 이끌듯 보였지만, 1990년대 김치냉장고가 개발되어 급속히 퍼지면서 여전히 가정에서 김장을 담가 먹는 일이 지속되고 있다. 이런 면에서 1990년 전후는 한국 음식사의 중요한 시대구분 시점이 된다.

    그렇다면 이러한 세 가지 기준을 가지고 지난 100년의 음식사를 시대구분하면 어떻게 될까? 20세기는 한국인뿐 아니라 세계의 많은 사람이 '포식의 시대'로 접어든 때이다. 그만큼 생산 기술도 진보하고, 먹을거리의 유통망도 세계화되었다. 식품산업도 진화를 거듭했다. 20세기 중반 이후 사람들의 집단적인 이동과 이주가 활발해지면서 과거 유럽인이 아메리카 대륙에 도착하면서부터 시작된 '콜럼버스 교환(The Columbian Exchange)'[3]을 뛰어넘는 '전 지구적 교환(The Global Exchange)'이 본격화되었다. 시대구분은 세분할수록 기준 시점이 촘촘하고 복잡해질 수밖에 없다. 여기에서 그렇게 한다면 책을 몇 권으로 나누어 써도 지면이 부족할지 모른다. 그래서 나는 20세기 한국 음식사의 시대구분을 크게 다섯 시기로 나누어 설명하고자 한다.

첫 번째 시기는 1876년(고종 13) 조선과 일본 사이에 체결된 강화도조약(조일수호조규)을 계기로 서양인·중국인·일본인이 한반도에 대거 유입되기 시작한 1880년대에서 1900년대이다. 비록 한반도 전체에 영향을 미치지는 않았지만, 외국인의 유입으로 서양 음식·중국 음식·일본 음식이 한반도에서 유통되기 시작했다. 사람의 이동은 음식의 생산과 소비를 변화시키는 결정적인 사건이다. 외래 음식이 유행하면서 기존 조선 음식에도 일정한 변화와 적응이 수반되었다. 특히 조선에 이주한 일본인은 수도 많았을 뿐 아니라 조선 사회에서 독점적 지위를 행사하면서 음식의 소비 경향에도 큰 영향을 끼쳤다. 이때 자리 잡은 일본 음식이 오늘날까지도 한국 음식에 큰 영향을 미치고 있다. 일본 간장을 베이스로 하여 무, 가마보코(かまぼこ), 곤약, 삶은 계란 따위를 넣은 국물요리를 가리키는 오뎅(御田)이 해방 이후 어묵이 되었으며, 서양식에 일본식을 가미한 와요카시(和洋菓子)는 호두과자의 탄생에 영향을 미쳤다. 이와 함께 서양의 식품 제조 기술이 일본을 통해 한반도로 유입되었다. 통조림·제빙·포장 기술 따위가 들어

와서 조선인의 식재료 유통에 변화를 일으켰다. 한반도의 식탁에서 최초로 외국과의 전면적인 접촉이 일어난 때가 바로 이 시기이다.

두 번째 시기는 1900년대 이후부터 1940년대 초반으로, 이 시기에 한반도의 도시에 근대적 외식업이 정착했다. 1880년대 말 서울에 일본요리옥이 진출한 이래, 1900년 전후에는 서울 청계천 근처에 조선요리옥이 문을 열었다. 동시에 이 시기에 기존의 주막이나 선술집이 본격적인 근대 음식점으로 자리를 잡고 전문화되었다. 이러한 과정에서 수많은 조선 음식이 음식점의 메뉴로 변신하여 식탁에 올랐다. 이 시기에 놓칠 수 없는 특징은 조선총독부 농사시험장에서 음식재료의 특성화와 지역적 대량 생산 체계의 구축을 시도한 점이다. 가령 밀가루는 고려시대부터 고급 재료로 여겨졌는데, 식민지 시기 이후 외국에서 수입하고 제분업도 활성화되면서 그전에 비해 훨씬 쉽게 구입할 수 있게 되었다. 또한 부(府)와 군(郡), 그리고 읍면(邑面) 소재지를 중심으로 근대적인 행정·경제·교육 체제가 정비되면서 오늘날의 기준으로 말하면 시(市)와 읍면 소재지에 전문적인 음식점이 자리 잡게 되었다. 이런 면에서 근대적인 도시 외식업이 이 시기에 시작되었다고 볼 수 있다.

세 번째 시기는 한국전쟁이 발발한 1950년부터 1960년대 중반까지이다. 특히 이 시기에 주목해야 할 점은 한국전쟁으로 인해서 많은 사람들이 이동을 경험을 했다는 사실이다. 북한에서 무려 500만 명에 이르는 사람들이 남한으로 이주했다. 남한에 거주지를 둔 사람들도 다른 지역으로 피난해 생활했다. 이 과정에서 특정 지역의 음식이 다른 지역 사람들에게 전파되었다. 또 전쟁이란 극단적인 기근 상태에서 새로운 음식이 만들어지기도 했다. 전쟁 중 최악의 기근을 경험한 어머니들은 끼니때가 되면 자식들에게 되도록 식사를 많이 하도록 권했다. 전쟁이 끝나자 미국에서 무상원조로 들어온 밀가루가 지천에 깔렸다. 그로 인해 밀가루로 만든 음식들이 대단한 인기를 누렸다. 이 시기에 한국인들은 온갖 음식을 끼니로 만들어 먹을 수 있는 솜씨를 발휘했다. 더욱이 설탕이나 인스턴트 라면, 그리고 각종 공장제 조미료가 일반화되면서 사람들의 입맛을 바꾸어놓았다. 식민지 시기에 일부 계층만이 맛보았던 양조간장과 화학조미료는 1960년대 들어 전 국민이 이용할 수 있을 정도로 값이 싸졌다. 이후 한국인의 식탁에서 공장제 조미료를 넣은 음식이 일상화되었다. 1980년대에 외국어로 번역된 한국 요리책에는 화학조미료를 뜻하는 'MSG'를 꼭 넣어야 한다고 적혀 있기도 했다. 이 시기는 외국에서 들어온 먹을거리와 공장제 조미료가 전성기를 맞이하던 때였다.

네 번째 시기는 이농(離農)과 도시화가 본격화된 1960년대 말부터 1980년대까지다. 고향을 떠나 대도시로 이주한 사람들은 도시 주변부에 동향인들과 함께 집단을 이루어 새로운 거주지를 만들었다. 그들은 고향을 그리워하면서 집에서 고향음식을 만들어 나누어먹거나 동네 근처에 자리 잡은 고향음식점에서 향수를 달랬다. 서울을 비롯해 대도시의 번화가에는 지방의 지역음식을 판매하는 음식점이 골목마다 자리를 잡았다. 한편, 1970년대 중반부터 경제가 성장하고 전국적인 교통망이 구축되면서 지역 간 접촉도 빈번해졌다. 지방에서는 지역 고유의 이름을 붙인 음식점들이 외지인들로부터 인기를 얻었다. 이른바 '관광음식'이 이 시기에 본격적으로 등장했다. 그리고 이들 음식점 중 일부는 서울을 비롯한 대도시로 이동하여 성공을 거두었다. 전주비빔밥, 마산아구찜 등 전국의 유명한 지역음식이 대도시 사람들의 입맛을 돋우어주었다. 1970년대에는 일본의 식품산업을 모방하여 설립된 한국의 식품공장에서 새로운 식품이 생산되어 소비자를 유혹했다. 또한 육류 소비가 증가하여 국내산만으로는 충당할 수 없어 수입산을 불러들인 것도 이 무렵이다. 이후 한국인의 가정과 음식점에서는 결코 한국산 재료만으로 식탁을 차릴 수 없게 되었다. 이 시기부터 한국인의 식탁은 세계화된 식품산업 체제에 본격적으로 편입되었다.

다섯 번째 시기는 1990년대이다. 이 무렵 한국 사회는 도시화가 완성 단계에 이르렀을 뿐 아니라, 세계화 시대에 진입했다. 전국에 거의 비슷한 구조의 아파트가 들어섰으며, 도시민들은 아파트 숲에서 삶을 영위하게 되었다. 이제 한국인의 삶 자체가 그전 시대와는 완전히 달라졌다. 한국 음식도 겉모습은 예전과 큰 차이가 없는 듯했지만 실제 내용은 완전히 달라졌다. 아파트 상가를 중심으로 배달 음식업이 성장하고, 값싼 음식점이 우후죽순처럼 골목골목을 채워나갔다. 다국적 음식의 유행과 함께 한국 음식의 정체성에 대한 고민도 새롭게 제기되었다. 1988년 서울올림픽을 기점으로 해외 교류는 큰 폭으로 확대되었지만, 한국 음식에 대한 인식은 1990년대 중반 이후에야 본격적으로 이루어졌다. 이 무렵 한국 사회에서는 한국 음식의 우수성을 증명하기 위해 외국 음식과의 비교를 시도하면서 오히려 한국 음식에 대한 부정적인 타자화가 진행되기도 했다. 그런 가운데 '음식 민족주의'가 이 시대를 풍미했다. '한국인에게는 한국 음식이 가장 좋다'는 막연한 인식이 전 국민에게 퍼져나갔다. 1998년부터 전국의 모든 초등학교에서 실시된 집단급식에서 김치는 필수 반찬이 되었다. '음식 민족주의'가 아동들의 식탁에서 실천된 것이다.

이 시기에 빠트릴 수 없는 또 하나의 변화는 음식점에 프랜차이즈 영업 방식이 도입된 점이다. 미국의 사회학자 조지 리처(George Ritzer, 1940~)가 말했듯이 프랜차이즈 영업 방식은 다른 말로 '맥도날드화(McDonaldization)'이다. 그는 막스 베버(Max Weber, 1864~1920)의 합리성 이론에 입각해 효율성·계산 가능성·예측 가능성, 그리고 자동화를 통한 통제를 맥도날드화의 특성으로 꼽았다.[4] 대도시나 지방을 가리지 않고 조금이라도 이름난 음식점은 프랜차이즈 방식으로 전국화를 시도했다. 결국 골목 한 귀퉁이에서 제법 긴 역사를 지켜온 오래된 음식점은 점점 사라지고 전국 어디를 가도 찾을 수 있는 음식점이 도시의 아파트 단지를 중심으로 유니폼처럼 똑같은 간판을 달고 들어서게 되었다. 결국 한국 음식은 20세기 말에 와서 그 정체성을 어떻게 설명해야 할지 혼란에 빠지고 말았다. 별로 오래되지 않은 특정 음식에 가짜 역사를 만들어 붙이고, '먹자촌'이라는 조악하고 비문화적인 장소에서 몇 가지 음식이 밀물과 썰물처럼 휩쓸고 지나간 것도 바로 이 무렵이다.

나는 2011년에 출간한 《음식인문학》에서 '한국 음식의 역사·문화적 구조'를 그림으로 제시한 적이 있다. "쌀의 자급자족이 이루어진 1980년 이전에는 역삼각형 구조로 일상적인 식사가 소비되었다. 밥이 중심에 있으면서 먹는 양도 절대적으로 많았다. 밥은 오로지 쌀밥만을 먹는 것이 아니라 많은 양의 탄수화물을 섭취하기 위해 각종 잡곡이 들어갔다."[5] 이 점은 1980년대 이전 음식점의 주류가 끼니를 해결하는 밥집이었던 것과도 일맥상통한다. 1970년대만 해도 도시의 길거리에서 쉽게 찾을 수 있었던 '백반집'이란 음식점은 가정식 식사를 손님에게 제공했다. 상차림은 늘 밥과 국, 그리고 반찬으로 구성되었지

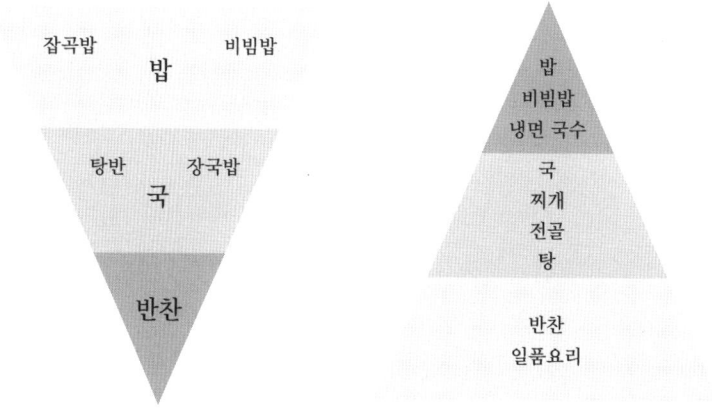

1970년대 이전 가정과 '밥집'의 상차림 구조   1980년대 이후 한국 음식점의 상차림 구조

만, 계절이나 형편에 따라 다른 재료로 요리한 밥·국·반찬을 내놓았다. 〈그림 1〉이 바로 1980년대 이전 외식업의 주류를 이루었던 밥집 혹은 백반집에서의 상차림 구조를 표현한 것이다.

1980년대 이후 쌀의 자급자족이 이루어지면서 상차림 구조는 〈그림 2〉와 같은 삼각형으로 바뀌었다. 밥의 양이 줄었으며, 밥과 함께 비슷한 비중을 차지하던 국도 찌개·전골·탕과 같이 독립된 일품요리로 대체되었다. 이와 함께 짠맛이 강한 반찬이 줄어들고 일품요리나 매운맛이 강한 반찬 위주로 음식점의 상차림이 바뀌었다. 이는 자극적인 맛으로 고객을 끌기 위한 마케팅 전략에서 비롯된 것이다. 그렇다고 이러한 역전이 1980년을 전후하여 바로 일어난 것은 아니었다. 근대적인 외식업이 시작된 1910년대부터 조금씩 변화되다가 1960년대에 들어와서야 〈그림 2〉와 같은 구조를 보이는 음식점이 증가하기 시작했다. 마침내 1990년대에 이르면 역삼각형에서 완전히 삼각형의 구조로 바뀌게 된다. 이 책의 본문에서 국밥집을 요리옥에 앞서서 다루는 이유 역시 밥 위주에서 요리 위주로 바뀐 20세기 한국 음식점의 역사를 보여주기 위함이다. 요리옥에 이어 대폿집을 배치한 이유는 밥집과 술집이 분리되지 않은 채 끼니가 되는 안주가 술집에서 팔렸기 때문이다. 1970년대 이후 도시화가 이루어지면서 대폿집의 안주는 독립된 전문 음식점에서 판매하는 메뉴로 개발되기도 했다.

이 책의 5부에서 다루고 있듯이 해방 이후 한국 음식과 음식점은 혼종 과정을 거쳤다. 식민지 시기를 거치면서 일본 음식이 한국 음식으로 자리 잡기도 하고, 서양의 식품공업 기술이 도입되어 새로운 음식이 만들어지기도 했다. 그 결과 새로 생긴 음식이나 혼종된 음식을 두고 자칫 오래전부터 한반도에서 먹어온 음식으로 오해하는 경우도 있다. 김밥, 당면잡채, 희석식 소주가 그에 해당된다. 특정한 음식의 역사를 살필 때 막연히 음식 이름에만 매달리면 오류를 범할 가능성이 크다. 그보다는 음식 본래의 속성과 변화 과정을 살펴야 음식의 역사를 제대로 파악할 수 있다. 잡채라는 이름에만 매달릴 것이 아니라, 당면이 들어간 잡채에 주목해야 한다. 통상 '소주'라고 부르는 술도 알고 보면 '희석식 소주'이다. 이 사실을 알아야지 소주의 역사를 제대로 파악할 수 있다.

나는 이 책에서 통상적으로 알고 있는 음식 메뉴들의 본래 모습과 진화 과정에 대해 설명하려고 한다. 하지만 그 진화 과정은 결코 음식 자체만으로 설명할 수 없으며, 단순히 음식을 만든 사람이 발명한 것이라고도 할 수 없다. 그것은 한국인들이 20세기를 한반도에서 살면서 경험한 세계와 관련이 있다. 어떤 음식에는 정치적 관계와 경제적 맥락이 깊이 개입되어 있으며, 우연히 발명된 음식에도 음식을 둘러싼 사회·문화적 조건이 내재되어 있다. 이런 면에서 음식의 역사에 접근하기 위해서는 비판적인 안목이 필요하다. 앞에서 밝힌 20세기 한국 음식사의 시대구분이 그 길라잡이 역할을 해줄 것이다.

1부

개항기, 다양한 외래 음식이 들어오다

처음으로 조선이 외국에 문호를 개방했을 때 유럽에서 온 영국인이나 프랑스인, 그리고 독일인은 어떤 음식을 어떻게 먹었을까? 1부에서는 제물포가 개항되면서 생겨난 최초의 호텔인 다이부쓰(大佛)호텔과 중국 음식의 유행을 이끈 중화루(中華樓) 이야기에서부터 시작해 서양인들이 서울에 와서 어떻게 식사를 했는지 살핀다. 서울에 세워졌던 손탁호텔과 그곳에서 팔던 커피는 개항기에 유입된 외래 음식과 문화를 대표하는 하나의 상징이었다. 또한 일본인들이 서울에 자리를 잡으면서 일본요리옥도 유행하기 시작했다. 그들은 식생활을 해결하기 위해 각종 소규모 식품공장을 설립하기도 했는데, 그중에 경룡두부회사가 있었다. 이와 함께 일본인들은 조선의 요업(窯業)을 주도하면서 이후 한국인의 밥상에서 식기의 모양까지 바꿔놓았다. 메뉴의 20세기사가 본격적으로 펼쳐지기 전, 프롤로그에서 제시한 시대구분의 첫 번째 시기가 바로 이 무렵이다.

제물포의 다이부쓰호텔과 중화루

강화도조약이 체결된 이후 일본인은 물론이고 서양인들이 합법적으로 한반도에 드나들기 시작하면서 조선의 지배층은 그들로부터 많은 영향을 받았다. 그 가운데 지배층의 음식 소비 경향에 상당한 변화가 일어났다. 1883년 7월 25일 한양 북촌에서 개최된 '조일통상장정 기념 연회'의 음식과 식기, 식탁과 의자, 그리고 좌석 배치는 이러한 변화를 함축적으로 보여준다.[1] 1883년 1월 조그만 포구에 지나지 않았던 제물포가 개항되면서 일어난 변화 역시 근대 100년의 음식사에서 중요한 사건이었다. 개항 이후 제물포에는 서양식 호텔이 최초로 자리를 잡았다.

"침대는 훌륭했으나, 요리에 대해서는 차마 여기에 기록할 수 없을 지경이었다. 후덕했고 이름이 널리 알려진 이 싸구려 호텔 주인은 유럽식 요리를 할 줄 안다는 것에 자부심을 갖고 있었다. 나는 나중에야 그의 자부심이 때때로는 근거가 있음을 알아차렸다. 한국(조선)에 사는 유럽인 상인이나 공무원들은 어쩌다 집을 비우게 되는 경우가 있는데, 그럴 때 그 집에서 일하는 하인들은 온갖 자유를 누리게 되는 법이다. 이때 유럽인 집에 고용된 요리사들—중국인이나 일본인들로 한결같이 유럽 요리 전문가들인—은 다이부쓰호텔에 임시로 고용되어 그 식당이 유럽 요리의 명소라는 명성을 얻는 데 일조하게 된다."[2]

이 글은 1892년 4월 초 조선에 온 프랑스 외교관 이폴리트 프랑뎅(Hippolyte Frandin, 1852~1924)이 쓴 《조선에서(En Corée)》의 한 대목이다. 중국 톈진(天津)에서 배를 타고 1892년 4월 6일 제물포에 도착한 그는 당시 인천에서 가장 고급 호텔이었던 다이부쓰호텔에서 하룻밤을 묵었다. 다이부쓰호텔 주인은 일본인 호리 히사타로(堀久太郎)[3]였다. 프랑뎅은 "나를 호텔로 안내해준 사람들은 일본인 다이부쓰 집안사람이었다"[4]라고 적었지만, 그것은 잘못된 기록이다. 다이부쓰 집안이 아니라, 호리가(堀家)라고 해야 옳다.[5]

이러한 사정은 1933년에 출판된 《인천부사(仁川府史)》에 비교적 상세하게 나온다.[6] 이 책에 의하면 다이부쓰호텔은 1889년에 건축되었다. 당시 조선에 오는 외국인들은 대부분 중국 톈진이나 상하이(上海) 혹은 일본 나가사키(長崎)에서 배를 타고 인천에 도착한 뒤 서울로 들어갔다. 하지만 배의 도착 시간에 따라 바로 서울로 들어가지 못하고 인천에서 하룻밤을 묵어야만 하는 경우도 있었다. 이런 일이 자주 생기자 선박업을 하던 호리 히사타로는 서양인을 고객으로 삼기 위해 양풍(洋風) 호텔을 제물포에 지었다. 이곳에서 제공된 음식 역시 서양 음식이었다. 배재학당을 세운 미국 감리교 목사 아펜젤러(Henry G. Appenzeller, 1858~1902)는 "여기에는 미국인이나 영국인이 운영하는 호텔은 없고, 일본인의 것만 하나 있다는 이야기를 들었다. 호텔의 방은 편안할 정도로 컸지만, 상당히 더웠다. 저녁식사를 위해 테이블에 모여 앉았다. 서양 음식이 마련되어 있었고, 입에도 잘 맞았다"[7]라고 했다.

1900년 경인철로가 개통되면서 인천은 서울로 들어가는 요충지로서의 지위를 점차 잃게 되었다. 배로 인천에 도착한 사람들은 기차 시간을 잘 맞출 경우, 인천에서 굳이 하룻밤을 묵지 않고도 곧장 서울로 갈 수 있었다. 철도 개통으로 인해 인천의 근대적 번영에 빨간불이 켜진 것이다. 게다가 1905년 서울과 부산을 잇는 경부철로가 개통되자, 이제 인천은 뒷전으로 물러날 수밖에 없는 처지가 되었다. 다이부

1920년대 인천의 중화루이다. 입구에는 영어로 쓴 간판을 걸고, 2층에는 한자로 쓴 간판을 내걸었다.

쓰호텔 역시 인천의 쇠퇴와 같은 길을 걸었다. 결국 호텔은 문을 닫고 건물을 임대하려 했으나 들어오는 상점조차 없다가 1918년 혹은 1919년 무렵 중국인에게 팔렸다고 한다. 이것이 바로 고급 중국 음식점 '중화루'의 시작이다.

　인천의 중화루는 서울에까지 소문이 나서 사람들이 찾아올 정도였다. 원래 다이부쓰호텔은 일본 조계에 속했지만, 길 건너편이 바로 청 조계였다. 일본의 한국 병합 이후 조계제도가 폐지되면서, 기존의 조계 영역도 불분명해졌다. 그런 까닭에 일본 조계 영역에 중화루라는 중국 음식점이 들어서게 된 것이다. 사진에서 보는 것처럼 1층 입구에는 영어로 'CHUNG HWALOO CHINESE RESTAURANT AND BAR'라고 쓴 긴 간판을 달고, 2층에는 금박으로 장식된 '中華樓'란 중국식 간판을 달았다. 건물 모서리 쪽에도 세로로 한자로 쓴 간판을 내걸었다. 《인천부사》에는 1920년대까지도 중화루의 방 한 칸에 다이부쓰호텔 시절 사용했던 피아노가 그대로 놓여 있어 옛날의 영광을 노래하고 있는 듯했다고 적혀 있다.[8]

식민지 시기 신의주에 도착한 중국인 노동자들이 식사하는 장면이다. 항구에 도착한 배 위에서 고량으로 지은 밥을 먹고 있다.

1892년 당시 청 조계는 일본식으로 '청국 거류지(淸國居留地)'라 불렸다. 거류 인원은 총 41가구에 521명이었다. 그 가운데 여성은 단지 23명에 불과했다. 이는 당시 인천에 거주한 중국인들이 오로지 남성 위주로 경제활동에만 목적이 있었음을 알려준다. 그들의 직업을 보아도 관리가 27명, 상인이 100명, 노동자가 371명, 그리고 농민이 22명이었다.9

남성이 다수를 이루는 인천의 중국인들은 집단생활을 하면서 식생활 문제는 그들 중 몇 사람이 음식점을 운영하여 해결했다. 곧 중국인을 상대로 한 식당이 중국인에 의해 생겨난 것이다. 식당은 주로 가정집 한 모퉁이나 상점 한쪽을 빌려 겨우 식탁만 서너 개 갖춘 정도였다. 여기서 주로 판매했던 음식 역시 지극히 간단한 것들이었다. 자오쯔(餃子)와 젠빙(煎餠) 등 빨리 먹을 수 있으면서도 끼니가 되는 음식으로, 그들의 고향인 중국 화북(華北) 지역 음식을 많이 팔았다. 자오쯔는 한국 사람들에게 만두(饅頭) 혹은 교자(餃子)로 알려진 음식이다. 젠빙은 한국에서 호떡이라 부르는 음식이다. 호떡은 '오랑캐(胡)가 먹는 떡(餠)'이라는 뜻으로, 청나라를 두고 북방의 오랑캐라고 여긴 조선 사람들이 붙인 이름이다.

이처럼 한반도에 중국인이 유입되면서 중국 음식점이 자리를 잡아가자 조선인도 점차 그 맛에 익숙해지기 시작했다. 중국 음식의 유행은 한국 음식에 상당한 영향을 끼쳤다. 특히 중국 화북 지역에서 20세기 중반 이후 쇠퇴하여 사라졌던 짜장면이 한반도에서는 1950년대 이후 대단한 인기를 누렸다. 심지어 1980년대 이후 드라마나 영화에서 한국인이 가장 맛있게 먹는 음식으로 꼽히기도 했다.

서양인, 서울에서 식사를 하다

조선 정부는 1882년 5월 22일 미국과 수호조약을 체결했으며, 같은 해 독일, 1884년에 러시아와 이탈리아, 그리고 1886년에 프랑스와 수호조약을 체결했다. 서양 각국과의 수호조약 체결과 공사관 설치 이후 서양인들의 왕래가 본격화되었다. 서울에 서양인들이 드나들면서 그들이 먹던 음식도 함께 들어왔다. 특히 1882년 6월 임오군란이 일어난 이후에는 중국인과 일본인을 볼 기회가 그전에 비해 훨씬 많아졌다. 임오군란을 진압하기 위해 청국 군대가 서울에 들어올 때 함께 왔던 상인들 중 일부가 그대로 남았고, 그해 11월 이후에 다시 일본인들이 돌아오기 시작했기 때문이다. 1883년 일본은 조선과 통상조약을 맺은 후 일본 공사관을 서울 남산 밑에 지었다. 당시 서울에 거주한 일본인은 100여 명쯤 되었는데, 1895년에는 가구 수 500호에 1,800명을 넘었다.[10]

서울에 체류하는 일본인과 중국인은 평소 즐겨 먹던 식재료를 조선에서도 어느 정도 구할 수 있었기 때문에 기호에 맞는 음식을 만들어 먹는 데 큰 문제가 없었다. 그러나 서양인들은 음식 재료를 확보하는 데 어려움을 겪었다. 앞에서 소개한 프랑스 외교관 이폴리트 프랑뎅은 서울에 도착한 이틀째 아침이 되어서야 프랑스 영사관에서 고향 음식을 맛볼 수 있었다. "그날 나는 오랜만에 유럽식으로 차린 아침을 들 수 있었다. 이런 횡재를 맛본 것은 사실 얼마나 오랜만의 일인가? 여하튼 이 고마운 횡재가 나에게 주어졌고 나는 그 기회를 실로 과감하게 활용했다. 공사의 쾌활함과 왕성한 식욕이 식사에 참여한 사람들의 마음을 끌었으며, 진수성찬으로 차려진 음식과 진품의 포도주 덕분에 시간은 황홀하게 흘러갔다."[11]

1888년에서 89년 사이에 조선을 여행한 프랑스의 여행가이자 지리학자 겸 민속학자인 샤를 바라(Charles L. Varat, 1842~1893)는 여행 도중 음식 문제를 이렇게 해결했다고 한다. "내가 일행에 어떤 문제가 없는지 둘러보는 동안 사람들이 내 식사를 준비해서 납작한 조선식 탁자에 차려놓았다. 나는 내가 가져온 가방 하나에 걸터앉았는데, 둘러보니 그 밖의 가방 몇 개 외에 목침 하나와 깔고 잘 거적 하나가 방 안의 가구 전부였다. 벽은 벽지를 바르지 않은 상태로 흰색이었고, 대들보로 받친 천장과 연기가 스미지 않도록 기름을 먹인 종이를 바른

바닥이 덩그러니 시야에 들어왔다. 마침내 식사를 시작한 나는 수프를 맛보는 순간 생각이 나서, 내 중국인 요리사에게 빵을 가져다 달라고 부탁했다."[12]

　　조선에 온 샤를 바라는 자신의 음식을 해결할 전문 요리사로 중국인을 채용했던 모양이다. 그러나 그가 프랑스어를 알아듣지 못해 애를 먹었다. 당연히 매 끼니를 완벽한 프랑스 음식으로 채울 수는 없었다. 다행히도 그는 조선에 오면서 몇 가지 통조림과 포도주, 그리고 포크와 나이프를 따로 준비해 왔기에 비록 완벽하지는 않았지만 프랑스식으로 식사를 할 수 있었다. 특히 통조림은 샤를 바라에게 매우 유용한 식량이었다. 그는 콘비프와 거위간 파이, 송로버섯 통조림을 꺼내서 주막의 쪽마루에 앉아서 먹기도 했다. 그는 자신의 식사 모습을 조선인들이 구경하며 얼마나 신기하게 여겼는지를 책에서 상세하게 묘사했다.[13]

　　이와 같이 당시 조선에 온 서양인들은 통조림 등 자신들의 먹을거리를 직접 챙겨 왔다. 당초 자신들의 나라에서 떠날 때부터 가지고 온 것인지, 아니면 중국이나 일본 등 중간 기착지에서 구입한 것인지 알 수는 없다. 샤를 바라는 통조림뿐 아니라 포도주도 여행 가방 속에 넣어서 조선을 찾았다. 이처럼 먹을거리는 어떤 방식으로든 해결했지만, 적어도 1895년 이전에 서울을 찾은 서양인들에게 잠자리 문제만은 스스로 해결하기 어려운 과제였다. 왜냐하면 서울에 서양식 호텔이 없었기 때문이다. 부득불 그들은 조선 정부에서 내준 민간의 살림집이나 조선식 가옥을 개조한 자국 영사관에서 잠을 잘 수밖에 없었다.

　　1882년 11월 이후 조선에 온 서양 여행가들은 통리교섭통상사무아문(統理交涉通商事務衙門)[14]을 임시 숙소로 이용했다. 오늘날 외교통상부에 해당하는 이 기구에 소속된 관원들은 청과 일본은 물론이고, 서양에서 온 외국인을 접대하는 일도 맡았다. 통리교섭통상사무아문이 있던 장소는 오늘날 서울 재동의 헌법재판소 근처로 여겨진다. 민영익(閔泳翊, 1860~1914)은 1882년 12월 통리교섭통상사무협판에 임명되자 자신의 구택(舊宅)에 사무실을 두었다. 외양은 비록 조선의 기와집이었지만, 내부는 서양식으로 수리하여 집기를 갖추고 숙소로도 사용했다. 미국인 퍼시벌 로웰(Percival Lowell, 1855~1916)은 1883년 12월 중순 부산을 거쳐 제물포에 내려 서울로 들어온 첫날밤을 통리교섭통상사무아문에서 묵었다. 그는 통리교섭통상사무아문의 내부를 이렇게 묘사했다. "방은 유럽식으로 꾸며져 있었는데, 주위를 둘러보니 외제 탁자와 의자가 눈에 띄었다. 이 물건들은 얼마 전 왕에게 선사된 것으로—후에 안 일이었다—집을 꾸미기 위해 특별히 왕궁에서 가져온 집기들이었다. 경호원이 유럽 비스킷이 든 상자를 꺼내 오고, 맥주를 몇 병 땄다. 모두가 나를 따뜻이 맞아주었으나 강한 흥분 같은 감정은 일지 않았다. 나는 그저 앉아서 웃음 지을 뿐이었고 추위로 몸을 떨었다. (중략) 조선에서 만든 목재 침대가 있었는데, 합판과 얇은 나무로 된 한 자 정도의 네모진 상자로 그 위에 요가 깔려 있었다. 나는 거기다 시트와 담요를 더 깔았다."[15]

이어서 퍼시벌 로웰은 자신이 대접받은 음식에 대해 이렇게 덧붙였다. "조선인의 재간으로 만든 가구들로 생활하면서 서양 요리의 재료에 관해서는 나보다도 더 모르는 요리사의 요리를 먹어야 했다. 그것도 성공작일 경우에 한해 시식 대상으로서 말이다. 요리사는 조선인들이 나를 위해 나가사키로부터 불러들인 일본 사람이었다. (중략) 요리사 외의 모든 시중꾼들은 조선인이었는데 너무 많아서 한둘을 빼

미국에 도착한 보빙사 일행

1883년 9월 미국에 도착한 보빙사 일행이 찍은 공식 기념사진. 앞줄 왼쪽부터 부사 홍영식, 정사 민영익, 서기관 서광범, 안내인 퍼시벌 로웰이다. 뒷줄 왼쪽부터 무관 현흥택과 최경석, 수행원 유길준과 고영철, 변수이며, 그 밖에 통역관으로 중국인 우리탕(吳禮堂)과 일본인 미야오카 쓰네지로(宮岡恒次郎)가 보빙사 일행으로 참여했다.

고는 제대로 이름을 기억할 수조차 없을 지경이었다."[16] 퍼시벌 로웰이 이렇게 환대를 받은 이유는 1883년 8월 민영익이 포함된 조선 사절단 보빙사(報聘使) 일행이 미국으로 가는 길에 일본에 들렀을 때 일본을 여행 중이던 그가 통역을 맡아 미국까지 안내를 해준 적이 있었기 때문이다.

여기에서 흥미를 끄는 대목은 퍼시벌 로웰을 접대했던 일본인 요리사 이야기이다.

항상 새로운 재료를 손에 들고 어떻게든 무언가를 만들어보려 애

쓰던 그는 자신이 쓸모 있는 인간이라고 자처하는 비범한 인물이었다. 처음에 요리사는 향수병에라도 걸린 양, 우리가 다시 배를 탈 때까지 얼마나 더 머물러야 하느냐고 애타게 묻곤 했다. 그러나 이 일본인 요리사가 일행의 출발을 애타게 기다린 진짜 이유는 본국에 돌아가고 싶어서가 아니라, 서울에 최초의 외국인 식당을 차려보자는 야심 때문이었다. 그러면서도 그는 자신의 야심을 결코 입 밖에 내지 않고 있다가, 몇 개월 후 조선을 떠나게 됐을 때에야 비로소 내게 속마음을 실토했다. 우리는 자기의 목적을 이루기 위해 조선에 남겠다는 그를 제물포에 두고 떠나왔다.[17]

1880년대 중반 이후 서울에 서양 각국의 외교관들이 주재하기 시작했다. 묄렌도르프(Paul George von Möllendorff, 1848~1901)처럼 아예 조선 정부에 관리로 채용되어 외국과의 통상 업무를 자문하던 서양인도 있었다. 또한, 프랑스와의 수교로 가톨릭이 합법적인 종교가 되자 프랑스인 가톨릭 신부들도 조선에 들어와 서울과 지방에서 살았다. 묄렌도르프 부인의 기록에 의하면 당시 서양인들 숙소에서 음식을 담당했던 요리사는 중국인이 많았다고 한다. 묄렌도르프 부인은 1883년 가을 중국 즈푸(芝罘)에서 배를 타고 제물포항에 도착했다. 그녀는 여섯 명의 하인을 중국에서 데리고 왔는데, 그중 두 명은 요리사였다.[18] 1898년 미국 공사관 1등 서기관으로 서울에 온 윌리엄 샌즈(William F. Sands, 1874~1946)는 "여러 사람과 식사를 할 때면 요리를 하고 접시를 닦는 중국인들이 필요했다"[19]라고 했다. 그러면서 "동양에 처음 온 영국인·프랑스인·독일인·러시아인들은 좋은 요리사를 양성하여 그들이 좋아하는 자기 나라 요리 기술을 가르쳤고, 그렇지 않을 경우에는 일급 외국인 요리사를 대사관이나 상사로 데려와 중국 요리사를 훈련시켰다"[20]라고 밝혔다.

윌리엄 샌즈에 의하면 1898년경 서울의 외국 공사관들은 정동에 밀집해 있었는데, 그곳에 볼품없는 외교클럽도 있었다고 한다. 근처에 러시아 공사관, 프랑스 공사관, 미국 공사관 등이 있었고, 담으로 둘러쳐진 좁은 공사관 거리 양쪽 끝 중심부에 미국 선교사의 클럽과 테니스 코트, 그리고 '정동구락부(貞洞俱樂部)'로 알려진 외교클럽이 위치해 있었다. 1894년 12월 18일 서울 주재 미국 공사 시일(John M. B. Sill, 1831~1901)은 미국 국무성에 다음과 같은 보고를 했다. "이른바 미국파(American Party)를 대표하는 사람은 현재 학부대신으로 워싱턴 조선 공사를 지냈던 박정양(朴定陽)이다. 외무협판 이완용(李完用)과 농상협판 이채연(李采淵)은 각각 주미 조선 서리공사로서 일정 기간 워싱턴에서 근무한 적이 있으며, 법무협판 정경원(鄭慶源)은 시카고 만국박람회 출품대원으로 미국을 다녀온 사람이다."[21] 시일의 보고에 따르면 정동구락부는 1894년 12월 이전에 발족했을 가능성이 크다.[22] 조선의 고위급 관리들과 서양 외교관들은 정동구락부에 자주 모였다. 그 자리에 커피나 와인은 빠지지 않는 메뉴였을 것이다. 1890년대 초반 서울 정동은 서양 그 자체였다.

정동 화부인 손탁과 손탁호텔

러시아 외교관이 정동구락부에 개입되었던 이유는 앙트와네트 손탁(Antoinett Sontag, 孫澤, 宋多奇, 1854~1925)의 활약과 관계가 있다. 손탁은 프랑스에서 독일로 양도된 알자스-로렌 출신으로, 그의 여동생이 조선의 초대 러시아 공사관이 된 칼 베베르(Karl I. Weber, 1841~1910)와 결혼하면서 조선과 인연을 맺게 되었다. 베베르는 1884년 6월 24일 조선과의 수호조약을 체결하기 위해 서울에 도착했다. 그리고 묄렌도르프의 도움으로 7월 7일 조러수호통상조약을 체결했다. 이후 초대 공사로 부임하면서 손탁을 데리고 왔다. 손탁은 온화한 풍모와 단정하고 고운 미모를 지녔을 뿐 아니라, 영어·독일어·프랑스어·러시아어 등 외국어에도 능통했다. 기쿠치 겐조(菊池謙讓, 1870~1953)는 1931년에 출판된 《조선잡기(朝鮮雜記)》에 그녀를 '호텔의 주인공 미스 손탁'이라고 소개하면서 비교적 상세한 정보를 실었다.[23]

> 그녀는 아름다운 풍모의 소유자였다. 진령군(眞靈君)[명성황후의 추천에 의해 고종으로부터 무녀 역사상 초유의 군호君號를 받은 무녀 이씨李氏를 가리킴]처럼 자비롭고 따뜻하며 너그러운 안색은 호감을 사기에 충분했다. 그녀는 어둠에 휩싸인 정계, 음탕과 방종이 넘쳐나는 궁중생활, 비밀의 장막에 가려진 외교가의 무대에서 생활했지만, 그녀의 미모를 상하게 하거나 품성을 더럽히는 추문을 듣지 못했다. 그녀는 누군가를 굳게 사랑하고 굳게 믿어야 한다는 고귀한 신념을 지니고 있었다.[24]

31세의 젊은 나이에 미모와 능력을 소유한 손탁은 서울에 온 지 얼마 되지 않아 베베르의 추천을 받아 민비(명성황후, 1851~1895)를 알현하는 영광을 갖게 되었다. 이윽고 그녀는 왕실의 외인 접대 담당자가 되었다. 1885년 2월 19일 고종(高宗, 1852~1919)이 창덕궁에서 경복궁으로 처소를 옮긴 이후, 손탁은 건청궁(乾淸宮)을 신궁으로 단장하는 데 참여했다. 그녀는 궁궐 실내 장식을 서양식으로 꾸미고, 주방에도 서양 식기를 마련하는 등 왕실의 면모를 바꾸는 일을 맡았다.

조선과 프랑스의 수교 이후 조선 교구 주교가 된 뮈텔(Gustave C. M. Mütel, 1854~1933) 신부는 1895년 8월 28일 일기에서 손탁에 대해 언급했다. "대궐에서 여자 통역관을 필요로 하는 모양이다. 특히 마음대로 일을 할 수 있는 여성 통역관을 말이다. 수녀에게는, 특히 조선인 수녀에게는 별로 어울리지 않는 직책이다. 더구나 내 생각에는 지금 그런 부탁이 손탁 양의 암시에 의한 것이 아닌가 싶다. 그녀는 왕의 탄신일인 이달 25일에 60명 예정으로 서양식 연회를 준비하는 책임을 맡고 있다. 그런데 그녀는 조선말을 전혀 알아듣지 못하니, 조선 사람들 사이에서 통역관이 없어 몹시 곤란을 겪고 있으리라 추측된다."[25] 그런데 이 일기에 이상한 점이 보인다. '이달 25일에 60명 예정'이라고 쓴 부분이다. 이 일기를 작성한 날이 8월 28일이니 '이달 25일'은 이미 지나갔다. 사실 뮈텔 주교가 일기를 쓴 8월 28일은 음력으로 7월 9일이다. 비록 다음 해인 1896년부터 태양력을 사용하기로 논의하고 있었지만, 조선 왕실에서는 아직 음력을 사용하고 있었다. 이날 고종을 알현한 뮈텔 주교는 왕실에서 '이달 25일'이란 말을 듣고 그대로 옮겨 쓴 것이 아닐까? 여기서 '이달 25일'은 바로 고종의 탄신일인 음력 7월 25일(양력 9월 13일)을 가리킨다. 이로 미루어 손탁이 고종 탄신일에 마련되었던 서양식 연회의 책임자였음을 알 수 있다.

1895년 당시 서울에 온 지 10년 가까이 된 손탁은 고종과 민비로부터 두터운 신임을 받고 있었다. 고종은 탄신일 연회를 성공적으로 마무리한 손탁에게 파격적으로 경운궁(덕수궁)과 도로를 마주보는 곳에 있는 왕실 소유 토지와 가옥을 하사했다. 손탁은 조선식 집을 하사

1909년 프랑스인 보에르에게 넘긴 후의 손탁호텔 전경 사진이다. 당시에도 여전히 호텔로 사용되고 있었다.

받은 후 실내 장식을 서양식으로 바꾸고, 마룻바닥에는 양탄자를 깔았다. 그녀는 프랑스식 요리를 고종에게 올리곤 했는데, 자신의 집에 모인 서양인들에게도 그와 같은 음식을 제공했다. 1894년에 결성된 정동구락부는 손탁의 사저를 모임 장소로 이용했다. 이런 탓에 고종이나 왕실과 접촉하려는 외국인들은 먼저 손탁을 통하지 않으면 안 되었다.

1895년 10월 8일 민비가 시해를 당한 을미사변이 일어났다. 고종과 왕세자는 불안해하다가 그다음 해인 1896년 2월 11일 러시아 공사관으로 거처를 옮겼다. 이 사건을 역사에서는 아관파천(俄館播遷)이라고 부른다. 여기에는 친러파인 손탁의 역할이 컸다. 아관파천 동안 손탁으로부터 극진한 대접을 받은 고종은 그녀를 전속 조리사로 채용했다.[26]

고종은 을미사변 이후 독살이 두려워 조선 음식을 먹지 않았다고 전해진다. 실제로 1898년 7월 26일 보현당(寶賢堂) 고직(庫直, 창고지기)으로 서양 요리를 올리는 일을 맡았던 왕실 조리사 김종화(金鍾和)가 고종이 즐겨 마시던 커피에 아편을 넣었다가 발각된 사건이 일어나기도 했다. 이로 인해 고종의 전속 조리사가 된 손탁은 더욱 두터운 신임을 받았다. 1902~1903년 이탈리아 공사로 서울에 머물렀던 까를로 로제티(Carlo Rossetti, 1876~1948)는 그 광경을 이렇게 묘사했다. "황제의 수라상을 준비하는 일은 한국의 다른 어떤 공무보다 잘 조직이 되어 있는데, 이는 황제가 러시아 공사관에 피난했던 시절에 러시아 공사 부인의 시녀로 이후 유럽식 수석 요리사 자격으로 황제의 궁정에 머물게 된 알자스 지방 출신의 손탁이라는 여인 덕분이다."[27] 비록 까를로 로제티가 손탁을 두고서 러시아 공사 부인의 시녀라고 잘못 적었지만, 손탁은 당시 서울을 찾은 외국인에게 왕실의 서양 음식 담당자라는 절대적인 인상을 남겼다.

이 점은 고사카 사다오(小坂貞雄, 1899~1942)가 프랑스인 교사 에밀 마르텔(Émile Martel, 馬太乙, 1874~1949)로부터 고종의 외교 비화를 듣고 쓴 《외국인이 본 조선 외교 비화(外人の觀たる朝鮮外交秘話)》에도 언급되어 있다. 손탁은 1906년(병오년丙午年, 광무 10) 3월 2일 당시 황태자였던 순종(純宗, 1874~1926)의 33세 탄일에 초대된 서양인에게 서양 음식을 제공했다. "알현 후에는 모든 외국 사신에게 음식을 분부하셨다. 그 요리는 서양식으로 손탁 부인이 조리를 담당하여 큰 비용을 지불해야만 했다."[28] 책에서 언급된 대로 손탁은 조선 왕실의 외빈 접대 연회를 도맡아 큰돈을 벌었을 것으로 보인다. 아울러 손탁은 외무대신이 밤에 각국 공사를 초청하여 개최한 연회에도 음식을 제공했다.

고종의 절대적인 신임을 받았던 손탁은 미국인 선교사 다니엘 기포드(Daniel L. Gifford)가 살던 집을 1899년에 매입했다. 사업이 번창하자 손탁은 1902년 10월에 본래 건물을 헐고 그 자리에 새로 벽돌조 이양관(夷洋館) 호텔을 지었다. "공공연히 이를 '손탁호텔'이라 일컫게 되었는데, 2층은 왕궁 귀빈의 객사로 이용했고, 아래층은 보통인의 숙박·집회·식당으로 사용했으며, 손탁의 방도 아래층에 있었다."[29]

손탁호텔은 러시아 건축가 사바친(A. I. S. Sabatin, 1860~1921)이 설계를 하고, 조선인 심의석(沈宜碩, 1854~1924)이 시공을 맡았다. 손탁호텔은 붉은 벽돌조의 2층 건물로 벽면 전체가 아케이드(arcade) 형태로 설계되어 이후 정동의 '러시안 스타일'의 전형이 되었다.[30] 1층에는 욕실이 딸린 객실이 25개로, 당시에는 보기 드문 대규모 숙박시설이었다. 연회장에서는 결혼예식과 피로연, 무도회와 회갑연 등이 열렸다. 식당에서는 프랑스 요리가 제공되었다. 식사 시간이 아닌 때는 커피를 판매하는 커피하우스로 이용했다. 1904년 3월과 11월에는 한국 병합의 주역인 이토 히로부미(伊藤博文, 1841~1909)가 손탁호텔에 묵었다.

손탁호텔은 다른 말로 '한성빈관(漢城賓館)'이라고 불렸다. 또 손택부인가(孫澤夫人家)·손택양저(孫澤孃邸)·궁내부용달여관(宮內府用達旅館)·정동화부인가(貞洞花夫人家)·정동화옥(貞洞花屋) 등으로도 불렸다.[31] 이러한 명칭에서 알 수 있듯이 손탁호텔은 궁내부에 소속된 외국인용 여관이었다. 그리고 손탁은 정동에 사는 화부인으로 불리기도 했다.

한국학중앙연구원 장서각에 소장된 고문서 가운데 음식 발기인 〈병오 칠월이십오일 억만세 탄일 진어상 사찬상 발기〉가 있다. 여기

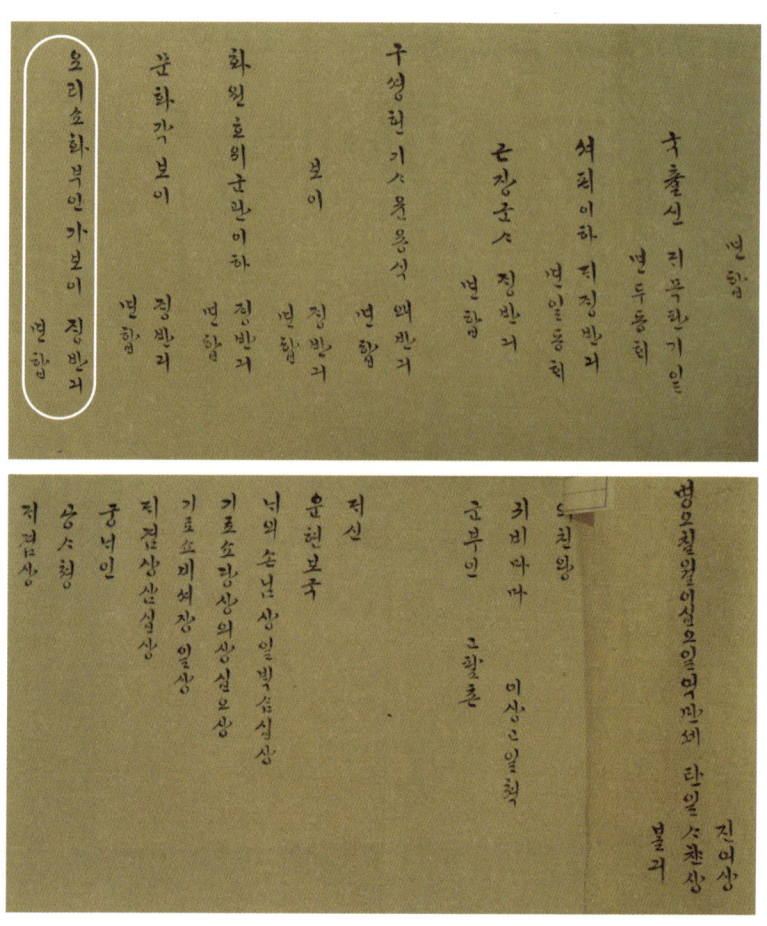

〈병오 칠월이십오일 억만세 탄일 진어상 사찬상 발기〉 부분

서 병오년은 1906년을 가리킨다. 7월 25일은 음력으로 고종의 탄신일이다. '억만세'는 황제의 만세를 강조하여 붙였다. 이 발기는 탄일에 황제에게 올린 진어상(進御床)과 참석자들에게 내린 사찬상(賜饌床)의 종류가 적힌 물목(物目)이다. 이 물목 중에 '요리소 화부인가

보이'에게 '쟁반기'와 '면합'을 내렸다는 내용이 있다. 쟁반기는 쟁반에 간단한 음식을 차린 것이고, 면합은 국수를 담은 그릇이다. '요리소'는 손탁이 외국인을 위한 연회 담당자라는 점을 알려주며, '화부인가 보이'는 손탁을 수행한 비서로 그에게도 음식을 내렸음을 알 수 있다. 아마도 손탁의 양자로 호텔 보이였던 장경춘(張慶春)이 아닐까 싶다.

그러한 사정은 1909년 8월 3일자 《황성신문(皇城新聞)》의 '독불여관찬동(獨佛旅館贊同)'이라는 기사로도 알 수 있다. 기사 내용을 요즘 말로 바꾸어 옮기면 "손택 양의 집은 손 씨의 신임하는 보이 장경춘 씨와 정동 대한문 앞 파래스여관(팔레호텔) 주인 프랑스인 하우을 씨와 공동경영으로 여관을 개업하기로 정하고 독일과 프랑스 영사의 찬동을 얻었다 하더라"[32]이다.

그러나 손탁호텔에도 어두운 그림자가 드리우기 시작했다. 1905년 러일전쟁에서 승리한 일본이 1906년부터 통감부 체제로 조선을 장악하자, 그동안 반일 감정을 내세웠던 손탁과 그곳에 모였던 유럽 외교관들도 편안할 수가 없었다. 결국 손탁은 1909년 9월 19일 서울을 떠났다. 서울을 떠나기에 앞서 1909년 8월 5일 프랑스인 보에르(J. Boher)에게 호텔 경영권을 넘겼다. 원래 그녀는 장경춘과 보에르에게 공동으로 경영권을 양도하려 했으나 뜻을 이루지 못했다. 그래서 앞에서도 밝혔듯이 장경춘을 데리고 프랑스로 떠났을 가능성이 크다. 보에르는 이미 덕수궁 맞은편에서 팔레호텔(Hotel du Palais)을 운영하고 있었다. 1909년 8월 18일자 《신한민보(新韓民報)》에는 손탁의 귀향을 알리는 기사가 실렸다. "손탁양저 매매, 서울 양요릿집으로 유명하던 손탁 양은 귀국함으로 그 집을 파리쓰호텔(팔레호텔) 주인이 사서 여관으로 영업한다더라." 그리고 1908년 9월 4~5일자 《더 서울 프레스(The Seoul Press)》에는 "전 궁내부 소속 특정 호텔(Formerly Imperial Household Private Hotel)"이라는 광고가 실렸다. 1914년 서울에 조선총독부 철도국 주관으로 건립된 조선호텔이 개업하면서 손탁호텔의 영업도 한창때와 달라졌다. 결국 손탁호텔은 1917년 이화학당에 매각되어 교실과 기숙사로 이용되다가 1975년 화재로 인해 역사 속으로 사라졌다.[33]

일본인의 이주와 식품공업의 유입

한반도에 들어온 일본인들은 독점적인 지위를 누리며 한국 음식의 변화에 결정적인 구실을 했다. 특히 그들은 특정 지역에 집단으로 거주하면서 자신들의 식생활을 유지·개량했다. 일본인들의 식생활은 오늘날 한국 음식에 상당한 영향을 끼쳤다. 1900년대 들어 서울에 거주하는 일본인의 수는 급속하게 늘어났다. 1909년 서울에 사는 일본인은 가구 수 7,745호에 2만 8,788명에 이르렀다.[34] 일본인이 늘어나면서 서울에는 소규모 일본식 식품공장이 들어섰다. 일본인이 파는 두부는 이미 개량되어 제법 위생적인 공정을 거쳐 제조되었다. 그러니 조선인의 눈에도 일본인이 파는 두부가 더 좋아 보였을 것이다. 1909년 6월 29일자 《대한매일신보(大韓每日申報)》 '잡보'에는 '일인 두부회샤'라는 제목의 글이 실렸다.

경성과 용산 사이에 있는 일인 두부장사가 백 명가량인데 그 이익이 불소〔不少〕하야 부자 된 자가 많은지라 근일에 그 일인이 협의하야 만여 원 자본으로 두부회사를 조직하고 큰 이익을 취코자 한다는데, 한국인은 본국에 있어서 많은 영업에 하나도 참여할 이 없다고 한탄하는 자 많다더라.[35]

이에 종래의 조선인 두부 판매상인 조포상(造泡商)들이 새로 생긴 문물인 신문에 두부 광고를 내기도 했다. 1910년 8월 9일자 《대한매일신보》에는 두부 제조 동업자가 모여 조합소를 설립해 가격을 정하고 위생에 주의해 두부가 상하지 않도록 목판에 진열해 판매하니 편리하게 이용하길 바란다는 광고가 실렸다.[36] 하지만 조선인이 제조·판매하는 두부는 조선인만 소비할 뿐이었다.

1911년 5월 19일자 《매일신보(每日申報)》에 의하면, 경룡두부회사가 서울에 거주하는 일본인을 대상으로 독점적 지위를 차지하고 있었다. 다음은 《매일신보》의 '식산계(殖産界)'에 실린 '경성의 두부 제조'라는 제목의 글이다.

경성 고시정(古市町)의 경룡두부회사는 거(去) 명치(明治) 42년 중에 경룡의 두부 제조자가 합동 설치한 자(者)인데, 지배인은 도이(土居) 씨로 추선(推選)하야 일시 기계력(機械力)을 사용하였으나 일반의 수용은 그 시기가 아님으로써 현금[지금]은 수만식(手挽式)에 의하야 직공 25명, 매자(賣子) 88명을 유(有)하야 약 2천 개식의 두부 두조(豆糟) 급(及) 3천5백의 구약(蒟蒻)을 제조 판매하는데, 그 사업은 목하에 점차 발전하고 그 제조의 원료는 강원도산의 상등 대두를 용(用)하되 1개년에 소비액이 약 1천2백 석이요, 구약의 원료되는 구약분은 대판(大坂)[37]으로부터 이입하되 1개년에 약 1천5백 관(貫)(1관목 3

원)을 사용한다 하며, 상차(尙且)[또한] 두부 제조자는 경성에 11호, 용산에 10호인데, 그 산액은 21호를 합하여도 동사(同社)에 불급(不及)하며 특히 구약은 해사(該社)의 일수(一手) 판매에 귀(歸)한 상태인데, 경룡의 수용(需用)을 공급하고 차기여(且其餘)[그 나머지]는 경부(京釜), 경의(京義) 연선(沿線)의 각지에 반출하는 자(者)―1일에 약 5백 개라더라.[38]

앞의 글에서 '고시정'은 지금의 서울시 용산구 동자동 일대를 가리킨다. 고시정이라는 지명은 경부선 철로를 설계한 일본인 토목학자 후루이치 고이(古市公威, 1854~1934)의 성을 따서 붙인 데서 유래했다. 한편, 경룡두부회사의 지배인은 본래 도이(土居)가 아니라, 도이 가즈요시(土井一義, 1880~?)라는 인물이다. 국사편찬위원회에서 제공하는 '근현대한국인물자료'에 의하면, 그는 오카야마현(岡山縣) 출신으로 1907년 한강을 통해 들어온 쌀을 용산에서 받아서 정미업을 시작했다. 그러다가 정미업을 그만두고 조선에 주둔한 일본 육군에 생필품을 납품하면서 동시에 지금의 용산구 청파동 3가인 청엽정(靑葉町)에서 양돈업을 시작했다. 그는 경성과 용산의 양돈업을 독점했을 뿐 아니라, 1909년에 경룡두부회사를 설립했다. 1911년에는 도이양돈장(土井養豚場)과 과수원까지 운영하면서 상당한 부를 쌓았다. '근현대한국인물자료'에서 참고한 《경성인물》에 의하면 1921년에도 도이 가즈요시는 양돈과 양계업에 종사하면서 경룡두부회사를 경영하고 있었다고 한다. 이 자료를 통해서 도이 가즈요시라는 인물이 1907년부터 1921년까지 경성에서 돼지고기·닭고기·두부·과일 등의 식재료 공급을 장악하고 있었음을 알 수 있다.

1910년대부터 근대적인 식품공장을 개설하기 시작한 일본인들은 1920년대까지도 이를 줄기차게 이어갔다. 일본 내에서 성공한 소규모 식품공장은 식민지 조선에서도 황금광처럼 부를 축적하는 수단이 되었다. 도이 가즈요시가 운영했던 업종 말고도 장유업(醬油業)·제분업(製粉業)·전분업(澱粉業)·주조업(酒造業) 따위가 모두 일본인의 주도로 경영되었다. 그야말로 일본인에 의한 근대 식품공업이 한반도에서 본격적으로 시작되었다고 해도 지나친 말이 아니다. 조선으로 이주한 일본인 중에는 요업공장을 설립하여 운영한 사람도 있었다. 일본어로 요업이란 흙을 가마에서 구워 도자기·벽돌·기와 따위의 물건을 만드는 공업을 가리킨다. 1882년 임오군란 때 대거 추방되었던 서울의 일본인들은 1883년 이후 다시 들어와 남산 아래에 자신들의 거주 지역을 만들었다. 이들 중에는 요업 전문가들도 있었다. 집이나 건물을 지으려면 기와와 벽돌이 필요했고, 동시에 전선을 고정시키고 절연하는 데 사용하는 뚱딴지(애자礙子)도 많이 필요했다. 여기에서 일본식 요업이 출발했다. 19세기 말이 되면 서울을 비롯한 한반도의 여러 도시에서 요업공장이 자리를 잡았다. 고려요업·조선요업·경성요업 등의 회사가 식민지 시기에 있었던 대표적인 요업공장이다.

　요업공장의 사장은 대부분 일본인이었다. 하지만 그 밑에서 실제로 흙을 다루는 장인들은 주로 조선인이었다. 그들 중에는 예전에 옹기나 도자기를 만들었던 사람도 제법 많았다. 서울에서는 지금의 영등포구 대방동 일대에 크고 작은 요업공장들이 들어섰다. 이들 공장에서는 뚱딴지는 물론이고 술도가에서 쓰는 세무서 검정의 옹기 술독, 그리고 지금의 안국동 일대에 있는 개량한옥을 짓는 데 쓰인 기와 등을 만들어냈다. 또한 조선식 도자기뿐 아니라 일본식 도자기도 생

식민지 시기 일본경질도자기주식회사 부산 공장의 작업 사진이다. 이 회사는 본사를 부산에, 지사를 김천에 두고 있었다. 값싼 도자기를 생산했던 부산 본사에서는 주로 타이완과 동남아시아로 제품을 수출했다. 그러나 김천에서 생산한 제품은 일본과 서양으로 수출하는 고급 도기였다.

산되었다. 지금은 고인이 되었지만, 오늘날 이천도자기의 명성을 대표하는 유근형(柳根瀅, 1894~1993)도 대방동의 일본식 도자기 공장에서 처음 그릇 굽는 일을 배웠다.[39] 그는 1930년대에 일본으로 건너가 교토(京都)에 있는 도자기 공장에서 3년여 동안 일을 하기도 했다.

식민지 조선에서 일본인들의 조선 도자기에 대한 관심은 남달랐다. 1924년 2월 16일자 《동아일보》 기사에는 조선의 요업이 얼마나 일본인들에게 침식당했는지 밝혀져 있다. 특히 당시에 식기나 변기로 도자기를 사용하는 유행이 퍼지면서 성공한 일본인 요업업자들이 늘어났다고 한다. 그중 평안도 진남포에서 고려청자와 유사한 제품을 만들어 일본에 수출한 도미타 기사쿠(富田儀作, 1858~1930)라는 인물이 유명하다. 그는 1897년부터 곡물 가공업과 미곡 거래를 하는 회사의 타이완(臺灣) 지점장으로 근무하다가 후에 조선 지점장으로 조선에 오게 되었다. 조선에서 새로운 가능성을 발견한 그는 평양 옆의 진남포에서 도미타상회(富田商會)를 열고, 공예품 생산과 판매에 주력했다. 그는 일본인들이 조선 공예품에 관심이 많다는 점에 착안해 통영에 칠기전습소를 만들었다. 또한 진남포에서는 고려청자를 재현하기 위한 요업공장을 운영했다. 그는 '조선미술공예관'이란 갤러리도 운영하는 등 조선의 문화예술에 관심을 기울이는 듯했다. 그러나 무엇보다도 그의 1차적 목표는 장사에 있었음을 부인하기 어렵다.

이렇듯이 개항기를 거치면서 중국 음식점과 서양 음식점, 그리고 일본 음식점이 서울을 비롯하여 원산·부산·마산·군산·목포·제물포 등지의 개항장에 자리를 잡기 시작했다. 처음에는 외국인들이 운영하는 음식점들이 조선인의 눈에 쉽게 띄지 않았다. 하지만 1910년대 이후 조선이 일본의 식민지가 되면서 그 양상이 달라졌다. 가령 일본인들의 거주지와 상가가 밀집해 있던 지금의 서울 중구 명동과 충무로 일대에는 일본 음식점이 들어섰다. 이에 비해 조선인의 주거지와 상가는 조선시대와 마찬가지로 지금의 서울 종로구에 위치했다. 조선요리옥은 청계천 일대에서 성업한 반면, 국밥집은 주로 종로 북쪽에서 조선인 손님을 맞이했다. 지금의 서울 을지로를 경계로 하여 북쪽은 조선 음식점, 남쪽은 일본 음식점이 있었다. 조선 음식점과 일본 음식점이 자리 잡지 않은 틈새 위치인 지금의 서울 중구 태평로 일대에는 중국 음식점이 들어섰다. 1910년대 들어 서울 사대문 안은 그야말로 근대적 음식점의 전성시대가 도래하고 있었다.

2부

국밥집

0

가장 오래된 외식업, 국밥집

한국어 사전에서 국밥의 뜻은 '국에 밥을 말아내는 음식'이다. 다른 말로 '장국밥' 혹은 '국말이'라고 한다. 한자로는 '탕반(湯飯)'이라고 적는다. 요사이야 식당에서 국밥을 주문하면 주로 국 따로 밥 따로 나오지만, 본래는 주방에서 미리 국에 밥을 말아서 손님 앞에 내놓았다. 서울 사람들이 즐겨 먹던 설렁탕 역시 국에 밥을 말아서 차려냈다. 추운 겨울밤 문중의 큰 기제사가 끝난 뒤 참석한 사람들에게 음복 음식으로 국에 밥을 말아서 내놓으면 만드는 사람이나 먹는 사람 모두 무척 편했다. 가난한 사람들이나 급하게 한 끼를 해결해야 하는 사람들에게도 국밥처럼 간편하고 좋은 음식은 없었다. 이런 까닭에 가장 먼저 생긴 근대적인 외식 업종도 국밥집이었다.

그런데 1960년대 이후 먹을거리가 풍부해지자 국에 밥을 만 국밥은 사람들에게 그다지 환영받지 못했다. 국밥집 손님들 중에서는 국 안에 들어 있는 밥의 정체에 대해 의심하는 사람도 있었다. 쉰밥이나 누가 먹다 남긴 밥을 국에 말아서 내는 음식점이 간혹 있었기 때문이다. 이런 일이 계기가 되어 음식점에서 판매하는 국밥은 이름과 달리 점차 국에 밥을 말아내는 음식이 아니게 되었다. 한국전쟁 이후 대구에서 '따로국밥'이라는 메뉴가 생겼는데, 이는 국에 밥을 말지 않고 국과 밥을 따로 낸다고 해서 붙여진 이름이다. 1980년대 이후 기존 국밥집에서 이러한 방식을 따라하게 되면서 이제는 대부분의 국밥집에서 국과 밥을 따로 내놓는다.

이런 사정에도 불구하고 국밥은 여전히 한국인에게 가장 인기 있는 외식 메뉴이다. 어느 도시를 가더라도 국밥을 파는 음식점을 쉽게 찾을 수 있다. 고속도로 휴게소처럼 시간에 쫓기는 사람들이 많은 곳에서도 한식 메뉴 중 국밥이 단연 인기다. 그만큼 국밥은 한 끼 식사로 먹기에 편하고 맛도 좋은 음식이기 때문이다. 예나 지금이나 한국인들은 왜 이토록 국밥을 즐겨 먹을까? 지금으로부터 거의 120년 전에 찍은 사진에서 그 답을 찾아보자.

많이 드십시오!

도포를 입고 갓을 쓴 남자가 숟가락을 들고 밥을 먹고 있다. 밥상에 놓인 음식을 보니, 밥도 있고 국도 있고 반찬도 몇 가지 놓였다. 마침 유기로 만든 숟가락에 밥을 담아 먹으려던 참이다. 젓가락은 국 대접 옆에 놓였다. 이 사진에 나오는 식기의 크기는 어떠했을까? 오늘날 여러 박물관에 소장되어 있는 사진 속의 식기와 닮은 유물들을 근거로 하여 좀 더 치밀하게 사진을 읽어보자.

밥상은 개다리소반으로 너비는 32센티미터, 높이는 24센티미터

프랑스에서 유통되었던 사진엽서
사진 아래에 'CORÉE. Bon appétit!'라고 적혀 있다. 한국어로 옮기면 '한국, 많이 드십시오!'이다. 이 사진은 EBS 이정옥 PD가 명지전문대 커뮤니케이션디자인학과 백성현 교수에게서 얻은 것이다.

정도밖에 되지 않는다. 개다리소반 위에는 모두 여덟 개의 그릇이 놓여 있다. 남자의 몸에서 가장 가까운 쪽 그릇이 제일 크다. 오른손으로 숟가락을 들고 있는 남자의 왼쪽에는 밥그릇이, 오른쪽에는 국그릇이 놓였다. 밥그릇 앞에 반찬들이 자리를 잡았다. 사진으로는 무슨 반찬이 상에 올랐는지 알 수 없지만, 여덟 개의 그릇 중에서 밥그릇과 국그릇이 가장 큰 것임은 분명하다. 사기로 만든 그릇이란 뜻에서 '사발(沙鉢)'이라고 부르는 밥그릇은 높이가 거의 9센티미터, 입의 지름이 13센티미터에 이른다. 여기에 밥을 담으면 요즘 한국인이 세 끼에 걸쳐 먹을 수 있을 정도의 양이 담길 듯하다. 밥그릇보다 더 큰 것이 국그릇이다. 높이는 밥그릇과 비슷한 9센티미터 정도인데, 입의 지름은 15센티미터가 넘는 듯하다. 그야말로 지금과 비교가 되지 않을 정도로 많은 양의 밥과 국을 담을 수 있는 그릇들이다. 1942년에 생산된 그릇 중에 사진과 비슷한 밥그릇이 있는데, 그 용량을 재어보니 무려 900cc였다. 요사이 가정에서 사용하는 밥그릇의 용량이 보통 270cc 정도인 점을 감안한다면, 사진의 주인공은 엄청나게 많은 양의 밥을 먹는 것이다.

실제로 조선시대 사람들은 밥을 많이 먹기로 유명했다. "우리나라 사람들이 다식(多食)에 힘쓰는 것은 천하에서 으뜸이다. 최근 표류되어 유구(琉球)[지금의 오키나와沖繩]에 간 자가 있었는데, 그 나라의 백성들이 너희의 풍속은 항상 큰 주발에 쇠숟가락으로 밥을 떠서 실컷 먹으니 어찌 가난하지 않겠는가 하고 비웃었다고 한다. 대개 그들은 전에 이미 우리나라에 표류되어 와서 사정을 잘 알고 있던 사람들이다."[1] 이 글은 조선 후기의 실학자 이익(李瀷, 1681~1763)이 《성호사설(星湖僿說)》 제17권 〈인사문(人事門)〉에서 '식소(食少)'라는 제목으로 적은 것이다. 당시에는 계층을 가리지 않고 주식인 밥을 많이 먹는 경향이 있었다. 이익은 이러한 경향을 두고 중국 고전에 나오는 '식소'라는 문구를 내세워 밥을 적게 먹어야 한다는 주장을 펼쳤다.

당시 조선 사람들은 밥을 많이 먹기 위해 벼농사에 매달렸는데, 그러다 보니 돈이 되는 다른 생산물을 만들어내는 데는 소홀했다. 그래서 유구국 사람들이 조선 사람들을 두고 가난하다고 비웃은 것이었다. 그렇다면 조선 사람들은 왜 그렇게 밥을 중시했을까? 한반도에는 벼농사뿐 아니라, 보리·조·수수·메밀 따위의 곡물도 재배되었다. 하지만 이 중에서 쌀로 지은 밥이 가장 맛이 좋았다. 그러다 보니 삼국시대 이후 쌀이 가장 좋은 밥의 재료로 여겨졌다. 쌀밥에 대한 선호는 권력을 가진 자일수록, 부자일수록 강했다. 이러한 쌀밥 선호 경향은 권력을 갖지 못한 사람이나 가난한 사람에게도 영향을 미쳤으며, 이 때문에 쌀의 가치는 더욱 높아졌다. 결국 조선 후기에 쌀밥은 하루에 서너 번씩 끼니를 챙겼던 부자들뿐 아니라 겨우 끼니를 때웠던 가난한 사람들조차 꼭 갖추어 먹어야 하는 주식으로 여기게 되었다.[2]

조선 사람들의 쌀밥 중시 경향은 유교의 조상 제사 의례로 더욱 강화되었다. 살아생전에 잡수시던 그대로 제사상을 차리는 격식은 중국의 주희(朱熹, 1130~1200)가 편찬했다고 알려진 《가례(家禮)》에서도 강조된 바이다. 주희가 살았던 송나라 때 중국의 한족들은 곡물로 지은 밥과 함께 밀가루로 만든 만두나 국수인 면(麵)을 주식으로 먹었다. 주자의 《가례》에서도 조상 제사에 올리는 중요한 제물로 주식은 반(飯)과 함께 갱 혹은 탕, 그리고 미식(米食, 쌀로 만든 음식)과 면식(麵食, 밀가루 음식)을 꼽았다. 하지만 한반도에서는 밀농사가 잘되지 않아 면을 마련하기가 쉽지 않았다. 밀은 파종 시기에 따라 봄밀과 겨울밀

시골 양반이 겸상을 하여 국수를 먹고 있다.

로 나뉘는데, 기후상 한반도에서는 주로 겨울밀을 재배했다. 음력 6월이 되어야 수확할 수 있는 겨울밀은 가을에 수확하는 봄밀에 비해 수확량이나 품질이 좋지 않았다. 19세기 이전까지만 하더라도 밀의 품종 개량이 이루어지지 않아서 한반도 중남부 지역에서는 주식으로 먹을 곡식으로 밀농사보다 벼농사가 훨씬 더 많이 이루어졌다. 결국 면보다는 밥을 위주로 제사상을 차렸고, 밥 중에서는 쌀밥을 으뜸으로 쳤다. 아무리 군음식을 많이 먹었더라도 곡물로 지은 밥, 그중에서도 쌀밥을 먹어야 식사를 했다고 느끼는 생각은 이런 배경에서 생겨났을 것이다.

여기에 '탕국'이라는 이름으로 불리는 제사상의 국이 한국인의 식습관에 또 다른 기여를 했다. 아무리 메(밥)와 다른 제물이 많다고 해도 탕국이 없으면 제사를 모실 수 없었다. 밥과 국, 그리고 수저는 제사상의 기본 차림이다. 이런 관습으로 인해서 조선시대 사람들은 식사를 할 때 밥과 국을 으뜸에 두었다. 더욱이 반찬이라야 짠지나 김치 혹은 나물뿐이니 밥과 국을 함께 먹어야 포만감을 느낄 수 있었다. 만약 밥이 적으면 아예 밥을 국에 말아서 양을 두 배 이상 늘렸다. 국밥은 반찬으로 짠지만 있어도 숟가락 하나 들고 게 눈 감추듯 금세 먹을 수 있는 끼니거리였다. 늦은 밤 기제사를 모시고 난 뒤 음복을 할 무렵이며 갑자기 식구가 늘어나게 마련인데, 이들의 배를 채우는 데 비빔밥과 국밥은 안성맞춤이었다.[3]

한 그릇의 끼니음식, 장국밥

1898년 12월 13일자 《매일신문》 4면에 흥미로운 광고가 하나 실렸다. "광교 남천변 수월루(水月樓)에서 요리도 팔거니와 검하야[겸하여] 장국밥을 잘하야 음력 십일 월 초일 일 위시하야 팔 터이오니 톔군자는[군자들은] 내림하와 사서 잡수시기를 바라오." 이 광고는 그 후 12월 24일자까지 같은 신문에 매일 실렸다. 수월루는 당시만 해도 고급 요리를 판매하던 조선요리옥이었다.

수월루 광고에서 언급된 장국밥은 조선간장으로 간을 해 끓인 국에 밥을 만 음식을 가리킨다. 당연히 장국밥의 '장'은 간장을 뜻하는 '장(醬)'이다. 간편하게 만들 수 있는 음식인 듯하지만 장국밥은 누구나 먹을 수 있는 헐렁한 음식이 아니었다. 언론인 홍승면(洪承勉, 1927~1983)은 《꿈을 끼운 샌드위치》에서 장국밥을 매우 격식 있는 음식으로 보았다. "원래 장국밥집은 설렁탕집보다 격이 높았다. 구한말 때 유명했던 장국밥집은 수표다리 건너편과 백목다리[현재의 신문로에서 정동으로 통하는 길 옆에 있었음] 건너편에 있었는데, 수표다리 쪽에는 재상들만 갔고 백목다리 쪽에는 부상(富商)과 오입장이들이 다녔다는 것이 송사(松士) 김화진(金和鎭) 선생의 회상이었다."[4] 이 글에서 언급된 김화진(金和鎭, 1896~1974)은 조선 풍속사 전문가로 《오백년기담일화(五百年奇談逸話)》를 쓴 인물이다.

이뿐만 아니라 장국밥은 조선 후기의 조리서에도 나올 정도로 고급 음식이었다. 1890년대에 필사되었을 것으로 추정되는 한글 요리서 《시의전서(是議全書)·음식방문(飮食方文)》●에 장국밥의 조리법이 적혀 있다. 본래 이 책은 1919년에 경상북도 상주 군수로 부임한 심환진(沈晥鎭, 1872~1951)이 그 지역 양반가에서 소장하고 있던 조리서를 빌려 부하 직원에게 필사를 시킨 것이다. 그 부하 직원은 미농지(美濃紙)에 괘선을 박은 종이인 괘지(罫紙)에 필사를 했다. 필사본 용지로 사용

● 《시의전서·음식방문》은 저자가 알려지지 않은 책으로, 심환진의 필사본만 남아 있다. 이 책은 후에 그의 며느리 홍정(洪貞, 1903~1955) 여사에게 전해졌다가 지금은 고인이 된 식품학자 이성우(李盛雨, 1928~1992) 교수에게 소개되어 1970년대야 비로소 세상에 알려졌다. 이 필사본 괘지에는 '대구인쇄합자회사인행(大邱印刷合資會社印行)'이란 글자와 '상주군청(尙州郡廳)'이란 글자가 붉은색으로 인쇄되어 있다. 대구인쇄합자회사는 1911년 일본인이 대구에 설립한 회사이다. 이로 미루어 이 필사본은 대략 1919년 심환진이 상주 군수로 부임한 이후부터 그가 칠곡 군수로 임지를 옮기는 1923년 이전에 작성된 것으로 보인다. 심환진의 며느리 홍정 여사는 탐구당 설립자 홍석우(洪錫禹, 1919~2007)의 고모로 이성우 교수는 홍 사장에게서 이 책을 소개받아 세상에 알렸다. 최근에 이 책이 다른 사람의 손에 넘어가 어느 방송에서 소개되기도 했다. 그렇다고 이 책이 경상북도 상주의 반가음식을 소개하고 있다고 생각하면 오해다. 그보다는 왕실이나 서울의 부자들이 즐겨 해먹던 음식들을 적어둔 것이라 보아야 옳다. 왜냐하면 이 책에 적힌 음식들이 상주 지역의 특징만을 오롯이 담고 있지 않기 때문이다. 베껴 쓴 책의 표지에는 '시의전서'라고, 안에는 '음식방문'이라 적혔다. 이로 미루어 '시의전서' 중 음식 만드는 방법을 적은 것으로 여겨진다. 그러니 책 이름을 《시의전서·음식방문》라고 적는 것이 옳다.

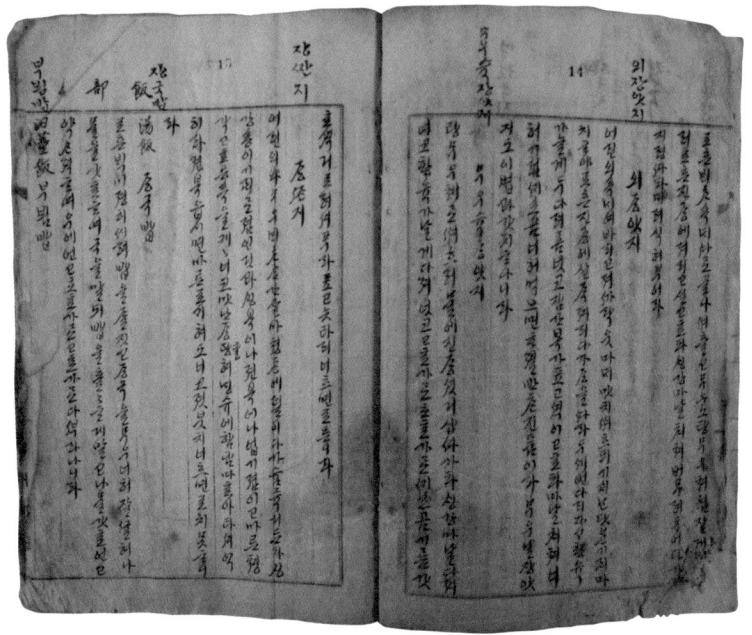

《시의전서·음식방문》에서 장국밥을 다룬 부분
이 자료는 소장자가 KBS 〈진품명품〉 프로그램 제작진에게 준 것을 사진으로 찍은 것이다. 나는 줄곧 영인본만 봐왔는데, 필사본 원본을 보고서야 영인본에는 괘지의 판면 위쪽인 서미의 내용을 옮기지 않았다는 사실을 알게 되었다. 조리서의 원본을 보아야 하는 이유가 여기에 있다.

된 괘지는 비록 식민지 시기에 제작된 것이지만, 옛 문헌처럼 판면의 사방에 사각의 변란(邊欄)을 둘렀다. 아마도 조선 후기에 제작된 본래 책의 지면 구성을 그대로 옮긴 것이 아닌가 여겨진다.

책장을 한참 넘겨서 장국밥을 찾아보니 변란 상단의 여백인 서미(書眉)에 한글로 이름이 적혀 있다. 그리고 변란 안에도 '탕반(湯飯), 장국밥'이라고 나란히 적혔다. 이는 탕반이 곧 장국밥이고, 장국밥이 곧 탕반임을 밝혀둔 셈이다. 그 내용은 다음과 같다.

"좋은 백미 정히 씻어 밥을 잘 짓고 장국을 무 넣어 잘 끓여 나물을 갖추어 국을 말되 밥을 훌훌하게 말고 나물 갖추어 얹고 약산적 하여 위에 얹고 호초가루〔후춧가루〕와 고초가루〔고춧가루〕 다 뿌리나리라."[5] 이 조리법은 오늘날 우리가 알고 있는 장국밥의 조리법과는 약간 다르다. 당시에는 간장을 넣은 장국에 무를 넣고 끓인 후 밥을 만 뒤 나물과 약산적을 얹어서 냈다. 여기서 나오는 약산적은 다른 말로 '장산적(醬散炙)'이라고 부르는 음식이다. 고기를 다져서 갖은 양념을 한 후 간장에 조린 것인데, 이것을 나물과 함께 국밥 위에 올렸다. 국을 끓일 때 고기를 넣었는지는 이 조리법만으로는 알 수 없다. 필사본에 적힌 내용으로만 본다면 고기는 들어가지 않은 것 같다. 오로지 무를 주재료로 간장으로 간을 맞춘 국에 멥쌀로 지은 밥을 말고 그 위에 나물과 함께 약산적을 올렸으니, 간도 짭짤하면서 밥과 고기를 씹는 맛이 일품이었을 것이다. 고기로 만든 약산적을 국밥에 함께 섞어 먹기 때문에 비린 맛을 없애려고 후춧가루와 고춧가루도 뿌렸다.

비슷한 시기에 쓰였을 것이라 추정되는 《규곤요람(閨壺要覽)·음식록(飮食錄)》에도 '장국밥'이란 음식이 나온다. 이 책에서는 판면의 서미에 '장국반(醬局飯)'이라고 적혀 있다. "장국밥도 국슉〔국수〕 말듯 하여 밥 간 아는 이 밥 만 위에 기름진 고기를 장에 눌러서 그 장물만 붓나이라"[6]고 했다. 곧 장국을 만든 후 밥만 마는 것을 장국밥이라 부르기도 하지만, 고기를 간장에 조려서 나온 국물을 다시 붓는 방법도 쓰였음을 알 수 있다. 이와 같은 방법은 지극히 간단하여 더운밥이든 찬밥이든 밥만 있으면 쉽게 간장으로 국물을 만들어 밥을 말아낼 수 있었다.

이렇듯이 앞의 두 가지 한글 조리서에도 조리법이 어김없이 나오는 것으로 보아 장국밥은 19세기 후반쯤에 서울에서나 지방에서나 상당히 보편적인 음식이었던 듯하다. 장국밥과 비슷한 음식으로 온반(溫飯)도 있다. 평안도 사람들은 닭이나 꿩을 고아서 우려낸 뜨거운 국물을 밥에 부어 먹는 음식을 온반이라 불렀다. 고명으로 닭고기나 꿩고기를 밥 위에 올려 먹었다. 김대중(金大中, 1924~2009) 대통령이 평양을 방문했을 때 평양온반이 소개되어 서울에서 한때 유행한 적도 있다. 이 온반도 알고 보면 평안도 지역의 국밥이라 할 수 있다.

전국의 근대적 도시에서는 탕반점(湯飯店)이라 불리던 국밥집이 사람들의 왕래가 잦은 골목 어귀에 들어섰다. 대구에서는 육개장의 원조인 대구탕반, 개성에서는 편수와 만둣국, 전주에서는 콩나물해장국에 탁주를 곁들이는 탁백이국, 서울에서는 설렁탕과 가을에만 영업했던 추어탕 따위가 유명했다. 특히 1920년대가 되면 전국의 읍면 소재지에 상설시장과 오일장이 자리를 잡았다. 오일장에 가서 먹는 국밥은 장 구경만큼이나 매력적이었다. 그래서 '장터국밥'이란 이름도 생겨났다. 국밥은 가난한 사람들의 끼니를 해결하는 데도 한몫했다. 식민지 시기인 1928년 12월 22일자 《동아일보》에는 구세군 자선냄비에 모인 돈으로 가난한 사람들에게 탕반을 제공했다는 기사가 실리기도 했다.

식민지 시기와 전쟁, 그리고 경제 개발의 최전선에서 힘들게 노동하던 시절, 국밥은 사람들의 배를 불룩하게 채워주는 끼니음식이었다. 밤낮을 가리지 않고 일하던 1970년대 한국의 노동자에게 막걸리나 희석식 소주를 반주로 곁들인 국밥은 온종일 노동으로 지친 몸을 달래주는 고마운 음식이었다. 이러다 보니 국회의원 선거나 대통령 선거에 나선 정치인들이 서민과 함께한다는 인상을 주려고 기자들의

1926년 2월 14일자 《동아일보》는 음력 설날을 맞이하여 떡국을 판매하는 집을 소개하면서 이 사진을 게재했다. 이 음식점은 '음식점 영업(飮食店營業)'이라는 간판을 내걸고 유리창에 떡국·만두·장국밥을 판다고 써놓았다.

카메라 앞에서 국밥 먹는 모습을 연출하곤 했다. 하지만 경제 개발의 결과가 소나기처럼 내리기 시작한 1980년대가 되면 사정이 바뀌기 시작한다.

설렁탕과 같은 국밥만 파는 식당은 드물어지고, 그 대신에 "갈비탕이니 냉면이니 해서 걸어놓은 차림표가 열차 시간표만큼이나 복잡"[7]한 식당들이 늘어났다. "게다가 주물럭고기니 섞어찌개니 하는 새 음식은 개발되었으면서도 장국밥은 점점 찾아보기 힘들게 되었다. 양지머리를 푹 고아서 우려낸 맑은 국물에 말아낸 장국밥 한 그릇을 잘 익은 김치나 깍두기 한 보시기를 곁들여 훌훌 먹고 나면 한결 입맛도 개운하고 하루 종일 든든했는데"[8]도 말이다. 이 모두 먹을거리가 그전에 비해 풍부해지면서 생긴 결과였다. 그래도 국밥은 한반도에서 가장 오래된 외식 메뉴였음에 틀림없다.

1912년 12월 18일자 《매일신보》에 실린 '상점평판기(商店評判記)—조선요리점의 시조(始祖) 명월관(明月館)'이란 기사에서는 신식 요리점이 생기기 전의 외식업 사정을 다음과 같이 적었다.

> 근 십 년 전 조선 내에서 요리라 하는 명(名)을 부지(不知)할 시(時), 소위 별별 약주가(藥酒家) 외에 전골집, 냉면집, 쟝국밥집, 설녕탕집, 비빔밥집, 강뎡집, 슉슈집 등속만 있어 진애산적(塵埃山積)한〔먼지가 산처럼 쌓인〕파(破)〔부서진〕식탁상(食卓上)에 전라도 대죽(大竹)을 삼부오열(三部五裂)한〔여러 갈래로 찢은〕장저(長箸),〔긴 젓가락〕세척(洗滌)치 아니하야 자연적(自然的)의 흑칠(黑漆)을 도(塗)한 아현(阿峴) 진유시순지시(眞鍮匙舜之時)〔순임금 때 시작된 놋쇠 숟가락〕에도 고유(苦窳)하야〔모양새가 바르지 못하고 뒤틀리거나 찌그러져〕사용키 불능하던 장적(長的) 대적(大的) 원적(圓的) 방적(方的) 심적(深的), 천적(淺的) 흑색적(黑色的) 갈색적(褐色的) 천태만상(千態萬狀)의 토부지기(土缶之器)〔질그릇〕에 감식(堪食)키〔먹을 수 있음〕난(難)한 육어채과(肉魚菜果) 등을 신사, 노동자, 노소남녀가 일탁(一卓)에서 임립(林立)〔죽 늘어섬〕혹(或) 잡좌(雜坐)하야〔섞어 앉음〕식지음지철지토지(食之飮之啜之吐之)〔먹고 마시고 마시고 또 게워내고〕할 시(時)에.[9]

이 기사에 1900년대 초반 서울에 존재했던 음식점들이 열거되어 있다. 전골집, 냉면집, 장국밥집(쟝국밥집), 설녕탕집(설녕탕집), 비빔밥집은 특정 끼니음식을 판매한 식당이고, 강정집(강뎡집)은 과자인 강정을 판매하는 한과점이었다. 숙수집(숙슈집)은 왕실에서 음식 일을 했던 숙수의 이름을 빌린 식당으로, 음식을 맛있게 잘 만드는 식당을 두고 이렇게 불렀던 듯하다. 그렇다면 이들 식당의 내부 모습은 어떠했을까? 먼지 자욱한 부서진 식탁 위에 전라도 대나무로 만든 긴 나무젓가락이 있고, 잘 닦지 않아서 까만색이 된 유기나, 아니면 가지각색 비뚤어진 토기나 도기에 맛도 없는 고기와 생선, 나물과 과자 등이 담겼다. 손님들은 신사나 노동자나 남녀노소를 가리지 않고 같은 식탁에 둘러서거나 섞어 앉아 음식을 먹었다.

이처럼 신문 기사에서는 신식 요리점인 조선요리옥을 강조하기 위해 다른 음식점들을 폄하하고 있지만, 실제로도 밥집은 그다지 청결하지 않았던 곳이다. 그럼에도 불구하고 식민지 시기에 이들 식당은 대단히 흥업했다. 그중에서도 장국밥집은 으뜸에 들었다. 장국밥집에서는 장국밥뿐 아니라 떡국·만둣국·설렁탕 따위를 함께 팔았다. 그런 의미에서 2부에서 다루는 국밥집 메뉴에 설렁탕을 빠트리지 않았다. 추어탕은 아예 '추탕집'으로 독립된 음식점에서 판매되었다. 개장은 물론이고, 개장에서 변이된 음식인 육개장도 국밥집의 주된 메뉴였다. 밥이 주된 메뉴인 육회비빔밥이 2부에 포함된 이유는 밥집의 가장 오래된 메뉴가 비빔밥이기 때문이다. 이에 비해 삼계탕은 해방 이후 식당에서 본격적으로 판매된 메뉴다. 삼계탕이 등장하기 전에는 닭을 주재료로 한 국밥인 닭곰탕이 있었다. 그러니 삼계탕 역시 크게 보면 국밥집의 메뉴라 할 수 있다.

비록 국밥집은 아니지만, 끼니음식을 팔던 식당으로 면옥(麵屋)이 있다. 보통 한자 이름에 한글 '집' 자를 붙여 '면옥집'이라고 부르는데, 이곳에서 판매하는 주된 메뉴는 냉면과 만두이다. 식민지 시기에는 평양에 면옥집이 즐비했다. 한국전쟁 이후 북한 사람들이 월남하면서 이제는 면옥집이 서울은 물론이고 전국 도시마다 자리를 잡았다. 국밥집이든 비빔밥집이든 면옥집이든 주메뉴와 함께 빠지지 않고 나오는 반찬이 바로 배추김치이다. 2부에서는 '반찬감'으로 배추김치를 국밥집의 특별 메뉴로 배치했다.

1

서민의 한 끼, 설렁탕

말만 들어도 우선 구수-한 냄새가 코로 물신물신 들어오고 터분한 속이 확 풀리는 것 같다. 멋을 모르는 사람들은 설렁탕을 누린 냄새가 나느니 쇠똥냄새가 나느니 집이 더러우니 그릇이 불쾌하니 하지만 그것은 정말로 설렁탕에 맛을 들이지 못한 가련한 친구다. 만일 설렁탕에서 소위 누린 냄새라는 것을 빼고 툭백이(뚝배기) 대신으로 유기나 사기에 담아서 파·양념 대신 다른 양념을 넣고 소곰과 거친 고춧가루 대신 가는 고춧가루와 진간장을 쳐서 시험 삼아 한번 먹어보아라. 우리가 보통 맛보는 설렁탕의 맛은 파리 족통만큼도 못 얻어볼 것이다. 그저 덮어놓고 설렁탕의 맛은 그 누린 냄새—실상 구수-한 냄새와 툭백이와 소곰을 갖추어야만 제 맛이 난다. 설렁탕을 일반 하층계급에서 많이 먹는 것은 사실이나 제아무리 점잔을 빼는 친구라도 조선 사람으로서는 서울에 사는 이상 설렁탕의 설넝설넝한 맛을 괄세하지 못한다. 값이 헐코 배가 부르고 보가 되고 술속이 풀리고 사먹기가 간편하고 귀천(貴賤) 누구 할 것 없이 두루 입에 맞고……. 이외에 더 업혀 먹을 것이 또 어데 있으랴. 설넝탕은 물론 사시(四時)에 다 먹지만 겨울에, 겨울에도 밤—자정이 지난 뒤에 부르르 떨리는 어깨를 웅숭커리고 설넝탕집을 찾아가면 우선 김이 물신물신 나오는 드수한 기운과 구수한 냄새가 먼저 회를 동하게 한다. 그것이 다른 음식집이라면 제 소위 점잖하다는 사람은 앞뒤를 좀 살펴보느라고 머뭇거리기도 하겠지만 설넝탕집에 들어가는 사람은 절대로 해방적(解放的)이다. 그대로 척 들어서서 "밥 한 그릇 쥬" 하고는 목로 걸상에 걸터앉으면 일 분이 다 못 되어 기름기가 둥둥 뜬 툭백이 하나와 깍두기 접시가 앞에 놓여진다. 파·양념과 고춧가루를 듭신 많이 처서 소곰으로 간을 맞추어가지고 홀홀 국물을 마셔가며 먹는 맛이란 도모지 무엇이라고 형언할 수가 없으며 무엇에다 비할 수가 없다. 그야말로 고량진미를 가득히 늘어놓고도 입맛이 없어 젓갈로 끼지럭 끼지럭 하는 친고도 설넝탕만은 그렇게 괄세하지 못한다. 이만하면 서울의 명물이 될 수가 있으며 따라서 조선의 명물이 될 수가 있다.¹

이 글은 1929년 12월 1일 《별건곤》이란 잡지에 '우이생(牛耳生)'이란 필명을 가진 사람이 '괄세 못할 경성 설넝탕, 진품·명품·천하명식 팔도명식물예찬'이란 제목으로 쓴 기사의 일부분이다. 이 글을 통해 이미 근대 도시의 면모를 갖춘 1920년대 서울에서 설렁탕이 상당한 인기를 누렸음을 알 수 있다.

설렁탕의 유래

설렁탕은 쇠머리·사골·도가니를 비롯하여 뼈·사태고기·양지머리·내장 등을 넣고 10시간 넘게 푹 끓인 음식이다. 설렁탕에는 뼈에서 우러나온 흰색의 콜로이드(colloid)가 녹아 있기 때문에 국물이 우윳빛을 띤다. 그래서 식민지 시기 신문 자료 중에는 설렁탕을 '설농탕(雪濃湯)'이라 표기한 것도 있다. 국물 색이 마치 눈과 같이 희면서 맛은 진하다는 의미가 이름에 담겼다. 그런데 여기서 설렁탕의 유래에 대해 언급하지 않을 수 없다. 설렁탕의 유래에 대해서는 크게 두 가지 주장이 있다. 하나는 조선시대 임금이 선농제를 지내고 직접 농사 시범을 보이던 장소인 선농단(先農壇)에서 유래했다는 주장이다. 곧 선농단이 설롱탕(설렁탕)이란 발음으로 변했다는 주장이다. 두루 알려진 이 이야기는 1940년 홍선표(洪善杓)가 출간한 《조선요리학(朝鮮料理學)》[2]에 나올 뿐, 조선시대 문헌에서는 아직 발견되지 않았다. 다른 하나는 원나라 때 몽골 음식인 '슈루' 혹은 '슐루'가 고려에 전해졌는데, 그 말이 변해서 설렁탕이 되었다는 주장이다.[3] 실제로 칭기즈 칸 시대에 이 말은 '맛있는 고깃국'이라는 뜻이었다.

그런데 문제는 이들 주장 모두 문헌적 근거보다는 추정에서 비롯된 것이라는 점이다. 조선시대에 편찬된 몽골어 교재에도 '슈루'나 '슐루'를 '설렁'이라는 말로 번역할 수 있다는 내용은 없으며,[4] 왕실 자료에서도 선농단의 설농탕 관련 기록[5]이 나오지 않는다. 그래서 나는 이런 추정을 해본다. 혹시 국물 맛이 '설렁설렁하고' 고기도 '설렁설렁' 들어간 상태를 보고 '설렁탕(설넝탕)' 혹은 '설농탕'이라 부르게 된 것은 아닐까? 사전적 의미에서 '설렁설렁'은 "무엇에 얽매이지 아

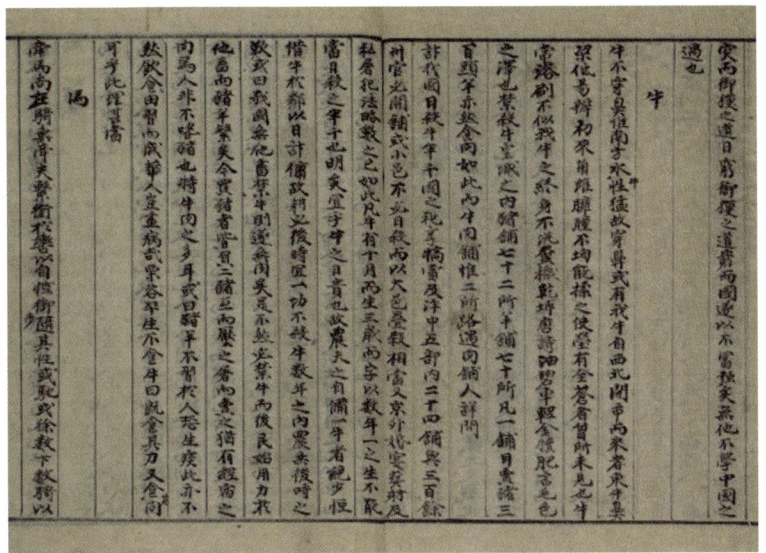

《북학의·내편·우》 부분

니하고 가벼운 마음으로 일을 처리하거나 움직이는 모양"을 가리킨다. 어떤 재료를 넣든 상관없이 오랫동안 가벼운 마음으로 푹 고아냈기 때문에 생긴 말은 아닌지 모르겠다.

한편, 설렁탕이 만들어지게 된 배경은 박제가(朴齊家, 1750~1805)의 《북학의(北學議)·내편(內篇)·우(牛)》에 나오는 기록으로 짐작할 수 있다. "우리나라에서는 날마다 소 500마리를 나라의 제사나 호궤(犒饋)[군사들을 위로하기 위해 제공하는 특별식]에 쓰기 위해 잡는다. 더불어 반촌(泮村)과 한양 5부(部)의 24개 가게(포舖)를 비롯해, 300여 고을(주관州官)에도 반드시 가게를 연다."[6] 이 기록으로 보면 아마도 각종 제사에 사용할 쇠고기를 제외한 나머지 부산물을 설렁탕을 만드는 데 사용했을 가능성이 있다. 조선시대 문헌에서는 고기를 삶은 국을 '육즙(肉汁)'이라고 적었다. 고려 말부터 고기를 다루었던 반인(泮人)이나 궁중의 조리사들 사이에서는 이 육즙을 '설녕'이라고 부르지 않았을까? 그리고 이 '설녕'이 19세기 말 근대적 모습을 갖추기 시작한 서울에서 끼니음식으로 판매되었을 것이라 추정해본다.

20세기 초반 조선에 온 일본 지식인 가운데 설렁탕에 주목한 사람들이 제법 있었다. 통감부 기관지였던 《경성일보(京城日報)》의 사회부 기자 우스다 잔운(薄田斬雲, 1877~1956) 역시 그중 한 사람이었다. 《경성일보》는 1906년 9월 1일 당시 통감이었던 이토 히로부미의 지시에 따라 창간되었다. 《경성일보》가 통감부의 일본어판 기관지였다면, 《더 서울 프레스(The Seoul Press)》는 영어판, 그리고 《매일신보》는 조선어판 기관지였다. 《경성일보》가 통감부의 정책을 소개하고, 조선에 대한 정보를 정리하는 일을 주로 한 데 비해, 나머지 조선어판과 영어판은 선전 효과를 노려서 만든 신문이었다. 이 신문의 사회부에서 일을 하던 우스다 잔운이 글을 쓰고, 도리고에 세이시(鳥越靜岐, 1885~1958)가 삽화를 그린 책이 바로 《조선만화(朝鮮漫畵)》●이다. 우스다 잔

● 《조선만화》는 우스다 잔운이 조선 사회가 일본과 다른 측면, 그중에서도 원시적이고 전근대적인 양상에 관심을 갖고서 그것을 편협한 풍자적 필치로 서술한 책이다. 만화를 그린 도리고에 시즈에에 대해서는 아직 밝혀진 자료가 없어 정체를 분명히 알 수 없지만, 우스다 잔운은 당시 30세 초반의 일본인 기자였다. 우스다 잔운은 오늘날 일본에서 소설가이면서 저널리스트였다고 소개된다. 그는 20세기 초반 전기 소설과 외국 소설을 번역하고 각종 잡지에 글을 쓴 작가였다. 그가 왜 조선에 와서 통감부 기관지인 《경성일보》 기자가 되었는지는 알 수 없다. 다만 그는 일본인의 입장에서 이국적이면서 이상한 조선 풍속 50개를 소개하며 각각의 주제에 한 장의 만화를 곁들여 《조선만화》를 엮었다. 우스다 잔운이 통감부 기관지 중 핵심인 《경성일보》의 사회부 기자였다는 점을 고려한다면 《조선만화》의 성격을 충분히 짐작하게 된다.

운은 설렁탕이란 이름을 몰랐던지 책에서 설렁탕을 '쇠머리 스프'라고 적었다. 일본어로 쓰인 《조선만화》 내용 일부를 한국어로 옮겨본다.

"의사들의 감정에 따르면, 이 쇠머리 스프는 정말로 좋은 것으로, 닭고기 스프나 우유가 그에 미칠 바가 아니라고 한다. 큰 솥은 일 년 내내 걸어놓으며, 바닥까지 아주 깨끗이 씻는 일도 없다. 매일매일 뼈를 교체하고 물을 더 부어서 끓여낸다. 이 국물, 즉 스프는 아주 잘 끓여낸 것으로, 매일 연속해서 끓이기 때문에 여름에도 상하는 일이 없으며, 이것을 정제하면 분명 세계 어느 것과도 비견할 수 없는 자양품(滋養品)이 된다. 이러한 사실로 인해 지금 쇠머리 스프를 병에 담아 한국 특유의 수출품으로 상용할 수 있을 것이다."[7]

앞에서 밝혔듯이 《조선만화》는 조선에 관심 있는 일본인들이 조금이라도 수월하게 조선에서 적응할 수 있도록 조선의 특이하고 이상한 풍속을 알려주려고 쓴 책이다. 그 과정에서 설렁탕이 그들의 눈에 들어왔던 모양인데, 설렁탕에 대한 평가가 실로 대단하여 설렁탕 예찬론에 가깝다. 앞에서 소개한 '우이생'이라는 사람이 쓴 《별건곤》 기사에서도 마지막에 "이것은 좀 군말이지만 일본 사람으로 만화를 그리는 오카모토(岡本)인가 하는 친구가 조선 설넝탕을 만화로 표현하였는데, 그것이 기상천외(奇想天外)의 것이다. 통으로 소 한 마리를 솥에 넣고 삶는 광경(光景)이 그것이다. 이것을 그 친구의 악의(惡意) 없는 장난이라고 보면 그만이겠지만 만일 조금이라도 못된 심술(心術)로 그리한 것이라면 대번 붙잡아다가 설넝탕의 맛을 알도록 얼마 동안 교련(敎練)할 필요도 없지가 않다.—필경은 설넝탕의 노예가 되어 조선으로 이주하는 꼴을 좀 보게"[8]라고 덧붙였다.

《조선만화》에 실린 '점두의 우두골(店頭の牛頭骨)' 그림

서울의 명물이 되다

　이렇게 맛으로 조선인뿐 아니라 일본인들에게까지 인기를 누렸던 설렁탕이 언제부터 식당에서 판매되었는지 정확한 기록을 아직 찾지 못했다. 아마도 1900년 이전부터 서울 종로 뒷골목에 설렁탕집이 여럿 있었을 것이다. 김두한(金斗漢, 1918~1972)의 육성고백에 의하면, 형평사(衡平社) 부회장을 하던 원씨 성을 가진 노인이 1930년대 서울 종로 3가 단성사 옆에서 설렁탕집을 했다고 한다. 당시 설렁탕집은 형평사를 조직해 천민해방운동을 벌인 백정(白丁)들과 깊은 연관이 있었다. 형평사는 진주에 사는 백정 이학찬(李學贊)의 아들이 다른 학부형과 학교 측의 반대로 보통학교 입학이 좌절되자, 이에 격분한 백정들이 1923년 5월 형평, 즉 평등을 실현하고자 각 지방 대표 100여 명과 회원 500여 명을 중심으로 조직한 단체이다. 이는 곧 푸줏간 백정들이 연합회를 만든 것이라 할 수 있다.

　1894년 고종은 개화파의 입장을 수용하여 사민평등(四民平等)을 법으로 정한 바 있었다. 그러나 소를 잡고 쇠고기를 다루는 백정은 여전히 기피 대상이었다. 쇠고기를 무척이나 좋아하면서도 그것을 다루는 사람은 천민이라는 인식이 조선 사람들 사이에 널리 퍼져 있었다. 하지만 백정들은 근대 도시 중심가로 진출해 정육점을 직접 운영하면서, 정육점에서 나온 부산물로 설렁탕집을 함께 운영하기도 했다. 백정들이 운영하는 설렁탕집에서는 자신들과 마찬가지로 천민으로 취급받던 옹기 장인이 만든 뚝배기에 설렁탕을 담아냈다. 값이 싼 설렁탕은 점차 서민들이 애용하는 음식이 되었다. 이처럼 설렁탕은 근대 도시 서울에서 시작된 음식이기 때문에 서울이라는 지명을 넣어서

'서울 설렁탕'이라 불러야 옳다.

당시 설렁탕집에서는 중국 산둥(山東) 출신의 화교(華僑)들이 운영하던 중국 음식점에서 파를 넣어 고기의 누린내를 없애는 것을 보고 설렁탕 국물에 파를 양념처럼 넣었다. 그러고는 소금으로 간을 맞추고 그 위에 굵은 고춧가루를 뿌린 뒤 식은 밥을 넣어 국밥으로 만들어냈다. 한양 양반들 입장에서는 도대체 이것을 음식으로 먹어야 할지 당황스러웠을 것이다. 당시 한양 사람들은 음식의 간을 맞추는 데 집에서 담근 간장을 사용했지, 소금을 그대로 음식에 뿌리지는 않았다. 또 국에 파와 굵은 고춧가루를 마구 뿌리지도 않았다. 곧 맑은 장국이 한양의 자랑거리였는데, 설렁탕에는 이러한 품위가 없으니 그것을 어떻게 음식이라 할 수 있었겠는가?

게다가 백정이 운영하는 설렁탕집에 직접 가서 먹으면 천민과 어울리는 꼴이 되니 더욱 설렁탕집에 가기가 민망스러웠을 것이다. 하지만 설렁탕 맛은 어떤 음식에 견주어도 떨어지지 않았다. 결국 설렁탕집에 가기보다는 집에서 배달을 시켜 먹는 것이 이런저런 걱정을 떨칠 수 있는 유일한 방법이었다. 희곡작가 유인탁(柳仁卓, ?~1929)[9]이 유고로 남긴 희곡 〈넌센스 소곡(小曲)〉에 설렁탕 배달부가 등장하는데, 내용이 이러하다. 한 청년이 병원에 가서 의사와 상담을 하는데, 마침 설렁탕 배달부가 와서 설렁탕 뚝배기를 탁자 위에 우악스럽게 내려놓고 돌아간다. 청년은 의사에게 '15전짜리에 고기 5전어치를 더 넣은 설렁탕'이라고 하면서 국물이 식는다고 빨리 먹으라고 난리를 피운다. 실제로 1920년대 중반 설렁탕 한 그릇은 10전 혹은 15전 정도였다. 담배 한 갑이 10전, 잡지 《개벽》 한 권이 40전일 때이니 10~15전 하는 설렁탕은 결코 비싼 음식이 아니었다. 물론 고기를 더 넣으면 20전까지 받았지만 지금에 비해 값이 그다지 비쌌다고 볼 수는 없다.

양반뿐 아니라 최신 유행을 좇았던 1920년대 모던보이와 모던걸 역시 설렁탕집 출입을 그다지 유쾌하게 여기지 않았다. 그들은 중국인들이 식당에 직접 가지 않고 음식을 배달시켜 먹는 모습을 보고서 설렁탕도 똑같은 방식으로 배달시켜 집에서 먹었다. 이런 풍경은 앞에서 소개한 '괄세 못할 경성 설넝탕'이란 기사와 함께 《별건곤》의 같은 호에 실린 '무지(無知)의 고통과 설넝탕 신세, 신구 가정생활의 장점과 단점'이란 글에서 엿볼 수 있다.

이것은 좀 심한 말이라고 할는지 모르겠으나 신가정을 이루는 사람은 하루에 설넝탕 두 그릇을 먹는다고 합니다. 왜 그러냐 하면 청춘부부가 새로 만나서 달콤한 꿈을 꾸고 돈푼이나 넉넉할 적에는 양식집이나 폴락거리고 드나들지만 어떤 돈이 무제한하고 그 두 사람의 행복을 위하야만 제공될 리가 있겠습니까. 돈은 넉넉지 못한 데다가 아침에 늦잠을 자고 나니 속은 쓰리지만은 찬물에 손 넣기가 싫으니까 손쉽게 설넝탕을 주문한답니다. 먹고 나서 얼굴에 분(粉) 쭉이나 부치고 나면 자연이 새로 세 시가 되니까 그적에는 손을 마주잡고 구경터나 공원 같은 데로 산보를 다니다가 저녁 늦게나 집에를 들어가게 되니까 어느 틈에 밥을 지어 먹을 수 없고 또 손쉽게 설넝탕을 사다 먹는답니다. 그래서 하루에 설넝탕 두 그릇이라는 것인데 이것도 물론 신가정의 부류에 속하는 자이랍니다.[10]

설렁탕이 인기를 누리자 뚝배기를 문제 삼는 사람도 있었다.

1926년 8월 11일자 《동아일보》에 '설넝탕과 뚝배기'란 제목의 글이 '망중한인(忙中閑人)'이란 필명으로 기고되었다. 그는 뚝배기에 설넝탕을 담지 말자고 주장한다. 조금 길지만 그의 주장을 모두 들어보자.

'탕반' 하면 대구가 따라붙는 것처럼 '설넝탕' 하면 서울(경성)이 따라붙는다. 이만큼 설넝탕은 서울의 명물이다. 그래서 서울 큰 골목 처놓고 설넝탕 팔지 않는 곳이 없다. '빈대'가 없는 집이 흉가인 것처럼 설넝탕 안 파는 음식점은 껄넝껄넝한 음식점이다. 설넝탕은 이만큼 일반에게 보편된 음식이다. 설넝탕이 어느 때부터 생겼는지 연대는 자세히 알 수 없거니와 '뚝배기'와 떠날 수 없는 연분이 있는 것을 보아 뚝배기와 연대가 비슷할 듯도 하다. 그래서 그러한지 설넝탕은 뚝배기에 담지 않으면 설넝탕이 아니라고 한다. 금(金)대접이나 은(銀)대접은 가당치도 않거니와 유리그릇이나 사기그릇에 담아도 설넝탕의 테면(체면)을 유지할 수가 없다고 한다. 검붉고 거칠고 험상궂게 생긴 질그릇으로 밥티와 기름때가 다닥다닥 끼인 뚝배기에 담아야 설넝탕다운 설넝탕이라고 한다. 이렇게 하여야 설넝탕의 테면도 서고 맛도 난다고 한다. "왜 맛좋은 음식을 하필 그런 흉측한 그릇에 담느냐"고 설넝탕집 주인에게 질문을 하였더니 "누가 아나요. 옛날부터 그래 오는 것이니까 그렇게 하지요" 하고 시대 사람은 옛날 일을 모른다는 듯이 도로혀(돌이켜) 비웃는다. "옛날부터 짜오든 상투는 왜 잘라버렸소" 하고 비꼬아 물었더니 "그야 남들이 다 자르는 시대니까 잘랐지요" 하고 싱거운 듯이 돌아선다. 상투는 자르는 시대로되 뚝배기는 갈지 못하는 시대다. 장옷을 벗고 '만도'는 입되 '조바귀'는 써야 하는 시대다. 조선시대는 이러하다. 시대는

다 같은 시대로되 이런 시대는 일본시대다. 서양시대는 아니다. 뚝배기에 담지 않으면 맛이 없다고 하는 사람이 있거든 우선 그 사람의 입부터 고쳐자. 이런 입은 얼마든지 고쳐야 한다. '약주' 먹던 입을 '정종' 먹는 입으로 고치는 것은 조선시대에 맞지 않는 일이지만은 이런 종류의 입은 고쳐갈수록 시대에 맞는 입이다. 그리고 음식점에서도 그릇을 고쳐가자. '막걸리' 공기 대신에 '쁘란듸곱부'〔브랜디컵〕를 쓰는 것은 격도 맞지 않거니와 설넝탕에 사기그릇을 쓰는 것은 조금도 격식이 틀릴 것도 없고 설넝탕 톄면을 손상할 것도 없다. 뚝배기는 제발 쓰지 말아야 하겠다. 첫째, 잘 씻어지지 않아서 먹다 남은 밥티와 기름때가 들어앉아 걱정이다. 위생에 해롭다는 것보다도 구역이 나서 못 먹을 때가 많다. 둘째, 외국 사람 보이기에 부끄럽다. 설넝탕의 톄면과 설넝탕의 속맛을 모르는 외국 사람이 뚝배기의 가치를 알아줄 리가 없다. '먹는 일'이란 원래 무엇보다도 큰 일이라. 요리법의 발달과 음식제도의 여하는 그 민족의 모든 정도를 무엇보다도 분명히 증명하는 것이다. 그러기에 그 민족의 정도를 알려면 우선 그 민족의 음식을 시찰하는 것이다. 우리의 설넝탕과 뚝배기는 우리의 무엇을 증명하는고?[11]

제맛을 잃어버린 설렁탕

식민지 시기에도 일부 설렁탕집에서 국수를 넣기도 했지만, 해방 이후 설렁탕에는 국수가 본격적으로 들어가게 되었다. 바로 미국에서 무상으로 들어온 밀가루로 만든 '국수사리'다. 여기에 수육이 새로운 메뉴로 보태지면서 오늘날 전국 어디에서나 성업하는 설렁탕집의 메뉴가 되었다. 그러면서 설렁탕은 원래의 진면목을 잃어버렸다. 사람들은 설렁탕 국물이 진한 유백색이 아니면 제대로 된 설렁탕으로 쳐주지 않았다. 어떤 설렁탕집에서는 생산단가를 낮추기 위해 미국에서 원조로 들어온 분유를 넣었다. 또 사골이나 도가니를 넣지 않고, 각종 잡뼈로 국물을 우려내는 식당도 생겨났다. 심지어 양을 불리기 위해 물을 타고 부족한 국물 맛은 화학조미료를 듬뿍 넣어 맛을 만드는 음식점도 있었다. 1969년에 어떤 음식점에서는 군화 제작용으로 외국에서 수입한 쇠가죽 안쪽에 붙은 고기 조각을 떼어내 설렁탕에 넣어 판매하기도 했다.

이처럼 이른바 가짜 설렁탕 사건이 일어나 설렁탕 애호가들을 실망시켰다. 이런 탓에 최근 설렁탕에 대한 평가는 그다지 높지 않다. 더욱이 설렁탕집에서 제공하는 설탕이나 사카린으로 절인 깍두기는 맛이 달콤해서 쉽게 입맛을 돋우지만, 먹고 돌아서면 개운하지가 않다. 술속을 풀어주던 설렁탕도, 깍두기 국물도 예전 그 맛이 아니다.

1960~70년대 안양역 주변에는 설렁탕으로 이름난 음식점이 한 군데 있었다. 그 음식점은 안양이 읍 소재지가 되던 1949년 즈음에 처음 생긴 것으로 알려져 있다. 음식점 주인아주머니는 식민지 시기에 남편을 잃고 재가한 뒤 처음에는 그 자리에서 조그만 술집을 운영했다고 한다. 그러다가 1956년 무렵부터 설렁탕을 팔기 시작했는데, 메뉴는 오로지 설렁탕 한 가지로 점심 장사만 했다. 한 정보 제공자는 "주인아주머니는 밤새도록 200명이면 200명, 300명이면 300명 정도 먹을 양의 설렁탕만 만들었지. 사람이 많이 온다고 해서, 혹은 물건이 없다고 해서, 그냥 물 붓고 미원(화학조미료) 넣고 끓이는 법이 절대 없었어. 물건이 없으면 '떨어졌습니다, 다 팔았습니다' 하지, '기다리십

시오' 해서 다시 어떻게 만들어서 주는 법이 없었어. 그래서 그때 '이 음식점 빼놓고는 거의 다 우유를 집어넣었을 것이다'는 말이 있을 정도였어. 그렇기 때문에 서울을 비롯해 수원이나 이 근방에서는 이 음식점 설렁탕을 최고로 쳤지"라며 안양 설렁탕집에 얽힌 추억을 들려주었다. 하지만 지금은 음식점도 문을 닫고, 그 맛도 찾기 어렵게 되었다.

이런 사정은 설렁탕의 고향 서울에서도 마찬가지다. 홍승면은 설렁탕을 두고 다음과 같은 글을 남겼다. "나는 살코기만이 들어 있는 얼치기 설렁탕은 질색이다. 설렁탕의 생명은 국물이지만, 건더기는 연골이나 섯밑이나 또는 만하, 콩팥 따위의 내장이라야 제격이다. 설렁탕은 점잖을 빼는 음식이 아니다. 고기라면 쇠머리편육 정도가 고작이고, 결코 비싼 살코기를 주로 쓰는 음식은 아니다."[12]라고 했다. 서울 설렁탕은 이제 세월 따라 맛도 변해버렸다. 앞에서 "이만하면 서울의 명물이 될 수가 있으며 따라서 조선의 명물이 될 수가 있다"라고 했던 우이생의 평가도 옛말이 돼버렸다. 심지어 가장 오래되었다는 서울 설렁탕의 명소도 종로 재개발로 인해 역사적인 건물을 부숴버리고 자리를 옮기게 되었다. 아! 서울의 명물 설렁탕이여, 다시 제자리로 돌아오라!

2

가을 식객을 사로잡은 추어탕

　　1930년대 서울에는 세 곳의 추어탕집이 이름을 날렸다. 그중 한 곳이 신설동의 '유명추탕'이다. 또 유명추탕에서 일하다 독립한 정부봉(鄭富鳳)이 안암교 근처에 문을 연 일명 '곰보추탕집'도 명성이 높았다. 마지막 집은 지금의 헌법재판소 서북쪽 화동에 있었던 '황보추탕(黃甫鰍湯)'이다. 수필가 변영로(卞榮魯, 1897~1961)도 이 집의 단골이었다고 한다. 변영로는 자신의 음주 이력을 적어둔 《명정(酩酊) 40년》이란 책에서 이 황보추탕집을 언급했다. "윤(尹)빠에 불급(不及)치 않게 유명한 해정(解酲) 주점이 화동(금 경기 중학 부근)에 있었는데, 일컫기를 황보추탕집이라 하였다."[1] 지금 사람들 생각에는 추어탕집이면 술집이기보다는 밥집이 아니었을까 싶지만, 적어도 1970년대까지는 그런 구분이 없었다. 추어탕집의 주된 재료인 추어(鰍魚)를 1년 내내 구할 수 없었기 때문에 대부분 밥집 겸 술집으로 운영되었다.

추어탕집 풍경

1927년 10월 1일자 《별건곤》 제9호에 실린 '추탕집 머슴으로 이틀 동안의 더부살이'라는 기사를 보면 그런 사정을 짐작할 수 있다. 'B기자'라는 필명으로 글을 쓴 필자는 한여름에 휴업했다가 음력 8월에야 다시 문을 연 서울 회동의 H추탕집에서 이틀 동안 종업원으로 일하면서 겪은 이야기를 들려준다. 회동은 화동과 붙어 있다. 아마도 H추탕집은 황보추탕집이었을 것이다. 조금 길지만, 그중 일부를 읽어보자.

제가 본사 C기자의 소개로 이 경성 안에서도 일홈(이름) 높은 회동 H추탕집으로 더부살이가 되야 오기는 바로 때 좋은 추(秋) 8월 그믐께 서늘바람 나고 더위 물러간 바로 끝이요, 여름내 휴업했다가 이 가을철이 접어들어오자 다시 개업한 바로 첫날이었습니다. 오래 휴업한 끝이요, 처음 개업한 첫머리이니 무슨 시세가 그렇게 있으랴 하였건만 상상과는 아조 딴판이었습니다. 시골 같으면 산이나 들에서 철의 오고 가는 것을 얼른 알 수 있지만 서울같이 복잡한 곳에서야 철의 오고 가는 것을 얼른 알기는 좀 어렵지 않습니까. 문 밖 행상(行商)들의 지게나 바구니에 새 푸성귀가 운반되어야 봄 온 줄을 확실히 알게 되고 밤·대초·감·포도가 가게 머리에 늘어놓여야 가을 온 줄을 자세히 알게 되지만 예전에도 지사소객(志士騷客)이 순채(蓴菜)와 노어(鱸魚)를 생각하고 송국(松菊)과 시상(柴桑)을 생각하야 자기 고향의 가을을 회억(回憶)하며 돌아가기를 빨리 하는 셈으로 술잔에 취미를 가지신 이는 가을 오면 아마 이 추탕(미꼬리탕)을 퍽이나 그리워하는 모양 같습니다. 신문 광고를 낸 것도 아니요 포스터-를 건 것도 아니요 삐라를 헛친 것도 아니요 아모 소문 없이 그저 슬그머니 개업을 한 모양인데, 구름 모이듯 모여드는 손님이야말로 처음 온 머슴에게는 눈이 휘둘릴 만큼 복잡했습니다. 제가 그곳에 가기는 아침 열 시 반쯤이었었는데, 그때는 아침질이라 그러한지 손님이 아조 한산하야서 세 시간 동안 두고 세어본 것이 예순여덟 명이었습니다. 처음 날이라 물론 그러려니 했던 것이 웬걸이요 정오가 조금 지나자 분주하게 모여드는 품이 한 시간에도 넉넉히 그 수효가 되었고 저녁때 석양판쯤 되니깐 어떻게 들이미시는지 작년보다 한 칸이나 더 늘렸다는 부엌이 터져라 할 지경이었습니다. 하여간 광고도 아니하고 개업한 첫날부터 이렇게 대흥왕(大興旺)인 것은 참말 놀래였습니다. 그리고 아침부터 밤까지 두고 보니까 각 방면의 각가지 인사가 번갈아 들어오시지 않겠어요. (중략) 저희들 역시 그렇게 팔자 좋은 놈은 아닙니다. 여러 손님을 맞고 보내고 보내고 맞으며 대접하기에 얼마만 한 고심이 드는지 아십니까. 원래 직업적 노동이란 목구멍을 위하여서 하는 것이니까 별수가 없지만, 제일 첫째 그 미꼬리 놈들에게 못할 일을 하는 것이란 차마 사람으로는 못할 일입디다. 비전 양반이야 짐승 죽는 소리도 차마 듣지 못하고 그 고기를 차마 못 먹는다고 해서 우양(牛羊)을 잡는 포주간도 멀리하고 그런 것을 잡는 직업자(職業者)를 백정 놈이라고 천대가 막심했지만 이런 꼴을 보신다면 그 이상, 천대를 하시겠지요. 지금까지 물통 속에서 펄펄 뛰놀던 수천 수백 마리의 미꼬리 목숨을 잡아다가 장작불에 실컷 끓은 장국물에 잡아들 들이는 참혹한 짓이란 더 참말 못하겠습되다. 그러나 놀래지 마세요. 이 세상에는 그 이상으로 악독 더 참혹하게 사람의 살, 피, 기름을 갉아먹고 빨아먹는 인종이 얼마든지 있으니까요. 요만한 것이야 직업적으로 어쩔 수 없는 노릇인가 했습니다. (중략) 하여튼 예전 같으면 점잖은 처지에 그런 곳이 무엇이냐고 잔뜩 거드름을 빼고 앉았을 중류 이상의 계급 인사들까지 스스럼없이 멋대로 여기에 들어와서 전 같으면 눈 아래로 내려다볼 하류계급의 친군들과 같이 섞여가지고 웃고 먹고 하는 것은 가난한 살림이 그만큼 시대사상을 평민화시켰는지는 모르지마는 여기에서도 궁그러나가는 시대상을 엿볼 수가 있고 십팔십안(十八十顔)의 심리와 흉금을 더듬어볼 수가 있는 것이 무엇보다도 기뻤습니다. 아까 말한 단골손님의 익살쟁이 중학교 선생님의 이 자리에서 하신 설명 "조선의 설렁탕과 선술집은 세계적으로 명물 될 만하다. 아조 민중적이요 민중의 일 바쁜 표시를 뵈는 현상이 좋다"고 과연, 동감 동감입니다. 여기 오신 뭇 손님들의 만나서 하는 인사 말씀. "아이고 뵌 제 오래올시다. 이 추탕집이 개업하게 되니까 못 만나뵙던 얼굴들도 이렇게 만나뵙게 되는구려." "에! 좋다. 도모지 추탕은 여기가 제일이야. 다른 데서 하는 것은 암만해도 못 먹겠어. 어떻게 이 추탕집의 개업하기를 손가락 꼽아 기다렸는지 몰라." 지나가는 한 마디 두 마디 말씀에서도 추탕집 머슴의 신세라 그런지 어느 몇 사람이 전유물로 알고 기생 불러 노래하고 하룻밤에 몇십 원 몇백 원어치 요리를 파는 모관(某官) 모국(某國)에 있는 것보다는 제 신세도 자유롭고 질거운 듯했습니다.[2]

1920년대 말 서울의 추어탕집 풍경이 눈에 그려지는 듯하다.

추어탕 조리법

추어탕 조리법은 크게 네 가지로 나눌 수 있다. 그중 하나는 조선 후기 만물박사 이규경(李圭景, 1788~1856)이 《오주연문장전산고(五洲衍文長箋散稿)·행주음선변증설(行廚飮膳辨證說)》에서 언급한 추두부탕(鰍豆腐湯)이다. 한문으로 된 원문을 번역하여 옮긴다.

하천 진흙탕 속에 있는 추어를 구해서 몽땅 항아리 속 물에 던져 넣는다. 5~6일이 지난 후 매일 세 번씩 물을 갈아준다. 진흙이 거의 보이지 않으면, 별도로 두부를 큰 덩어리로 마련한다. 솥에 물을 붓고 두부를 가지런히 물속에 넣는다. 그런 다음 추어 50~60마리를 솥에 푼다. 아궁이에 불을 붙이면 물이 곧 서서히 따뜻해진다. 추어가 무리를 지어 두부 속을 뚫고 들어가서 뜨거운 열기를 피하려 한다. 땔감을 끊임없이 지피면 곧장 물이 끓어서 추어가 익는다. 두부를 꺼내서 자르면 추어가 그 사이에 하나씩 박혀 있다. 참기름에 지지면 두부 조각에서 물이 나온다. 메밀가루와 계란을 반죽하여 지지고 여러 가지 재료를 넣어 탕을 만든다. 맛이 매우 좋고 기름지다. 이 탕은 요즘 한양의 반인들 사이에서 매우 유행이다.[3]

추두부탕은 열기를 피해 두부 속으로 도망간 추어를 익혀 참기름에 지진 뒤 각종 재료를 넣고 만든 탕이다. 이 조리법은 중국의 '초선탕원(貂蟬湯圓)'이란 음식에서 유래한 것으로, 특별한 조리법이라 성균관 반인들 사이에서만 인기를 누렸다. 지금도 이와 비슷한 추어탕을 판매하는 식당이 서울 중구 다동에 있다. 그 명성만 듣고 이 집을 찾았던 추어탕 마니아 중에서는 다시는 가지 않겠다는 악평을 쏟아내기도 했다. 이미 널리 알려진 추어탕 맛과는 다르기 때문이다.

그런 탓에 보통은 다음 세 가지 조리법이 널리 쓰였다. 추어를 삶아서 살만 발라내 양념하여 끓이는 법, 추어를 삶아 살과 머리와 뼈 모두를 으깨서 끓이는 법, 팔팔 끓는 국에 통째로 넣고 익히는 법 등이다. 앞에서 B기자가 "지금까지 물통 속에서 펄펄 뛰놀던 수천 수백 마리의 미꼬리 목숨을 잡아다가 장작불에 실컷 끓은 장국물에 잡아들들이는 참혹한 짓이란 더 참말 못하겠습되다"라고 언급한 부분을 보면 앞의 황보추탕집에서는 제일 마지막 방법을 사용했음을 알 수 있다.

1924년에 한흥서림(韓興書林)에서 초판이 나온 뒤, 1930년에 재판, 다시 1936년에 증보 3판, 그리고 1943년에 4판이 나온 이용기(李用基, 1870~1933?)●의 《증보조선무쌍신식요리제법(增補朝鮮無雙新式料

● 이용기는 방신영의 1917년판 《조선요리제법(朝鮮料理製法)》의 서문을 쓴 이로 호는 위관(韋觀)이다. 그에 대한 연구는 아직 초보적 수준이다. 국문학 연구자들 사이에서는 《교합(校合) 악부(樂府)》의 저자로, 식품학자들 사이에서는 《조선무쌍신식요리제법》의 저자로 알려져 있다. 《교합악부》는 1920년대 요리옥 기생들 사이에서 불렸던 노래를 수집해놓은 책이다. 《조선무쌍신식요리제법》은 제목 그대로 조선에서 하나밖에 없는 신식 요리법을 기록한 책이다. 주로 《조선요리제법》의 내용을 언급하고 여기에 자신의 생각을 덧붙였다. 이용기 사후에 나온 《증보조선무쌍신식요리제법》에서는 '서양 요리'와 '일본 요리'만을 증보하고, 다른 내용은 초판과 똑같다. 또 이용기는 1930년대 후반에 추진된 《조선어큰사전》 편찬 작업에서 속담과 은어 분야 전문어 풀이를 맡기도 했다. 국문학자 박성의가 이은상(李殷相, 1903~1982)에게서 들은 이용기에 대한 이야기는 이러하다. 이용기는 경성 토박이로, 말년은 사직동에서 살았다. 젊어서부터 풍류를 즐기며 일생을 살았다. 그렇다고 주색에 빠진 방탕아나 한량이 아니라, 기녀들을 상대하여 시가(詩歌)를 화답하는 풍류객으로 깨끗한 선비의 기질을 갖춘 얌전한 인물이었다. 그는 최남선, 권상로, 이은상 등과 교유했으며, 수완이나 처세술을 부릴 줄 모르는 인물로 가난했지만 친구들을 좋아했다. 그는 많은 장서를 소장하고 있었는데, 소설만 해도 2,000여 권이 넘었다.

理製法》》(1943년판)에서는 추어탕의 조리법을 다음과 같이 적어두었다.

밋구리를 물을 치고 소금을 조금 치면 대단히 요동을 할 것이니 2분 동안만 두었다가 맹물을 두어 번 부어 해감을 다 토하도록 한 연후에 맹물에 업진이나 사태를 녹도록 끓인 후에 고기는 꺼내고 식혀서 양밀가루를 걸쭉하게 풀고 두부를 갸름하고 납작하게 썰고 생강을 껍질을 벗겨 대강 다지고 고추씨를 빼고 다지고 파도 다지고 고비나 표고나 송이버섯을 굵게 찢어 넣고 곱창이나 양도 삶아 썰어 넣고 밀가루 푼 데 모두 넣어 휘저어가며 눋지 않게 끓거든 밋구리를 급히 쏟아 넣고 뚜껑을 얼른 닫았다가 다시 열라. 튀어나오며 죽는 것이 좋지 않느니라. 부드럽게 저어가며 밋구리가 다 익거든 계란을 몇 개든지 개어 풀고 떠내어 먹을 때 후춧가루와 계피가루를 치고 국수를 말아 먹으면 좋으니라.[4]

추어탕을 만들 때 쓰는 장국은 소의 가슴살인 업진이나 사태를 팔팔 끓인 국이었다. 위의 조리법을 보면 추어탕 맛이 기름지면서 걸쭉했을 것으로 여겨진다. 여기에 1920년대 소련과 중국에서 수입한 밀가루로 만든 국수까지 넣었으니, 요즘 추어탕과는 사뭇 다른 맛이었을 것이다. 남부 지방에서는 후춧가루가 귀하여 천초가루를 추어탕에 뿌렸다.

사시사철 먹으려니 양식 미꾸라지뿐

그렇다면 황보추탕집에서는 미꾸리(미꼬리)를 어떻게 확보했을까? B기자의 글에서는 미꾸리를 전문적으로 공급해주는 장사가 있다고 했다. 앞에서 서울의 이름난 추어탕집으로 언급한 '유명추탕'에서는 직접 미꾸리를 잡아서 썼다. 1993년 7월 29일자 《동아일보》에 의하면, 1920년대 말 서울 종로 5가로 이사 온 선산 김씨 다섯 형제들이 동대문 밖 신설동 경마장 옆에서 '유명추탕'이란 식당을 열었다고 한다. 당시만 해도 청계천 지류에 미나리꽝이 많아서 그곳에서 미꾸리를 잡아 추탕을 만들어 팔았다. 본래 상호도 간판도 없었는데, 인기를 얻으면서 추탕으로 유명하다고 하여 '유명추탕'이 되었다. 하지만 1년 내내 추탕을 팔 수 없었기에 다른 때는 술과 안주를 팔면서 '형제주점'이란 상호도 함께 내게 되었다.

1963년 9월 12일자 《경향신문》에는 추탕으로 유명한 서울의 명물 형제주점이 팔린다는 기사가 실렸다. 그 기사대로 형제주점은 문을 닫았다가 1980년대 후반 미아삼거리 뒷골목에 이 집의 막내가 다시 문을 열었다. 지금도 그 집에 걸려 있는 식민지 시기 사진 한 장으로 형제주점의 역사를 짐작해본다. 이 사진은 1935년 어린이날인 5월 5일에 서울 장충단에서 열린 상공연합대운동회가 끝난 뒤 식당 앞에서 촬영한 것이다. 이날 행사는 상공인 운동회라 소속 회사나 영업점이 있어야 참가가 가능했다. 형제주점에서도 단체로 참가했다. 형제주점의 형제 중 한 명인 김윤창(金允昌)은 자전거 경주에, 종업원 김한갑(金漢甲)은 200미터 달리기에 나갔다. 운동회 종목 중에는 특이하게도 '조추 경주(釣鰍競走)'란 것도 있었다. 한자로 보아 추어 낚시 대회이다. 형제주점의 안장성(安長成)이 이 대회에 나갔다.

이날 운동회 종목에 추어 낚시 대회가 있었다는 사실은 많은 시사점을 제공한다. 먼저 추어탕이 얼마나 인기가 있었으면 추어 낚시

형제추탕의 1935년 5월 5일
상공연합대운동회 기념사진

라는 종목이 생겼겠는가! 그런데 자연산 추어를 5월 5일에 맞추어 어디에서 구했을까 궁금해진다. 1932년 5월 12일자 《동아일보》 기사에 그 해답이 있다. 조선부업협회에서는 부업으로 새롭게 등장한 산업을 소개하면서 '미꾸리 도전양식(稻田養殖)'을 언급했다. 특히 모내기를 하고 나서 약 7일 후에 전년생(前年生) 새끼를 논에 방양(放養)하면 좋다고 전했다. 이 기사로 짐작건대 운동회가 열린 5월 5일 무렵에는 제법 잘 자란 추어들을 구할 수 있었을 것이다. 신문 기사에서는 사료도 별도로 필요하다고 했다. 자연 사료만으로는 발육이 안 되기 때문에 콩깻묵이나 누에고치 말린 것, 혹은 달팽이, 모시조개, 멸치, 심지어 쌀겨나 밀가루 혹은 비지 등을 뿌려주면 미꾸리가 잘 자란다고 적혀 있다. 이렇게 양식한 미꾸리는 늦가을이나 초겨울에 논에 물이 마르면 진흙 속에 숨어드는데 그때 잡으면 된다고 했다.

요즘 사람들은 추어탕 하면 으레 미꾸라지가 재료라고 생각한다. 하지만 앞의 H추탕집의 기사에서는 '미꼬리', 곧 미꾸리가 추어탕의 재료였다. 사실 미꾸라지와 미꾸리는 엄밀하게 따지면 다른 종류의 민물생선이다. 미꾸라지가 미꾸리에 비해서 크기도 크고 색도 진하다. 둘 다 연못이나 논, 그리고 늪에 살지만 미꾸라지는 진흙이 깔린 시냇물에도 산다. 1610년경에 집필된《동의보감(東醫寶鑑)·탕액편(湯液篇)》에서는 '추어(鰍魚)'라고 적고, 한글로 '믜꾸리'라고 적었다. 서유구(徐有榘, 1764~1845)는《임원경제지(林園經濟志)·전어지(佃漁志)》에서 '이추(泥鰌)'라고 적고 한글로 '밋구리'라 썼다.[5] 진흙 속에 사는 미꾸리라는 뜻이다. 서울 인근에 살았던 위의 두 책 저자들이 한글로 '미꾸리'라고 한 이유는 진흙이 가득한 미나리꽝 같은 늪에서 미꾸리를 구했기 때문인 것으로 여겨진다.

하지만 대부분의 사람들은 주로 얕은 강에서 천렵(川獵)으로 잡는 미꾸라지와 진흙을 떠내서 잡는 미꾸리를 크게 구별하지 않았다. 비록 1920년대 말 황보추탕집에서는 미꾸리로 추탕을 끓였지만, 한여름 전국의 시골집에서는 미꾸라지든 미꾸리든 상관없이 추어탕을 끓여 먹었다. 특히 1930년대 이후 미꾸리와 미꾸라지 모두 양식을 시도하면서 그 구분이 더욱 희미해졌다. 실제로 미꾸라지를 두고 미꾸리라고 부르는 경우도 많았다. 미꾸라지나 미꾸리의 양식은 별로 어렵지 않았지만, 그다지 큰 이익도 나지 않았다. 그냥 볏논에서 양식을 하다 보니 관리가 잘되지 않아서 죽는 사례가 많았다. 심지어 뱀이나 개구리와 같은 다른 생물의 먹잇감이 되기도 했다.

그래서 고안된 방법이 콘크리트로 아예 인공못을 만들어 미꾸리 대신에 시냇물에서도 잘 자라는 미꾸라지를 양식하는 것이었다. 이 방법은 1960년대에 농가에 소개되어 70년대에 널리 퍼졌다. 1970년 7월 정부 수산청에서는 일본 지바현(千葉縣)으로부터 일본산 미꾸라지 1만 마리를 기증받아 양식을 시도했다. 일본 미꾸라지는 재래종 미꾸

라지보다 훨씬 크고 잘 자랐다. 이후 전국 20여 군데에서 일본 미꾸라지 양식장이 생겼으며, 1970년대 중반에는 미꾸라지 양식업이 전국 농가에 부업으로 널리 보급되었다.

먹고사는 형편이 나아진 1980년대 이후 우리는 사시사철 지역 이름이 붙은 추어탕집에서 추어탕을 먹게 되었다. 요즘도 시골에 가면 늪에서 미꾸리를 구할 수 있지만, 집에서 가정식 추어탕을 끓여 먹을 정도이지 그것으로 사시사철 추어탕 전문 식당을 운영하기는 힘들다. 얻는 것이 있으면 잃는 것도 있게 마련이다. 재래종 미꾸리나 미꾸라지로 끓인 추어탕 맛에 입맛을 다셨던 1920~30년대 식객들의 미각이 부러울 따름이다.

3

개장의 변이, 육개장

식민지 시기에 '대구탕반'이란 음식이 있었다. 그 이름만 놓고 보면 대구 사람들이 즐겨 먹는 국밥이란 뜻이지만, 서울에서도 제법 인기를 모았던 모양이다. 1926년 5월 14일자 《동아일보》를 보면, 서울 공평동에도 대구탕반을 판매하는 식당이 있었다고 한다. 식민지 시기 서울 사람들 사이에서 대구 명물로 꼽혔던 대구탕반의 정체는 무엇일까? 1929년 12월 1일자 잡지 《별건곤》에 실린 '대구의 자랑 대구의 대구탕반, 진품·명품·천하명식 팔도명식물예찬'이란 글에 그 해답이 있다. '달성인(達成人)'이란 필명으로 쓴 글의 일부를 옮겨본다.

'명물 치고 맛난 것 없다.' 이런 일본 '고도와자'〔속담〕가 있다. 일리가 있는 말이니 명물이란 일홈에 홀리어 일상 새 맛을 추구하야 마지않는 우리들의 미각이 너무나 과민한 기대를 가지는 까닭도 있고 또는 명물업자들이 역여시명물(亦如是名物)에 자세하야 폭리를 꿈

꾸고 우물쭈물 날림으로 주무럭거리기 시작하야 점점 명물이 평범화하는 것도 한 가지 이유가 된다. 그러나 그런 것은 어쨌든 명물을 명물로 대접하야 이에 대구탕반을 한번 상미(賞味)해보기로 하자. 대구탕반은 본명이 육개장이다. 대체로 개고기를 한 별미로, 보신지재(補身之材)로 좋아하는 것이 일부 조선 사람들의 통성(通性)이지만 특히 남도 지방 촌간(村間)에서는 '사돈 양반이 오시면 개를 잡는다'고 개장이 여간 큰 대접이 아니다. 이 개장 기호성(嗜好性)과 개고기를 먹지 못하는 사람들의 사정까지 살피고 또는 요사이 점점 개가 귀해지는 기미를 엿보아서 생겨난 것이 육개장이니 얼른 말하자면 소고기로 개장처럼 만든 것인데 시방은 대발전을 하야 본토인 대구에서 서울까지 진출을 하였다.[1]

만약 이 주장이 사실이라면, 대구탕반은 본래 육개장을 부르는 다른 이름이었고, 육개장 역시 개장에서 변이된 음식이라는 말이다. 육개장이란 이름에서도 그러한 사정은 여실히 드러난다. 육개장의 '육'은 한자로 '고기 육(肉)' 자를 쓰는데, 여기서 의미하는 '고기'는 중국과 한국에서 그 종류가 각기 다르다. 가령 중국 한족은 이것을 돼지고기라고 여기고, 쇠고기는 별도로 우육(牛肉)이라고 적는다. 이에 비해 쇠고기를 좋아했던 조선시대 사람들은 '육(肉)'이라고 하면 쇠고기를 칭하는 것으로 여겼다. 여기에 '개장'이 붙었으니, 쇠고기로 개장처럼 만든 음식이란 뜻이 이미 육개장이란 이름 안에 담겨 있다. 또 이 글에서 주목해야 할 점은 육개장이 탄생한 이유가 개장을 기피하는 사람들 때문이었다는 점이다.

개장을 둘러싼 오래된 찬반양론

개장은 한자로 '구장(狗醬)'이라 적는다. 요즘 사람들은 이것을 보신탕이니 사철탕이니 하고 부르지만, 본래 이름은 개장이었다. 사실 조선시대 선비들 사이에서도 개고기를 먹는 일을 두고 찬반양론이 있었다. 이유원(李裕元, 1814~1888)의 문집인 《임하필기(林下筆記)》를 보면 이런 글이 나온다.

> 연경(燕京) 사람들은 개고기를 먹지 않을 뿐 아니라 개가 죽으면 땅에 묻어준다. 두실(斗室) 심상규가 연경에 갔을 때 경일(庚日)이 되자 개고기를 삶아 올리도록 했는데, 연경 사람들이 크게 놀라면서 이상히 여기고는 팔지 않았다. 이에 그릇을 빌려다가 삶았는데, 연경 사람들은 그 그릇도 모조리 내다 버렸다. 내가 북쪽에 갔을 때 들으니, 예전에 장단 상공(相公) 이종성은 남의 집 잔치에 참석했다가 개장을 보고서 먹지 않고 돌아와 말하기를, '손님에게 대접하는 음식이 아니다'라고 했다. 두 공의 규모(規模)가 각기 달랐다 하겠다.[2]

심상규(沈象奎, 1766~1838)는 정조(正祖, 1752~1800) 때 영의정까지 역임했던 노론 시파의 거두였다. 비록 몸은 연경(지금의 베이징北京)에 있었지만 삼복(三伏)이 되자 조선에서의 습관대로 개장을 먹으려 했다. 삼복에 개장을 먹는 것은 조선 후기에 한양이나 지방에서 아주 자연스런 일이었다. 심상규와 같은 시대에 살았던 유득공(柳得恭, 1749~1807)은 서울 풍속을 적은 《경도잡지(京都雜志)》에서 개장을 먹고 땀을 내면 더위를 물리치고 허한 기운을 보충할 수 있다고 했다.[3] 홍석모

(洪錫謨, 1781~1850)도 《동국세시기(東國歲時記)》에서 개장을 "시장에서도 많이 판다"[4]라고 했다. 심지어 정조의 즉위를 반대하여 홍인한(洪麟漢, 1722~1776)이 꾸민 역모에 가담했다가 붙잡혀 신문받은 천민 출신 장사 전흥문(田興文)의 자백 내용 중에 대궐 밖 구가(狗家)에서 구장을 사먹었다는 내용도 있다.[5] 이렇듯 18세기 이래 개장은 한양의 외식업에서 무척 유행했던 음식이다.

이에 반해 이종성(李宗城, 1692~1759) 같은 이는 개장 먹는 습관을 못마땅하게 여겼다.[6] 그는 영조(英祖, 1694~1776) 때의 문신이자 경상도 암행어사로 이름을 날렸던 인물이다. 경기도 장단 출신이었던 그는 개장을 사람이 먹을 음식이 아니라고 생각했다. 조선시대에도 개는 한편으로는 애완의 대상이었다. 하지만 복날이 되면 주인에게 혹은 '개백정'에게 붙잡혀서 고깃덩어리가 되는 경우가 많았다. 그러니 이종성 같은 선비는 질색을 했으리라. 앞의 《별건곤》에서는 심상규와 같이 몸보신을 좋아하는 것을 두고 조선 사람이 가진 '통성(通性)', 즉 공통의 성질이라고 했다. 적어도 조선 사람에게 개는 식용의 대상이었기 때문에 그러한 식습관을 두고 공통의 성질이라고까지 찬사를 보냈다. 하지만 혹시 이종성 같은 양반이 손님으로 오면 주부는 쇠고기로 개장을 끓일 수밖에 없었을 것이다.

19세기 중반 이후 조선을 찾은 서양인들은 너 나 할 것 없이 개장 먹는 풍습을 조선에서 가장 특이한 모습으로 꼽았다. 프랑스 출신의 가톨릭 선교사 클로드 샤를 달레(Claude Charles Dallet, 1829~1878)는 《조선교회사》(1847)에서 "돼지와 개가 엄청나게 많으나, 개는 지나치게 겁이 많으므로 식육으로밖에는 별로 쓰이는 데가 없다. 개고기는 매우 맛이 있다고들 하는데, 어떻든 조선에서는 그것이 가장 훌륭한 요리의 하나이다"[7]라고 했다. 그러면서 "양고기는 없고 그 대신 개고기가 있는데, 선교사들은 그 맛이 조금도 나쁘지 않다고 일치하여 말한다"[8]라고 덧붙였다. 조선에 와 있던 선교사들이 보낸 보고서를 바탕으로 책을 쓴 달레 신부 입장에서는 개고기가 결코 나쁜 음식이 아니었다.

1871년 조선을 찾은 미국인 목사 윌리엄 그리피스(William E. Griffis, 1843~1928)도 각종 자료를 참고하여 조선인의 개고기 식용에 대한 글을 썼다. "일반 푸줏간에서는 개고기를 파는데, 조선 사람들은 미국의 인디언들처럼 이 고기를 즐긴다. 그러나 음력 정월에는 종교적 금기로 인하여 개고기를 먹지 않으며, 개처럼 천한 신분들만이 먹도록 되어 있다." 아울러 그리피스는 개고기를 먹는 방식에 대해서도 설명해놓았다. "개고기는 가장 흔히 먹는 식품이다. 손님들마다 각기 작은 소반을 앞에 놓고 그 위에다가 큰 나무쟁반 위에 담은 개의 허리를 내어온다."[9] 아마도 개장이 아니라 수육을 먹는 모습을 묘사한 듯하다. 이처럼 몇몇 호의적인 시선을 제외하고는 대부분의 서양인들에게 조선인의 개고기 식용은 결코 곱게 보이지 않았다. 어느 서양인은 조선인들이 개고기를 매일같이 먹는데, 자신들을 대접하는 식탁에도 개고기가 나오지 않을까 걱정했다는 글을 남기기도 했다. 결국 서양인의 눈에는 개고기가 조선 사람의 특징처럼 보였던 것이다. 그들에게 조선인은 친구처럼 함께 생활하던 개를 먹는 미개 단계에 놓인 야만인이었다.

일본인들 역시 조선인의 개고기 식용을 못마땅하게 생각했다. 식민지 시기 말기인 1942년 무렵에 개장 혹은 개장국이란 명칭 대신에 '보신탕'이란 말이 본격적으로 등장했다. 해방 후에는 개장과 보신탕

서울올림픽이 끝나자 다음 해인 1989년경에는 개고기 식용에 대한 소란 또한 가라앉았다. '애견쎈타' 옆에 보신탕을 판매하는 음식점이 있는 아이러니한 풍경이다.

이 반반으로 쓰이다가 한국전쟁 이후 대통령 이승만의 영향 아래 기독교적 세계관이 온 나라의 주요 기관에 퍼지면서 개장국이란 말은 사라지고 보신탕 일색이 되었다. 조선총독부의 일본인 관료들은 근대적 사고방식과 일본의 전통관념에 비추어 개고기 식용을 탐탁지 않게 여겼으며, 해방 후 기독교인들 역시 서양의 세계관에 비추어 개고기 식용을 곱지 않은 시선으로 보았다. 결국 개장국은 그 이름마저 사라지는 수모를 당했다. 근대적 정신에 의해 전근대적 관습이 철퇴를 맞은 것이다.

개고기 식용에 대한 억압적인 분위기는 1988년 서울올림픽이 열리던 무렵 더욱 강화되었다. 심지어 개고기 식용으로 인한 질병 발생

우려 등 각가지 '합리적 협박'이 공공연하게 언론을 통해 전개되었다. 그러나 1988년을 넘기면서 이러한 분위기가 반전되기 시작했다. 개고기 식용을 한국의 독특한 문화로서, 이른바 역(逆) 오리엔탈리즘의 상징물로 만들기 시작했던 것이다.

이후 개고기 민족론이 여기저기서 자신만만하게 펼쳐졌지만 아직도 한국인에게 이 문제는 논란거리다. 여전히 개고기는 법적으로 식품으로서의 자격을 인정받지 못하고 애완과 식용 사이에서 헤매고 있다. 심지어 2000년대 이후 애완견의 대유행으로 개고기 식용은 공론화가 더욱 어려워졌다.

개장에서 육개장으로

그렇다면 개고기 개장과 쇠고기로 끓인 개장의 조리법은 어떠했을까? 조선시대에 개고기 조리법은 찌는 방법과 끓이는 방법이 있었다. 《경도잡지》에서는 "개고기를 파의 밑동인 총백(蔥白)과 섞어 푹 찐다. 닭고기나 죽순을 넣으면 맛이 더욱 좋다. 이것을 '구장'이라 부른다"라고 했다. 덧붙여 "혹 국을 끓여 고춧가루를 뿌려 흰 쌀밥을 말아서 먹기도 한다"라고 했다.[10] 즉, 하나는 파의 밑동을 시루 밑에 깔고 개고기를 올려서 쪄내는 것으로, 이 방법이 주류였다. 다른 하나는 국으로 끓여 먹는 것인데, 찜을 먹고 난 다음에 국을 끓였다. 빙허각 이씨(憑虛閣 李氏, 1759~1824)가 쓴 《규합총서(閨閤叢書)》(1809)에도 이와 유사한 내용이 있다. '증구법(蒸狗法)'이라고 하여 찌는 방법을 먼저 소개한 후에 국 끓이는 방법을 "내리〔삶은〕살은 고기 결대로 손으로 찢고 칼을 대지 말고, 내장은 썰어 고쳐 삶은 국에 양념하고 함담〔간

《한국고식문헌집성 고조리서 IV》에 실린 《규곤요람·음식록》의 육탕법(肉湯法)

을 맞추어 국을 끓이되, 밀가루를 많이 풀면 걸다"[11]라고 소개했다.

개장과 달리 육개장 조리법은 1800년대 말에 쓰였을 것으로 여겨지는 《규곤요람·음식록》에 처음 등장한다. 해당 지면을 보면 서미에 '육탕법(肉湯法)'이라 적고 본문에서는 '육개정'이라 적었다. 그 내용을 지금의 한국어로 옮기면 "고기를 썰어 장을 풀어 물을 많이 붓고 끓이되 썰어 넣은 고깃점이 푹 익어 풀리도록 끓인다. 잎을 썰지 않은 파를 그대로 넣고 기름 치고 후춧가루를 넣는다"[12]라고 되어 있다. 앞에서 소개한 《별건곤》의 대구탕반 조리법도 "서 말지기 가마에다 고기를 많이 넣고 곰 고듯 푹신 고아서 우러난 물로 국을 끓이는데 고춧가루와 소기름을 흠벅 많이 넣는다"[13]라고 했다. 육개장과 대구탕반의 차이점은 대구탕반에는 후춧가루 대신에 고춧가루를 사용한 것이 다를 뿐이다. 대구탕반도 곧 고기를 국수처럼 손으로 알맞게 찢어 넣는다고 하니, 살코기를 다루는 방법 또한 《규합총서》와 똑같다. 고기를 삶을 때 파를 많이 넣고, 익은 고기는 손으로 찢고, 국에 고춧가루나 후춧가루를 넣는 조미법은 개장과 육개장을 이어주는 공통된 조리법이다. 개고기 대신 쇠고기를 주재료로 사용한 육개장은 19세기 말이 되어서야 비로소 양반가의 밥상 위에 올랐다.

《별건곤》에 대구탕반에 관해 글을 썼던 저자 '달성인'은 엄동설한에 먹는 육개장 맛에 대해 다음과 같은 찬사를 남겼다.

> 국물을 먼저 먹은 굵다란 파가 둥실둥실 뜨고 기름이 뚝뚝 듣는 고음국에다 곧 고기를 손으로 알맞게 찢어 넣은 국수도 아니요 국밥도 아닌 혓바닥이 델 만치 뜨겁고 김이 무렁무렁 떠오르는 시뻘건 장국을 대하고 앉으면 우선 침이 꿀걱 넘어가고 아무리 엄동설한에 언(凍) 얼굴이라도 저절로 풀리고 온몸이 녹아서 근질근질해진다. 어쨌든 대구육개장은 조선 사람의 특수한 구미를 맞추는 고초가루와 개장을 본뜬 데 그 본래의 특색이 있다. 까딱 잘못 먹었다간 입설이 부풀어서 애인하고 키쓰도 못하고 애매한 눈물까지 흘리리라. 내가 대구서 중학 시절에 인토레런스(Intolerance)란 명화(名畵)를 구경하고 열두 시나 되어 손과 발이 얼어서 모퉁이름으로 벌벌 떨고 뛰어오다가 그때 친해 다니던 육개장집에 들어가서 단숨에 한 그릇을 비우고 나서는 그만 식곤증(食困症)에 취하야 서 말지기 뚜껑을 열 때마다 무슨 괴물의 입김처럼 확확 내치는 장국 김에 설여서 반만 익은 토마도 빛같이 된 주인마누라 무릎을 베고 그대로 잠이 들었던

일을 생각하면 지금도 그때 먹던 육개장이 새롭고 철없는 어린 그때가 그리워진다.[14]

    육개장의 실질적인 대중화는 20세기에 들어와서야 이루어졌다. 건강한 소를 식용 목적으로 도살하는 행위를 금지하던 우금(牛禁) 정책이 조선시대 내내 유지되다가 조선 왕조의 멸망과 함께 사라졌다. 비로소 소를 노동 도구이면서 동시에 먹을거리로 생각할 수 있는 합법의 시대가 열린 것이다. 이러한 분위기를 반영한 듯 20세기 초반에 출판된 요리책에서 육개장은 빠지지 않고 소개되었다. 심지어 1939년 7월 8일자 《동아일보》의 '오늘 저녁엔 이런 반찬을'이란 코너에도 육개장이 등장한다. 이처럼 육개장은 집에서 만들어 먹기도 했지만 그보다는 식당에서 사먹어야 제맛이라고 생각한 사람이 많았다. 집에서 적은 양을 끓이면 식당에서 먹는 깊은 맛이 잘 나지 않기 때문이었다. 1930년대 도쿄(東京)나 오사카(大阪)로 진출한 조선 식당에서도 불고기와 함께 육개장을 팔았다. 1950년대 이후에는 개장 판매를 금지하는 행정조치가 수시로 시행되는 바람에 개장 대신 육개장이 남성들의 보신음식으로 인기를 끌었다. 요리연구가들은 닭고기를 이용해서 '육계장'이란 음식도 만들어냈다. 이로 인해 어느 식당에서는 육개장을 팔면서 '육계장'이라고 적어놓기도 했다.

    개장을 만들듯이 살코기를 손으로 찢어야만 육개장이라고 부를 수 있다. 그런데 개장은 근대 이후 '미개' 문화의 대명사가 되어 조선총독부에서 좋지 않은 음식으로 취급할 정도였다. 결국 1940년대 이후가 되면 이름도 '보신탕'으로 바뀌는 신세가 되고 만다. 하지만 육개장은 자신의 탄생 비밀을 이름 속에 그대로 간직하고 파를 둥실둥

실 품은 채, 어떤 구박도 받지 않고 지금까지 이어지고 있다. 더욱이 개고기는 불법이고, 쇠고기는 합법이라는 근대적 인식으로 인해서 오로지 육개장만이 공적인 영역에서 음식으로 인정받고 있다. 개장의 입장에서 보면 무척 씁쓸한 일임에 분명하다.

4

육회비빔밥 탄생의 비밀

비빔밥은 국밥과 함께 한국에서 가장 오래된 외식업 메뉴 중 하나이다. 국밥처럼 비빔밥 역시 간편하게 한 끼를 해결할 수 있는 음식이기 때문이다. 나는 2011년 출간한 《음식인문학》에 〈비빔밥의 진화와 담론 연구〉라는 논문을 실었다. 그 글의 시작은 다음과 같다. "비빔밥의 사전적인 뜻은 '밥에 나물·고기·고명·양념 등을 넣어 참기름과 양념으로 비빈 밥을 가리킨다.' 한자로는 골동반(骨董飯)이라고 부른다. 가정에서 식사를 하면서 만들 수 있는 비빔밥과 함께 돌솥비빔밥·산채비빔밥·열무비빔밥·낙지볶음비빔밥·해물비빔밥·꽃비빔밥·멍게비빔밥 등 그 종류를 확정하기 어려울 정도로 많다. 왜냐하면 '밥+반찬+양념'의 조합인 비빔밥은 한국인의 일상 식사에서 가장 쉽게 만들 수 있는 음식이기 때문이다."[1] 조선 후기부터 골목마다 상업적인 분위기가 가득했던 서울에는 설렁탕, 장국밥과 함께 비빔밥을 판매하는 식당들이 제법 있었다. 그런데 식민지 시기에 들어오면서 육회가 올라간 비빔밥이 만들어졌다. 이 글에서는 육회비빔밥의 탄생 과정을 추적하려 한다. 그 비밀을 알아내기 전에 먼저 비빔밥의 본래 모습을 살펴보자.

비빔밥의 본래 모습

육회가 올라가지 않은 비빔밥은 어떤 모습이었을까? 1890년대에 필사된 한글 조리서 《시의전서·음식방문》에서는 제목을 한자로 '골동반(汨董飯)', 한글로는 '부븸밥'이라 적었다. 그 내용은 다음과 같다.

> 밥을 정히 짓고 고기 저며 볶아 넣고 간납 부쳐 써흐러[썰어] 넣어 각색 나무쇠[채소] 볶아 넣고 좋은 다시마 튀각 부숴 넣고 고추가로 깨소금 기름 많이 넣고 뷔비여 그릇에 담아 우희난[위에는] 잡탕거리처럼 계란 부쳐 골패쪽만치 써흐러 얹고 완자는 고기 곱게 다져 잘 재워 구슬만치 부뷔여[빚어] 밀가로[밀가루] 약간 무쳐 계란 재워 부쳐 얹나니라. 부븸밥 상에 장국을 잡탕국으로 하여 놓나니라.[2]

요즘 한국인들에게는 고추장이 들어가지 않은 비빔밥을 상상하기란 어려운 일인데, 여기에 소개된 비빔밥에는 고추장이 들어가지 않는다. 심지어 각색 나물을 비롯해 여러 가지 재료를 밥과 함께 미리 비벼서 그릇에 담는다고 적혀 있다. 요즘 식당에서 먹는 비빔밥과도 다르다. 왜 그럴까? 《시의전서·음식방문》 이후에 나온 조리서의 비빔밥 조리법을 살펴보면 그 의문을 풀 수 있지 않을까?

방신영(方信榮, 1890~1977)의 1921년판 《조선요리제법(朝鮮料理製

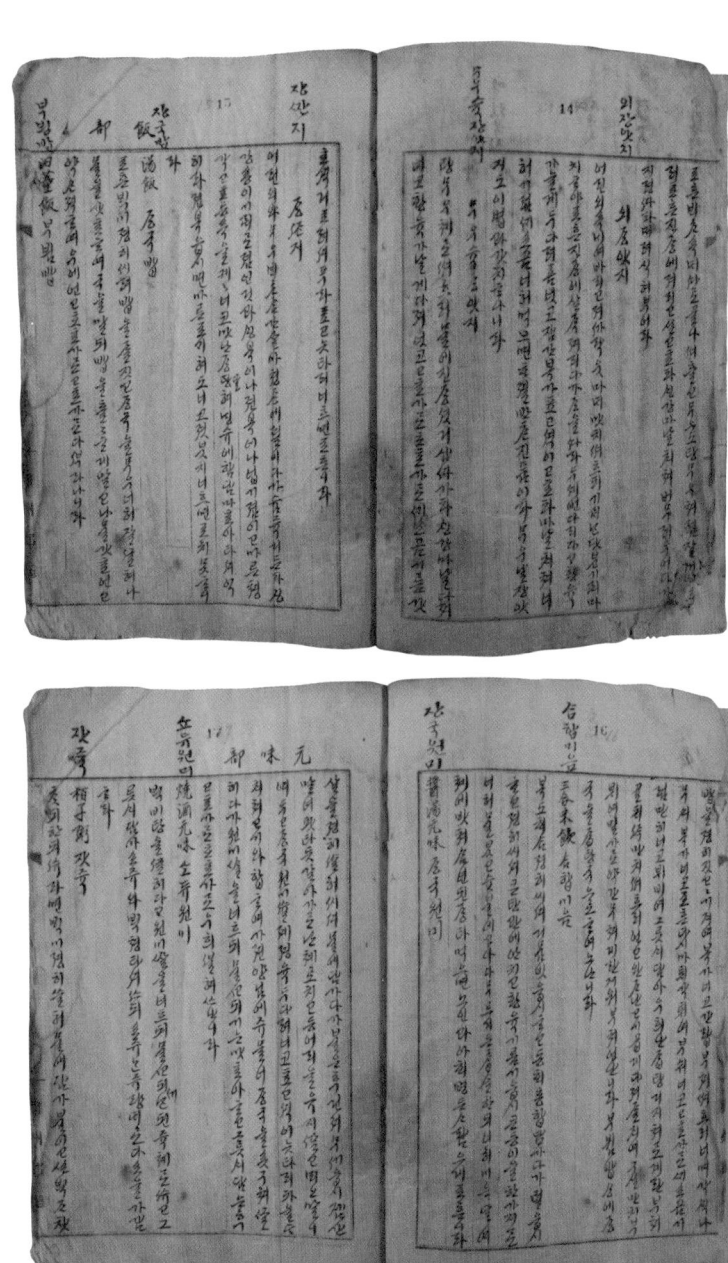

〈시의전서·음식방문〉 부빔밥 표제어와 내용

法)》에도 비빔밥이 '부빔밥'이라고 소개되어 있다. 조리법은 이러하다.

먼저 밥을 되직하게 지어 큼직한 그릇에 퍼놓고 무나물·콩나물·숙주나물·도라지나물·미나리나물·고사리나물 들을 만들어서 먼저 무나물과 콩나물을 솥에 넣고 그 위에 밥을 쏟아 넣은 후 불을 조금씩 때어 덥게 하고 누르미와 산적과 전유어를 잘게 썰어 넣고 또 각색 나물들을 다 넣은 후 기름·깨소금을 치고 젓가락으로 슬슬 저어 비벼서 각각 주발에 퍼 담은 후에 누르미·산적·전유어를 잘게 썰어 가장자리로 돌려 얹고 또 그 위에 튀각을 부스러트리고 팽란(삶은 달걀)을 잘게 썰어 얹은 후 알고명을 잘게 썰어 얹고 고춧가루와 깨소금을 뿌려놓느니라. 그러나 이것은 겨울에나 봄에 먹는 것이고, 혹 여름에도 이와 같이 하기는 하나 호박과 외를 잘게 쳐서 기름에 볶아서 위에 얹느니라.[3]

이 조리법 역시 지금 것과는 사뭇 다를 뿐 아니라, 《시의전서·음식방문》에 소개된 비빔밥과도 약간 다르다. 여기서는 무나물과 콩나물을 솥에 넣고 불을 때면서 그 위에 밥을 비롯하여 각종 재료와 양념을 넣고 젓가락으로 비빈다. 일종의 볶은 비빔밥과 비슷하다. 이것을 주발에 담고서 그 위에 각종 고명거리를 올렸다. 이 책의 조리법에서 가장 눈에 띄는 내용은 고춧가루를 양념으로 뿌린다는 점이다. 아마도 누르미와 전유어 등 생선 지진 것을 고명으로 올렸기 때문에 비린내를 없애기 위해 사용한 것 같다. 그런데 당시에는 고추장도 있었는데, 이를 비빔밥 양념으로 사용하라는 언급은 없다.

1940년에 일본어로 출판된 이하라케이(伊原圭)의 《조선요리(朝鮮

料理)》에도 비빔밥 조리법이 나온다. 이 책의 저자인 이하라케이는 조선인 조리학자 손정규(孫貞圭, 1896~1950?)이다. 이 책에 소개된 비빔밥 조리법도《조선요리제법》과 크게 다르지 않다. 다만 "보통 집안에서 해먹을 때는, 위에 놓는 고명이 없어도 속에 충분히 섞이어 있으니까 괜찮다"[4]라는 설명이 덧붙어 있다. 이 대목은 비빔밥의 역사를 살피는 데 매우 중요하다. 왜냐하면 가정식 비빔밥과 음식점 비빔밥이 만드는 방법에서 차이가 있었음을 알 수 있기 때문이다.

식품학자 윤서석(尹瑞石, 1923~)은 1977년 출판된《한국요리》에서 많은 양의 비빔밥을 한꺼번에 준비하기 위해서는 "애초에 밥을 비벼서 간을 맞추어 담고 웃고명으로 알지단만 뿌리도록 함이 좋다"라고 했다. 하지만 "밥은 비빈 후 오래 두면 불어서 맛이 없어지므로 시간을 맞추도록 한다"[5]라고 덧붙였다. 가정식 비빔밥은 먹을 사람이 적고 금방 먹기 때문에 그릇에 담기 전에 미리 비벼두어도 괜찮지만, 음식점에서는 수시로 드나드는 손님을 위해서 비빔밥을 미리 비벼둘 수가 없었다. 이처럼 비빔밥 또한 근대 외식업의 등장으로 면모가 바뀌어갔다. 그릇에 담기 전에 비비는 비빔밥은 가정식이며, 그릇에 밥을 담고 그 위에 재료를 놓는 비빔밥은 외식업체용이었다.

육회비빔밥의 탄생

그렇다면 육회비빔밥은 어떻게 탄생했을까? 육회는 소의 살코기나 간, 천엽, 양 따위를 잘게 썰어 갖은 양념에 무쳐 날로 먹는 음식을 가리킨다. 서유구는《임원경제지·정조지(鼎俎志)》에서 "고기를 잘게 썬 것을 회(膾)라고 부른다. 회는 '회(䘫)'라고도 하고 '할(割)'이라고도 한다. (중략) 어생(魚生)과 육생(肉生)을 모두 회라고 부른다"[6]라고 했다. 한편, 조재삼(趙在三, 1808~1866)은 《송남잡지(松南雜識)》에서 육고기로 만든 회를 '膾', 생선으로 만든 회를 '鱠'라고 적었지만,[7] 대체로 사람들은 육고기회나 생선회를 모두 '膾'라고 썼다. 재료에 따라서 별도로 쇠고기회는 우육회(牛肉膾), 얼린 꿩고기회는 동치회(凍雉膾), 복어회는 복회(鰒膾) 따위로 구분하기도 했다.

사실 지구촌에서 육고기나 생선을 날것 그대로 즐겨 먹는 사람은 많지 않다. 인간을 '음식을 조리하는 동물'이라 부르는 이유는 음식을 익혀서 먹기 때문이다. 그렇다면 조선시대 사람들은 왜 회를 먹는 데 주저하지 않았을까? 여러 가지 주장이 있지만, 그중 하나는 조선시대 주류 지식인인 성리학자들이 굳게 믿고 있던 상고주의(尙古主義)와 관련이 있다. 고대 중국의 고전인 《의례(儀禮)·공경대부례(公卿大夫禮)》에는 공경이 대부에게 식사를 대접할 때 특별식으로 우자(牛胾)·양자(羊胾)·시자(豕胾)·우지(牛脂)와 같은 회를 올렸다고 적혀 있다. 하지만 명나라 이후 한족들은 회를 먹을 수 있는 음식으로 여기지 않았다. 그런데 반대로 조선에서는 먹어야 하는 음식으로 받아들였다.

여러 가지 회 가운데 특히 육회는 장수를 누릴 수 있는 음식으로 여겨졌다. 1931년 양력 설날에 서울 안국동에 사는 안창길(安昌吉)은 92세가 되었다. 그녀는 13세에 침방나인으로 창덕궁에 들어가서 줄곧 궁에서 처녀로 살았다. 당시로서는 보기 드물게 장수를 한 인물이라 《동아일보》 기자가 안창길을 찾았다. 그녀의 식성이 어떠하기에 이렇게 장수하는지를 묻자, 조카며느리는 안창길이 식성이 좋아 무엇이든지 잘 먹지만, 그중 육회를 비롯한 고기를 특히 좋아한다고 했다.[8] 그 이후 안창길이 몇 세까지 더 살았는지는 확인하지 못했지만, 그녀의

1920년대 1년에 5천 두 이상 거래된 전라도에서 가장 큰 우시장이 전주에서 열렸다. 이로 미루어 전주 육회비빔밥도 그즈음 탄생했을 것이라 추정되지만 관련 문헌 자료를 아직 찾지 못했다. 1960년대까지도 우시장은 오일장이 열리는 날 새벽과 아침 두 차례 열렸다. 새벽에는 근육질이 좋은 노동용 소를, 아침에는 잔뜩 배를 불린 정육용 소를 팔았다.

장수에 육회가 제법 큰 공을 세웠을 가능성이 있다.

이러한 육회와 비빔밥이 만나 육회비빔밥이라는 새로운 음식이 탄생했다. 그런데 아직까지 조선 후기 문헌에서 오늘날의 육회비빔밥과 같은 음식을 발견하지는 못했다. 다만 1929년 12월 1일자 《별건곤》 제24호에 실린 글에서 육회비빔밥에 대한 언급을 찾을 수 있다. 글쓴이는 진주에 있는 비봉산(飛鳳山)을 내세워 필명을 '비봉산인'이라 적었다.

맛나고 값 헐한 진주비빔밥은 서울비빔밥과 같이 큰 고깃점을 그냥 놓은 것과 콩나물발이 세 치나 되는 것을 넝쿨지게 놓은 것과는 도저히 비길 수 없습니다. 하 — 얀 쌀밥 위에 색을 조화시켜서 날늘〔나는〕 듯한 새파란 야채 옆에는 고사리나물 또 옆에는 노르스름한 숙주나물 이러한 방법으로 가지각색 나물을 둘러놓은 다음에 고기를 잘게 이겨 끓인 장국을 부어 비비기에 적당할 만큼 그 위에는 유리 조각 같은 황(黃)청포 서너 사슬을 놓은 다음 옆에 육회를 곱게 썰어놓고 입맛이 깨끔한 고초장을 조곰 얹습니다. 여기에 일어나는 향취는 사람의 코를 찌를 뿐 아니라 보기에 먹음직합니다. 값도 단돈 10전. 상하계급을 물론하고 쉽게 배고픔을 면할 수 있는 것입니다. 이렇게 소담하고 비위에 맞는 비빔밥으로 길러진 진주의 젊은이들은 미술의 재질이 많은 것입니다. 또한 의기(義氣)의 열렬한 ××정신을 길러주는 것입니다.[9]

진주비빔밥에 대한 예찬이 아주 절절하다. 그런데 이 글의 첫머리에 나오는 서울비빔밥에 관한 언급도 함께 주목할 필요가 있다. 글에 따르면 서울비빔밥에는 큰 고깃점과 콩나물발을 그대로 올려놓는다고 한다. 여기에서 서울비빔밥에 오른 고기는 잘게 썬 육회가 아니라 큰 고깃덩어리였음을 알 수 있다. 실제로 앞에서 언급한 우자(牛胾)는 산적처럼 크게 썰어서 만들었을 것이다. '자(胾)'라는 한자는 크게 썬 고기 조각을 가리킨다. 《임원경제지·정조지》에서도 우육회는 고기를 마치 나뭇잎처럼 넙적하게 썬 것과 실처럼 채 썬 것 두 가지가 있다고 했다. 그러니 서울비빔밥에는 요즘 대구의 음식점에서 판매되는 '뭉티기(뭉텅이의 지방어)'라고 불리는 육회와 닮은 쇠고기 덩어리가 올라갔던 모양이다. 이에 비해 진주비빔밥에는 가늘게 채 썬 육회를 밥 위에 올렸다. 서울과 진주는 일찍이 20세기 초반에 전국에서 가장 먼저 도살장이 형성되었기 때문에 육회를 즐겨 먹을 수 있었다.

비빔밥의 양념으로 굳어진 고추장

1920년대 서울과 진주의 육회비빔밥은 모두 식당의 메뉴였다. 가정에서 식당으로 옮겨온 비빔밥은 주방장이 아닌 손님이 직접 비비는 방식으로 바뀌었다. 이 과정에서 간을 맞추는 조미료로 고추장이 사용되었다. 앞에서 소개한 잡지 《별건곤》의 글을 보면 육회비빔밥의 양념으로 고추장을 넣었음을 알 수 있다. 조선 후기 문헌에서는 육회나 생선회를 먹을 때 조선간장에 식초를 넣은 초장이나 겨자가루를 물에 갠 겨자장에 찍어 먹는다고 했다. 특히 영조는 나이가 들면서 입맛을 되살려주는 약으로 고추장을 즐겨 먹었다고 한다. 산해진미를 올려도 영조는 "가을보리밥에 고추장과 김칫국이 거의 입맛에 맞았다"[10]라고 할 정도였다. 식민지 시기에 출판된 조리서인 《조선요리제법》에서도 회를 좋은 약고추장에 찍어 먹는다고 했다. 고춧가루와 같은 향신료는 부패의 원인이 되는 미생물을 제균(除菌)·살균(殺菌)하는 효과가 있다. 고추장 역시 고춧가루의 기능을 한다. 육회를 넣어서 비린 맛이 강한 육회비빔밥에서 고추장은 비린 맛을 잡는 역할도 한다. 1920년대 들어 고추 품종이 개량되면서 생산량이 많아지자 고추장도 그전에 비해 손쉽게 만들 수 있게 되었다. 이러한 과정에서 육회와 고추장은 비빔밥의 간판 노릇을 하게 되었다.

그런데 요즘 안동에서 헛제삿밥이라는 이름으로 팔고 있는 비빔밥은 비빌 때 고추장을 쓰지 않고 조선간장으로 간을 맞춘다. 알다시

피 헛제삿밥은 제사를 지내고 먹는 음복 비빔밥을 흉내 내서 메뉴로 개발한 음식이다. 본디 제사상에 고추장을 올리지 않은 까닭에 비록 헛제삿밥이긴 해도 고추장 대신 조선간장을 쓰는데, 여기에 한 가지 이유를 더 보태자면 헛제삿밥에는 육회가 들어가지 않기 때문이기도 하다. 1970년대 중반까지도 기제사를 모신 다음 음복으로 비빔밥을 먹을 때 조선간장으로 간을 하는 가정이 많았다. 그런데 점차 고추장이 대중화되면서 음복 비빔밥에도 고추장이 들어가기 시작했다.

　1960년대 중반이 되면 식품회사에서 고추장을 제조·판매할 정도로 고추장은 대중화되었다. 이런 세태를 반영한 듯, 1977년에 출판된 왕준련(王晙連, 1918~1999)의 《한국요리》에는 "양념한 고추장을 나물과 함께 얹어내기도 하고 따로 준비하여 식성에 맞도록 먹게 해도 좋다"[11]라고 했다. 1980년대 이후 도시 거주자가 늘어나면서 외식업도 성장했는데, 이 무렵 고추장은 비빔밥 양념으로 완전히 굳어졌다.

　비빔밥은 한국인의 일상 식사를 구성하는 '밥+국+반찬'의 조합이 '밥+반찬'으로 간편해진 형태를 보여주는 대표적인 사례이다.[12] 한마디로 비빔밥은 '먹기 좋은(good to eat)' 음식이기 때문에 사람들 사이에서 선택되었다. 이 점은 20세기 이후 각 지역의 음식점 메뉴로 비빔밥이 등장한 이유이기도 하다. 국밥과 함께 비빔밥은 공급자 입장에서는 만들기 쉽고, 수요자 입장에서는 한 끼를 손쉽게 해결할 수 있는 음식이다.

　1970년대부터 본격적으로 진행된 한국 사회의 도시화도 비빔밥이 성행하는 데 중요한 역할을 했다. 농촌과 지방에 거주하던 사람들이 서울과 그 주변으로 대거 이주하기 시작한 1970년대에 서울에는 지역음식을 전문적으로 판매하는 식당들이 들어서기 시작했다. 특히

경제 개발이 성공하면서 그 혜택을 누리기 시작했던 1980년대 초반 서울에는 지방에서 기반을 다진 음식점들의 분점이 들어섰다. 전주비빔밥 혹은 전주곱돌비빔밥과 같은 음식을 판매하는 전문 음식점도 서울에 등장했다. 이미 1960년대부터 언론에 등장하기 시작한 전주비빔밥은 1980년대 초반에는 전국적인 음식으로 자리를 잡았다. 1981년 서울 명동에 진출한 전주의 '전주중앙회관'에서는 전라북도 장수의 곱돌로 만든 그릇에 비빔밥을 담아서 팔았다. 지글지글 끓는 돌솥에 놓인 육회비빔밥은 보통의 육회비빔밥과는 비교가 되지 않을 정도로 맛이 범상치 않았다. 돌솥을 이용한 창조적인 시도는 전주비빔밥의 이름을 전국에 알리는 데 결정적인 역할을 했다.

21세기 들어 한국 음식 가운데 비빔밥만큼 세계 각지에 널리 퍼진 음식도 드물다. 이는 지난 100년 동안 음식점 주방에서 고뇌한 조리사 덕택이다. 지금도 비빔밥은 진화하며 한반도는 물론이고 지구촌 곳곳에서 빛을 내고 있다.

5

면옥집의 대표 메뉴, 냉면과 만두

"평양에 있는 냉면가(冷麪家)의 고용인들은 고래(古來) 전통적으로 고주(雇主)의 착취와 학대를 여지없이 받아왔는 바, 이제에 이르러서는 일반 동지의 공고한 단결의 역(力)으로써 고주에 대항하는 무기를 만들고저 지난 25일 오후 1시경에 냉면가 피고인 약 105명이 대동문(大同門) 노동조합사무소 내에 모이어 '면옥노동조합'이라는 신단체를 조직하였는데, 조합장은 김성정(金聖貞) 씨가 추천되었으며, 회의 중 금번 경성으로부터 내양(來壤)한 경성 각 주의단체(主義團體)의 대표자 서정희(徐廷禧)·김찬(金燦)·송봉우(宋奉瑀)·신철(申澈)·김연희(金延義)·박일병(朴一秉)·김홍작(金鴻爵) 등 제씨(諸氏)의 축사가 있은 후 동(同) 조합 창립의 만세를 삼창하고 폐회하였다고."[1]

이 글은 1925년 1월 28일자 《동아일보》에 실렸다. 지금도 냉면 하면 평양을 내세울 정도로 이미 식민지 시기부터 평양에는 냉면가가 즐비했다. 그런데 이 냉면가의 일꾼들이 노동조합의 이름을 왜 '냉면

가노동조합'이라 하지 않고 '면옥노동조합'이라고 했을까? 냉면이라고 하면 메밀가루로 빚은 국수만을 가리키지만, 면옥이라고 하면 메밀가루와 함께 밀가루로 만든 음식을 판매하는 모든 음식점을 두루 포괄할 수 있기 때문은 아니었을까? 비록 냉면가 일꾼들이 노동조합의 중심이자 다수를 이루었겠지만, 편수나 만두 따위를 판매하던 식당의 일꾼들도 틀림없이 참여했을 것이다.

평안도는 봄밀 농사가 남부 지역보다 수월했을 뿐 아니라, 압록강을 맞대고 있던 중국의 동북 지역인 만주가 겨울밀의 산지였기 때문에 밀가루도 제법 풍부한 편이었다. 그래서 식민지 시기 평양에는 온반과 같은 국밥을 판매하는 음식점도 있었지만, 대부분의 음식점에서 메밀가루나 밀가루로 만든 음식을 끼니음식으로 판매했다. 이런 면에서 평안도의 면옥집은 서울의 국밥집에 맞먹었다. 그렇다고 여기에서 평양의 면옥집을 본격적으로 다루지는 않는다. 왜냐하면 지금 평양에 가서 현지 조사를 할 수 없기 때문이다. 그 대신에 식민지 시기 서울에서 인기를 누렸던 여름냉면과 개성의 대표 음식 편수, 그리고 북한 만두집이 남하한 역사를 다루려 한다.

냉면, 겨울음식에서 여름음식으로

1920년대 말 서울 청계천 북쪽에는 40여 곳이 넘는 냉면집이 있었다. 낙원동의 평양냉면집과 부벽루, 광교와 수표교 사이의 백양루, 그리고 돈의동의 동양루 등이 모두 냉면 전문점으로 당시 이름을 떨쳤다. 그런데 냉면집은 여느 음식점과 다른 독특한 특징이 있었다. 단층짜리 냉면집 입구에 상호를 적은 간판이 붙은 것은 설렁탕집이나

1931년 12월 17일자 《동아일보》에 게재된 아지노모도 광고
냉면집 간판 옆에 치솟은 종이다발이 눈에 띈다.

추어탕집이나 마찬가지였다. 하지만 간판 옆에 긴 막대기를 하늘 높이 꽂아두고, 그 끝에 종이다발을 길게 늘어뜨려 흩날리도록 했다. 종이다발이 바람에 흩날리는 모습이 마치 제면기에서 막 빠져나온 메밀국수 타래를 닮았다. 높은 긴물이 별로 없었던 당시 종로에서는 전차에서 내려 북악산 쪽으로 시선을 조금만 돌려도 금세 이 종이다발이 눈에 띄었다. 특히 한여름에는 창공에서 휘날리는 흰색 종이다발이 식객들의 입맛을 유혹했다.

냉면은 본래 겨울음식이었다. 겨울에 냉면을 먹는 풍속은 이미 조선 후기 평안도나 황해도 사람들에게는 너무나 익숙한 일이었다. 정약용(丁若鏞, 1762~1836)은 겨울에 냉면 먹는 모습을 두고, "시월 들어 서관(西關)에 한 자 되게 눈 쌓이면, 문에 이중으로 휘장을 치고 폭신한 담요를 바닥에 깔아 손님을 잡아두고는, 갓 모양의 쟁개비에 노루고기 저며 굽고, 길게 뽑은 냉면에 배추절임을 곁들이네"[2]라고 시를 읊조렸다. 당시 냉면에 대한 더욱 자세한 내용은 홍석모가 쓴《동국세시기》의 음력 11월편에 나온다.

> 메밀국수에 무절임과 배추절임, 그리고 돼지고기를 넣은 음식을 냉면이라고 부른다. 또 잡채(雜菜)와 배, 밤, 채 썬 쇠고기와 돼지고기, 그리고 참기름과 간장을 모두 국수에 섞은 것을 골동면(骨董麵)이라고 부른다. 관서(關西)의 면이 가장 맛있다.[3]

지금의 냉면집 용어로 말하면 '물냉'과 '비냉'을 음력 11월이 되면 마식령산맥의 서쪽 지방인 평안도와 황해도 북부 지역 사람들이 계절음식으로 즐겨 먹었다.

그런데 냉면이 그 한자 이름에 걸맞게 '차가운 국수'가 되려면, 얼음이 필요하다. 겨울에야 동치미 국물이 추운 날씨 덕택에 얼어버리니 따로 얼음이 필요 없었다. 하지만 한여름에는 차가운 국수를 만들기가 어려웠다. 조선시대 왕실에서는 예조에 소속된 빙부(氷夫)들이 겨울에 꽝꽝 언 한강에서 채취한 얼음을 저장해두고 사용했다. 왕실의 얼음을 저장하는 중요한 장소는 동빙고(東氷庫)와 서빙고(西氷庫)였다. 동빙고의 얼음은 3월 초하루부터 9월 상강(霜降)까지 모든 제향(祭享) 때 얼음 출납이 이루어졌다. 이에 비해 서빙고의 얼음은 각 전(殿)과 궁(宮), 소속 관리, 그리고 활인서(活人署)의 병자들과 의금부(義禁府)와 전옥서(典獄署)의 죄수들에게 제공되었다. 왕과 왕비 등에게는 3월부터 9월 사이에 얼음이 제공되었지만, 종친과 문무 2품 이상 관리들에게는 6월에만 얼음을 주었다.

1920년대 한강에서 천연빙을 채취하는 장면이다. 한강은 수량이 풍부하여 서울과 인근 주민들의 생활용수로 쓰였다. 여름에 사용했던 음료용 얼음 역시 대부분 한강에서 채취한 천연빙이었다. 해마다 채취하는 얼음의 양에 약간씩 차이는 있었지만, 대체로 2만에서 4만 톤에 달했다. 채빙 작업은 경성천연빙주식회사와 조선천연빙주식회사 두 회사에 주로 맡았다. 한강의 채빙 장소는 현재의 한강대교 북쪽 유역이었다. 1920년대 겨울에 채빙비는 톤당 1원 20전 혹은 1원 30전이었지만, 여름에 판매할 때는 1관(貫, 3.75Kg)에 7, 8전을 받았다.

    1910년대 들어 사람들은 냉면을 여름음식으로 먹기 시작했다. 이러한 냉면의 변신은 근대적인 제빙(製氷) 기술과 겨울에 캐낸 얼음을 여름까지 보관할 수 있는 냉장시설의 탄생이 결정적인 역할을 했다. 기존의 얼음 공납제도는 1894년 7월부터 시작된 갑오개혁으로 폐지되었다. 그러자 1894년 음력 12월 31일에 이창(李昶)이란 사람이 원만회사(圓滿會社)라는 이름의 제빙·장빙업 회사를 세워서 그 일을 대신했다.[4] 비록 제빙이라고 했지만, 겨울에 한강에서 얼음을 캐는 채빙(採氷)과 그것을 저장하는 장빙(藏氷)이 주된 사업이었다.

    인공얼음을 만드는 제빙 기술은 1875년 독일인 린데(Carl von Linde, 1842~1934)와 미국인 보일(David Boyle)이 암모니아 압축식 냉동기를 개발하면서부터 시작되었다. 1909년 대한제국 탁지부(度支部)에서는 부산항 근처에 제빙소(製氷所)를 만들었다. 하지만 1910년 4월에 이 제빙소는 일본인에게 넘어갔다. 1910년 4월 14일자 《대한매일신보》에서는 '제빙소까지'라는 제목으로 그 안타까움을 드러냈다. "부산항에 있는 탁지부 소관 제빙소(어름 제조하는 곳)는 일인 수산회사에 넘겨주었다더라."[5] 일본인 수산회사는 연이어 제물포와 원산·군산 등지에도 제빙공장을 열었다. 생선을 유통할 때 신선도를 유지하기 위해 얼음 포장을 한 탓에 제빙공장은 수산업에 필수적인 시설이었다. 하지만 그 값이 만만치 않았다.

그러자 오래된 채빙 방식이 냉장시설과 연결되었다. 겨울에 한강을 비롯해 각지의 강과 저수지가 얼기 시작하면 거기서 얼음을 캐내 보관하는 공장이 들어섰다. 전기가 충분치 않았던 당시에는 제빙공장도 얼음을 직접 생산하기보다는 이렇게 겨울에 캐낸 얼음을 보관하는 방식으로 운영되었다. 1913년 4월에는 경부선 기차 안에서 시원한 음료를 제공하기 위해 용산의 제1철로 근처에 일본인이 운영하는 제빙공장이 들어섰다.[6] 이 공장 또한 겨울에 한강에서 캐낸 얼음을 보관하는 방식으로 운영되었다.

이어서 경성에 경성천연빙회사(京城天然氷會社)와 조선천연빙회사(朝鮮天然氷會社)가 설립되었다. 마찬가지로 이들 회사에서도 인력과 기계를 사용해 겨울에 한강에서 얼음을 캐서 보관하다 여름에 판매했다. 제빙회사가 늘어나면서 1910년대 중반 이후에는 여름이면 어김없이 경성 거리에 '빙수점(氷水店)'이라는 간판을 내건 점포나 포장마차가 등장했다. 당초 천연빙은 음식용과 잡용으로 나뉘었다. 음식용 천연빙은 빙수나 청량음료, 그리고 여름냉면에 사용되고, 잡용은 주로 병원에서 환자 치료용으로 사용되거나 수산물 유통에 쓰였다. 그런데 여름에 얼음 수요가 급증하자 잡용이 음식용으로 둔갑하는 사건이 자주 일어났다. 마침내 1921년 11월 조선총독부에서는 얼음 관리에 관한 법률을 발포하기까지 했다.

냉면+아지노모도=미미

여름에 얼음을 확보할 수 있게 되자 경성이나 평양에서는 여름냉면이 대단한 인기를 누렸다. 하지만 여름냉면을 제대로 즐기기 위해서는 또 다른 문제를 해결해야 했다. 바로 냉면 육수였다. 육수로 쓰는 동치미나 백김치 혹은 나박김치는 주로 겨울에 마련했는데, 여름냉면이 유행하면서 이제는 여름에도 육수를 내기 위해 이들 김치를 담가야 했다. 이미 1910년대 말부터 서울에 대리점을 개설해 영업하고 있던 일본의 화학조미료회사 아지노모도(味の素)가 이런 기회를 놓칠 리 만무했다. 아지노모도회사는 1931년 12월 17일자 《동아일보》에 "냉면+아지노모도=미미(美味), 모든 음식+아지노모도=미미, 음식점+아지노모도=천객만래(千客萬來)"이라는 카피를 내세운 광고를 내보냈다. 광고 속 그림도 그들이 냉면집을 타깃으로 삼았음을 알려준다. 앞에서도 소개했듯이 그림 속의 음식점 간판 옆에는 냉면집을 상징하는 장대에 매단 종이다발이 높이 휘날리고 있다.

1910년대 평양 대동문 앞에 2층으로 된 냉면집이 최초로 들어선이래, 평양 시내 곳곳에 수십 곳의 냉면집이 문을 열었다. 냉면집의 유행으로 1920년대에는 평양면옥상조합(平壤麵屋商組合)이 생겨날 정도였다. 아지노모도회사에서는 평양 사람들이 냉면을 즐긴다는 사실에 착안하여 아지노모도를 넣은 육수를 내세워 직접 평양에 냉면집을 열었다. 1929년 12월 1일자 《별건곤》 제24호에서 '김소저(金昭姐)'라는 필명의 저자는 겨울 평양냉면을 예찬하면서 "꽁꽁 언 김칫독을 뚫고 살얼음이 뜬 진장김칫국에다 한 저(箸) 두 저 풀어먹고 우루루 떨려서 온돌방 아랫목으로 가는 맛! 평양냉면의 이 맛을 못 본 이요! 상상이 어떴소!"[8]라고 했다. 여기에서 '진장김칫국' 육수는 조선간장으로 간을 한 동치미 국물이다. 그런데 이런 냉면 대신 1920년대 말 평양면옥집에서는 육수에 아지노모도의 신비한 맛이 첨가된 냉면을 팔

● 1908년 일본인 이케다 기쿠나에(池田菊苗, 1864~1936)는 화학적인 방법으로 '글루탐산'을 발명해 그것을 '아지노모도'라는 이름으로 상품화했다. 아지노모도가 조선에 소개되기 시작한 때는 1915년경이다. 1915년 10월 7일자 《매일신보》에 실린 광고를 보면, "소맥과 대두로 정제한 순백의 분말이오니, 각종의 음식에 소량을 가하면 곧 천래의 미미(美味)를 생(生)합니다"라고 하면서, 일본·영국·미국·프랑스에서 전매특허를 냈다고 선전하고 있다. 1920년대 말이 되자 아지노모도는 조선 전역에 영업망을 확대했다. 특히 '근대 여성은 모두 애용자'라든가, '이왕가(李王家)에서도 사용'한다는 점을 강조하면서 대대적인 상품 선전에 열을 올렸다. 처음 맛을 본 사람들은 혹시 뱀가루가 아닐까 의심하기도 했다. 오랫동안 재료를 고아서 국물을 만들지 않아도 아지노모도만 넣으면 음식 맛이 매우 좋아졌다. 아지노모도의 조선 판매를 책임진 스즈키상점(鈴木商店)에서는 1935년에 《사계(四季)의 조선요리(朝鮮料理)》라는 책을 한글판으로 펴냈다. 표지에는 '아지노모도본포(味の素本鋪) 스즈키상점(鈴木商店) 찬(撰)'이라고 적혀 있다. 이 책에는 96가지의 조선 음식과 김치, 그리고 카레라이스와 오므라이스를 비롯한 11가지의 서양 요리 조리법과 함께 아지노모도 사용량이 소개되어 있다.[7] 가령 국수비빔 조리법에는 마지막 줄에 '아지노모도 네 사시(숟가락)(아지노모도 사시로)'라는 문구가 적혀 있다. 이 정도로 그들은 당시 조선 음식에 깊이 개입했다. 그런데 냉면 조리법은 이 책에 나오지 않는다. 아마도 냉면에 아지노모도를 넣는 일은 이미 아주 일상화되었기 때문으로 보인다. 이케다 기쿠나에는 맨 처음 다시마를 원재료로 글루탐산의 맛을 확인했지만, 글루탐산이 물에 쉽게 녹을 수 있도록 나트륨을 결합시켜 아지노모도라는 화학조미료를 만들어냈다. 이로 인해서 1970년대 이후 화학조미료에 대한 비판과 함께 아지노모도 유해론이 퍼졌다.

기 시작했다. 원래 평양 사람들은 동치미를 담글 때 익힌 쇠고기나 돼지고기 덩어리를 넣어 냉면 육수를 마련했기에 동물성 단백질의 아미노산 맛이 냉면 육수에 배어 있었다. 그런데 그 맛을 아지노모도의 글루탐산이 대신하게 되었으니, 냉면집 주인 입장에서는 아주 편리해졌다. 그렇다고 아지노모도 가격이 싼 것은 아니었다. 비록 시기와 지역에 따라 물가의 차이는 있지만, 1940년 6월 27일자 《동아일보》에 의하면 평안남도에서 발표한 당시 소비자물가 고시가격에서 아지노모도 50문(匁, 1문당 3.75g) 187.5g이 들어간 작은 깡통 하나의 값이 6원 79전이었다. 같은 자료에서 두부 3문 11.25g의 값이 2전 5리라고 했으니, 아지노모도는 매우 비싼 편이었다. 하지만 그 편리성은 비싼 값어치를 하고도 남았다. 특히 한여름에 굳이 동치미를 담글 필요가 없어졌으니 얼마나 편리했겠는가. 맛을 보는 손님 입장에서도 심심한 동치미 육수에 비해 아지노모도를 넣은 육수가 훨씬 자극적이고 맛도 더 구수한 듯했다.

판매자와 소비자의 입장을 잘도 알아차린 아지노모도회사는 1934년 5월 30일자 《동아일보》에 다음과 같은 카피의 광고를 실었다.

> 냉면 다섯 그릇째. 본시 냉면 좋아하는 데다가 이렇게 맛이 있는 데야 어쩌나! 식이위천이지! 모-든 음식을 맛있게 하는 아지노모도.[9]

광고 속 그림에는 두루마기를 입은 중년 남자가 냉면을 한 젓가락 길게 집어들고 있다. 사각의 긴 탁자 위에는 유기그릇에 담긴 냉면과 속이 깊은 보시기에 담긴 반찬이 놓였다. 반찬은 아마도 동치미나

1934년 5월 30일자 《동아일보》에 실린 아지노모도 광고

무김치일 것이다. 중년 남자는 이미 네 그릇이나 먹고서 빈 그릇을 옆에 쌓아놓았다. 방 밖에 있던 사람들이 문틈으로 머리를 포개고서 이 장면을 신기하게 바라보고 있다. 광고 카피에 나온 '식이위천'은 한문으로 '食以爲天'이다. 이 말은 본래 춘추시대 정치가 관중(管仲, ?~BC 645)이 '왕자이민위천(王者以民爲天), 민이식위천(民以食爲天), 능지천지천자(能知天之天者), 사가의(斯可矣)'라고 한 데서 유래한다. 곧 '왕은 백성을 으뜸으로 여기고, 백성은 음식을 으뜸으로 여긴다. 능히 으뜸의 으뜸을 아는 자만이 왕이 될 수 있다'라는 뜻이다. 아지노모도회사는 한문을 좀 아는 사람이면 금방 뜻을 알아차릴 수 있는 이 고사를 빌려 '백성이 으뜸으로 여기는 음식을 맛있게 한다'는 광고를 낸 것이다. 마침내 1920년대 말이 되면 한강에서 채빙하여 저장해둔 얼음과 동치미를 대체한 아지노모도로 인해 냉면은 겨울과 여름은 물론이고 봄이나 가을에도 먹는 사시사철 음식이 되었다.

개성의 대표 음식, 편수

면옥집의 주된 메뉴는 냉면이었지만, 편수나 만두를 판매하는 면옥집도 제법 많았다. 1929년 12월 1일자 《별건곤》 제24호에 실린 '천하진미 개성의 편수, 진품·명품·천하명식 팔도명식물예찬'이란 제목의 글에서 그러한 사정을 짐작할 수 있다. 개성편수를 아무렇게나 만든다면 서울 종로통 음식점에서 큰 대접에 하나씩 주는 20전짜리 만두만 못하겠지만, 제대로 만든 개성편수는 만두보다 더 맛있다는 주장이다. 그 내용은 다음과 같다.

> 먹어본 일이 없는 사람에게 지면으로 그 음식 맛을 소개한다는 것은 가보지 못한 사람에게 어떤 경치를 소개하는 것보다도 더 어렵고 막연한 일일 것이다. 편수도 편수 나름이지 그 맛이 다 같다고야 할 수 없을 것이다. 그 맛의 호부(好否)를 작정(作定)하는 것은 말할 것도 없이 그 속(편수 속)의 재료에 있는 것이다. 개성편수 중에도 빈한한 집에서 아무렇게나 만들어서 편수 먹는다는 기분만 맛보는 것 같은 그런 편수는 서울 종로통 음식점에서 일금 이십 전에 큰 대접으로 하나씩 주는 만두 맛만 못할는지도 모른다. 그것은 고기라고는 거의 없고, 숙주와 두부의 혼합물에 지나지 않기 때문이다. 그러나 정말 남들이 일컬어주는 개성편수는 그런 것이 아니라 그 속(편수 속)의 주성물은 우육(牛肉)·돈육(豚肉)·계육(鷄肉)·생굴·잣·버섯·숙주나물·두부, 그 외의 양념 등 이렇게 여러 가지 종류이다. 이것들을 적당한 분량씩 배합하야 넣되 맛있는 것을 만들려면 적어도 숙주와 두부의 합친 분량이 전체 분량의 3분 1을 넘어서는 안 될 것이다. 그럼으로 정말 맛있다는 개성편수는 그리 염가(廉價)로 얻어지는 것이 아니다. 상기(上記)의 여러 가지 물건이 개성 부인네의 특수한 조미법(調味法)으로 잘 조미되어 똑 알맞게 익어서 그것이 우리들 입속

으로 들어갈 때 그 맛이 과연 어떠할까. 세 가지 고기 맛, 굴과 잣 맛, 숙주와 두부 맛들이 따로따로 나는 것이 아니요, 그 여러 가지가 잘 조화되어서 그 여러 가지 맛 중에서 좋은 부분만이 한데 합쳐져서 새로운 맛을 이루어서 우리 목구멍으로 녹아 넘어가는 것이니 그 새로운 조화된 맛 그것이 개성편수 맛이다. 개성의 유명한 송순주(松筍酒) 한 잔을 마시고 일홈 있는 보쌈김치와 함께 이렇게 잘 조화된 편수의 한 개를 뀌뜨릴 때 나 같은 식도락(食道樂)의 미각은 부지경(不知境)에 이 몸을 황홀경(恍惚境)으로 이끌어가는 것이다.[10]

그렇다면 편수는 어떻게 만드는 음식일까? 1890년대에 필사된 한글 조리서 《시의전서·음식방문》에 그 조리법이 나온다. "밀가루를 냉수에 반죽하여 얇게 밀어 네모반듯하게 자르되 너무 작게 하지 않고 소는 만두소처럼 만들어 귀를 걸어 싸서 네모반듯하게 하되 혀를 꼭 붙게 하여 삶는 법도 만두와 같으니라"고 했다. 또한 같은 책에 나오는 '만두' 편에서 편수의 소 만드는 방법을 짐작할 수 있다. "소감으로는 쇠고기·꿩고기·돼지고기·닭고기를 모두 쓴다. 미나리·숙주·무는 다 삶고 두부와 배추김치는 다지고, 고기도 다진다. 다진 채소와 두부·닭고기에 파·생강·마늘·고춧가루·깨소금·기름을 넣어 간을 맞추어 양념한다. 기름을 많이 넣고 속에 잣을 두어 개씩 넣어서 아주 얇게 빚어 고기 장국에 삶는다. 만두는 물이 팔팔 끓을 때 넣어 솥뚜껑을 덮지 않고 삶는데, 만두가 둥둥 뜨거든 건져서 합 그릇에 담아 후춧가루를 뿌린다." 《시의전서·음식방문》의 저자는 편수와 만두는 속에 넣는 소감이나 삶는 방법은 별 차이가 없고, 다만 편수의 모양이 네모반듯한 점만 만두와 다르다고 보았다. 하지만 앞의 《별건곤》 글에서 필자가 예찬했던 개성편수에 들어가는 소는 《시의전서·음식방문》의 만두와는 약간 다르다. 앞에서도 인용했듯이 '세 가지 고기 맛, 굴과 잣 맛, 숙주와 두부 맛들'이 따로 놀지 않고 잘 조화되어야 한다.[11]

밀가루로 만드는 색다른 음식, 만두의 대중화

따지고 보면 편수 역시 만두의 일종이다. 하지만 중국인들이 먹는 만두는 소가 들어간 것과 들어가지 않은 것으로 나뉜다. 소가 들어가지 않은 것은 다른 말로 백만두(白饅頭)라 불렀고, 소가 들어간 것은 교자 혹은 포자(包子)나 편식(匾食)이라고 불렀다. 일찍부터 밀가루 음식이 발달했던 베이징을 비롯한 화북 지역 사람들에게 만두는 곧 백만두였다. 그리고 지금도 중국에서는 교자 중에서 소를 넣어 끓는 물에 삶은 것을 수교자라고 부른다. 한국어로는 물만두이다. 조선시대 궁중에서는 물만두와 같이 국물이 있는 만두를 한자로 '병시(餠匙)'라고 적었다.[12] 여기에서 '병(餠)'은 밀가루로 만든 음식을 총칭해서 '병'이라고 불렀던 한나라 이후의 관습을 따른 것이다.[13] 병시는 반드시 밀가루로 만든 피로 소를 감싸야 한다고 여겼다. 편수 역시 '수저로 떠먹는 밀가루로 만든 병'이란 뜻을 담고 있는 병시의 한 가지였다.

편수를 먹기 위해서는 밀가루를 쉽게 구할 수 있어야 한다. 보통 봄밀은 연간 평균기온이 3.8°C이면서 여름 평균기온이 14°C 이상인 지역에서 재배되어야 품질도 좋고 생산량도 많다. 비가 많이 오는 한반도는 봄밀을 재배하는 데 적합한 지역이 아니다. 그래서 조선시대에는 겨울밀을 재배했는데, 밀농사가 가능한 곳이라고 해도 벼농사가

마무리되는 늦가을에야 파종해 음력 6월 보름, 유두를 앞두고 밀을 수확했다. 이런 탓에 편수는 여름에 먹는 음식이었다. 여름이니 차갑게 식혀서 먹었고, 또 차가운 편수 소에서 비린내가 날까 싶어 보통은 초장에 찍어 먹었다. 하지만 조선 후기까지만 해도 밀의 품질이 좋지 않고, 생산량 역시 적었다. 그러니 궁중에서나 부자들만이 겨우 밀가루를 구해서 편수를 비롯해 밀가루 피로 만든 만두를 만들어 먹을 수 있었다. 밀가루를 구하지 못하면 메밀가루로 대신했다. 이런 연유로 조선 후기 조리서에서는 대부분 메밀가루로 피를 만든다고 적혀 있다. 심지어 육만두·어만두·동아만두 등 아예 피를 쇠고기나 생선 혹은 동과로 만들어 먹기도 했다.

1931년에 발간된 《조선총독부 농사시험장 25주년 기념지》에 의하면, 식민지 시기 조선의 재래종 밀은 황해도·평안남도·강원도에서 주로 생산되었다.[14] 그중 황해도에서 생산량이 가장 많았다. 재래종 밀 중에서 품종이 가장 좋은 것 역시 황해도에서 재배된 것이었다. 덕분에 개성 사람들은 밀가루 피로 편수를 만들 수 있었다. 《시의전서·음식방문》에서는 밀만두가 곧 편수라고 되어 있다. 이를 보면 조선 후기에는 개성의 가난한 사람들조차 소로 두부와 숙주만 넣더라도 비교적 풍부한 밀가루로 피를 만들어 보쌈김치 싸듯이 편수를 만들어 먹었던 것으로 보인다. 개성 부자들은 격을 달리하여 온갖 고기와 생굴까지 소로 넣어 자신들만의 개성편수를 만들어 먹었다.

이용기의 1936년판 《증보조선무쌍신식요리제법》에는 편수에 대해 다음과 같이 적혀 있다. "편수는 여름에 만들어 먹나니 다른 만두와 같이 만들되 빚는 모양이 네모지고 납작하게도 하고 둥글게 보찜처럼 하기도 하야 먹나니 송도에서 흔히 만드나니라. 유월 유두에 만들어 먹는 것은 눌은(누른) 외를 껍질과 씨를 빼고 실같이 썰어 쇠고기와 정육과 마고(蘑菇)(표고)와 석이와 파 흰 것을 모두 잘게 이겨 외 썬 거와 같이 장과 기름을 치고 주물러놓고 밀가루 반죽한 것을 얇게 밀어 주무른 소를 넣고 만두처럼 빚어 틀에 쪄서 참기름을 바르고 잣가루 뿌리고 초장에 먹나니라."[15] 1934년판 《조선요리제법》에 소개된 편수 조리법도 이와 비슷하다.

'개성부인네의 특수한 조미법'으로 만든 개성편수는 20세기 이후에도 결코 대중음식으로 변신하지 못했다. 이에 비해 교자와 포자로 불렸던 만두는 20세기에 들어와 대중화의 길을 걸었다. 만두의 대중화에는 밀 품종의 개량과 적극적인 재배가 중요한 역할을 했다. 조선총독부는 처음에는 밀농사를 권장하기보다는 러시아와 중국에서 밀가루를 수입하는 정책을 펼쳤다. 1910년대만 해도 한반도는 일본의 쌀 보급기지 역할을 했기 때문에 대체식품으로 밀가루가 필요했다. 그런데 제1차 세계대전 이후 식량의 중요성을 자각한 조선총독부는 1923년 이후 재래밀의 품종 개량에 나섰다. 수원소맥 6호를 필두로 하여 생산량이 많은 품종이 속속 개량되어 농촌에 보급되었다. 이런 과정을 거치면서 밀가루는 그전에 비해 훨씬 구하기 쉬운 식재료로 자리를 잡았다.

만두의 대중화에는 1882년 임오군란 이후 제물포와 서울로 이주해온 산둥 지방 출신의 중국인들도 중요한 역할을 했다. 근대 도시 서울로 이사를 온 황해도와 평안도 출신 사람들 역시 만두의 대중화에 기여했다. 앞의 《별건곤》 기사에서 당시 서울 종로에서 일금 20전에 큰 대접으로 하나씩 준다고 소개한 만두가 바로 평안도 만두다. 조선 최초의 맛기행 책인 《도문대작(屠門大嚼)》을 쓴 허균(許筠, 1569~1618)

도 대만두(大饅頭)는 의주 사람들이 중국 사람처럼 잘 만든다고 기록한 바 있다.[16] 그만큼 평안도의 만두는 역사가 오래되었다.

하지만 평안도 대만두가 서울에서 인기를 누린 때는 식민지 시기에 들어와서다. 더욱이 1945년 해방 이후에는 월남한 사람들이 운영하는 음식점에서 냉면과 함께 필수 메뉴가 되었다. 그 배경은 이러하다. 식민지 시기에 일본인이 주로 거주했던 서울 장충동·충무로·필동 일대는 1945년 연말이 되자 적산가옥(敵産家屋) 천지가 되었다. 평양이 공산화의 길로 가는 것을 일찌감치 눈치 챈 평안도 부자들은 적산가옥을 미군정청으로부터 사서 이사를 왔다. 식민지 시기 일본인 주거지가 해방 공간에서 평안도 부자들의 거주지가 된 것이다. 오늘날까지도 서울의 장충동과 충무로, 그리고 필동 일대에 평안도식 대만두와 냉면을 판매하는 '면옥'이 많은 이유가 바로 여기에 있다.

6

근대가 만들어낸 음식, 삼계탕

1987년 여름 주요 일간지에 빠짐없이 소화제 광고가 실렸는데, 특이하게도 광고에서 '삼계탕이 아니고 계삼탕입니다'라는 문구를 헤드카피로 내세웠다. 그 내용은 이러하다.

흔히 알고 있는 것과 달리 삼계탕(蔘鷄湯)의 본래 이름은 계삼탕(鷄蔘湯)입니다. 유득공의 《경도잡지》, 김매순의 《열양세시기》, 홍석모의 《동국세시기》 등에는 계삼탕에 대한 기록이 두루 나타나 있습니다. 또한 우리말 사전에도 '어린 햇닭의 내장을 빼고 인삼을 넣어 곤 보약'이라고 계삼탕에 대해 풀이하고 있으니, 삼계탕이란 단어는 찾아볼 수가 없습니다. 그러던 계삼탕이 삼계탕으로 바뀌게 된 것은 6·25동란 이후부터입니다. 본래 양반계급의 음식인지라 대중성이 없었던 계삼탕이 대중음식점에서 음식으로 만들어 판매되기 시작하면서 삼계탕이라 잘못 불리워졌던 것입니다.[1]

1987년 9월 2일자 《동아일보》에 게재된 동아제약의 비오자임 광고

이 광고 내용은 치명적인 오류를 지니고 있다. 조선 후기의 세시 풍속을 기록한 책인 《경도잡지》, 《열양세시기(洌陽歲時記)》, 《동국세시기》를 아무리 뒤져봐도 계삼탕이란 음식은 나오지 않는다. 다만 《동국세시기》에 삼복에 먹는 구장에 닭을 넣으면 좋다든지, 음력 6월에 먹는 음식으로 "밀로 국수를 만들어 배추의 푸른 잎과 닭고기를 섞고 어저귀국에 말아 먹는다"라든지 "미역국에다 닭고기를 섞고 국수를 넣고 물을 약간 쳐서 익혀 먹는다"라는 기록이 나올 뿐이다.[2]

늘어난 닭고기 소비와 닭요리

조선시대에 닭고기는 값비싼 고기였다. 그러니 사위 정도 되는 귀한 손님이 와야 계란을 낳는 씨암탉을 잡았던 것인지도 모른다. 당

1917년판 초판에 이어 1918년에 재판을 찍은 《조선요리법》의 표지이다. 초판과 달리 '만가필비(萬家必備)'라는 제목을 덧붙였다. 아마도 초판의 인기를 더욱 강조하기 위한 것으로 보인다.

시에는 집에서 기르는 닭고기보다 오히려 사냥해서 잡는 꿩고기가 값이 더 쌌다. 1670년(현종 11)경 장계향(張桂香, 1598~1680)이 쓴 《음식디미방》에는 꿩고기를 이용한 음식이 여럿 등장한다.[3] 지금의 경북 안동과 영해 운악, 그리고 영양 석보에서 살았던 장계향 역시 닭고기보다는 꿩고기를 구하기가 훨씬 쉬웠을 것이다. 꿩도 알을 낳지만 계란에 비할 바가 못 되었다. 겨울에는 매사냥으로 꿩고기를 구하다가, 여름이 되면 꿩 대신 닭으로 고기를 삼았다. 지금이야 꿩고기보다는 닭고기가 더 흔하지만, 적어도 19세기까지 한반도에서 닭고기는 값비싼 고기였다. 조선시대 문헌에서 닭고기를 이용하여 만든 음식이 자주 등장하지 않는 이유도 여기에 있다.

그러나 20세기가 되면 사정이 바뀌게 된다. 방신영(方信榮, 1890~1977)●이 쓴 1921년판 《조선요리제법(朝鮮料理製法)》에 처음으로 닭을 주재료로 한 닭국이 등장한다.[4] 또한 이용기가 1924년에 펴낸 조리서 《조선무쌍신식요리제법》에도 닭국과 함께 연계백숙(軟鷄白熟)에 대한 조리법이 소개되어 있다.[5] 실제로 1920년대 이후 조선총독부는 전국

● 방신영은 1890년 경성부 효자동 56번지에서 기독교 신자였던 아버지 방한권과 주위에 소문이 날 정도로 음식 솜씨가 뛰어났던 어머니 최씨 사이에서 둘째딸로 태어났다. 그는 1910년 경성 정신여학교를 졸업하고, 광주·군산·금천 등지에서 11년간 교편을 잡았다. 1921년 그는 모교인 정신여학교 가사과로 자리를 옮겼다. 이렇게 된 데에는 1917년에 출간된 《조선요리제법》이 결정적인 역할을 했다. 당시 28세였던 방신영은 《조선요리제법》의 저자로 세상에 알려졌다. 이 책은 출간 당시 상당한 인기를 얻었다. 그 덕분에 1917년부터 1939년 사이에 모두 9판을 찍었다. 판본이 바뀔 때마다 내용도 상당히 바뀌었다. 가령 1921년에 출간된 《조선요리제법》에서 방신영은 "수년 전에 한 책을 편술하여 그 이름을 《조선요리제법》이라 한 일이 있었습니다. 그러나 본시 경험이 없는 가운데서 된 일이라 미흡한 점이 많았는데, 특별히 부록 중에 '술 만드는 법' 같은 것은 본시 제가 기입한 것이 아니었으므로, 이를 더욱 유감으로 여기는 바 이번에 그 내용을 대개 교정하고 증보하여 일신케 해서 제3판을 출판케 하옵나니"라고 했다. 이용기가 쓴 서문이 1917년판과 1918년판에 있는 것으로 보아 그의 역할이 컸던 것으로 보인다. 1931년판은 그 이전의 것과 서술 방식도 바뀌었다. 앞선 판에 없던 요리 용어 해석, 중량 비고, 주의할 사항 등의 항목이 들어갔고, 조리법에는 재료를 별도로 표기했다. 이러한 변화는 1925년부터 2년 동안 다녀온 일본 유학의 영향이 컸다. 방신영은 도쿄에 있던 영양학교(榮養學校)에서 공부했는데, 그 학교는 일본 영양학의 아버지라고 불리는 사이키 타다스(佐伯 矩, 1886~1959)가 1924년에 개교한 영양학 교육기관이었다. 그곳에서 방신영은 영양학과 조리학에 관해 체계적인 교육을 받았으며, 그 내용이 1931년판 《조선요리제법》에 반영되었다. 방신영은 1929년에 이화여전에 가사과가 창설되자 교수로 자리를 옮겼다. 한편, 1933년 방신영은 경성지방법원 민사부에 저작권 침해소송을 내기도 했다. 소송 대상자는 '종로 2정목 84번지 책장사 강의영(姜義永)'이었다. 강의영은 방신영의 《조선요리제법》 제4판에 담긴 내용을 그대로 베껴 편집 형식만 바꾼 채 《조선신식요리법(朝鮮新式料理法)》이라는 책으로 발간해 판매했다. 이처럼 불법 복제판이 만들어질 정도로 《조선요리제법》은 인기가 많았으며, 특히 신식 주부라면 꼭 갖춰야 할 책으로 꼽혔다. 그렇다고 당대 사람들이 방신영의 《조선요리제법》을 무조건 칭찬만 한 것은 아니었다. 《조선요리제법》에 나온 그대로 음식을 만들면 "짜지 않으면 싱겁고 타지 않으면 설더라"라는 험구(險口)도 있었다. 제각각 입맛이 다른데, 표준화를 꾀한 데 대한 비판이었다. 이화여전 교수와 독신 여성 지식인이라는 그의 현실은 식민지 시기 역사의 소용돌이에서 자유로울 수 없었다. 하지만 방신영은 오로지 교학과 종교생활에만 집중했다. 해방 후에도 그의 《조선요리제법》은 《조선 음식 만드는 법》(1946)과 《우리나라 음식 만드는 법》(1962, 34판)으로 판본과 내용을 개정하면서 거듭 출판되었다.

의 농촌 가정에 양계를 부업으로 적극 권장했다. 양계 권장의 목적은 계란을 많이 생산하는 데 있었다. 조선총독부에서는 질 좋은 계란을 생산할 수 있도록 서유럽을 비롯해 미국과 일본의 좋은 종계(種鷄)를 보급했으며, 전국의 주요 도시에서는 우수한 품종의 암탉과 크고 질 좋은 계란을 선발하기 위해 수시로 가축공진회(家畜共進會)를 개최하기도 했다. 그리하여 1920년대에 닭고기 생산량이 유례없이 증가했다. 1925년 10월 4일자 《동아일보》 기사에 의하면, 그 전해에 이미 전국적으로 닭을 1,000만 마리나 잡았다고 한다. 비록 그중에서 1만 마리는 외국으로 수출되었지만, 1920년대 한반도에서는 조선 후기 사람들이 상상도 못할 정도로 많은 양의 닭고기 소비가 이루어졌다.[6] 《조선요리제법》이나 《조선무쌍신식요리제법》에서 닭고기를 이용한 음식이 등장하게 된 것도 이러한 닭고기 소비와 무관하지 않을 것이다. 아울러 중국 요리, 일본 요리, 서양 요리의 유행도 닭고기 소비를 증가시키는 데 상당한 기여를 했다.

그렇다면 1921년판 《조선요리제법》에 나오는 닭국은 어떻게 만드는 음식이었을까? 기록에는 "닭을 잡아 내장을 빼고 발과 날개 끝과 대가리를 잘라 버리고 뱃속에 찹쌀 세 숟가락과 인삼가루 한 숟가락을 넣고 쏟아지지 않게 잡아맨 후에 물을 열 보시기쯤 붓고 끓이나니라"[7]고 전한다. 그런데 1942년판 《조선요리제법》에는 닭국과 함께 '백숙'이란 음식이 나온다.[8] 조리법은 1921년판과 거의 같지만, 마지막 부분에 물을 열 보시기쯤 붓고 끓여 한 보시기쯤 되면 짜서 먹는다는 내용이 덧붙어 있다. 저자 방신영은 고기는 고기대로 먹지만 먼저 국물을 짜서 약처럼 먹기를 권했다. 백숙은 한자로 '白熟'이라고 적는다. 여기서 한자 '白'에는 '그저'라는 뜻이 담겨 있다. 곧 소금이나 간장으로 간을 하지 않고 그냥 익혀서 내는 음식을 가리킨다. 국물이 있든 없든 상관없이 간을 별도로 하지 않았으니, 1942년판에서 닭국을 백숙이라 불렀을 것이다.

이용기가 《증보조선무쌍신식요리제법》에서 소개한 닭국은 한자로 '계탕(鷄湯)'이라 적는다고 되어 있다. "닭을 잘 퇴하여 굵게 찍어서 장 치고 파를 썰어 넣고 후춧가루를 치고 주물러서 솥에 넣고 물을 조금 치고 볶다가 다시 물을 많이 붓고 무 나박을 썰어놓나니 다 끓은 후에 고춧가루 쳐서 먹나니라."[9] 여기서 '퇴하여'라는 말은 닭의 털을 뽑기 위해 끓는 물에 잠깐 넣었다가 꺼낸다는 뜻이다. '굵게 찍어서'는 토막을 굵게 내는 것을 말한다. 그는 닭국 조리법을 소개하면서 마지막에 다른 방법을 한 가지 더 적어두었다. "또는 닭을 내장 빼고 뱃속에다가 찹쌀 세 숟가락과 인삼가루 한 숟가락을 넣고 꿰매어 끓는 물에 넣고 고아서 먹기도 하나니라." 이 조리법은 1921년판 《조선요리제법》의 것과 똑같다. 그 이유는 이용기가 방신영의 책을 제법 많이 베꼈기 때문이다. 하지만 이용기는 《증보조선무쌍신식요리제법》에 자신만의 견해도 함께 담았다. 그는 '백숙 만드는 법'이란 항목에서 연계백숙 조리법을 소개하면서 "여름에는 제일등 보양하는 것이니 혹 인삼 먹는 이는 삼을 넣어 함께 고아도 매우 좋으니라"고 덧붙였다.[10] 여기에서 '연계(軟鷄)'는 부드러운 닭, 곧 어린 닭을 가리키는데, 요사이 말로 '영계(嬰鷄)'이다. 또한 '삼'은 인삼가루가 아니라 건삼(乾蔘)이나 수삼(水蔘)일 가능성도 크다. 1937년 6월 27일자 《동아일보》에서는 개성의 송삼(松蔘)이 계삼(鷄蔘)으로 수요가 상당하여 값이 올랐다고 했다. 하지만 그 이름을 결코 계삼탕 혹은 삼계탕이라고 적지는 않았다. 이런 상황은 해방 이후에도 얼마간 계속되었다.

닭고기보다 인삼을 앞세운 삼계탕

1948년 7월 3일자 《경향신문》 2면 하단에는 '만나관(館)'이란 영계백숙(嬰鷄白熟) 전문점에서 낸 광고가 실렸다. 예전 천일관(天一館) 자리인 서울 종로구 서린동 89번지에 새로 만나관을 열고 낮에만 영계백숙을 판다는 광고였다. 이미 문을 닫은 천일관은 식민지 시기 서울에서 이름이 높았던 요리옥이다. 그런데 해방 정국에 요리옥의 영업이 잘될 리 없었으니, 상호도 바꾸고 메뉴도 일품요리인 영계백숙을 내세운 듯하다. 한여름에 광고를 냈으니 영계백숙은 삼복에 맞춘 새로운 메뉴였을 것이다. 요리옥의 변신은 서울 명동에 있었던 고려정(高麗亭)도 마찬가지였다. 1953년 6월 16일자 《경향신문》 2면 하단에는 구(舊)고려정이 영계백숙과 백숙백반, 그리고 초밥정식과 구고려정 냉면을 메뉴로 하여 신장개업했음을 알리는 광고가 실렸다. 앞서 밝혔듯이 식민지 시기 이후 줄기차게 진행된 양계업 진흥으로 닭고기는 해방 이후 가장 손쉽게 먹을 수 있는 고기가 되었다. 하지만 닭고기 소비량이 늘었다고 해서 곧장 계삼탕 혹은 삼계탕이라는 이름을 단 닭요리가 음식점의 주요 메뉴로 자리 잡은 것은 아니었다. 1950년대까지도 닭요리 이름은 여전히 닭국 혹은 백숙이었다. 그 이유는 인삼에 있었다.

알다시피 인삼은 가공 방식에 따라 크게 수삼·백삼(白蔘)·홍삼(紅蔘)으로 나뉜다. 수삼은 말리지 아니한 인삼으로 다른 말로 생삼(生蔘)이라고도 부른다. 수삼은 물기가 사라지면 썩어버린다. 그래서 인삼밭에서 캐낸 수삼은 보통 10°C 정도에서 10일 정도밖에 보관할 수 없다. 그러니 인삼을 오랫동안 보관하기 위해서는 백삼이나 홍삼으로

1920년대 인삼 건조 작업 장면으로, 장소는 개성의 교외 평지이다. 인삼을 홍삼과 백삼으로 제조하기 전에 이렇게 햇볕에 말렸다.

가공해야 한다.

백삼은 보통 4년근 이상의 수삼으로 만드는데, 껍질을 벗겨낸 다음 햇볕에 말린다. 이와 달리 홍삼은 보통 6년근 수삼을 물로 깨끗하게 씻은 뒤, 껍질을 벗기지 않은 채 물을 끓인 수증기로 찐다. 이 과정에서 흰색 인삼이 붉은색을 띤 홍삼이 된다. 이것을 뜨거운 바람에 말린 다음 수분이 12.5~13.5% 정도 남도록 햇볕에 말린다. 백삼은 고려시대 이래 중국과 일본에 수출했던 한반도의 명산품이었다. 하지만 홍삼은 1810년경에야 제조공장인 증포소(蒸包所)가 개성에 설치되었을 정도로 뒤늦게 개발된 가공법이었다. 조선시대 일부 계층에서 먹었던 인삼은 대부분 백삼을 곱게 빻은 가루였다. 1910년대 들어 국내에서도 부자들이 백삼과 홍삼을 가리지 않고 즐겨 먹게 되었다. 값이 싼 백삼가루가 바로 앞에서 소개한 1921년판 《조선요리제법》에 나온 닭국에 넣는 인삼가루이다.

　계삼탕이란 음식이 본격적으로 음식점의 메뉴로 등장한 때는 1950년대 중반 이후이다. 앞에서 소개한 소화제 광고에서 언급한 대로 한국전쟁 이후 계삼탕은 대중적인 음식으로 판매되었다. 하지만 이름만 계삼탕일 뿐 여전히 백삼가루로 만든 닭국에 불과했다. 다만 닭국보다는 계삼탕이라 해야 영업하는 데 이로웠다. 고려시대 이래 보양제의 상징이 된 인삼의 효능을 일반인도 맛볼 수 있게 하겠다는 판매 전략 아래 '계삼탕'이란 말이 만들어졌다. 그런데 1960년대가 되면 계삼탕이 삼계탕으로 이름이 바뀐다. 아예 닭고기보다 인삼을 전면에 내세우겠다는 전략이었다.

　충청남도 금산은 한국전쟁 이후 남북이 분단되면서 비로소 남한의 대표적인 인삼시장으로 자리를 잡았다.[11] 지역의 나이 든 상인들 이야기에 따르면, 1960년을 전후하여 금산읍의 금성교 근처에 20여 호의 수삼 판매점이 있었다고 한다. 그러다가 1966년 금산시장에 수삼만 판매하는 장옥이 들어섰고, 1973년에는 아예 우시장 자리에 수삼시장이 열렸다. 또한 냉장고의 보급으로 수삼의 보관 기간이 길어지면서 수삼 판매점이 더욱 많아졌다. 여기에 1965년 정부 조치로 허가제였던 인삼 재배가 자율화되자 인삼 생산량이 증가하고, 수삼 보급률도 높아졌다. 1960년대 후반이 되면 전국에서 인삼을 사기 위해 상인들이 금산으로 몰려들었다. 그들은 금산 오일장에서 수삼을 사서 대전역에서 각자 자기 고향 시장으로 흩어졌다. 대전과 금산 사이 대중교통이 편리해지면서 수삼 유통은 더욱 확산되었다.

　한편, 양계업도 성황을 이루어 그전에 비해 닭고기를 구하는 일이 훨씬 수월해졌다. 앞에서 밝혔듯이 식민지 시기 조선총독부는 계란 생산을 늘리기 위해 양계업을 권장했다. 그러나 해방 이후 양계업은 값비싼 사료 값에 비해 계란 값이 싸서 별로 인기가 없었다. 이 때문에 양계업자들이 닭을 식용육으로 시장에 내놓기 시작했다. 1969년 6월 26일자 《동아일보》 기사에 그러한 사정이 밝혀져 있다. "닭의 사양(飼養) 마리 수가 3천8백40만 마리로 크게 늘어나면서 달걀 값이 떨어지자 양계업이 육계(肉鷄) 쪽으로 치우치기 시작했다. 그것은 자본 회전율이 느린 달걀 생산보다는 비교적 돈을 빨리 뽑을 수 있는 브로일러(알을 까 출하할 수 있는 병아리로 키우는 것)가 유리하다는 이유에서이기도 하지만 쇠고기 부족으로 인한 닭고기의 대체가 작년부터 두드러지게 늘어났기 때문이다. 이 같은 수요 붐을 뒷받침하듯 요즘 서울 거리엔 통닭구이집이 부쩍 늘었다. 그러나 값은 엄청나게 비싸 작은 것이 300원, 중닭이 500원, 큰놈은 800원까지 한다."[12]

이처럼 수삼 유통이 확산되고 닭고기 수급이 원활해지면서 1960년대 후반부터 서울을 중심으로 영계백숙을 판매하던 식당들이 삼계탕이란 이름을 내세우기 시작했다. 한여름에 서울 세검정유원지나 뚝섬유원지로 피서를 간 가족들은 삼계탕을 사먹으면서 더위를 식혔다. 1973년에는 국내의 한 식품회사가 삼계탕을 통조림으로 만들어 동남아로 수출했다. 결국 20세기 이후 줄기차게 진행된 국가의 양계업 진흥과 인삼 재배의 확산으로 1970년대 이후 삼계탕은 전문 음식점의 메뉴가 되었다. 요즘도 삼복이 되면 삼계탕 전문점은 사람들로 장사진을 이룬다. 삼계탕은 여전히 보양음식으로 환영받고 있다.

20세기 한반도에서 진행된 양계업은 공장식 양계장에서 생산된 닭고기를 식탁 위에 올려놓는 불행을 좌초했다. 토종닭은 점차 자취

를 감추어 산골짜기 농가에서나 겨우 볼 수 있게 되었다. 1976년 7월 29일자 《동아일보》에서는 '한국의 토종, 황계(黃鷄)·삽살개 멸종 위기'라는 기사로 그 심각성을 보도했다. 그러면서 지면에 토종닭 사진을 싣고 "직접 알을 품어 깐 병아리를 거느리는 한국산 토종 어미닭. 이제 이런 평화스런 풍경은 농촌에서도 찾아보기 힘들게 됐다"[13]라는 설명을 덧붙였다. 삼계탕은 그 이름이 계삼탕이든지 닭국이든지 상관없이 백삼가루나 수삼이 들어가서 이름을 날렸다. 그 와중에 닭고기는 제맛을 잃어버리고 있지는 않은지 생각해볼 일이다. 근대가 만들어낸 음식, 삼계탕에 담긴 희비쌍곡선임에 틀림없다.

김치, 조선배추에서 호배추로

1926년부터 1932년까지 경성제국대학 교수를 지낸 오구라 신페이(小倉進平, 1882~1944)가 펴낸 《조선 방언 연구(朝鮮語方言の研究)》에는 츠케모노(漬物, 채소 절임음식)의 발음이 전국적으로 어떻게 나타나는지를 조사한 자료가 있다.[1] 그의 작업을 정리하면 다음과 같다. 먼저 '김치(kim-tʃʼi)'라고 발음하는 지역은 경성을 포함한 경기도 일부, 황해도 전역 그리고 함경북도 일부로 나온다. '침치(tʃʼim-tʃʼi)'라고 발음하는 지역은 제주도 일부 지역과 전라남도 일부, 전라북도 일부, 경상남도 전역과 경상북도, 강원도 대다수 지역, 그리고 함경남도 일대로 나온다. '침끼(tʃʼim-ʔki)'로 발음하는 지역은 제주도의 성산과 서귀포, 대정 일대로 나온다. '깍두기(ʔkak-tu-gi)'라고 발음한 지역은 함경남도 북청으로 나온다. '지(tʃi)'로 발음하는 지역은 전라남도의 순천 일대로 나온다. '짠지(ʔtʃan-dʒi)'로 발음하는 지역은 함경남도의 북청을 제외한 전역으로 나온다. 오구라 신페이의 조사에 의하면 1920년대 한반도에서

'침치'라고 부르는 지역이 가장 넓게 분포하고, 그다음이 '김치'이다. 그 뒤를 이어 '짠지', '지', '침끼', 그리고 '깍두기' 순이다. 지금이야 김치라고 하면 배추김치만을 생각하는 사람이 많지만, 적어도 1920년대만 해도 김치는 각기 다른 이름을 가진 채소 절임음식의 통칭이었다. 1920년대에는 김치를 깍두기라고도 불렀던 지역도 있었는데, 왜 오늘날 한국인들은 김치라고 하면 배추김치만 떠올릴까?

만반진수가 있더라도 김치가 없으면…

김치라 하는 것은 우리나라 사람이 밥 다음에는 김치 없이 못 견디나니 만반진수가 있더라도 김치가 없으면 음식 모양이 못 될 뿐 아니라 입에도 버릇이 되어 김치 못 먹고는 될 수 없나니 어찌 소중하다 아니할까 부냐. 그런고로 봄과 여름과 가을은 일기가 춥지 아니한 고로 조금씩 담가 먹어도 무방하거니와 겨울은 불가불한데 하여야 오륙삭(5~6개월)을 먹나니 그런고로 진장(珍藏)이라 하는 말은 긴할 때 먹기로 보배로 감춘다는 말이라.[2]

여기서 만반진수는 한자로 '滿盤珍羞', 곧 상 위에 가득히 차린 귀하고 맛있는 음식을 가리킨다. 김치가 없으면 밥 먹을 맛이 나지 않는 조선 사람들의 식성이 여실히 드러나는 대목이다. 이 글을 쓴 이용기는 5~6개월이나 먹기 위해서 김장을 하기 때문에 그것의 본래 뜻이 '진장'이란 한자에서 나왔다는 주장도 펼쳤다. 김장의 유래와 관련해 일각에서는 '침장(沈藏)'에서 유래했다는 주장이 있는데, '침장' 또한 식민지 시기 자료에 나온다. 그러니 김장의 어원에 대해서도 다시

한 번 생각해봐야 할 것 같다. 이용기는 위와 같은 설명을 덧붙인 후 본격적으로 김치 조리법을 소개했다. 그 가운데 가장 먼저 나오는 것이 '통김치'이다. 서술 순서로 보아 아마도 통김치를 대표적인 김치로 여긴 듯하다. 그 조리법을 한번 읽어보자.

>배추를 누른 잎은 다 제쳐 버리고 통으로 속속이 정하게 씻어서 아무 그릇에든지 절이나니 물 한 동이에 소금을 반 되가량을 타서 배추에 넉넉히 부어 절여가지고 광주리에 내어놓아 물이 다 빠지게 해놓고 마늘·파·고초·생강 채 치고, 또 갓·파·미나리와 청각은 한 치 길이씩 썰어 함께 섞어서 배추 잎사귀 틈마다 조금씩 깊이 소를 박고 잎사귀 한 줄기를 잡아 돌려서 배추 허리를 매고 또 무를 정하게 씻어서 칼로 이리저리 비슷비슷 어여서 마치 비늘 박힌 모양으로 한 후에 소금에 절였다가 고명을 그 어인 속마다 넣어서 김칫독에 놓나니.[3]

그런데 이용기는 이 글 바로 뒤에 이 방법은 옛날 방법이라며 "요사이는 통김치 담그는 법이 조금 다르고 모양이 썩 있나니"라고 적었다. 앞의 통김치 담그는 법은 방신영의 1918년판 《조선요리제법》의 '배추김치' 조리법과 유사하다. 이용기가 제시한 옛날 방법과 다른 방법은 조기를 통째로 넣는다든지, 북어나 건대구를 굵게 썰어 김칫독 바닥에 깐다든지, 낙지나 전복 혹은 소라를 고명으로 넣는다든지, 설렁탕 국물을 식혀서 기름을 걷고 맛 좋은 조기젓국을 끓여 식힌 뒤 함께 섞어서 그릇에 가득 차도록 간을 맞추어 붓는 방법 등이다. 심지어 "통김치에 넣었던 온조기를 대가리를 따고 꼭 짜서 몇 개든지 정한 그

식민지 시기 여염집의 김장하는 풍경이다. 11월에 김장을 하는데, 주로 소금에 절이지만 간장에 절이는 것도 있었다. 배추 절인 것을 씻어 채반에 받쳐둔 채, 양념을 만들고 있다.

릇에 한 개씩 놓고 설탕 쳐가며 켜켜이 놓고 돌로 누르고 봉하여 두었다가 수일 후에 꺼내어 쭉쭉 찢어 술안주에 먹으면 절품이니라"고 했다.[4] 당시 통김치는 온갖 재료만 잔뜩 들어간 요즘 배추김치와는 사뭇 다른 맛이었을 뿐 아니라, 오로지 밥반찬으로만 여기는 요즘 배추김치와 달리 막걸리 안주로 알맞았을 것이다.

맛 좋은 통김치를 담그기 위해서는 좋은 배추를 구하는 일이 중요했다. 이용기는 책에서 서울의 이름난 배추산지를 구체적으로 거론했다. 그는 서울에서 가장 좋은 배추는 방아다리 느리골과 훈련원(訓練院) 것이라고 꼽았다. 방아다리는 지금의 서울 종로구 충신동이고, 느리골은 효제동이다. 훈련원은 조선시대에 병사의 무재(武才) 시험, 무예 연습, 병서(兵書) 강습 등을 맡아보던 관청을 가리킨다. 지금은 사라진 동대문운동장 근처에 있었다. 1923년 11월 9일자 《동아일보》 에서는 당시 서울 사람들에게 가장 인기가 높았던 배추밭으로 방아다리 배추밭과 훈련원 배추밭, 구리안뜰 배추밭, 섬말 배추밭을 꼽았다.

> 대개 시내에서 중요히 치는 배추밭은 ▲ 방아다리 배추밭(충신동) ▲ 훈련원 배추밭(동대문 내) ▲ 구리안뜰 배추밭(동대문 외 남편) ▲ 섬말 배추밭(종로통 5정목) 등이요, 그 외에 지방에서 오는 것으로는 개성배추를 제일 중요히 치던 것인데 개성배추는 지난번 수해로 거의 전멸에 돌아가서 배추 시세는 작년보다 일 할 내지 이 할가량 비싸진 터인데 훈련원 배추는 보잘 것이 없으며 구리안뜰 배추는 상당히 되었으나 속이 차지를 못하다 하며 그중에 제일 쓸 만한 곳은 방아다리 배추로 이왕직을 위시하야 각 대가에서는 대개 이곳에서 사들이기를 시작한 모양이다. 작년부터 일홈을 얻은 섬말 배추도 방아다리 다음은 가겠는데, 요사이 시세로 보면 섬말 배추는 백 통에 칠 원 오십 전, 구리안뜰 치이면 육 원 오십 전, 방아다리 배추이면 팔 원 내지 구 원가량에 살 수 있다는데……[5]

이 기사에서 구리안뜰은 지금의 서울 동대문 바깥 남쪽을 가리킨다. 섬말은 지금의 서울 종로 5가 일대이다. 앞에서도 밝혔듯이 동대문 근처의 배추밭 역사는 조선 초기까지 거슬러 올라간다. 비록 1923년의 사정이지만, 이 기사에서도 알 수 있듯이 김장에서 배추는 가장 중요한 재료로 1910년대 이후 배추김치는 김장김치 가운데 으뜸이었다.

배추김치의 변천사

왜 이 시대에 와서 배추김치가 부각되었을까? 여기에는 조선에 이주해온 중국인들과 연관이 있을 가능성이 크다. 1882년 임오군란 때 청나라는 우창칭(吳長慶)을 내세워 4,500여 명의 군대를 서울로 보냈다. 이를 계기로 조선에 중국인이 집단적으로 거주하기 시작했다. 중국인들은 제물포에서는 노동으로, 서울에서는 비단과 잡화 판매로, 그리고 김포 일대에서는 배추농사로 생계를 이어갔다. 그 과정에서 기존의 배추와 품종이 다른 배추가 중국에서 한반도로 들어왔다. 그것이 바로 오늘날 배추김치의 재료로 가장 많이 쓰는 결구(結球)배추이다.

1931년에 발간된 《조선총독부 농사시험장 25주년 기념지》에서는 "재래 배추 중 유명한 것은 경기도 개성의 소위 개성배추와 경성의 경성배추 두 품종이다"[6]라고 했다. 덧붙여 1920년대에 개성배추는 비교적 북쪽 지방에 많이 보급되었고, 경성배추는 경성 이남 지방에서 많이 재배되고 있다고 하면서 남쪽의 농민들은 경성배추를 주로 재배한다고 밝혀놓았다. 경성배추는 다른 말로 앞에서 언급했던 서울배추이다. 그러면서 지부(芝罘)배추와 같은 결구성 배추 재배가 점차 증가하고 있으나 아직 재래종 재배가 대부분을 차지하고 있다고 했다.

여기에서 '지부'는 중국어로 '즈푸'로, 지금의 중국 산둥성 옌타이(煙臺) 지역이다. 20세기 초반에 유명했던 중국 배추로는 지부배추를 비롯하여 산동(산둥)배추·만주배추·금주(金州, 진저우)배추 등이 있었다. 조선에 살던 화교들은 춘절을 앞두고 꼭 고향으로 돌아갔다. 그리고 다시 조선으로 돌아올 때에는 짐 속에 배추종자를 넣어서 왔는

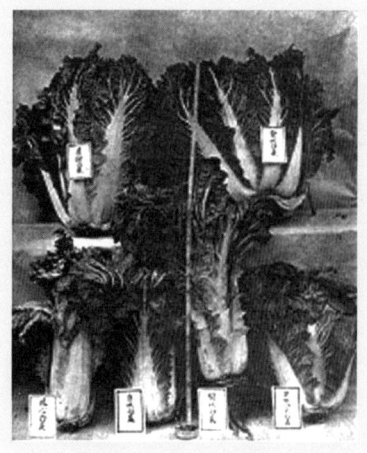

《조선총독부 농사시험장 25주년기념지 상권》에 실린 식민지 시기의 배추 품종. 위 왼쪽이 중국 허베이성(河北省)의 직례(直隷, 즈리)배추, 오른쪽이 랴오닝성(遼寧省) 다롄시(大連市)의 금주(金州, 진쥐)배추이다. 이 두 종류의 배추는 중국에서 씨앗을 가져와서 재배한 결구배추이다. 아래 왼쪽에서 첫 번째가 화심(花心)배추, 두 번째가 경성, 곧 서울배추, 세 번째가 개성배추, 네 번째가 빨리 재배되는 베이징(北京)배추로 모두 반결구배추이다.

데, 이런 연유로 중국에서 들어온 결구배추의 이름이 '호배추'가 되었다. 호배추는 재래종 배추에 비해 수확량이 훨씬 많아서 조선총독부에서는 호배추 재배를 적극 권장했다. 더욱이 화학적인 재배법을 도입할 경우, 겨울에 배추를 심어 봄에 수확할 수 있어 농가 소득에도 효과적이라고 보았다.

1930년대 들어서면서 조선 전역에서 결구배추인 호배추를 재배하기 시작했다. 1932년 8월 17일자 《동아일보》에는 황해도 장연군(長淵郡)의 장연종묘원 주인 김진구(金鎭九)가 호배추 종자 채종장을 여러 곳에 설치하여 품종 개량에 성공했다는 기사가 실리기도 했다.

서울배추든 개성배추든 간에 종래에 조선에서 먹던 반결구배추의 가장 큰 문제는 추위가 빨리 닥치면 11월 중순에도 얼어버린다는 점이었다. 이에 비해 결구배추인 호배추는 속잎이 꽉 차서 얼더라도 겉잎을 떼어내면 먹을 수 있었다. 이러한 장점에도 불구하고 호배추는 그리 빨리 퍼져나가지 못했다. 조선배추에 비해 호배추는 감칠맛이 적고 우거지도 많지 않았기 때문이다.

해방이 되고 대한민국 정부가 수립된 이후에도 조선배추에 대한 인기는 계속 이어졌다. 하지만 한국전쟁이 끝난 뒤 1950년대 말이 되자 점차 호배추가 조선배추를 대신하기 시작했다. 1958년 10월 30일자 《동아일보》에 게재된 '김장(상)'이란 글을 쓴 한점남(韓点南)은 "근래에는 청종 호배추를 많이 쓰는데"라고 했다. 그러면서 "호배추는 속이 차고 분안 있고 우거지가 적은 것이 좋지만 반면에 억세고 김치의 감출맛이 적다. 조선배추는 길이가 길고 우거지가 많고 속이 차지 않는 것이 단점이나 속 찬 배추로 골라서 김장거리로 사용하면 연하고 김치 맛이 시원하다"라고 하여 여전히 조선배추가 좋다는 주장을 폈다. 그런데 당시 일반인들은 호배추를 많이 사용했기 때문에 한점남은 호배추를 다루는 방법에 대해서도 기록해놓았다. "호배추는 둘에 쪼개서 소금물에 절여서 하룻밤 지난 후 깨끗이 씻어 물기를 빼둔다."[7] 요즘 배추김치 담글 때의 조리법과 같다. 하지만 당시 호배추와 달리 1990년대 이후 개발된 호배추는 한 포기에 1kg이 넘어 4등분을 하여 소금물에 담가두어야 잘 절여진다.

한편, 한점남은 조선배추는 통으로 절이는 것이 좋다고 했다. 왜냐하면 속이 차지 않았기 때문이다. 그런데 소금물에 "배추를 짜게 오래도록 절이면 배추 자체가 질겨지고 김치 맛이 좋지 않다"라고 했다. 그래서 한점남은 "오히려 속을 넣을 때 약간의 소금을 뿌려가며 하는 것이 효과적임. 우거지는 절였다가 깨끗이 씻어 물기를 빼둔다"라는 주의 사항도 빠트리지 않았다.[8] 즉, 조선배추를 절이려면 진하지 않은 소금물이 좋고, 그것도 너무 짜질까 걱정이면 미리 절이지 말고 아예 배추를 깨끗이 씻은 다음에 속을 넣을 때 소금을 뿌리라고 했다.

1970년대 초반이 되면 시장에서 값비싼 재래종 배추는 점차 자취를 감추고 그 대신에 값싼 호배추가 주류를 이루기 시작했다. 하지만 호배추의 공급도 여의치 않은 때가 있어서 일부에서는 양배추로 김장을 하자는 캠페인을 벌이기도 했다. 이미 1955년 10월 30일자 《동아일보》에 요리연구소 김제옥이 개량 김치의 하나로 양배추김치 조리법을 소개한 적이 있었다. "딱딱한 줄기를 빼내고 채 쳐서 양재기에 담고 소금물을 자작하게 붓고 가벼운 돌로 눌러서 하룻밤 재웁니다. 다음 날 소쿠리에 건져 물기를 없이 하고 다음의 조합초(약념초)를 만들어 담가둡니다"⁹라고 했다. 그러나 그 맛은 결코 배추김치를 따라갈 수 없었다.

　1970년대 중반, 대량 생산의 시대로 접어들면서 이제는 농민들도 호배추를 선택할 수밖에 없었다. 호배추는 화학비료와 농약만 있으면 재배도 수월하고, 무게도 많이 나가서 값을 잘 받을 수 있었다. 요리연구가 왕준련은 1979년 11월 22일자 《동아일보》 칼럼에서 "크기에 있어서 배추는 호배추와 재래종의 중간 것이 좋고"라고 했다. 큰 호배추로 김치를 담그면 간이 잘 배지 않기 때문에 중간 정도의 크기를 제시한 것이다. 더욱이 새로 개량된 호배추 품종은 봄에도 출하할 수 있어 생산자나 소비자 모두가 호배추에 푹 빠졌다. 마침내 1980년대 초반이 되자 호배추로만 김장김치를 담갔다. 당연히 시장에서 조선배추는 찾기 어렵게 되었고, 호배추란 이름도 그냥 배추로 바뀌었다.

　이제는 조선배추로 담근 배추김치는 직접 재배하지 않으면 먹기가 쉽지 않다. 20세기 100년 사이에 진행된 조선배추의 쇠퇴는 1970년대 이후 한국인의 김치 소비 현상과 일정한 관련이 있다. 적어도 1980년대 초반까지만 해도 일부 가정에서는 김장 때 배추김치는 물론이고 동치미·섞박지·총각김치 따위를 함께 담갔다. 하지만 그 이후 먹을거리가 풍부해지면서 집에서 담그는 김장은 주로 배추김치에 한정되는 경우가 많아졌다. 비록 식민지 시기부터 배추가 김장의 으뜸 재료였지만, 그렇다고 김장을 배추김치 하나로 끝내지는 않았다. 1980년대 이후 전반적으로 김치 소비량이 그전에 비해 훨씬 줄어들었음에도 배추김치의 비중은 더욱 커졌다. 이런 까닭에 늦가을 김장철이 되면 온 농촌이 배추밭으로 변한다. 당연히 배추 수급 문제가 온 나라의 관심거리가 되었다. 배추 값이 내리면 농민이 화를 내고, 반대로 값이 오르면 소비자가 울상이 된다. 이 와중에 배추김치는 품종도, 조리법도, 맛도 많이 변했다. 이것이 지난 100년 동안 변화해온 배추김치의 현실이다.

3부
———

조선요리옥

0

고급 음식점, 조선요리옥의 탄생

조선요리옥의 탄생은 에도(江戶) 말기에 형성된 일본요리옥의 영향을 받았다. 일본어에서 '료리야(料理屋)'란 '손님의 주문을 받아 요리를 만들고 주석(酒席)을 제공하는 점포'를 가리킨다. 곧 요리옥은 음식과 술이 함께 제공되는 곳이다. 일본의 요리옥은 에도시대 다반옥(茶飯屋, 근대적인 서민 음식점으로 일본어로 '차메시야'라 불림)에서 기원했다는 주장과 술과 안주를 주로 팔았던 요리다옥(料理茶屋, 료리차야)에서 진화했다는 주장 등 여러 가지다. 일본의 에도시대는 상업의 전성기였다. 당시 바쿠후(幕府)의 쇼군(將軍)이 머물렀던 에도(지금의 도쿄) 지역과, 천황이 거처했던 교토, 그리고 오사카는 상업의 중심지로 상가가 즐비했다. 이들 대도시에 전문 음식점이 생겨난 것은 자연스런 일이었다.

1837년부터 30여 년간 기타가와 모리사다(喜田川守貞, 1810~?)가 당시 에도와 오사카의 풍속을 그림과 함께 글로 구성한 《모리사다만

《都の魁》(石田有年 편, 1883)에 실린 교토의 요리다옥 사노야(佐野屋)의 전경 그림.

코(守貞謾稿)》 권5¹에는 길거리에서 음식을 판매하는 각종 상인들이 소개되어 있다. 그중 요리다옥에 대한 설명을 보면 "에도에서는 근년 회석풍(會席風)[사교모임]이라 부르는"² 요리다옥이 생겨났다고 했다. 요리다옥에서는 손님 수에 맞추어 적당한 양의 안주를 차려냈으며,³ 요리를 내는 순서도 정해져 있었다. 먼저 술과 함께 안주로 미소스이모노(味噌吸物, 된장국), 구치토리자카나(口取肴, 간단한 안주), 우마니(甘煮, 조린 음식)와 야키자카나(燒肴, 생선구이)와 같은 음식 두 가지, 사시미(刺身), 스마시스이모노(すまし吸物, 맑은 국) 또는 차완모노(茶碗もの, 찻물) 등을 낸다. 그다음에 일즙일채(一汁一菜, 국 한 가지에 반찬 한 가지)의 밥 혹은 일즙이채(一汁二菜, 국 한 가지에 반찬 두 가지)의 밥, 고우노모노(香の物, 소금·쌀겨·된장·술지게미 등에 채소를 절인 음식), 그리고 앞의 음식을 내기 전후에 센차(煎茶, 찻잎을 넣고 끓인 차)와 구치토리가시(口取菓子, 차를 내기 전에 그릇에 담아내는 과자)를 낸다.

이러한 요리다옥은 19세기 초반에 점차 전문화되었다. 그 결과 요리옥 혹은 요리점(料理店, 료리텐), 요정(料亭, 료테이) 등의 이름이 붙은 일종의 술집이 생겨났다. 특히 연회석에서 술을 따르고 춤이나 노래로 흥을 돋우는 게이샤(藝者)가 출현하면서 요리옥·요리점·요정과 일반 식당은 구분되기 시작했다. 상차림 방식 역시 일반 음식점과 달랐다. 앞에서도 보았듯이 술과 안주가 먼저 나왔고, 유흥이 끝난 다음 마지막에 간단한 식사와 다과가 나왔다. 요리옥·요리점·요정 가운데 요리옥과 요리점은 비슷한 면이 많은 반면, 요정은 게이샤의 활동이 좀 더 적극적인 곳이었다. 그만큼 요리옥이나 요리점에 비해서 요정은 고급에 속했다.

하지만 조선에 들어온 일본요리옥은 이러한 차이가 그다지 강조되지 않았다. 조선에서는 일본인이나 조선인이나 일본요리옥을 요리옥 혹은 요리점이라고 불렀다. 또한 일본에서 요리옥과 요정은 차이가 있었지만, 조선에 들어온 일본요리옥은 요정이라고도 불릴 정도로 구분이 되지 않았다. 이후 조선인이 연 요리옥도 마찬가지로 요리점 혹은 요릿집, 요정이라고 불렸다. 식민지 시기의 자료에서도 '조선요리옥·조선요리점·조선요리집·조선요정'과 같은 말이 혼재되어 쓰였다. 나는 이 글에서 이들을 통칭하는 용어로 조선요리옥을 쓰려 한다.

그렇다면 일본요리옥이 조선에 들어온 때는 언제였을까? 1부에서 밝힌 대로 1880년대 제물포 개항 이후 일본인의 거주지가 생기면서 일본요리옥도 자리를 잡기 시작했다. 서울에 일본요리옥이 들어선 때는 대략 1885~86년경으로 보인다. 이후 일본의 조선 침탈이 본격화되면서 일본요리옥은 점차 번창했다. 특히 1906년 통감부 설치 이후에는 일본요리옥이 서울에서 대단히 성업했다. 여기에는 '풍류통감(風流統監)'이라고 불렸던 이토 히로부미의 공도 있었다. 1906년경 서울에 있었던 일본요리옥 가운데 화월루(花月樓)·국취루(菊翠樓)·청화

정(清華亭) 등이 일류였고, 송엽(松葉)·명월(明月)·광승(光昇) 등이 이류였다. 이 중에서 화월루는 대표적인 일본요리옥으로, 30여 명의 게이샤가 있을 정도로 규모가 컸다.

    조선요리옥은 일본요리옥의 영향을 받아 탄생했을 가능성이 크다. 처음에는 조선식으로 모든 음식을 차리다가 점차 일본요리옥을 닮아갔다. 조선 음식이 식탁에 가득했지만, 일본요리옥과 마찬가지로 술과 안주가 먼저 나오고 난 뒤 나중에 간단한 식사가 나왔다. 여기에 일본요리옥의 게이샤처럼 조선요리옥에서도 기생이 나와서 손님을 접대했다.

조선요리옥 원조 이야기

    1936년 1월 16일자 《매일신보》에는 '현대 조선 원조 이야기—그것은 누가 시작하엿던가?'라는 칼럼이 실렸다. 이날 주제는 '요리'였다. 그러면서 부제를 '끽다이발목욕(喫茶理髮沐浴) 겸한 수월루가 선구자, 혜천관(惠泉館)·명월관은 그 후에 생겨, 기생은 그때가 일류'라고 붙였다. 그 자세한 내용을 함께 읽어보자.

    향기러운 술과 어엽분 기생들의 아름다운 노래에 취하야 흥에 겨워 두들기는 요란한 장구소리……. 깊어가는 밤거리의 적막을 깨치며 매일 밤마다 향락적 전당(殿堂)을 이루고 있는 요리점—향락과 사교를 갖추게 되는 곳이니만치 현대 문화인의 없지 못할 존재이다. 그것은 어떤 이가 먼저 만들었던가? 삼십여 년 전에 현재 죽첨정(竹添町) 공설시장 부근에 목욕탕과 아울러 '커피차' 파는 다방이 있었고, 그 후 광교(廣橋) 남측 천변에 수월루라는 목욕탕이 있어 그곳에는 다방과 이발소까지 겸업을 하야 일종의 요리점의 형식을 가지게 되었다. 그 당시 설비로 보아서도 향락과 사교를 목적한 것이 분명하니 목욕하는 동안에 친구를 기다리기 위하야 다방에서 '차'를 마신다거나 또는 이발하는 동안에 피곤한 몸을 목욕까지 하야 온몸의 피로를 한 잔 '커피'로 잊으려든 것이든지 이 모든 점이 요리점의 본능을 엿볼 수 있게 한다. 그러나 오직 그것으로만 도회인은 만족을 얻지 못하야 그의 필요를 절실히 느끼고 대분발을 한 이가 있으니 그는 윤병규(尹炳奎) 씨가 현재 서린동(瑞麟洞) 조선관(朝鮮館) 자리에다 혜천관이라는 조선요리점을 개시한 것이다. 그 요리점이야말로 종래의 수월루와는 전연 성질이 달라 현재 요리점같이 기생들을 불러서 질탕한 유흥도 하고 또는 공공한 연회라든가 교자(轎子)로 요리를 배달하야 상류계급에서는 사랑놀음을 차리게까지 되었었다. 수년 후에 안순환(安淳煥) 씨가 현 동아일보 자리에다 명월관이라는 큰 요리점을 설치하게 되어 은연중에 혜천관과 경쟁이 맹렬하였었다. 이 바람에 윤 씨는 다소 타격을 받게 되어 광산(鑛山) 방면으로 투족을 하야 자연 영업 부진으로 혜천관이 문을 닫게 되자 명월관에서는 더욱이 큰 기세를 올리고 현재 인사동 태화여자관(泰和女子館) 자리에다 명월관 지점을 두게 되었으며 관수동 국일관(國一館)이 새로 생기게 되었다. 그런 중에 명월관 본점이 큰 화재를 보게 되자 안 씨는 그곳을 새로운 주인에게 넘기고 식도원(食道園)을 경영하게 되얏다.[4]

여기에 나오는 수월루는 이 책의 2부 국밥집 부분에서 요리와 함께 장국밥을 판다고 광고를 냈던 그 수월루이다. 이 글을 쓴 필자는

1936년 1월 16일자 《매일신보》 조선요리옥의 원조 기사

요리점 혹은 요리옥을 향락과 사교를 목적으로 설립된 공간이라 여겼다. 하지만 엄격하게 말하면 요리옥은 술과 함께 안주로 여러 가지 요리를 판매하는 음식점이었다. 그러니 여기에 소개된 수월루는 결코 '전문 음식점'으로서의 요리옥이라고 보기는 어렵다. 그보다는 근대적인 유흥업소이면서 동시에 일반 음식점이었다. 수월루는 목욕이나 이발을 하면서 음식과 음료를 먹을 수 있는 일종의 복합 향락업소였다. 그렇다면 혜천관은 어떠했을까? 앞의 글을 쓴 필자는 혜천관에 대해 연회와 음식 배달, 그리고 기생을 불러서 놀 수 있었던 곳으로, 1930년대 당시의 요리옥과 같은 곳이었다고 했다.

하지만 혜천관이 언제 문을 열었는지에 대해서는 알 수 없다. 1906년 윤병규가 혜천관을 열었다는 주장[5]도 있는데, 아마도 앞에서 소개한 《매일신보》 기사를 보고 그렇게 짐작한 듯하다. 그런데 1909년 10월 23일자 《황성신문(皇城新聞)》 기사를 보면 혜천관이 10여 년 전에 문을 열었다고 한다. 이 기사를 바탕으로 보면 적어도 혜천관은 1890년대에 개업했을 것으로 여겨진다. 그렇다면 뒤에서 살펴볼 안순환(安淳煥, 1871~1942)이 차린 명월관보다도 먼저 문을 연 요리옥임에 틀림없어 보인다.

한편, 이 입장과 다른 글을 남긴 사람도 있다. 식민지 시기 조선에서 살면서 조선의 각종 풍속에 관해 글을 썼던 일본인 이마무라 도모에(今村鞆, 1870~1943)[6]가 장본인이다. 그는 근대에 들어와서 화류계도 점차 사회의 요구에 따라 현대화되었다며, 명월관이 조선 최초의 요리옥으로 현재의 동아일보사 자리에 세워졌다고 했다. 또한 명월관에는 당시 한국의 대신이나 일본의 차관(次官)들, 혹은 통감인 이토 히로부미까지도 출입을 했다[7]고 한다. 그렇다면 그는 왜 명월관을 최초의 조선요리옥으로 보았을까? 이마무라 도모에는 타이완총독부에서 근무하다 1908년 7월 한국통감부로 전근을 왔다.[8] 이때 혜천관은 경영에 큰 어려움을 겪고 있었던 데 비해 명월관은 제1의 조선요리옥으로서 명성을 누리고 있던 상황이라 이마무라 도모에가 명월관에 강한 인상을 받았던 것은 아니었을까?

여기서 잠깐 명월관을 개업한 안순환에 대해 알아보고 넘어가자. 안순환은 1909년 1월 21일에서 1910년 8월 29일 사이에 전선사(典膳司) 장선(掌膳)을 지냈으며, 직위가 종3품에 이르렀다. 안순환이 맡은 전선사 장선이란 직책은 어떤 일을 하는 자리였을까? 1895년 4월 2일에 있었던 궁내부 관제 개정 때, 전선사는 "임금의 음식(어선御膳)과 향연(饗宴)을 맡는다"[9]라고 했다. 즉, 전선사 장선은 임금의 음식상과 연회를 책임진 부서의 행정 책임자로서, 관제 개정 전의 직제로 말하면 사옹원(司饔院) 도제조(都提調)에 버금가는 자리였다. 궁내부 관제 개정 이전, 사옹원 관리직은 양반 출신이 맡았다. 그 아래에 재부(宰夫)·선부(膳夫)·조부(調夫)·임부(飪夫)·팽부(烹夫) 등의 직책을 가진 벼슬아치들이 있었는데, 이들은 각 분야의 식재료 관리와 함께 대전과 궁의 각 전에서 마련하는 일상 음식을 관리·감독했다. 이들 아래에는 실제 조리를 담당하는 별사옹(別司饔, 고기 담당)·적색(炙色, 전 담당)·반공(飯工, 밥과 죽 담당)·주색(酒色, 술과 음료 담당)·병공(餠工, 떡과 과자 담당) 등이 있었다. 따라서 안순환이 역임한 '장선'은 관리자급으로서, 결코 조리 담당자가 진급해 오를 수 있는 자리가 아니었다. 안순환을 소개하는 일반인의 글에서 그를 대한제국의 마지막 대령숙수니 왕실의 마지막 주방장이라는 설명도 있는데, 이는 잘못된 설명이다.

　1908년 9월 18일자 《대한매일신보》에는 "명월관 기념 작일(昨日, 어제)은 명월관을 설시(設始)하던 제5회 기념인고로 국기를 달고 기념식을 설행(設行)하였다더라"[10]는 기사가 실렸다. 이 기사를 보면 명월관은 1903년 9월 17일에 문을 열었다고 봐야 한다. 또 그 이름도 본래 명월루(明月樓)였다고 한다. 처음에는 황토현(지금의 광화문 사거리)에 있는 개인 집을 빌려서 시작했는데, 손님이 붐비자 1908년 1월 같은 자리에 2층 양옥을 새로 짓고 이름을 명월관이라고 바꾸었다. 안순환은 1912년 다시 명월관을 3층 양옥으로 증축했다가 1917년에 규모가 작다고 판단하여 인사동 194번지에 명월관 지점인 태화관(太和館)을 열었다. 원래 태화관은 이완용의 사저인 순화궁(順和宮)이었는데, 안순환이 1917년에 사들여 조선요리옥으로 바꾸었다. 이곳에서 1919년 3월 1일 오후에 연회를 마친 33인의 지식인이 독립선언문을 낭독했다. 당시 사람들은 이곳을 명월관 지점 혹은 태화관이라고 불렀다.

식민지 시기 자료를 통해서 살펴본 결과, 혜천관이 최초의 조선요리옥임은 분명해 보인다. 하지만 조선요리옥의 전성시대를 이끈 곳은 명월관이었다. 그 이유는 가장 넓은 시설에 정해진 메뉴, 그리고 전문적인 서비스를 제공하면서 영업을 했기 때문이다. 심지어 명월관에서는 여러 가지 조선 음식을 새로운 모습으로 개량하고 개발하기도 했다. 1919년 초에 명월관은 안순환의 손에서 다른 사람의 손으로 넘어갔다. 그 후 황토현 명월관은 여러 사람의 손을 거쳐 1925년 가을에 동아일보사에 팔렸다. 그사이에 명월관을 인수한 새 주인은 지금의 서울 종로 3가 돈의동에다 새로 명월관을 개업했다. 그러니 1919년 이전의 명월관은 황토현 명월관이고, 그 이후의 명월관은 돈의동 명월관이다. 이렇게 주인도 바뀌고 장소도 바뀌었지만, 1903년 이후 식민지 시기 내내 명월관은 조선요리옥의 대명사였다.

가자, 명월관으로!

그렇다면 황토현 명월관의 내부 정경은 어떠했을까? 1917년 2월에 발간된 《신문계(新文界)》 47호의 〈경성유람기〉라는 글에 그 모습이 묘사되어 있다. 이 글은 함경남도 금성(金城)에 사는 이승지가 우연히 만난 모던보이 김종성과 함께 기차를 타고 경성으로 가서 문명개화의 성공을 감탄하는 내용이다. 이는 조선총독부의 정책을 선전하기 위해 지어진 글이기도 하다. 그 내용을 추려서 보면 이러하다. "때는 열한 시 반이라. 이때 인력거 두 차가 황토현을 향해 몰아가니, 이는 김종성이 이승지를 연회 대접을 하려고 명월관 요리점으로 가는 것이라. 조란화동(彫欄畵棟)과 분벽사창(粉壁紗窓)이 황황한 전기 광선에 비치

돈의동 명월관의 입구 모습이다.

여 영롱찬란한 광경이 그릇 수정궁궐에 들어감을 깨닫지 못할지라. 두 사람은 보이의 안내를 따라 3층루 한편 처소에 좌정했는데" 술을 몇 잔씩 마시다 보니, 문이 열리면서 "종용히 들어와 날아가는 듯이 앉으며 '안녕하세요' 하고, 두 사람을 향하여 인사하는 여자는 곧 광교 조합에 유명한 기생 춘외춘(春外春)과 매홍(梅紅)이니, 이는 김종성이 이승지를 접대하기 위하여 청한 것"이었다. 손님과 기생이 서로 간단한 이야기를 나누고 매홍은 거문고를, 춘외춘은 양금(洋琴)을 연주했다.[11] 당시 황토현 명월관은 3층 규모에 방이 20호가 넘게 있었다. 기생들은 조합을 만들어 요리옥과 유곽 등을 전전할 때이다. 이승지와 같은 시골 양반이 황토현 명월관에서 이런 호사를 누리는 일 자체가 조선총독부의 공임을 암시하고 있다.

명월관 같은 조선요리옥에서는 기생과 보이, 그리고 돈 많은 한량들의 잔치가 한더위, 한추위에도 끊이지 않고 열렸다. 하지만 1919년 3월 1일 이후 조선요리옥의 사정은 만만치 않아졌다. 3·1운동이 실패로 돌아가자 명월관 주인 안순환 역시 감옥에 갇히는 신세가 되었다. 결국 명월관을 다른 사람에게 판 안순환은 1920년대 초반에 지금의 서울 중구 명동 2가에 식도원이란 조선요리옥을 다시 설립했다. 1920년대 서울을 비롯해 전국의 근대 도시에서는 일본요리옥과 청요리옥, 그리고 조선요리옥이 도심에 자리를 잡고 성업했다. 앞에서 언급한 명월관과 식도원은 물론이고 명월관 지점·국일관·장춘원(長春園)·고려관(高麗館)·태서관(太西館)·조선관 등이 지금의 서울 강북 도심에 몰려 있었다.

그렇다면 조선요리옥의 식탁에는 어떤 메뉴가 올랐을까? 1903년 9월 17일에 개업한 황토현 명월관에서 제공했던 음식을 잠깐 살펴보자.

> 내외국 각양주와 정미한 내외국 각양 요리를 일신 준비하고 진야수응(盡夜酬應)하는데 전혀 각 사회의 각 연회 시와 성내(城內) 성외(城外) 승유(勝遊)와 회갑과 슈일〔생일〕과 관혼 등 연회에 수용하는 음식을 제조하는데 심지(甚至) 송인(送人) 간사(幹事)케 하오며 진찬합(眞饌盒)과 건찬합(乾饌盒)과 교자음식(校子飮食)을 화려정교케 하야 다소간 청구하시는 원근(遠近)을 불계(不計)하고 특이한 염가로 왕의(枉議)하시는 첨군자(僉君子)의 후의(厚意)를 표하오니 강호귀객(江湖貴客)은 광림(光臨) 청구하심을 절망(切望). ― 좌개식물류(左開食物類): 제1신개량법 교자음식 각종, 각국 맥주, 각종 서양주, 각종 일본주, 각종 대한주, 각종 차료(茶料), 각종 양과자, 각종 권련, 각종 여

송연, 각국 과숙(果熟), 각종 소라, 전복, 목과장(木瓜藏).[12]

비록 조선 음식이 주된 메뉴였지만, 그렇다고 오롯이 조선 음식만 내놓지는 않았다. 외국 음식과 술, 심지어 담배도 황토현 명월관에서 다루었던 메뉴 가운데 하나였다. 이런 사정은 다른 조선요리옥도 마찬가지였던 것으로 보인다. 1920년대 이후 조선요리옥의 식탁에 오른 메뉴는 겉보기에는 조선 음식 같았지만, 맛은 세상의 변화와 손님의 입맛에 따라 개량되고 변형되었다. 일본요리옥의 영향을 받은 음식이 조선요리옥의 식탁에 오르기도 했다. '청요리옥'이라고 불렸던 서울의 고급 중국 음식점의 영향도 비껴가지 않았다. 그래서 얼핏 보면 조선 음식처럼 보이지만, 맛이나 조리법은 일본이나 중국 음식과 닮아갔다. 식민지 상황에서 날이 갈수록 일본의 영향이 커지면서 아예 일본 음식이 당당히 식탁의 한자리를 차지하기도 했다.

1926년 3월 3일자 《동아일보》 기사에서 김재은은 다음과 같이 조선요리옥의 변신을 비판했다. "발서〔벌써〕 7년 전 과거가 되었다만은 나는 우리나라 요릿집에를 갔다가 통탄할 현상을 구경한 일이 있다. 조선의 요리독립까지 잃어버리는 것을 구경했다. 유수한 고등 요릿집에서 내는 조선 요리라는 것이 말이다 스기야기라는 괴물이 신선로를 구축(驅逐)하고 밥상 중 중간에 진을 쳤으며 복신지(福神漬)〔일본어로 '후쿠진즈케' 라 하며, 무 · 가지 · 까치콩 · 연근 · 생강 · 차조기 · 표고 등 일곱 가지 채소를 잘게 썰어 소금물에 담갔다가 건져 설탕과 식초 등으로 양념하여 양조간장에 담근 것〕라는 들척지근한 물건이 우리나라 짠지를 정복했다. 양과자가 다식을 대표하고 정종이 소주를 합병해가지고 전횡을 다한다. 장유(醬油)〔일본 양조간장〕라는 것이 우리나라 간장을 동화시켜가지고 소위 선일(鮮日) 융화를 실현시켰다. 아마 저까락도 소독저(消毒箸)라는 것을 들여온 듯 기억한다. 고초장김치국 몇 가지가 하도 어이가 없는 듯이 한 구석에 박혀 있는 꼴이라고는 적막해서 볼 수 없었다."[13]

이 글은 《동아일보》에 6회에 걸쳐 연재된 〈사랑함으로써 위해서 근심〉이라는 글의 세 번째 편이다. 이 글의 저자 김재은은 개성 출신으로 독일로 유학 가서 문학을 공부했다. 그는 유학을 하면서 《동아일보》에 여러 편의 수필을 게재했는데, 이 글 역시 유학 중에 쓴 것이다. 그는 1926년 7월 중순에 귀국했다.

이 기사에 따르면 조선요리옥의 음식들은 이미 1910년대 말경에도 많이 변형되어 있었다. 그럼에도 불구하고 3부에서 가장 먼저 다루는 음식은 신선로이다. 그릇 이름이었던 신선로가 어떻게 조선요리옥을 대표하는 음식이 되었는지를 살핀다. 이와 달리 중국 음식의 영향을 받은 구절판은 해방 이후 대표적인 한국 음식이 되었는데, 그에 대해서도 알아보고자 한다. 탕평채는 조선 후기에 민간에서 즐겨 먹던 음식이었다. 그런데 해방 후 한정식당에서 왕실음식이란 이름으로 식탁에 올랐다. 그 내력을 한번 살펴보자. 조선 후기에 고급 음식으로 여겨졌던 생복회와 전복찜, 그리고 편육은 식민지 시기 조선요리옥에서도 빠지지 않고 식탁에 오르던 메뉴였다. 조선시대에 양반음식이었던 어회(魚膾) 역시 조선요리옥의 중요한 메뉴였다. 하지만 일본 음식 사시미와 만나면서 그 면모가 바뀌었다. 앞에서도 살폈듯이 조선요리옥에서는 조선 술뿐 아니라 외국 술도 손님에게 제공되었다. 하지만 조선요리옥의 대표 술은 약주였다. 식민지 시기 조선요리옥의 주된 손님 중 한 부류는 재조 일본인과 일본에서 관광하러 온 사람들이었다. 그들이 조선요리옥에서 맛본 음식 가운데 명란은 해방 이후 일본

후쿠오카로 가서 그곳의 지역음식이 되었다. 조선요리옥을 이야기할 때 기생과 보이 또한 빼놓을 수 없다. 이 내용은 특집으로 따로 다루려 한다.

1

신선로, 조선요리옥의 상징이 되다

가령 날이 저물고 조반(朝飯) 기억은 상고사(上古史) 한 '페지〔페이지〕'요 호주머니 열일곱이 독촉장, 광고지, 먼지 부스럭지의 피난처 밖에 못 되고, 돈냥 있는 아는 놈은 일부러 피해갈 때 마침 명월관 앞을 지나면, 이때 임비(痲痺)〔마비〕돼가는 뇌신경이 현기(眩氣)〔어지러움〕에 가까운 상상의 반역을 진압할 수가 있겠는가? 없을 걸세. 두어 고팽이 복도를 지나, 으슥한 뒷방으로 들어서거든, 썩 들어서자, 첫눈에 뜨인 것이 신선로(神仙爐). 신선로에서 김이 무엇무엇 나는데 신선로를 둘러 접시·쟁반·탕게〔탕기〕 등 대소기명(大小器皿)이 각기 진미(珍味)를 받들고 옹위(擁衛)해 선 것이 아니라, 앉았단 말일세. 차(此) 소위 교자시라. 에헴, '안석'을 지고 '방침'을 괴고, 무엇을 먹을꼬 위선(爲先) 총검열을 하겠다. 다 그럴듯한데, 욕속수완(欲速須緩)〔성급하게 서둘지 않음〕이라, 서서히 차려보자. '닭알저냐'를 하나 초고초장에 찍어 먹고, 댐〔다음〕으로 어회, 또 댐으로 김치, 이리다 보니,

'궤장(게장)'과 '어리굴젓'이 빠졌고나. 이런 몰상식한 놈을 봤나. '여봐 뽀이 게장과 어리굴젓 가져오구. 인력거 보내서 광충교(廣忠橋) 밑 사시는 서생원 좀 뫼서와……' 이쯤 상상(想像)을 하게 될 것일세. 내 봄은 이런 친구의 이따위 상상밖에 못 되네.[1]

이 글은 1935년 2월 23일자 《동아일보》에 '내 봄은 명월관 식교자(食交子)'라는 제목으로 실린 시조 시인 김상용(金尚鎔, 1902~1951)의 수필이다. 봄은 왔지만 돈은 없고, 그러니 상상으로만 조선요리옥 명월관에 가서 호사를 부린다는 내용이다. 그런데 여기서 언급하고 있는 명월관은 당초 안순환이 차린 곳이 아니다. 이 명월관은 화재로 안순환의 명월관이 소실된 뒤 다른 사람이 넘겨받아 새로 세운 곳으로 "서울 창덕궁 궁궐의 큰길을 끼고 한참 내려오느라면 양제 2층에 조선식을 병하여 지은 크다란 집 한 채가 있으니",[2] 바로 돈의동 명월관이다. 당시 안순환이 새로 개업한 식도원과 함께 조선에서 가장 장사가 잘되던 조선요리옥이었다. 김상용은 이 명월관 음식 가운데 신선로를 가장 으뜸으로 꼽았다. 이렇게 생각한 이는 비단 김상용만이 아니었다. 식민지 시기는 물론이고 해방 이후 1970년대까지도 요리옥이나 요정의 상차림 가운데 신선로는 가장 화려한 음식으로 손꼽혔다.

요릿집 상차림의 으뜸, 신선로

김상용이 상상했던 명월관의 실제 상차림은 어떠했을까? 안타깝게도 지금까지 이와 관련된 자세한 자료를 발견하지 못했다. 다만 1936년에 《경성일보》 사회부장 야노 간죠(矢野干城)와 경성도시문화

음식명		음식에 대한 설명 (*일본어 원문을 한글로 옮김)
일본어	한국어	
生栗	생률(날밤)	껍질을 벗긴 날밤
煎果	전과(정과)	과실, 생강, 연근, 문동(文冬)〔맥문동〕, 은행, 건포도 등을 넣어 꿀에 절인 것
食醢	식혜(단술)	밥과 맥아분을 섞어 양조(釀造)한 감주(甘酒)〔술 마신 사람〔飮酒家〕에게 썩 알맞다〕
藥食	약식	찹쌀에 꿀, 잣, 밤, 대추, 호두 등을 섞어 찐 밥
神仙爐	신선로	쇠고기를 주로 하여 생선, 송이버섯, 죽순, 잣, 호두 등을 넣고 끓인 것
大鰕煮	대하자(대하찜)	새우 덴뿌라(天婦羅)
栢子餠	백자병(잣박산)	흰 꿀에 잣을 섞은 것〔흰 꿀(白淸, 정제한 꿀)에 볶은 잣을 넣어 말린 다음에 칼로 썰어 만든 과자의 일종〕
鷄膳菜	계선채(닭잡채)	닭고기를 주로 한 잡채
醋菜	초채(초나물)	죽순, 오이, 송이버섯 등을 초에 조린 것
全鰒炒	전복초	말린 전복을 찐 것〔말린 전복을 물에 불려서 살을 얇게 저민 다음 양념을 넣고 조린 음식〕

〈표 1〉 돈의동 명월관의 배달 음식 메뉴

연구소 주간 모리카와 기요히토(森川淸人)가 함께 엮은 《신판 대경성 안내(新版大京城案內)》에 돈의동 명월관의 메뉴가 일부 소개되어 있다. "그렇다면 조선의 요리옥에 가면 어떤 것을 맛볼 수 있을까? 그것은 신기할 것도 없고 단지 조금씩 요리법이 다른 것을 조선 요리 특유의 그릇에 담을 뿐이다. 어느 날 명월관에 '정리해서 가져다 다오'라고 부탁해서 받은 것이 대략 다음과 같다." 저자들은 그 내용을 〈표 1〉과 같이 정리했다. 그리고 표에 대한 소개에 이어 김치도 돈의동 명월관의 메뉴에 반드시 들어간다고 덧붙였다.[3]

조선요리옥 태서관에서 열린 조선민속학회 주요 회원들의 연회 기념사진

이 자료와 함께 당시 조선요리옥 식탁이 비교적 선명하게 드러난 사진도 한 장 남아 있다. 바로 국립민속박물관의 '손진태 사진 아카이브'에 소장된 '태서관(太西館)에서 찍은 기념사진'이다. 태서관은 식민지 시기 경성 공평동 78번지에 있었던 조선요리옥으로, 식도원과 명월관에 버금갈 정도로 규모가 꽤 컸던 곳이다. 이 사진은 1938년 3월 5일, 당시 조선민속학회 주요 회원들이 태서관에서 연회를 하면서 찍은 것이다. 가장 연장자인 이마무라 도모에가 병풍을 등진 상석에 자리를 잡았다. 이마무라 도모에의 위치에서 오른쪽에는 아카마쓰 지조(赤松智城, 1886~1960), 무라야마 지준(村山智順, 1891~1968), 송석하(宋錫夏, 1904~1948)가 앉았고, 그 왼쪽에는 아키바 다카시(秋葉隆, 1888~1954), 손진태(孫晉泰, 1900~1950?), 김두헌(金斗憲, 1903~1981)이 앉았다.[4] 조선요리옥이니 만큼 식탁에 오른 음식도 대부분 조선 요리가 아닐까 싶다. 앞의 《신판 대경성 안내》에서 정리한 돈의동 명월관 음식과도 큰 차이가 없었을 것이다. 그런데 사진을 보면 신선로를 제외한 나머지 음식들은 모두 서양식 흰색 도자기 접시에 담겨 있다. 심지어

'니혼슈(日本酒)'라고 불리는 청주(淸酒)를 담은 도쿠리(德利, 술병)도 보인다. 이러니 이 사진의 장소인 조선요리옥 태서관의 식탁에 오른 음식이 아주 오래된 조선 음식이라고 보기도 어렵다. 아마도 약간의 개량이 이루어진 조선 음식이 주를 이루고 있지 않았을까 여겨진다. 그래도 식탁 위에 놓인 여러 음식 중에서 신선로는 당시나 지금이나 그 생김새에 큰 변화가 없다.

신선로는 음식이 아닌 식기 이름

사실 신선로는 음식 이름이 아니라, 그릇 이름이다. 1803년(순조 3)에 쓰인 《계산기정(薊山紀程)》에 신선로가 나온다. 이 책은 1803년 음력 10월에 서장보(徐長輔, 1767~1830)가 동지사(冬至使) 서장관(書狀官)으로 청나라에 함께 간 일행 가운데 누군가가 기록한 일기이다. 일기에는 1803년 음력 10월 21일 집을 나서면서부터 그 이듬해인 1804년 음력 3월 25일 돌아올 때까지 겪은 일이 적혀 있다. 신선로는 1803년 음력 11월 14일 의주의 북쪽 모퉁이에 있는 통군정(統軍亭)에서 있었던 연회 장면에 등장한다. "드디어 정자에 올라 한바탕 마셨다. 술이 두어 순배 돌아가고 나서 신선로를 마련하여[設神仙爐] 한잔 마시고 달빛을 받으며 돌아왔다."[5] 이 기록에 언급된 것처럼 겨울에 정자에서 술을 마실 때 신선로는 안주를 따뜻하게 먹을 수 있는 좋은 그릇이면서 동시에 음식이었다.

한편, 한양의 전주 이씨 집안에서 태어나 15세에 실학자 집안의 서유본(徐有本, 1762~1822)과 혼인한 빙허각 이씨가 1809년 한글로 쓴 《규합총서》에 '열구자탕'이란 음식이 나온다. 음식을 담는 그릇 이름도 '열구자탕 그릇'이라고 소개되어 있다. 빙허각 이씨의 시동생인 서유구 역시 《임원경제지·정조지》에서 '열구자탕(悅口子湯)'을 언급했으며, 홍석모는 《동국세시기》에서 이 음식을 '열구자신선로(悅口子神仙爐)'라 부른다고 했다. 그는 음력 10월에 서울 사람들이 먹는 음식으로 소개하면서 "쇠고기나 돼지고기에 무·외·훈채(葷菜)·계란을 섞어 장탕(醬湯)을 만든다"[6]라고 대강의 조리법을 적어두었다. 이에 비해 숙종(肅宗, 1661~1720)의 어의(御醫)를 지낸 이시필(李時弼, 1657~1724)은 《소문사설(謏聞事說)》에서 '열구자탕(熱口子湯)'이라 적었다. 이는 입을 뜨겁게 하는 음식이란 뜻의 열(熱) 자와 입을 즐겁게 한다는 뜻의 열(悅) 자가 발음이 같기 때문에 생긴 차이이다. 사실 열구자탕이란 음식 이름만 들으면 그 정체를 알기 어려운데, 신선로가 뒤에 붙으면 전모를 짐작할 수 있다. 그래서 홍석모는 이 음식을 '열구자신선로'라고 부른다고 했는지도 모르겠다.

그렇다면 이 신선로라는 식기는 어떻게 생겨난 것일까? 《소문사설》에서는 신선로의 모양과 맛을 묘사하며 신선로가 중국에서 온 것이라고 밝혀놓았다.

> 대합(大盒)[놋대합]과 같은 삶는 그릇을 따로 마련하고 다리 옆에 아궁이를 하나 뚫는다. 대합의 중심에는 통 하나를 세우는데, 덮개 밖으로 높이 솟아나오게 한다. 덮개 가운데에 구멍을 뚫어 통이 밖으로 나오게 한다. 통 안에서 숯을 피우면 바람이 다리 옆의 구멍으로 들어가 불기운이 덮개 바깥 구멍으로 나온다. 대합의 중심 주위에 돼지고기, 생선, 꿩고기, 홍합, 해삼, 소의 밥통, 염통, 간, 대구, 국수, 저민 고기, 새알심, 당근, 무, 배추, 파, 마늘, 토란 등 여러 가

지 먹을 것을 넣어 종류별로 배열하고 청장탕(清醬湯)〔간장〕을 넣으면 저절로 불이 뜨거워지면서 익는다. 여러 가지 액이 섞여서 맛이 꽤 진하다. 여러 사람이 둘러앉아 젓가락으로 먹고, 숟가락으로 탕을 떠서 뜨거울 때 먹는다. 이것이 바로 잡탕이니, 중국 사람들의 매우 좋은 음식이다. 눈 내리는 밤 손님이 모였을 때 (먹으면) 매우 적당하다. 만약 각상을 놓으면 운치가 없다. 중국 사람들의 풍속에는 본디 밥상을 따로 하는 예가 없기 때문이다. 우리나라 사람이 그 그릇을 사오기도 하는데, 야외에서 전별하거나 겨울밤에 모여서 술 마실 때 먹으면 매우 좋다.[7]

나식(羅湜, 1498~1546)은 신선로에 대해 좀 더 정확한 기록을 남겼다. 그의 문집 《장음정유고(長吟亭遺稿)》에 신선로에 관한 언급이 나온다. '친구와 함께 마시면서 이야기를 나누다'라는 뜻인 '여우음화(與友飮話)'라는 제목의 시에서 그는 "훌륭한 손님이 늦은 밤에 오니, 큰 달이 창가를 밝게 비추네. 신선로가 있어 이에 기대어, 밤이 깊어가도록 아주 즐겁구나." 그러면서 주석으로 "새로운 모양의 난주기(煖酒器)는 중국에서 왔다"라고 적었다.[8] 그런데 여기서 문제는 나식이 신선로를 두고 '난주기'라고 했다는 점이다. '난주기'란 글자 그대로 술을 데우는 데 사용하는 그릇이다. 아마도 신선로의 기능을 잘 몰랐던 모양이다. 하지만 이 신선로가 '중국에서 왔다(來自中朝)'는 언급은 매우 귀중한 자료임에 틀림없다. 다만 이 책이 나식 사후인 1678년에 간행되었다는 점을 고려한다면 이 주석을 그가 직접 적은 것인지 아니면 후세 사람이 적어 넣은 것인지 분명하지 않다. 어쨌든 17세기 말 조선의 선비 중에서 신선로가 중국에서 온 물건이라는 사실을 알고 있는 이가 있었던 모양이다.

앞에서 밝힌 대로 신선로는 조선뿐 아니라 중국에도 있었다. 오늘날 중국에서는 이것을 '화과(火鍋, 훠궈)'라고 부른다. 화과의 기원에 대한 중국학자들의 주장은 도자기의 한 종류인 '초두(樵斗)'에서부터 출발한다. 특히 지금의 화과와 가장 닮은 그릇에 대한 기록은 북제(北齊, 550~577)의 역사서인 《위서(魏書)》에 나온다. "동으로 만든 그릇으로 입이 넓고 중앙이 있는데, 이름을 동찬(銅爨)이라 부른다. 얇고 가벼워서 불에 음식을 익히기 쉽다"[9]라고 설명하고 있다. 그렇지만 화과가 본격적으로 유행한 때는 청나라 들어서이다. 청나라 원매(袁枚, 1716~1797)가 쓴 《수원식단(隨園食單)》(1792)에서는 이 화과를 민간뿐 아니라, 궁중에서도 매우 많이 사용하고 있다고 했다.[10] 심지어 청나라의 건륭제(乾隆帝, 1711~1799)는 530개의 화과를 차린 궁중 연회를 펼치기도 했다.

1798년(정조 22) 음력 10월 사은사(謝恩使)의 서장관으로 청나라에 갔다가 이듬해 4월에 한양으로 돌아온 서유문(徐有聞, 1762~?)이 그간의 일을 한글 일기로 쓴 《무오연행록(戊午燕行錄)》에서도 베이징에서 본 열구자탕에 대한 언급이 나온다. 1799년 음력 1월 6일 "하인들이 저들의 밥 먹는 모습을 보고 와 이르되, 혹 열구자탕을 놓고 화로에 둘러앉아 어지러이 먹으며 술장사와 열구자탕 장사가 무수하였더라"고 적었다. 그러면서 이어서 "열구자탕은 곧 탕제자라 일컬으니, 돼지고기와 닭고기를 넣어 만들었으되 그중 좋은 것과 나쁜 것이 있어 두 냥어치와 한 냥 반어치와 한 냥어치는 양념과 나물이 다르다 하더라"고 적었다.[11]

20세기에 들어오면서 일본인들도 신선로에 매우 큰 관심을 보였다. 그 첫 번째 주인공은 일본인 우스다 잔운이다. 1904년 그가 쓴 《조선만화》에 신선로에 대한 글이 나온다.

은으로 만든 신선로
1인용 신선로로, 산과 바다 위에 떠 있는 배 등 한 폭의 풍경화 무늬가 새겨져 있다.

> 조선 요리 중에서 첫 번째의 명물로서 우리나라[일본] 사람의 입맛에 맞는 것은 신선로이다. (중략) 조선 요리는 냄새가 심하고 불결하다고 하여 먹어보지도 않고 얼굴을 찌푸리는 거드름쟁이도 이 신선로만큼은 젓가락을 든다. 조선 요리를 먹는 일은 우선 신선로에서 시작해야 한다. (중략) 무엇보다도 화로와 냄비를 합체시켜 만든 것이 신선로의 특색이다. 선물로 내지(內地)[일본]에 가져가기에 안성맞춤이다. 신선로로 불리는 이 맛있는 음식을 먹으면, 신선과 수명이 같아진다고 한다. 냄비의 제작은 조야하지만, 우리나라에 수입하여 정교하게 개조한다면 매우 재미있을 것이다.[12]

실제로 대한제국의 황태자는 1909년 7월 12일에 신임 궁내대신(宮內大臣)이 된 하나부사 요시타다(花房義質)에게 신선로를 선물로 주기도 했다. 그만큼 당시 신선로는 조선 사람은 물론이고 외국인들까지도 상당히 주목했던 물건이었다.

조선 왕실이나 대한제국 황실에서 사용했던 신선로는 특별히 은으로 만들었다. 아마도 식사 전에 음식에 독이 들어 있는지 알아내기 위해서였을 것이다. 하지만 일반적으로 신선로는 주로 유기로 만들었다. 《임원경제지》에서는 유납(鍮鑞)으로 그릇을 만들고 철로 숯불을 놓는 대롱을 만든다고 했다. 여기에서 유납은 구리와 주석을 합금한 것이다. 대체로 구리와 아연을 합금한 것을 황동(黃銅)이라 부르지만, 유납도 황동에 속한다. 하지만 저급한 신선로는 구리와 니켈의 합금인 백동(白銅)으로 만들었다. 1938년 4월 8일자 《동아일보》에 실린 물가 자료에 의하면, 신선로 가운데 대형은 값이 5원 70전, 중간짜리는 4원 70전, 작은 것은 3원 70전이었다. 같은 자료에서 계란 100개가 3원 80전이라고 했으니, 신선로는 값이 비싼 편이었다. 그런데 1938년 10월에는 평북 정주에 있던 구리광에서 휴업을 하는 바람에 신선로 값이 6원 50전까지 올랐다. 겨울이 되면 신선로 수요가 증가함에도 불구하고 값이 올라 걱정이라는 여론이 일기까지 했다. 1910~30년대는 가히 신선로의 전성시대였다.

뜨끈뜨끈 운치를 더하는 신선로 맛

그렇다면 신선로의 맛은 어떠했을까? 1929년 12월 1일자 《별건곤》 제24호에서는 진품(珍品) 중의 진품으로 신선로를 꼽았다. '우보생(牛步生)'이란 필명을 내세운 저자는 그 맛을 다음과 같이 묘사했다.

찬바람이 높아가는 이때부터의 식탁에서 맛난 냄새를 물큰물큰 피우면서 재글재글 끓고 있는 신선로를 치워버린다 하면 그는 섭섭한 일이다. 순배(巡杯)가 느직히 돌고 이야기가 차차 운치(韻致) 있어 부퍼갈 때에는 조치도 식어지고 국그릇에도 기름이 끼지만은 더욱 더욱 맛이 나는 것은 신선로 맛이다. 완자 한 개 부침 한 점의 따끈한 맛도 생색나는 것이어니와 장국에 말아내는 한 사래 온면(溫麵)은 별미 중의 별미다. 그대로 지나기는 약주 맛 절미가 좀 부실하고 따로이 준비하기에는 어짓 빠른 때에 신선로 장국에 말아내는 온면은 주당(酒黨)에게도 마땅하고 또 비주당(非酒黨)의 입에도 마땅한 것이다.[13]

1924년판 《조선무쌍신식요리제법》의 표지
신선로를 중심에 놓고 갖가지 식재료를 그림으로 그렸다. 방신영의 1918년 재판 《조선요리제법》과 표지 디자인의 기본적인 구도가 비슷하다.

그렇다고 신선로가 조선요리옥에서 가장 조선적인 음식으로 특별히 지속되지는 않았던 모양이다. 1921년 4월 4일자 《동아일보》 기사에서 당시 이왕직(李王職) 선무실(膳務室) 주임이었던 조동원(趙東源)은 "한갓 이익에만 눈을 뜨고 다시는 조선 요리의 본질과 조선 요리의 특색을 보존하야서 영원히 조선 요리의 맛가롭은 지위를 지속하야 생각을 못하는 결과 점점 조선 요리가 서양 그릇에 담기며 조선 신설로(신선로) 그릇에 얼토당토아니한 일본 요리 자료가 오르는 것은 실로 아는 사람의 안목에는 도저히 그것을 순연한 조선 요리라고는 할 수 없는 가석한 지경에 이르고 말았소"[14]라는 쓴소리를 했다. 조동원은 비록 이왕직이었지만 그곳에서 왕실음식을 마련하는 일을 관리하던 사람이었다.

앞에서도 소개했듯이 1926년 신문 기사에서도 벌써 7년 전의 일이라고 하면서 김재은이 "스기야기라는 괴물이 신선로를 구축하고 밥상 중 중간에 진을 쳤으며"[15]라고 했으니, 조선인 입장에서는 조선요리옥에서 일본 음식인 스키야키(鋤燒)가 신선로에 담겨서 신선로 행세를 하고 있는 현실이 개탄스러웠을 것이다.

화학조미료회사인 아지노모도 역시 냉면과 함께 신선로에 주목했다. 1930년 3월 8일자 《동아일보》 광고에서 그들은 "신선로 중에도 맛있는 신선로는 아지노모도 친 신선로"라는 카피를 내세우고, 김이 모락모락 나는 신선로를 그려 넣었다. 결국 신선로는 화학조미료가 들어가고, 맑은 조선간장이 아닌 단맛이 나는 '왜간장'이 들어가면서 온갖 것을 마음대로 넣어도 무방한 음식이 되어가고 있었다. 그릇에만 주목한 사람들은 맛을 떠나서 신선로만 있으면 밥상에 같이 나온 음식이 모두 조선 음식이라고 여기는 경우도 있었다.

해방과 함께 서울에 입성한 미군들 눈에도 신선로는 신기했던 모양이다. 그들은 고향에 편지를 쓸 때, "궁전은 남향이고 성벽은 자최〔자취〕 없고 대감은 양반이고 제일 좋은 요리는 신선로라고 전한다"[16]라고 할 정도였다. 맥아더 장군을 비롯해 한국을 방문한 미국 대통령을 접대할 때도 신선로는 빠지지 않고 한자리를 차지했다. 1959년 1월 30일자 《경향신문》에는 당시 아시아재단 한국지부장 부인 제임스 여사를 인터뷰한 기사가 실렸다. 기자가 우리네 가정에 대해 말씀을 좀 해달라고 부탁하자, 제임스 여사는 온돌이 좋다고 생각한다면서 "한국 요리 중 신선로는 누구나 좋아해서 모두 그 조리법과 그릇들을 미국으로들 사 보내는데 아마 앞으론 신선로가 국제적인 요리가 될지도 모르겠어요."[17]라고 말했다.

적어도 1960년대까지도 외국 사절을 접대하는 자리나 격식을 차리는 가정에서는 열구자탕을 신선로에 끓여서 먹었다. 재료가 비싸서 만들어 먹기가 어렵다는 인식을 바꾸기 위해 쇠고기를 적게 쓰고 두부와 채소를 많이 넣어 경제적으로 개량한 신선로를 만들어 먹자는 계몽운동이 일어나기도 했다. 1969년에는 전기신선로도 개발되었다. 15원이 드는 숯 대신에 전기료 2원이면 뜨끈뜨끈한 신선로를 맛볼 수 있다는 선전이 뒤따랐다. 하지만 연탄 온돌이 성행하는 바람에 마침내 집안에서 화로와 함께 신선로도 버림받는 신세가 되었다. 결국 1970년대 이후 신선로의 명성은 오로지 식민지 시기 조선요리옥의 변형인 요정에서만 유지되었다.

2

구절판은 궁중음식이었을까

"궁실(宮室)이나 반가(班家)에서 유두절의 시식(時食)으로 이용되었다. 서로 모여 구절판을 싸면서 우의를 두텁게 할 수 있는 정겨운 음식이다. 색이 화려하고, 영양소를 고루 섭취할 수 있다. 구절판은 주안상이나 다과상에도 이용되고 있다. 주안상에는 생률·호두·은행·대추·잣·땅콩·곶감 등의 마른안주를 담고, 다과상에는 각종 강정·정과·다식·숙실과 등을 색을 맞추어 담는다. 특히 이것을 건구절판이라고 한다."[1] 이 글은 한국학중앙연구원에서 펴낸 《한국민족문화대백과사전》에서 옮겨온 것이다. 이 인용문의 앞부분에서 "조리법은 1930년대 이후의 문헌인 《조선요리법》·《조선요리학》·《이조궁정요리통고》 등에 기록되어 있고, 그 이전의 문헌에는 보이지 않는다"라고 했다. 그럼에도 불구하고 이 글의 저자는 조선시대 궁중과 양반가에서 음력 6월 유두 때 먹었던 세시음식이라고 적었다. 왜 이런 주장이 나왔을까?

'구절판'은 음식을 담는 그릇이면서 동시에 거기에 담긴 음식 자체를 가리키는 말이다. 혹시 조선 후기에 나온 조리서에 이 구절판이 나올까 싶어 찾아봤지만, 아직 발견하지 못했다. 다만 구절판과 비슷한 모양의 토기가 1973년 경주 천마총에서 발굴되기도 했다. 1997년 7월 광주시 광산구 신창동 유적지에서도 구절판과 비슷한 모양의 나무로 만든 유물이 출토되었다. 또한 1997~98년에 걸쳐서 발굴이 이루어진 서울 아차산 제4보루 유적에서 직경이 무려 25cm 이상이나 되는 5칸으로 나뉜 토기가 출토되었다. 고고학자들은 이것을 두고 구절판의 원조라고 보았다. 다만 하나밖에 출토되지 않은 점으로 보아 공용 반찬그릇일 것이라고 추정했다.[2] 하지만 이후 고려시대와 조선시대의 유물 중에서 이러한 형태의 그릇은 거의 발견되지 않는다. 누구나 만들 수 있는 그릇이라서 귀중하게 다루지 않은 탓에 전해지지 않은 것일까? 아니면 아예 구절판에 음식을 담아 먹지 않았기 때문일까? 문헌 자료를 중심으로 구절판이 궁중음식의 대표 주자로 자리매김되는 과정을 살펴보자.

흔치 않았던 식기, 구절판

1935년 11월 9일자 《동아일보》에 '가을요리(6) 내 집의 자랑거리 음식 구절판, 배추무름'이란 기사가 실렸다. 이 기사는 기자가 윤숙경(尹淑卿)이란 부인의 이야기를 듣고 옮긴 형식으로 구성되었다. "오늘 소개케 하려는 음식은 특별히 술안주에 좋고 또 복잡한 듯하면서 비교적 만들기 좋은 것입니다"라고 글을 시작하며, 구절판을 한자로 '九折板'이라고 적고 기사에 그림도 같이 그려 넣었다. 그러면서 "옛날에는 구절판이라는 그림과 같은 그릇이 있어서 이 그릇에 아홉 가지를 담아서 쓰게 된 것이지마는 지금은 이 그릇을 파는 곳이 없는 만큼 큰 서양 접시에 담아도 보기 좋습니다"라고 했다.³

윤숙경이 무슨 근거로 옛날에는 구절판이란 그릇이 있었다고 했는지 모르겠다. 왜냐하면 조선 후기의 그림이나 유물 중에 구절판과 비슷한 그릇은 아직 발견된 적이 없기 때문이다. 윤숙경의 기사에서 나온 구절판은 둘레 여덟 칸, 가운데 한 칸이다. 오늘날 사용하는 구절판과 같다. 그런데 1938년 1월 4일자 일요일판 《조선일보》 10면에 소개된 구절판은 그렇지 않다. "중간에 한 구녁〔구멍〕 사방 뺑 돌려서 아홉 구녁을 동그랗게 판 구절판 찬합"⁴이라고 했다. 지금 기준으로 말하면 '십절판'이 된다. 이 기사를 쓴 사람은 남자로서, 1930년대 중반 이후 잡지와 신문에 조선 음식에 대한 글을 여러 편 남긴 홍선표란 인물이다. 그는 1937년경 조선식찬연구소(朝鮮食饌硏究所)를 설립했으며, 1940년 6월에는 조광사(朝光社)라는 출판사에서 《조선요리학》을 출판했다. 앞의 《조선일보》 기사가 이 책에 그대로 옮겨져 있기 때문에 기사의 주인공을 확인할 수 있었다.

홍선표는 1940년 3월 14일자 《조선일보》에 '구절포(九折包)'에 관한 칼럼도 썼다. 구절포는 구절판의 다른 이름이다. 아마도 아홉 칸에 놓인 음식을 밀전병에 싸서 먹기에 때문에 붙여진 이름인 듯하다. 이 기사에서도 "나무로 만든 합 속에 수란(水卵) 뜨는 그릇 모양으로 바닥에 열 구멍을 둥글게 파되 한 중앙에는 한 구멍을 파고 가으로 아홉 구멍을 접시같이 판 것"⁵이라고 설명했다. 그러니 결코 지금의 것처럼 목판으로 만들어서 옻칠을 한 것이 아니었음도 확인된다. 더욱이 홍선표의 설명을 보면, 구절판이 필요한 사람은 직접 나무로 만들었을 가능성도 있어 보인다. 윤숙경은 구절판이란 그릇을 구입할 수 없다고 했다. 이러한 사정은 적어도 1950년대까지 지속된 듯하다.

이후 구절판은 1960년 12월 22일자 《동아일보》에 '구절판 음식'이란 기사로 다시 등장했다. "구절판 음식은 옛날 궁중에서 총애를 받은 주안상으로 볼품 있고 신기로운 요리이다. 구절판 음식은 생일잔치나 귀한 손님을 초대할 때나 연말연시 연회 때 이를 장만해서 내놓으면 보기에도 아름답고 풍성한 감을 준다. 재료는 철에 따라 바뀌게 된다. 이것은 술안주를 하지만 술 없을 때에도 색다른 취미로 나물 대신 반찬으로 할 수도 있는 것이다"[6]라고 하며 조선시대 궁중음식에서 구절판이 유래했다고 강조했다. 기사와 함께 구절판 그릇의 사진까지 실었는데, 요즘 구절판과 모양이 약간 다르다. 양철판으로 만든 통에 깊이가 깊고 가운데가 마치 받침처럼 치솟았다. 둘레에는 아예 한글로 '구절판'이라고 써놓았다. 당시 사람들에게 구절판 그릇이 생소했기 때문에 이렇게 써놓은 것은 아닐까?

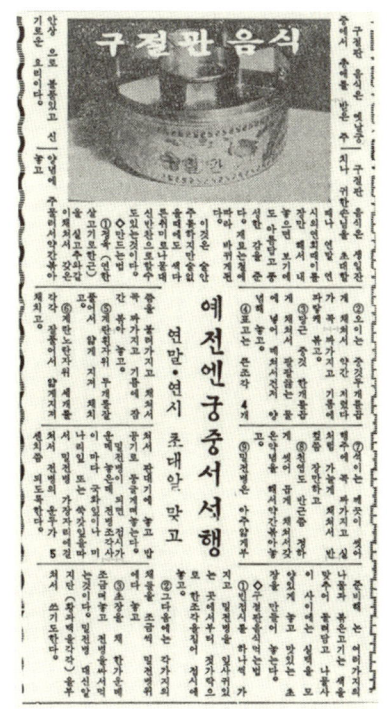

1960년 12월 22일자 《동아일보》의 구절판 기사
'예전엔 궁중서 성행'했다고 헤드카피를 뽑았다.

지금과 같은 모습의 구절판 그릇은 1968년 7월 29일자 《경향신문》에 실린 사진으로 확인할 수 있다. 하지만 신문 기사는 사진으로 구절판을 제시했을 뿐, 내용은 중복(中伏) 때 먹을 수 있는 한식에 대한 글이다. 이 기사에서 언급한 음식은 '편수와 밀쌈'으로, 여기서 밀쌈은 바로 구절판에 담긴 음식을 가리킨다. "밀쌈은 편수 속 그대로 준비하되 접시에 각각 담고 밀가루로 얇게 전병을 붙여(이때 달걀 흰자위를 섞으면 좋다) 따로 놓아 각자 싸서 초간장에 찍어 먹게 한 것. 궁중요리의 구절판과 같다"[7]라고 했다. 서울시 무형문화재 제1호 옻칠 장인 손대현(孫大鉉, 1950~)의 기억에 의하면, 1968년 민종태(閔鍾泰, 1915~1998) 장인의 공방에서 칠기(漆器) 일을 배울 때 칠기 구절판을 만들었다고 한다. 손대현은 구절판 그릇의 안쪽을 사포로 문지르는 작업을 했는데, 다섯 명이 분업하여 한 달에 10개 정도의 구절판을 만들었다. 당시에는 이 칠기 구절판 가격이 요즘과 달리 상당히 비쌌다고 한다.

1970년대 이후 구절판 그릇은 지금과 같은 형태로 칠기나 도자기로 만들어졌다. 특히 칠기 구절판은 정초에 손질을 잘 해두어야 한다는 신문 기사가 나올 정도로 대중화되었다. 1973년 12월 28일자 《경향신문》 기사에서 이를 확인할 수 있다. "정초가 되면 손님 접대 등으로 찬합이나 쟁반 구절판 등 칠기를 쓰는 일이 많아진다. 칠기는 화려하고 품위는 있으나 손질이 번거로운 것이 흠. 칠기에 뜨거운 물은 절대 금물이며 미지근한 행주로 닦은 다음 부드러운 헝겊으로 닦아 윤을 낸다."[8] 1974년 12월에는 동아공예대전 출신 작가 중 한 명인 박영규가 목기 구절판을 공예동우전(工藝同友展)에 출품했다. 또한 1982년 어느 백화점에서는 3만 원 이상의 상품을 구입하면 손톱깎이·우유컵

세트·스카프와 함께 구절판을 기념품으로 제공한 일도 있었다. 심지어 1983년에는 자개로 된 구절판 그릇에 밤·잣·호두·대추 등의 말린 과일을 담은 선물 세트가 판매되기도 했다. 1980년대에는 캐슈(cashew) 도료로 칠을 한 구절판 그릇이 대량 생산되었다.

구절판의 핵심은 밀전병

그렇다면 구절판에는 어떤 음식이 담겼을까? 구절판이란 이름을 내세운 조리법은 현재까지는 앞에서 소개한 1935년 11월 9일자 《동아일보》의 윤숙경 부인의 사례가 가장 앞선다.

> 정육은 육횟감으로 가늘게 썰어 물에 잠깐 담가 피를 빼서 꼭 짜가지고 육회 재듯이 재놉니다. 그다음에 콩팥은 가늘게 채를 썰어 조리에 담아가지고 펄펄 끓는 물을 끼얹어 축축 까부르면서 끓는 물에 튀여 물을 빼어가지고 육회 재듯 재가지고 잠깐 볶아놓고, 천엽은 소금을 쳐서 비벼 문대며 잘 닦아서 가늘게 채를 쳐서 꼭 짜가지고 육회처럼 재놓고, 양은 뜨거운 물에 튀여서 검은 껍질을 벗겨 버리고 희게 만들어 가늘게 썰어 양념하야 잠깐 볶아놉니다.
>
> 이상 네 가지 횟갓을 차례차례 만들어놓거든 홍무와 오이(오이가 없거든 미나리 대용도 가능)를 채 쳐서 소금에 잠깐 절여 물에 흔들어 꼭 짜서 기름에 볶고, 표고를 불린 것을 채 쳐서 기름에 볶아는 후에 이상에 볶아(놓)은 세 가지를 각각 양념하야 놓으면 일곱 가지가 준비된 것입니다.
>
> 배를 채 쳐서 여덟 가지 되거든 구절판이나 그렇지 않으면 큰 양

접시 가장자리에 여덟 가지를 각각 돌려 담고 횟갓에는 잣가루를 뿌려놓습니다.

끝으로 할 것은 그림에 보이는 것과 같이 가장자리에는 여덟 가지를 담았지마는 가운데 자리가 하나 남았는데 이 자리에는 또 담는 것이 있습니다.

◇란〔가운데 부분의 모양임〕에 밀가루를 섞어서 밀점병 같이 부쳐서 놓일 만하게 동글게 오리는데 둥근 쇠홍〔무엇인지 알 수 없음〕 뚜껑으로나 합 뚜껑 같은 것으로 누르면 곱게 됩니다.

이 점병을 사람 수요대로나 그보다 더 많이 만들어 가운데 감아놓으면 먹을 때는 이 점병에 여덟 가지를 조금씩 놓아 싸서 초장을 찍어 먹게 됩니다.[9]

이와 같이 구절판 음식에서 가장 핵심은 여덟 가지 재료보다는 가운데 놓는 '밀점병(밀전병)'임을 이 글에서 알 수 있다. 앞에서 소개한 홍선표 역시 쇠고기·미나리·표고·쇠양과 달걀노른자와 흰자, 그리고 숙주·무나물·천엽 이렇게 아홉 가지 재료와 함께 열 번째 재료로 밀전병을 꼽았다.

열째, 밀가루를 물로 반죽하야 중보시기의 아가리만큼씩 조금조금하게 부쳐서 갓을 동그랗게 모양 있게 다듬습니다. (중략) 맨 가운데 구녁에는 밀점병을 담고 사방 아홉 구녁에는 그 이외 아홉 가지를 따로따로 담아놓으면 그 아홉 가지를 밀점병에 싸가지고 초장에 찍어 먹게 됩니다.[10]

방신영은 1921년판《조선요리제법》에서 '찰전병' 만드는 법을 다음과 같이 적었다. "찹쌀가루를 냉수에 반죽해서 숟가락으로 떠서 쏟아보아 겨우 흘러 떨어질 만큼 반죽을 묽게 해서 번철에 기름을 바르고 얇게 지져 내나리라."[11] 또 '밀전병 별법'에서는 "밀가루 한 차종에 계란 두 개 깨트려 넣고 우유 두 숟가락쯤 넣고 소금과 빼킹파우더(떡에 넣는 가루) 차 숟가락으로 삼 분 일쯤 넣고 잘 섞어서 기름에 붙이나리라"고 했다. 이것이 바로 윤숙경과 홍선표가 말한 '밀점병'이다. 방신영은 "찰수수 가루를 냉수에 개어서 묽은 죽만큼 질게 하여서 소금을 간 맞게 넣고 번철에 기름을 바르고 적은 접시만큼씩 붙이나니라"고도 하면서 수수전병도 밀전병의 대용이 될 수 있다고 보았다.[12] 1939년 광한서림(廣韓書林)에서 출판된 조자호(趙慈鎬, 1912~1976)의《조선요리법(朝鮮料理法)》에서는 구절판의 전병을 메밀가루로 만든다[13]고 했다.

식민지 시기 요리 전문가들은 어떤 곡물로 만들든지 전병이 준비되면 구절판 음식은 구색을 갖춘 셈이라고 보았다. 그래서 간혹 밀쌈과 전병, 그리고 구절판을 혼동하는 경우도 있었다. 앞에서 소개한 1968년 7월 29일자《경향신문》에서 음식 이름으로 밀쌈을 언급하면서 구절판 사진을 제시한 것도 그런 경우에 해당한다. 그러면서 밀쌈 만드는 방법을 국수 만들 때보다 밀가루 반죽을 더 얇게 밀어 만든다고 소개했다. 사실 밀쌈과 구절판은 각기 다른 음식이다. 1930년대 중반 가정부인회 회장을 맡았던 홍승원(洪承嫄, 1897~1952)은 1934년 5월 26일자《조선일보》칼럼 '같은 재료 가지고 이왕이면 맛있게 조선요리 강좌(6) 밀쌈'에서 밀쌈 만드는 방법을 다음과 같이 밝혔다.

서울 근교 한정식 음식점의 상차림

2012년 서울 근교 한정식 음식점에서는 신선로, 전복찜, 갈비찜, 큰 새우찜, 장어구이, 생선회 등과 함께 구절판은 마른 것과 젖은 것 두 가지가 나왔다.

재료 밀가루·정육·표고·오이·기름·간장·파·마늘·깨소금·실한 깨·꿀·계피가루

만드는 법 밀가루를 묽게 반죽하야 전병을 조고마하게 부칠 때 흑강 국닙[검은 빛이 도는 국화잎] 봉선화꽃 같은 것을 색 나게 놓아 부치고 정육은 다져 약념하여 볶은 것과 오이, 표고 채 친 것을 볶아서 섞어 소를 놓고 돌돌 말아서 양편을 염점[염장]하여 한 치 길이가량 되게 만들어 담습니다. 실한 깨소금에 꿀, 계피가루를 놓고 반죽하듯 하여 소를 넣기도 합니다.[14]

이처럼 밀쌈과 구절판은 전병에 싸서 먹는다는 점은 비슷하지만 결코 같은 음식이라고 볼 수 없다. 홍선표는 앞의 '구절포' 조리법에서 "전병은 원래 얇은 까닭으로 떡의 맛보다 음식을 싸는 보재기 대용으로 만든 것이며 아홉 가지 음식 중에는 초고초장, 겨자 등속도 놓는 것이니 처음에 뚜껑을 열면 색깔이 홀난하게 보기에 좋게 되는 것이 구자[신선로]와 비슷한 것으로 손님 대접에 훌륭합니다"[15]라고 했다. 특히 구절판은 큰 잔치 때 술안주였다. 앞에서 소개했던 《조선일보》 1938년 1월 4일자 홍선표의 구절판 기사는 '궁중료리' 특집면에 나왔다. 여기서 구절판은 궁중요리 가운데 '수라상에 오르는 찬수 몇 가지' 중 하나로 소개되었다. 이 글로 보아 1930년대 이후 구절판은 궁중음식의 하나로 이해된 듯하다. 하지만 홍선표의 궁중음식이라는 주장은 아직까지 그 근거를 찾지 못했다. 이에 비해 조자호가 자신의 책 목록에서 구절판을 잡채·족편·겨자선·탕평채와 함께 잡채류에 포함시킨 이유는 조선 후기 궁중에서 즐겨 먹었던 당면이 들어가지 않은 잡채와 같은 부류의 음식이라고 생각했기 때문이 아닐까 싶다.

베이징의 고궁박물원에서 소장하고 있는 청나라 중기의 서피규판형칠합. 입구 지름 43cm, 높이 9.5cm로, 구절판과 비슷하다.

나는 혹시 구절판 그릇과 닮은 찬합이 중국에도 있지 않을까 싶어서 1994년부터 베이징과 상하이 등지의 골동품 시장을 찾아다녔다. 마침 1998년 6월 초순에 쓰촨성(四川省) 청두(成都)의 골동품 시장에서 자기로 만든 구절판을 발견했다. 비록 청나라 말기 때 그릇에 불과하지만, 세 칸씩 세 부분으로 구성된 이 자기 구절판은 한국의 구절판 음식을 담는 데 손색이 없었다. 그러다가 베이징의 고궁박물원(故宮博物院) 도록을 살피던 중 청나라 중기의 '서피규판형칠합(犀皮葵瓣形漆盒)'이란 그릇도 발견했다. 아마도 구절판 그릇은 중국에 그 기원이 있지 않을까 싶다. 다만 먹는 방식은 식민지 시기에 한반도의 중국 음식점에서 응용된 것이 아닐까 추정해본다. 중국 음식인 춘쥐안(春卷)이나 조선 후기의 전병인 연병(連餅), 식민지 시기의 밀쌈이나 밀전병 같은 음식이 세월을 거치면서 점차 어우러져 1930년대에 조선 버전의 구절판이 만들어졌을 가능성이 크다.

1950년대 이후 구절판은 가장 아름다운 한국 음식으로 손꼽히며,

외국 손님 접대에 제일 먼저 오르게 되었다. 외국인들 역시 구절판의 아름다운 색과 맛에 찬사를 보낸다. 구절판은 먹는 사람이 각자 자기 입맛에 맞게 한 가지나 혹은 두세 가지 재료를 함께 싸서 먹는 절묘한 음식이다. 궁중음식이 아니었다고 해도 눈과 입으로 그 아름다움을 즐기는 데에는 손색이 없다. 구절판은 그 기원이 중국에 있을 가능성이 크지만, 몇몇 한국인들에 의해 한국 음식으로 포섭되었다. 그리고 상추쌈 싸 먹듯이 밀전병에 싸 먹는 음식으로 진화되었다. 한국 음식의 대표 주자 중 하나가 된 구절판은 바로 20세기 한반도의 식탁에서 이루어진 다문화적 교섭의 결과이다.

3

한정식의 기본 요리, 탕평채

흔히 한식은 오방색(五方色)을 구현한 음식이라는 말을 한다. 오방색은 황(黃), 청(靑), 백(白), 적(赤), 흑(黑)의 다섯 가지 색을 말한다. 음과 양의 기운이 생겨나 하늘과 땅이 되고 다시 음양의 두 기운이 목(木), 화(火), 토(土), 금(金), 수(水)의 오행을 생성했다는 음양오행 사상을 기초로 한 것인데, 중앙과 동서남북의 방위를 뜻하기도 한다. 한식에는 한 가지 음식에 다섯 가지 색을 지닌 재료들을 사용함으로써 오방색을 구현한다는 의미를 담은 음식이 많다. 비빔밥과 탕평채는 그 대표적인 음식이다.[1]

이 글은 《맛있고 재미있는 한식 이야기》(2013)에 나오는 내용인데, 언제부터 어떤 이유로 비빔밥과 탕평채를 오방색의 음양오행 사상과 연관시키게 되었는지는 알 수 없다. 다만 탕평채가 오방색을 구현한다는 근거는 재료의 색 때문이다. 녹두묵에 고기볶음과 데친 미나리, 구운 김 등이 섞여 오방색을 이룬다는 것이다. 이렇게 오묘한 사상을 지닌 탕평채는 오래된 한정식 음식점뿐 아니라 최근 생겨난 퓨전 한정식 음식점에서도 빠지지 않는 메뉴이다. 왜 그렇게 되었을까? 탕평채의 주재료인 녹두만 하더라도 조선 후기에는 지금처럼 비싸지 않았다. 당시에는 웬만한 사람들도 녹두묵 정도는 먹을 수 있었다. 하지만 앞에서 이야기했듯이 오방색을 만들려면 좀 더 많은 재료가 필요하다. 그런 탓에 녹두묵은 그다지 비싼 음식이 아니었지만, 탕평채는 훨씬 비싼 음식이었다.

이 탕평채가 조선요리옥의 메뉴로 식탁에 올랐는지 알 수 있는 자료는 아직까지 발견되지 않았다. 그러나 사색당파를 조화시키려고 영조가 탕평채라는 음식을 만들어 신하들에게 하사했던 궁중음식이라는 인식이 식민지 시기에 생겨났다. 그러니 조선요리옥의 식탁에도 간혹 올라갔을 것이다. 그 영향을 받아 해방 후에는 한정식 음식점에서 탕평채를 주된 메뉴로 만들었다. 과연 탕평채는 영조가 개발한 음식이었을까? 그 사정을 다음에서 살펴보자.

영조의 탕평책에서 비롯된 음식?

1940년 6월 조선식찬연구소의 홍선표가 출판한 《조선요리학》에서는 "예전에는 우리 조선에도 묵을 그대로 기름에 부쳐 먹을 줄은 알았지마는 묵에 숙주나물이나 그 외 나물을 섞어 먹을 줄을 몰랐던 것이나 200여 년 전 영조 때 노소론(老少論)을 폐지하자는 잔치에 묵에 다른 나물을 섞어 탕평채라 하였던 것이 초나물의 시작이라 하는 것이다"[2]라고 서술하며 탕평채의 연원을 영조 임금에게 두고 있다. 또한 홍선표는 탕평채를 식초 맛이 나는 초나물로 보았다.

이에 비해 조선 후기의 학자 조재삼은 1855년(철종 6)에 완성한 《송남잡지》에서 탕평채의 연유를 다른 곳에 두었다. "탕평채 : 녹두묵(청포靑泡)에 소고기·돼지고기를 섞어서 만드니 바로 나물의 골동(骨董)이다. 송인명(宋寅明)이 젊은 시절에 가게를 지나가다가 탕평채 파는 소리를 듣고 사색(四色)의 당인(黨人)을 섞어 등용해야 한다는 사실을 깨닫고서 탕평사업(蕩平事業)을 하였다고 한다."[3] 영조 때인 1740년 좌의정이 된 송인명(1689~1746)은 당쟁을 억누르면서 탕평책을 강하게 추진한 탕평사업의 주동 인물이었다. 아마도 그런 사정으로 인해서 《송남잡지》에서 '탕평채'란 음식을 언급하면서 송인명의 사연을 곁들인 것으로 여겨진다.

송인명이 세상을 떠나고 3년 후에 태어난 유득공은 당시 한양의 풍속을 적은 《경도잡지》에서 "탕평채라는 것은 녹두유(綠豆乳)와 돼지고기, 미나리 싹(근묘芹苗)을 실같이 썰어 초장(醋醬)을 뿌려서 만든다. 매우 시원하여 봄날 밤에 먹으면 좋다"[4]라고 적었다. 그로부터 약 50년 뒤인 1849년에 집필된 《동국세시기》의 음력 3월편에서 홍석모는 "녹두포(綠豆泡)를 만들어 잘게 썰고 돼지고기와 미나리 싹, 김(해의海衣)을 버무려 초장을 뿌린다. 매우 시원하여 봄날 저녁에 먹으면 좋다. 그 이름을 탕평채라 부른다"[5]라고 적었다. 그런데 《경도잡지》보다는 늦고 《동국세시기》보다는 앞서서 1819년에 집필된 김매순(金邁淳, 1776~1840)의 《열양세시기》에서는 탕평채에 대한 언급이 없다. 더욱이 탕평채를 언급한 앞의 두 책에서도 이것이 '탕평사업'과 관련된 것이라는 언급은 없다.

재료 면에서도 《경도잡지》에서는 김이 언급돼 있지 않아 탕평채의 재료도 세 가지뿐이다. 그러니 사색을 상징하는 네 가지 재료가 지닌 탕평채의 의미를 확인하기가 어려울 뿐 아니라, 탕평채가 오방색의 음양오행 사상에서 나왔다는 주장 또한 근거가 약하다. 더군다나 《송남잡지》에서는 이미 탕평채란 음식을 한양의 가게에서 팔고 있었다고 하지 않았던가? 만약 조재삼의 기록을 사실로 받아들인다면, 송인명이 탕평사업을 주동하기 이전부터 탕평채란 음식이 있었으며 탕평책은 탕평채에서 이름을 빌려온 것이지, 결코 영조의 탕평책으로 인해서 탕평채란 음식이 생겨난 것이라고 보기 어렵다. 오히려 여러 가지 재료를 골고루 섞었다는 의미에서 탕평채라고 불렀을 가능성이 더 많다. 실제로 '탕평'이란 말은 조선시대 선비들의 글에 자주 나온다. 사색당파가 심각한 정치 문제로 부각되지 않았던 조선 중기 이전에 탕평이란 말은 주로 '난을 평정한다'는 의미로 쓰였다. 영·정조 시기에 와서야 비로소 사색당파와 관련된 글에서 어느 쪽에도 치우치지 않는다는 뜻의 '탕탕평평(蕩蕩平平)'의 '탕평'이 등장했다.

탕평채는 담백한 맛이 일미

조리서 중에서 음식 이름으로 '탕평채'를 언급한 책은 《규곤요람·음식록》과 《시의전서·음식방문》이다. 《규곤요람·음식록》은 아직까지 필자가 밝혀지지 않았다. 다만 책의 내지에 '건양(建陽) 원년'과 '병신 오월'이라 적은 것으로 보아 고종이 황제로 등극한 원년인 1896년에 집필된 것으로 보인다. 이 책에서는 판면의 위쪽 천두(天頭)에 음식 이름을 한자로 적어두었는데, 탕평채를 '탄평채묵(炭平采黙)'이라고 적었다. 아마도 탕평채의 다른 이름인 탄평채(坦平茶)를 소리만 차용하여 이렇게 적은 것으로 보인다. 하지만 한글로는 '녹두묵탄평채'라고 적었다. "녹말묵을 잘게 치고 육회를 잘게 쳐서 재여 볶고 미날리〔미나리〕 살금 데치고 하의귀〔행귀〕 비비고 막눌〔마늘〕과 파를 갖은 고명에 미날리 썰고 한데 무쳐서 초 치고 담아놓고 하여 비빈 걸 냉겨자를 위에다 뿌리고 잣가루를 고춧가루를 뿌리느니라."[6]

비슷한 시기에 한글로 적은 《시의전서·음식방문》에도 이름은 '탄평채'로 나온다. "묵 가늘게 치고 슉쥬, 미나리 데쳐 잘라 양념하여 슉쥬와 같이 무치고 정육 다져 볶아 넣고 슉육은 채 쳐 넣고 김 부숴 넣고 깨소곰·고초가로·기름·초 합하여 지렁〔간장〕에 함담〔간〕 맞추어 묵과 한데 무쳐 담고 위에 김 부숴 얹고 깨소곰 고초가로 뿌리라."[7] 《규곤요람·음식록》과 《시의전서·음식방문》의 탕평채 조리법은 재료는 비슷하지만, 맛을 내는 방식에 차이가 있다. 《규곤요람·음식록》에서는 겨자와 식초로 맛을 냈다면, 《시의전서·음식방문》에서는 참기름과 간장 그리고 식초로 맛을 냈다.

1924년 이용기가 펴낸 《조선무쌍신식요리제법》에서는 '묵청포(탕평채 청포淸泡)'라고 적었다. 조리법은 다음과 같다.

> 초나물같이 다하여 놓고 흰 묵이나 노랑 묵을 껍질 벗기고 홀쭉하고 길이는 치 닷 분〔한 치 다섯 푼. 약 4.5cm〕이나 하게 척척 쳐서 넣고 김을 원장째〔통째〕 비비며 티를 뜯어서 맨니로 구워 부스질러 넣고 모두 한데 까불러 먹나니라. 초가 으뜸이니 많이 칠 것이니라. 맛살이나 조갯살을 잠깐 데쳐서 넣으면 좋으니라.[8]

이용기가 소개한 묵청포는 초나물에 청포묵을 넣고 김을 부숴 넣는 조리법이라 할 수 있다. 그렇다면 초나물은 어떻게 만들었을까? 묵청포 조리법 바로 앞에 초나물(초채醋菜) 만드는 법을 다음과 같이 적었다. "숙주와 미나리를 데쳐 짜놓고 장과 초와 기름과 깨소금, 고춧가루 치고 파 데쳐 넣고 물숙〔물쑥〕을 넣어 먹나니 양지머리에 차돌박이나 제육을 썰어 넣으면 좋으니라. 움파를 많이 데쳐 넣는 것이 좋으니라."9

앞에서 살폈듯이 《조선요리학》을 쓴 홍선표 역시 초나물에 묵을 넣은 음식을 탕평채라고 불렀다. 다만, 탕평채가 초나물과 다른 이유는 청포묵이 들어가기 때문이다. 청포묵은 매우 오래된 음식으로 여겨진다. 다른 말로 녹두유(綠豆乳), 녹두포(綠豆泡), 녹두청포(菉豆淸泡), 청포(淸泡)라 불렀다. 1866년(고종 3)에 작성된 《각사당각묘소제향신정식등록(各祠堂各墓所祭享新定式謄錄)》에는 세 냥(三兩)을 들여서 청포와 떡을 시중에서 사왔다고 했다. 이미 《송남잡지》에서도 탕평채를 가게에서 판다고 했듯이 당시에 청포묵을 전문으로 만들어 파는 상인이 있었던 듯하다. 1894년(고종 31) 전라도 고부에서 시작된 갑오농민전쟁의 지도자였던 전봉준(全琫準, 1855~1895)은 몸이 녹두처럼 작아서 별명이 녹두장군이었다. 농민군들이 그를 기념하여 만든 민요 '새야 새야 파랑새야'도 청포묵과 관련된 내용이 담겨 있다. 즉, "새야 새야 파랑새야 녹두밭에 앉지 마라/ 녹두 꽃이 떨어지면 청포장수 울고 간다"로 시작되는 이 민요에서 당시 청포묵의 유행을 짐작하게 된다.

1930년대가 되면 탕평채는 '꼭 알어둘 이달 료리법'으로 신문지상에까지 오르게 된다. 1931년 4월 24일자 《동아일보》 기사에서는 초나물을 먼저 소개하고 나서 탕평채 조리법을 적었다. 더욱이 소제목에서 '탕평채=묵청포'라고 적었는데, 아마도 탕평채와 묵청포를 다른 음식으로 여길까 싶어 이런 소제목을 단 듯하다.

> 이것은 별로 다른 법은 없고 이 위에 말한 초나물과 똑같이 만들어놓고 흰묵이나 노랑묵에 녹말묵이라야 하나니 껍질은 벗기고 홀쭉하고 길이는 치 닷 분 되게 척척 쳐서 넣고 또 중국 사람이 파는 양장피도 불려 넣고 겨자도 치고 김을 온장으로 잘 골라 그냥 구워 부스질러 넣고 모두 한데 까불러 대접이나 보사기나 사기그릇에 담고 실백이나 뿌리고 잣가루고 고초가루만 더 뿌려놓았다가 먹나니 이것이 시금시금하여 한참 퍼먹을 만합니다. 또는 조갯살을 잠깐 데쳐 넣으면 더욱 좋습니다.[10]

조리법만 보면 앞에서 소개했던 《조선무쌍신식요리제법》과 크게 다르지 않다. 다만 재료에 양장피와 같은 중국 요리 재료가 들어가는 점이 약간 다르다.

한정식을 판매하는 음식점에서 탕평채가 필수 메뉴가 된 때는 대략 1970년대 이후로 여겨진다. 봄에 입맛을 돋워주는 경기 지역의 토속음식으로 부각[11]되더니, 급기야 손님상의 중심 메뉴가 되었다. "청포묵에 숙주·미나리·물쑥 등 채소를 섞어 무친 묵무침을 탕평채라 하는데, 양념하여 무쳐놓으면 쉽게 불기 쉬워 흠이다. 손님상을 차릴 때는 큼직한 접시 중심 위치에다 묵 썬 것을 소복이 담고 그 주위에 갖은 채소, 고기볶음 등을 색 맞추어 구절판 담듯 담고, 약념장을 곁들여 내놓으면 손님이 묵과 채소를 덜어서 양념장에 무쳐가며 들도록 하면 다채롭겠다."[12]

탕평채는 오래된 음식이지만, 그 면모는 시대마다 변신을 거듭해

왔다. 1970년대 중반 경제 발전이 속도를 내면서 서울 강북의 한정식 요정은 날마다 정치가·경제인·고위 공무원들로 대단히 성황을 이루었다. 그 와중에 탕평채는 교자상에서 한국 음식을 상징하는 음식으로 자리를 잡았다. 1988년 서울올림픽을 앞두고 탕평채는 외국인에게 소개할 한국의 대표 음식으로 꼽히기도 했다. 하지만 문제는 그 미끈미끈한 상태와 특이한 맛이었다. 1988년 8월 5일자 《조선일보》의 '한국의 맛(5) 탕평채'라는 기사에서 기자는 "탕평채는 외국인들에게 쉽사리 내놓기는 어려운 음식이다. 우선 미끈미끈한 것이 쉽게 집히지도 않는 데다 특유의 고소하고 쌉싸름한 맛도 마치 '약초' 같은 느낌을 주기 때문이다"라고 언급했다. 그러면서 기자는 요리연구가 노진화(盧珍花, 문화요리학원장)의 인터뷰를 이어서 소개하며 앞에서 언급한 내용과 다른 견해를 전했다. 노진화 원장은 탕평채를 두고 "당면잡채가 외국인, 특히 서양인들에게 인기 음식으로 불고기·갈비 다음가는 것을 생각하면 새로운 간판 음식으로 내세움 직도 하다"라고 하면서 "궁중음식으로 전해 내려오는 탕평채는 당면잡채와 달리 기름기가 많지 않아 담백한 맛이 일미. 양념을 너무 많이 넣지 말고 묵의 고유한 맛을 즐기게 하는 것이 제맛을 내는 열쇠이다"라고 했다.[13] 결국 궁중음식이었다는 전제 아래 탕평채를 한정식당의 식탁에서 빠지면 안 되는 요리로 만들어버렸다. 곧 조선시대 궁중음식이었으니 맛있다는 생각이 한국 사회에 만연한 것이다. 하지만 실제로 요즘 사람들은 탕평채의 맛을 높게 평가하지 않는다. 육식에 길들여진 요즘 한국인들 입맛에 탕평채는 그저 역사가 담긴 음식으로만 부각될 뿐이다. 그것도 여전히 영조의 이름만을 안고서.

4

전복초가 요리옥 식탁에 오르기까지

1920~30년대에 대단히 번창한 조선요리옥은 정치·경제적으로 매우 어려웠던 1940년대에도 그 사정이 별반 달라지지 않았다. 해방 이후 민생은 최악의 상태였지만, 고급 요정은 오히려 성업했다. 결국 상황은 1948년 10월 29일 국회의원 김상돈(金相敦, 1901~1986)이 '고급 요정 봉쇄'를 법령으로 제안하는 데까지 이르렀다. 전쟁으로 한반도가 나락으로 떨어지고 있던 1951년 12월 1일에도 정부에서는 위생 감찰단까지 조직해 고급 요정의 음식물을 간소화시키고, 요리 가격을 통제했다. 당시 신문 기사를 통해서 요정에서 판매되었던 요리 종류를 추정할 수 있다. 그중에서 '한국 요리'로 분류된 요리와 가격을 살펴보자.

신선로 11,000   맥운탕(매운탕) 11,000   생복(生鰒) 8,000   닭쁘꿈(닭볶음) 8,000   계활기 7,000   도미회 8,000   홍초(紅草) 1,000   약식

8,000 밤 8,000 이채(離採) 11,000 식회〔식해〕 6,000 과실 6,000 건포 6,000 새우덴통 8,000 생선전어 8,000 란(卵)알싸므〔알쌈〕 8,000 천부라류(天婦羅類) 6,000[1]

요리 이름만 보면 요즘 이름으로 옮기기 어려운 것들도 많다. 홍초·이채·새우덴통 따위는 실체를 알기 어렵다. 생복은 기사에 나온 한자로는 뜻이 분명하지 않지만, 전복으로 만든 요리일 가능성이 크다. 원래 생복은 한자로 '生鰒'이라 적는다. 간혹 생복을 독이 있는 복어로 오해하기도 하지만, 생복은 익히거나 말리지 않은 날전복을 가리킨다. 다만 신문 기사에서는 한자를 잘못 적어 '生福'이라 쓴 것 같다. 그러니 생복이라고 적은 요리는 생복회(生鰒膾)일 가능성이 크다. 가격도 닭볶음이나 도미회와 마찬가지로 8,000원이나 한다.

전쟁 중이었던 1951년 4월, 당시 부산에서는 계란 10개가 3,800원이었다.[2] 2013년 모 식품업체의 초생란 10알이 3,150원이니 현재와 비슷한 금액인 것 같지만, 당시 화폐 가치로 따지면 차이가 많이 난다. 월급과 상품의 값을 대응시켜 보아야 상대적인 화폐 가치를 가늠할 수 있다. 가령 1951년 당시 국민학교 교원의 한 달 월급이 평균 534,000원[3]이었는데, 2012년 초등학교 교원의 평균 월급은 대략 250만 원 정도이다. 대략 다섯 배의 물가 차이가 있으니, 생복회의 경우 오늘날 가격으로 치면 4만 원 정도 되는 셈이다. 그렇다고 이런 계산법이 반드시 옳은 것은 아니다. 그럼에도 당시의 전복회를 지금의 8,000원 정도로 여겨 값싼 음식으로 생각하면 안 된다. 왜냐하면 전복회는 고급 요정에 올랐던 고급 음식이었기 때문이다.

궁중 잔치에서 명월관 식탁에 오른 전복초

이용기는 《조선무쌍신식요리제법》에서 생복을 껍데기에서 떼어 씻은 다음 가로로 굵게 썰어 잣가루를 뿌려 초장에 찍어 먹으면 그 맛이 최고라고 했다. 그러면서 제대로 된 생복회를 먹으려면 생복을 "아무쪼록 굵게 썰지니라"고 했다. 덧붙여 "생복 속에 푸른 고락이 있나니 통으로 가로 썰어서 생복 옆에 놓았다가 먹으면 맛이 좋으니라"고 적었다.[4] 그런데 이 책 이전의 조리서에서는 생복회에 관한 기록을 아직까지 찾지 못했다.

하지만 생전복은 분명히 조선요리옥의 메뉴 중 하나였다. 비록 콩트지만, 채만식(蔡萬植, 1902~1950)이 1938년 5월 17일자 《동아일보》에 게재한 〈초하(初夏) 콩트 ― 향연(饗宴) 하(下)〉에 생전복이 나온다. 같은 신문 5월 14일자에 실린 시작 글 상(上)을 보면, 이 콩트의 주인공 신천총 영감이 단오를 이틀 앞둔 무더운 날에 부민관에서 열린 결혼식에 참석한다. 사실 그는 신랑이나 신부를 알지 못한다. 단지 밥 한 끼 해결할 생각으로 모르는 사람의 결혼식에 가곤 했다. 지루한 결혼식이 끝난 뒤 피로연은 요리옥에서 열렸다.

"신천총 영감은 우선 앞에 놓은 시〔접시〕에다가 이것저것 음식을 걷는 접다. 전유어, 편육, 생전복, 적(炙)민어회, 닭조림, 저육(猪肉)조림, 생선찜, 떡, 그 밖에도 많다. 족편이 있나 하고 둘러보았으나 없다. 음식을 걷어다 놓고는 비로소 먹기 시작하는데 그러나 걷어온 음식이 아니고 원래 접시에 있던 것을 먹는다." 이렇게 음식 맛을 보다가 신천총 영감은 집에 있는 딸아이를 생각해 음식을 싸기 시작한다. "대단히 만족이다. 손에 꾸려든 음식도, 딸이 부탁하던 족편이 없어서 섭섭했지만 그 대신 생전복은 있으니 괜찮다."[5] 이렇듯이 조선요리옥에 올랐던 생전복회는 대단한 맛이었다.

한편, 3부의 도입부에서 소개했던 돈의동 명월관 배달 음식에도 전복초가 있었다.《신판 대경성 안내》에서는 말린 전복을 물에 불려서 살을 얇게 저민 다음 양념을 넣고 조린 음식인 전복초를 단지 "말린 전복을 찐 것"[6]이라고 했다. 전복초는 조선 후기 궁중음식의 종류를 기록한 진찬(進饌)·진연(進宴) 관련 의궤에서 빠지지 않고 나오는 음식이다. 순조(純祖, 1790~1834) 29년(1829) 음력 2월 12일에 있었던 궁중 연회 과정을 기록한《진찬의궤(進饌儀軌)》를 보면 다섯 가지의 전복초를 차렸다는 기록이 나온다.

그렇다면 궁중 잔치에 올랐던 조선 왕실의 전복초는 어떻게 만드는 음식이었을까? 대한제국 예조(禮曹) 전선사에서 펴낸《내외진연등록(內外進宴謄錄)》(1901~1902)에 어전대탁상(御前大卓床)에 오른 스물다섯 그릇의 음식이 기록되어 있는데, 그 가운데 전복초가 재료와 함께 적혀 있다. '전복초(全鰒炒) 1기(一器)'에 들어가는 재료는 전복 2첩(二貼), 진장(眞醬, 진간장) 3기(三器), 청밀(淸蜜, 꿀) 2승(二升), 생육(生肉, 쇠고기) 10근(十斤), 백자(栢子, 잣) 5합(五合), 진유(眞油, 참기름) 2승(二升), 호초말(胡椒末, 후춧가루) 5전(五錢, 구입했기 때문에 5전어치) 등이었다. 이들 재료를 넣고 조려서 만든 음식이 바로 전복초이다.

홍선표가 집필했을 것으로 여겨지는 1938년 1월 4일자《조선일보》기사에서도 전복초를 수라상에 오르는 찬수로 꼽았다.

전복을 물에 불린 뒤 가장살이를 도리어 내고 얇게 저미고 푹 무르도록 삶아서는 좋은 진간장을 치고 빛이 까맣게 다시 한 번 끓입니다. 그다음엔 쇠고기를 곱게 다져서 양념해 넣고 파, 마늘을 곱게 다져서 조금 넣고 설탕을 치고 해서 간을 마칩니다.[7]

기사로 보아 한여름에 채취한 전복을 말려두었다가 겨울에 물에 불려서 전복초를 만들었음을 알 수 있다. 또한《내외진연등록》에 나오는 전복초의 재료와 비교하면 홍선표는 꿀 대신에 설탕을, 양념으로 파와 마늘을 넣었다. 이러한 방식은 개량된 조리법인 듯하다.

요즘과 달리 조선시대 자연산 전복은 바닷가에서는 비교적 쉽게 구할 수 있는 식재료였다. 서유구는 1820년경 저술한《난호어목지(蘭湖漁牧志)》에서 "강원도와 고성 등지에서 나는 놈은 껍질이 작고 살이 메마르며, 울산·동래·강진·제주 등지에서 나는 놈은 껍질도 크고 살이 두텁다"[8]라고 적었다. 비록 크기는 작았지만, 평안도 진남포 앞바다나 함경도 원산 앞바다에서도 채취되었을 정도로 한반도의 삼면 바닷가는 전복의 산지였다. 날것을 생복이라고 했다면, 찐 것은 숙복(熟鰒), 말린 것은 건복(乾鰒)·명포(明鮑)·회포(灰鮑)라고 불렀다.

정약전(丁若銓, 1758~1816)은《자산어보(玆山魚譜)》에서 전복을 '복(鰒)'이라 적었다. 그답게 생김새를 매우 자세하게 묘사했을 뿐 아니라 먹는 방법에 대한 정보도 놓치지 않았다.

> 큰 놈은 길이가 7~8촌(寸)이고, 등에는 딱지가 있고, 등딱지는 마치 두꺼비와 닮았다. 그 안쪽은 미끄럽고 윤이 나면서도 평평하지 않고 오색이 찬란하다. (중략) 살코기는 맛이 달아서 날로 먹어도 좋고 익혀 먹어도 좋지만 가장 좋은 방법은 말려서 포를 만들어 먹는 방법이다. 그 장은 익혀 먹어도 좋고 젓을 담가 먹어도 좋으며 종기

치료에도 좋다. 봄·여름에는 큰 독이 생기는데 이 독에 접촉하면 살이 부르터 종기가 되고 환부가 터진다. 그러나 가을·겨울에는 독소가 없어진다. 기르는 방법은 아직 개발하지 못했다.[9]

냉장시설이 없던 시기에 말린 전복은 사계절 내내 이용할 수 있는 장점이 있었다. 《시의전서·음식방문》에도 전복을 이용한 음식이 많이 나온다. 그중 어채(魚菜)는 파 흰대와 미나리, 그리고 생선과 함께 전복과 해삼을 재료로 해서 만드는 음식이다. 전복이 주재료인 음식으로는 전복숙(全鰒熟)·전복쌈·전복다식 등이 있다. 그중에서 전복숙 만드는 방법을 살펴보자.

> 좋은 큰 전복을 삶되 첫 번 삶은 물은 퍼 버리고 황육(쇠고기)과 해삼·문어·홍합 등속을 넣어 무르게 고아 건져서 전복을 저미든지 통을 열십자로 잘라서 잘게 어이셔라. 파와 마늘 다져서 후춧가루·기름·깨소금·꿀 넣어 삶는 물에 졸여야 좋지. 지령(간장)을 치면 맛 같지 못 눌고, 푼 후에 잣가루를 많이 섞어 뿌리고, 그릇에 담은 위에 잣가루를 자욱이 색리라. 황육은 건져내고 문어, 해삼은 잘라 넣고 홍합은 고을 때 다 녹나리라.[10]

이로 보아 《시의전서·음식방문》의 전복숙 또한 전복초임을 확인할 수 있다. 1934년 9월 5일자 《동아일보》에서는 전복을 '점복'이라 적었다. '생량한 날씨 입맛 돕는 가을음식 연하고 맛있는 점복 요리제법'이란 기사가 바로 그것이다. 이 기사에서는 점복전골·점복장아찌와 함께 점복찜 조리법을 소개했다. 일명 '점복초'라고 부른다고 하면서 "이것이 아마 점복 요리에 제일 첫째 자리를 점령하는 요리겠습니다"[11]라고 적었다.

말린 전복에서 통조림 전복까지

조선시대 왕실에서 사용했던 전복은 주로 제주도에서 올라왔다. 16~17세기 제주도에는 전문적으로 전복을 채취하던 남자 잠수부 포작인(鮑作人)이 있었는데,[12] 18세기 이후에는 해초를 주로 채취하던 잠녀(해녀)가 그 역할을 맡았다. 서유구는 《임원경제지·전어지》의 〈채복법(採鰒法)〉에서 마치 잠녀가 전복을 캐는 장면을 실제로 본 듯 자세히 묘사하고 있다. 한자로 적힌 내용을 한글로 옮기면 다음과 같다.

> 매월 음력 칠팔 일 무렵과 스무이틀에서 스무사흘 무렵에 바람과 날이 따뜻할 때 바다 물가의 구불구불한 집에 사는 부녀들이 전복을 캐는 일로 생업을 삼는다. 사오십 명이 무리를 지어 저고리와 치마를 벗는다. 다만 막대기를 다리에 붙였을 뿐이다. 큰 박의 밑바닥에 새끼로 만든 주머니를 매달았다. 누인 삼 껍질로 만든 줄을 여기에 겹친다. 이 줄은 길이가 수십 발이다. 한쪽 끝은 박을 매고, 다른 한쪽 끝은 허리에 둘러 감았다. 또 허리 밑에는 작은 새끼 주머니를 찼다. 오른손에는 자루가 달린 송곳을 쥐었다. 자루의 길이는 한 척 남짓이며, 송곳은 구부려 을(乙) 자처럼 목을 만들었는데, 목 아래는 팔구 촌쯤 된다. 물속으로 헤엄쳐 들어가면 이윽고 박이 물 밖으로 저절로 떠오른다. 사람들을 따라 왔다 갔다 하다가 전복을 보면 반드시 생각지도 않은 때를 타서 송곳을 쑤셔서 잡는다. 조금 느리면 돌

1930년대 제주도의 해녀. 본래 잠녀라고 불렸지만, 식민지 시기에 일본식 표현인 해녀가 채용되어 지금까지 쓰인다.

에 단단히 붙어버려서 떼어낼 수가 없다. 전복을 한 마리 캘 때마다 곧장 허리 아래에 차고 있던 주머니에 담는다. 예닐곱 마리 정도로 전복이 많아져서 주머니가 무거운 듯하면 곧장 허리에 둘러 감은 큰 줄을 붙잡고 물 위로 떠올라 밖으로 나온다. 여러 마리의 전복을 박 밑의 큰 주머니에 옮겨서 쌓는다. 다시 물속으로 들어가서 이와 같이 십여 차례 반복한다. 하루에 수십에서 수백 마리를 잡는다. 혹시 상어나 철갑상어 무리를 만나면 갑자기 물고기 배에 타기도 하는데 깜짝할 사이에 위험하기가 이와 같다. 그런데도 이익이 많으니 위험을 알지 못한다. 2월부터 8월까지는 아무 때나 전복을 캔다. 하지만 4월이 지나면 이후로 서서히 전복이 드물어진다.[13]

1901년 6월 19일자 《황성신문》 전복 통조림 광고

이 얼마나 생생한 묘사인가? 게다가 제주도 잠녀가 얼마나 효율적인 기술을 가지고 전복을 채취했는지도 짐작할 수 있다. 요즘이야 1970년을 전후로 일본에서 들여온 '고무옷' 혹은 '스폰지옷'이라 불리는 잠수복이라도 입지만, 서유구가 기록할 당시에는 그런 옷도 없었다. 삼으로 엮은 끈도 지금은 나일론 끈으로 바뀌었다. 또 박 대신 요즘은 스티로폼으로 만든 테왁을 사용한다. 당시 잠수를 하여 전복을 채취하기란 얼마나 힘들었을까? 그래서 전복 하면 제주도 잠녀를 생각할 수밖에 없다.

한편, 생복은 유통 과정에서 상하기 쉬워서 조선 후기에는 생복보다 말린 전복을 주로 사용했다. 그러한 사정은 1900년대가 되어도 마찬가지였다. 1901년 6월 19일자 《황성신문》에 좀 특이한 광고가 실렸다. 지금의 서울 종로구 광화문 남쪽에 있던 구옥상전(龜屋商廛)이란 가게에서 낸 광고로, 포도주·가배당(珈琲糖, 커피용 각설탕)·우유·

밀감주(蜜柑酒)·목과(木果)·맥주와 함께 전복 통조림이 나온다. 이 광고는 이후에 계속해서 《황성신문》에 등장했다. 그만큼 신기한 제품이었고, 제법 팔리기도 했던 모양이다.

전복 통조림은 아마도 일본에서 수입된 것으로 여겨진다.● 통조

● 식민지 시기 통조림 사업은 일본인 우에다 가츠치(植田勝治)에 의해 시작되었다. 1938년 4월 17일자 《목포신문》에 그 사정이 자세하게 나온다. 우에다 가츠치는 1897년경 조선의 전복에 관심을 가지고 시코쿠(四國)의 작은 현인 에히메현(愛媛縣)에서 해녀를 고용해 작은 어선을 타고 조선에 건너왔다. 그 당시는 일본에도 전복 통조림이란 것이 없던 시절이었기 때문에 말린 전복을 주로 중국에 수출했다. 그러다 그는 북한 지방에서 최초로 게 통조림을 제조했다. 하지만 소비자가 없어 게 통조림 사업은 실패로 돌아갔다. 1900년경 조선산 전복과 소라(영라榮螺) 등을 통조림으로 만들어 중국에 수출하면 좋겠다는 판단을 한 우에다 가츠치는 대흑산도에 통조림 공장을 세웠다. 러일전쟁 당시 우에다는 일본에도 공장을 세 군데 더 세워 군부 측에 전복 통조림을 납품했다. 그 후 전복 가격이 올라 통조림을 만들어도 이익이 나지 않자 결국 우에다 가츠치는 1907년경 지금의 완도군 소안도로 옮겨갔다. 여기에서 그는 전복 통조림 제조를 그만두고 장어, 장어밥, 소라, 맛조개, 피뿔고동 등의 패류와 꼴뚜기 등의 통조림을 제조하기 시작했다. 이것이 사업 성공의 기반이 되었다. 마침내 1912년 장기간 정착할 계획으로 완도군 읍내에 통조림 공장을 설립했다. 그 후 사업을 계속 확장해 1928년에는 완도군 읍내에서 목포부 사쿠라마치(櫻町, 지금의 목포시 금화동)로 공장을 옮겼다. 1938년 당시 우에다 통조림 공장에서는 생산량이 물품에 따라 차이가 있긴 했지만 꼴뚜기 통조림의 경우 하루에 네 개들이 상자를 50개 내지 100개 정도 만들었다. 뱀장어 통조림은 날것을 조리하여 꼬치구이를 한 후 다시 조미액을 붓고 통조림 입구를 마개로 막았다. 그런 뒤 부패를 방지하고 장기간 유통하기 위해 통조림을 살균 솥에 넣고 1시간 정도 10볼트의 증기로 쪄냈다. 이처럼 뱀장어는 잘라서 굽고 살균하는 등 손이 많이 갔지만 하루에 100개의 통조림을 생산했다. 이렇게 만들어진 제품은 수산제품 검사소의 검사를 거쳐 고베(神戶)로 보내졌다. 그리고 고베에서 다시 태평양을 건너 아메리카나 하와이에 살고 있는 일본인에게 판매되었다. 그곳의 일본인들은 일본의 맛이 담긴 통조림이라며 대단히 환영했다. 뱀장어는 영광, 해남, 진도, 완도 등 조선 각지에서 조달했기 때문에 물량이 달리지는 않았다. 연간 생산량은 1만 관(貫)에 달했지만, 그 당시 공장 설비로는 더 이상 생산량을 늘리기가 어려웠다. 1938년 당시 통조림 공장에는 각각 6명의 남녀 직공이 근무했다.

림은 1810년 영국의 피터 듀란드(Peter Durand)가 금속제 용기에 식품을 넣는 방식을 개발하면서부터 시작되었다. 하지만 유럽에서도 통조림 제품은 값이 매우 비쌌기 때문에 대체로 장기간 여행을 할 경우에만 이용되었다. 일본에서는 1877년 홋카이도(北海道)에 공장을 설립해 본격적으로 통조림 제품을 생산하기 시작했다.[14] 처음에는 과일 통조림 공장이었지만, 점차 범위를 확대해갔다. 전복 통조림 역시 이러한 과정에서 개발된 상품으로 보인다. 통조림 식품은 1923년 간토대지진(關東大地震) 이후부터 크게 유행했다. 당시 미국에서 보내온 지원 물자 중에 통조림 식품들이 많았는데, 이를 눈여겨본 일본 식품업자들이 통조림 가공업에 뛰어든 것이다. 1920년대 중반 이후에는 일본 통조림 공장이 조선에 진출해 한반도 바닷가에서 잡은 전복을 삶아서 건조시킨 후 통조림으로 가공해 일본과 만주로까지 수출했다.

대량 채취로 씨가 마른 자연산 전복

1930년대 전복은 제주도 잠녀가 채취하는 어물 중에서 값이 제일 비쌌다. 생전복 수요가 증가하자 제주도 출신 잠녀들은 전국의 바닷가로 진출해 돈벌이를 했다. 일종의 계절제 노동을 위한 이동이 이루어진 셈이다. 제주 잠녀의 육지 진출은 제빙공장이 주요 항구에 가설되면서 더욱 촉진되었다. 1930년대 초반 제빙공장은 서울 4개소, 부산 2개소를 비롯하여 함흥·영진·포항·양포·마산·통영·여수·거문도·나로도·목포·제주도·군산·인천·대구·대전 등지에 각각 1개소가 있었다. 외수용 통조림 전복과 함께 냉장 전복이 1920년대 이후 포항을 중심으로 내수용으로 유통되면서 경상북도 동해안에 진출한 제주 출신의 잠녀가 늘어났다.

그전에 비해 생복을 쉽게 구입할 수 있게 되자, 전복을 오래 보관하는 방법이 가정 상식으로 소개되기도 했다. 1934년 9월 7일자 《동아일보》에 그 방법이 실려 있다. "점북[전복]이 많이 생겼는데 한번에 다 잡수실 수는 없고 두어 두자니 상할 염려가 있으시거든 숫[숯]을 점북마다 살에다가 붙여두십시오. 그러면 이 주일은 간답니다."[15] 또 생산량이 늘어나자 전복은 여러 가지 음식에 들어가는 부재료로도 쓰였다. 신선로·배추김치·마른안주는 물론이고, 국수비빔에까지 전복이 들어갔다. 그야말로 1930년대 중반은 생복의 전성시대였다고 해도 과언이 아니다.

본래 식민지 시기에 전복 채취는 면허제로 이루어졌다. 하지만 각 지방 도청에서 면허를 남발하는 바람에 결국 한반도의 바다에서 전복의 씨가 말라버리고 말았다. 마침내 1932년 5월, 경상북도에서는 '채복 금지(採鰒禁止)'를 법으로 정할 지경에 이르렀다. 1932년 5월 6일자 《동아일보》 기사에 그 사정이 소개되어 있다.

> 종래와 같이 함부로 잡는다면 얼마 안 가서 씨족이 멸하게 되리라는 장사와 당국자의 걱정을 받는 바다 가운데의 전복이 법령으로까지 보호를 입게 되었다고 한다. 그것을 잡아먹고 살던 제주도의 해녀도 아무리 애를 쓴대도 못 들어오게 되고 경북도에서는 불원간 도령을 발표하여 금후 2개월 동안은 아무도 못 잡아먹게 금지하리라 한다.[16]

1940~50년대 고급 요정에서는 전복초가 간혹 제공되었지만,

1960년대가 되자 그것도 사라졌다. 1980년대까지는 공동어장이나 마을어장에 치패를 살포하여 전복이 자라면 잠녀나 잠수부가 채취하는 방식으로 초보적 양식을 했다. 당연히 생산량은 많지 않았다. 수산학자들의 노력으로 겨우 2000년대가 되어야 해상 가두리 방식으로 양식을 하면서 전복 생산량이 급격하게 증가하게 되었다. 2000년에 380톤이었던 전복 생산량은 2003년에 1,000톤을 넘어선 이후, 2008년에는 5,943톤으로 비약적인 증가를 했다. 이는 전 세계 전복 양식량의 약 11%를 점하는 규모로, 우리나라는 중국과 더불어 생산 증가 속도가 가장 빠른 나라가 되었다.[17]

전복 생산량이 많아졌음에도 불구하고 전복초를 제대로 즐기기는 힘들다. 자연산은 드물어지고, 양식 전복만 그전에 비해 훨씬 많아졌다. 음식점에서 내놓는 전복 요리는 대부분 생복회이다. 뿐만 아니라 이제는 생복을 넣은 삼계탕이나 불고기, 해물탕까지 등장했다. 하지만 그다지 맛이 좋다는 평가를 받지는 못하고 있다. 아마도 한반도에서 지금처럼 전복이 흔한 적도 없었을 것이다. 먹을거리가 풍요로워지면 귀할 때 먹던 방법을 잊어버리게 된다. 귀한 전복의 향과 맛을 느끼기 위해 여러 가지 다른 재료를 넣고 진간장에 조렸던 전복초가 요사이 한정식 음식점에 오르지 않는 이유도 여기에 있다.

5

쇠고기편육,
고급 요정의 최상급 메뉴

　독재정권의 칼날이 한창 휘몰아치던 1974년, 서울시에서는 1월 1일부터 요정과 한정식 업소에 대해 표준 식단제를 실시했다. 이는 1970년 이후 경제 개발의 와중에 이들 음식점에서 너무 많은 음식을 낭비를 하고 있다는 사회적 비판에서 나온 정책으로, 1973년 대중음식점과 한식점 등을 대상으로 한 표준 식단제에 이어 요정과 한정식 업소에까지 정부 주도 아래 매우 강제적으로 이루어졌다. 1974년부터 서울시에서 실시한 표준 식단에는 면, 김치, 신선로, 찜 등을 기본 음식으로 하고 여기에 술을 제외한 부가 요리가 포함되었다. 이처럼 서울시에서는 메뉴뿐 아니라 가격까지 정해서 그 시행 여부를 감독했다.
　1973년 12월 14일자 《경향신문》에 소개된 서울시의 표준 식단 방안을 〈표 1〉과 〈표 2〉로 정리했다. 4인 기준이지만 최상급의 교자상 값은 여간 비싸지 않다. 당시 막 출시되기 시작한 19인치 텔레비전 한 대의 도매가격이 8만 9,910원이었다.[1] 또한 당시 라디오 한 대의 도매

급수	가격	주요 부가 음식
최상급	3만 4천 원	회, 튀김, 편육, 전유어, 채, 포, 구이, 과실, 한과
상급	2만 2천4백 원	회, 구이, 편육, 전유어, 포, 과실, 화채
보통	1만 6천2백 원	구이, 포, 전유어, 회, 과실

〈표 1〉 1973년 12월 14일자 《경향신문》 기사 '요정도 표준 식단제, 내년부터 실시'에 실린 4인 기준 교자상 표준 식단

급수	가격	주요 부가 음식
최상급	1천5백 원	밥, 국, 김치, 조림, 전유어, 구이, 나물, 생채, 편육, 젓갈
상급	1천2백 원	밥, 국, 김치, 조림, 전유어, 구이, 나물, 젓갈

〈표 2〉 1973년 12월 14일자 《경향신문》 기사 '요정도 표준 식단제, 내년부터 실시'에 실린 한 사람 기준의 반상 표준 식단

가격이 7,700원이었으니[2] 교자상 보통을 네 사람이 먹는 돈으로 라디오 두 대를 사고도 남았다. 그런데 최상급과 상급의 교자상 차림을 보면, 어김없이 편육이 들어가 있다. 이에 비해 보통 교자상에는 편육이 빠졌다. 그만큼 편육이 최상의 메뉴였음을 알 수 있다. 이런 사정은 한 사람을 기준으로 잡은 반상(飯床) 차림에도 적용되었다. 최상급 반상에는 편육이 들어가 있지만, 상급에는 빠졌다. 요즘은 편육을 돼지고기로만 만드는 탓에 이 정도의 고급 상차림에는 들어가지 않는다. 그렇다면 1970년대 초반 서울의 요정 식탁에 오른 편육은 어떤 요리였을까?

양지머리편육 · 업진편육 · 제육편육 · 쇠머리편육

편육의 정체를 알기 위해서는 오래된 조리서를 살피는 데서부터 시작해야 한다. 19세기 말경에 필사된 것으로 여겨지는 《시의전서·음식방문》의 말미에 '반상식도'가 나온다. 이 책에 실린 반상식도는 구첩반상·칠첩반상·오첩반상·술상·곁상·신선로상·입매상의 상차림 규칙을 그림으로 그려놓았다. 여기에서 구첩반상에서 오첩반상은 그림으로 보아 둥근 상에 차렸다. 이에 비해 술상과 곁상, 신선로상, 입매상 등은 사각 상에 차렸다. 곁상·술상·신선로상을 제외한 나머지 상 모두에 '슉육(숙육)'이란 음식이 나온다. 이 책의 저자는 숙육을 상 차릴 때 반드시 내야 하는 음식으로 이해한 듯하다. 숙육이란 어떤 음식인가?

《시의전서·음식방문》에 소개된 조리법을 살펴보자. 이 책에서는 숙육을 한자로 '孰肉'이라 썼지만, 아마도 '熟肉'의 오기(誤記)로 보인다.

> 양지머리·부화·길혀·유통·우랑·쇠머리·사태·이자·제육을 다 삶아 썰어 쓰나니라. 삶아 뼈 추려 한데 합하여 보에 싸 눌러다 쓰면 좋으니라. 제육은 초장과 젓국과 고초가루 넣어 쓰고 마늘 저며 싸 먹으면 느끼하지 아니하나니라.[3]

양지머리는 소의 가슴에 붙은 뼈와 살을 가리킨다. 부화는 허파를 가리키는 부아의 오기로 보인다. 길혀는 지라로 비장 부위를 가리킨다. 유통은 소의 젖퉁이 고기를 부르는 말이다. 우랑은 우낭(牛囊)으

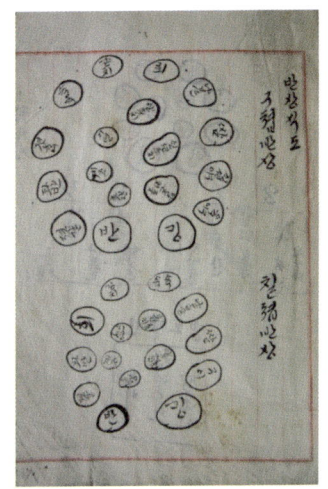 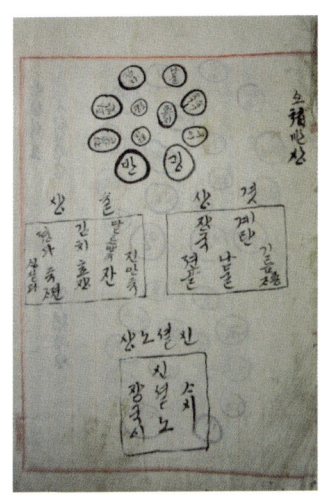 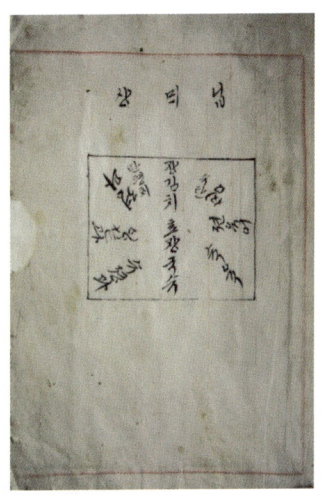

《시의전서·음식방문》 반상식도-구첩반상, 칠첩반상 　　《시의전서·음식방문》 반상식도-오첩반상, 술상, 곁상, 신선로상 　　《시의전서·음식방문》 반상식도-입매상

로, 쇠불알을 뜻한다. 쇠머리는 소의 머릿고기다. 사태는 소의 오금에 붙은 살덩이를 가리킨다. 이자는 췌장의 다른 말이다. 제육은 저육(猪肉), 곧 돼지고기를 민간에서 부르는 이름이다. 비록 이 책에서는 쇠고기 살덩이 혹은 내장 부위, 그리고 돼지고기만을 언급했지만, 넓은 의미에서 숙육은 고기를 푹 삶아 물기를 뺀 음식을 가리킨다. 그런데 삶아서 뼈를 추린 다음에 보자기에 싸서 눌렀다가 쓰면 좋다고 한 걸로 보아, 숙육을 얇게 저민 편육(片肉)을 염두에 두고 이렇게 적은 듯하다.

　　조선시대 문헌에서 '편육'이란 단어는 크게 두 가지 뜻으로 쓰였다. 하나는 고기 조각을 가리킬 때 쓰던 말이고, 다른 하나는 음식 이름으로서의 편육이다. 그러다가 대체로 19세기 중엽부터는 저민 숙육만을 편육이라고 부른 듯하다. 1865년(고종 2) 음력 10월 1일 경복궁 광화문 좌측에 의정부가 중건되자, 같은 달 12일에 이를 기념하여 고종이 의정부를 직접 방문했다. 그날 의정부에서는 고종에게 약과·다식·배·감·유자 등과 함께 고기류로 편육·전유어·화양적(華陽炙)·갑회(甲膾)와 각종 구이를 한 그릇씩 올렸다. 이 내용은 《친림정부시의궤(親臨政府時儀軌)》(1865)에 나온다. 아마도 현재까지 편육이 독립된 음식 이름으로 등장한 첫 문헌이 아닐까 싶다.

1924년에 출판된 《조선무쌍신식요리제법》에서 이용기는 '편육 먹는 법'이란 항목을 두고 본격적으로 편육에 대해 다루었다. 그런데 그의 편육에 대한 논평이 사뭇 부정적이다. "편육이란 것은 자래로 식성이요 풍속이요 습관이라 할 만한 것이니 불과 시약 달이듯 하여 약은 버리고 약 찌꺼기를 먹는 셈이니 원 좋은 고기 맛은 다 빠진 것이라 무엇에 그리 맛이 있으며 자양인들 되리요."⁴ 이용기는 이렇게 편육에 대해 언급하면서 오로지 오래된 관습이라 어쩔 수 없이 이 책에 적는다고 했다. 또한 이 책에 나오는 다른 음식들은 주로 '만드는 법'이라고 소개했는데, 유독 편육은 '먹는 법'이라고 적었다. 그러면서 양지머리편육·업진편육·제육편육·쇠머리편육 네 가지를 다루었다. 이 중에서 업진편육의 업진은 소의 가슴에 붙은 고기를 가리킨다. 업진편육은 "날로 가져다가 삶으면 장국이 제일이요 혹은 살은 맛도 좋고 국수에 놓아 먹는 데 제일 좋으니 편육 중에서 상등이 되나리라"고 했다.⁵

식민지 시기 조리서와 신문·잡지에 소개된 편육은 주로 그 자체로 먹기보다는 다른 요리의 재료로 쓰였다. 식민지 시기 평양 음식으로 유명했던 어복(魚腹)장국에 들어가는 편육도 업진편육이 으뜸이었다. 1926년 8월 22일자 《동아일보》에 '버들쇠'라는 필명의 저자가 '평양 인상(平壤印象)' 열 번째 연재글로 '조선 명물 어복장국'이란 글을 쓰면서 업진편육에 대해 소개했다. 이 기사 가운데 "순전한 연한 암소의 가슴팩이살—경성서 '업주인'이라고 소위 편육을 만드는 고기"[6] 라는 대목이 나오는데, 여기서 '업주인'이 바로 '업진'이다. 이용기는 업진편육을 잘게 썰어 새우젓에 기름과 고춧가루를 쳐서 한데 버무려 먹기도 한다고 했다. 1921년판 방신영의 《조리요리제법》에서는 별도로 편육 조리법을 언급하지 않은 채, 국수비빔에서 "국수를 더운 물에 헤여가지고 그릇에 담은 후 맛있는 무김치나 혹 나박김치와 배와 편육과 제육편육을 채 쳐서 넣고 잠깐 섞어가지고 또 기름 치고 미나리를 기름에 볶아 썰어 넣고 부비여 대접에 담은 후 여러 가지 채 친 것과 알고명 채 친 것과 또 표고버섯 석이들을 채 쳐 기름에 볶아서 위에 뿌리나리라"[7]고 했다. 여기에서 제육편육은 저육(猪肉)편육, 곧 돼지고기편육을 가리킨다. 그러니 먼저 언급한 편육은 쇠고기편육이다. 냉면 조리법에서도 "편육과 제육편육을 채 쳐 넣고"[8]라고 하여 쇠고기편육과 돼지고기편육 두 가지를 사용한다고 적었다. 하지만 동치미국 냉면에서는 "무와 배와 유자를 얇게 저며 넣고 제육 썰고 계란 부쳐 채 쳐 넣고 호초·실백자를 넣어 먹나니라"[9]고 하여 돼지고기편육만을 사용한다고 했다.

한편, 이용기는 《조선무쌍신식요리제법》에서 '제육편육'을 언급하면서 괄호 안에 '저육 猪肉片肉'이라고 별도로 표기를 해두어 돼지고기로 만드는 편육임을 밝혀놓았다.

제육은 여러 가지가 편육으로 쓰나니 대가리가 으뜸이 되는 것은 껍질과 귀와 코가 다 각각 맛이 좋고 그다음에는 유통이 좋고 발목은 팔진미에 든다 하고 좋아하나 질긴 심줄이 발목에는 있고 발목 하나에 뼈가 녹두 반짜개(녹두를 반으로 짜갠 것) 같은 것이 다 있어서 수효가 스물여섯 개가 된다고 하며 맛도 별양 좋지 못하고 먹기에도 괴롭고 도리어 갈비가 맛이 좋으니 도야지를 시루에 쪄야 맛이 좋으니라.[10]

곧 돼지머리편육이 가장 맛이 좋다는 사실을 강조하고 있다. 보통 서울이나 남부 지역 사람들은 제육편육을 먹을 때 새우젓에 찍어 먹었다. 하지만 이북 사람들은 소금에 찍어 먹어야 제맛이 난다고 여겼다. 이용기는 이를 두고 이북에 새우젓이 귀해서 그렇지 않나 생각했다.

업진편육이나 제육편육은 지금도 익숙한 편육이다. 이에 비해 이용기가 언급한 쇠머리편육은 먹는 법이 매우 특이하다. "쇠머리를 무르게 하여 크게 썰어 여름에 냉수에 얼음 넣고 쇠머리 조각을 넣고 장과 파와 깨소금·고춧가루·겨자 등물을 넣고 풋고추를 쪼개어 넣고 국물을 떠먹고 고기는 초장에 찍어 먹되 열무김치와 곁들여 먹으면 합주〔여름에 마시는 찹쌀로 담근 탁주〕 술안주에 상등되나리라."[11] 이처럼 독특한 쇠머리편육은 조선요리옥에서 술안주로 인기가 높았다.

앞의 《시의전서·음식방문》에서도 보았듯이 양지머리는 숙육의 재료 중 으뜸으로 꼽혔던 식재료였다. 이용기 역시 양지머리편육을 네 가지 편육 중에서 가장 먼저 꼽았다. "양지머리는 차돌박이가 좋다 하나 단단하고 고소할 뿐이요 가운데는 뻣뻣하여 질기고 맛이 없으며 뒤쪽에 흐들흐들한 것이 구수하고 맛이 제일 좋으니 풀잎처럼 썰어서 모숨(한줌 안에 들 만한 분량)째 담고 초장에 찍어 먹나니 통김치나 깍두기에 곁들여 먹는 것도 매우 좋으니라. 또 곤쟁이젓에 찍어 먹는 것이 더욱 좋으니라"[12]고 했다. 이용기의 설명을 보면 숙육 가운데 오로지 양지머리편육만이 그 자체로 훌륭한 일품요리가 되었던 것 같다. 고종이 1865년 음력 10월 12일 의정부 중건행사에서 먹었던 편육도 분명 양지머리편육이었을 것이다. 그런데 요즘 사람들은 편육이라 하면 돼지고기로 만든 것이고, 숙육은 쇠고기로 만든 것이라고 생각하는 경향이 강하다.

정책적으로 유도된 돼지고기 요리의 유행

이용기가 '제육편육'에서 밝혔듯이 돼지고기를 이용한 편육은 평안도와 황해도 사람들에게 인기였다. 한국전쟁 이후 이북 사람들이 월남하여 돼지족발로 편육을 만들어 팔았지만, 처음에는 남한 사람들에게 큰 인기를 끌지 못했다. 더욱이 한국전쟁 이후에도 남한 사람들은 여전히 쇠고기를 좋아하여 돼지고기편육에는 별로 관심이 없었다. 편육이나 족발뿐 아니라 돼지고기 자체를 남한 사람들은 그다지 좋아하지 않았다.

1966년 7월 28일자 《동아일보》에서는 한국인이 돼지고기를 싫어하는 이유로 "한국 사람 사이에 소음(少陰)이 많아서 돼지고기를 받지 않는다는 설도 있지만 요리법이 빈약한 탓이라는 생각이 든다"라고 했다. 그러면서 식도락가 마해송(馬海松, 1905~1966)이 1965년 12월호 《신동아》에 쓴 '내 고장 식도락'이란 글을 소개하며 돼지고기 요리가 다양하다는 주장을 펼쳤다. "개성에는 쇠고기·돼지고기·닭고기 세

가지를 함께 요리하는 찜이 있고 편수가 있다고 소개하고 있다. 제육구이·제육두부·제육무침·제육저냐·제육조림·제육볶음·제육지짐이·제육젓·제육포 같은 것이 없는 것도 아니다. 그러나 보통 우리가 먹는 것은 편육이나 순대고 때로 김치찌개에 돼지고기 몇 점을 넣는 것이 고작이라고 말할 수밖에는 없다"라고 안타까워했다. 하지만 이 기사의 본래 목적은 당시 돼지 값이 폭락한 이유를 밝히는 데 있었다. 기자는 "미국 잉여농산물의 도입량이 줄어들어 밀기울 값이 올랐기 때문"에 사룟값이 비싸져서 더 이상 돼지를 키울 수 없어 사육 농가에서 한꺼번에 시장에 내놓는 바람에 돼지 값이 폭락했다고 하며, 그동안 돼지 사육만 장려했지 사료도 시장도 확보해주지 않았다고 성토했다. 그러면서 돼지 수요를 늘리기 위해서는 돼지고기 요리법이 연구되고 발달되어야 한다는 점을 강조했다.[13]

앞의 《동아일보》 기사에서도 언급했듯이 돼지고기는 남한 사람들에게 별로 인기가 없었다. 한약을 먹는 동안 돼지고기를 먹으면 머리카락이 희어진다는 속설이나 돼지고기에 기생충이 있어 잘못 먹으면 죽게 된다는 소문도 사람들의 선호에 영향을 미쳤다. 또한 돼지고기가 인기를 끌지 못하는 이면에는 남한 사람들의 쇠고기 선호 경향도 영향이 있었다. 결국 정부는 쇠고기 값의 폭등을 막기 위해 1970년대 초반 이후 식품학자와 조리학자까지 동원하여 끊임없이 돼지고기의 영양학적 가치와 조리법을 홍보했다. 1976년 1월 28일자 《매일경제》에서는 구정을 맞이하여 한국식생활개발연구회의 왕준련 씨가 마련한 구정 상차림 요리를 소개했다. 그가 소개한 다섯 가지 음식 중에서 수정과를 뺀 나머지 네 가지 음식, 떡만둣국·떡갈비찜·김칫잎화양적·편육에 모두 돼지고기가 재료로 들어갔다. 떡만둣국에는 정부

혼합곡(통일벼에 보리·콩·조 등을 혼합한 곡물)으로 가래떡을 만들어도 쫄깃쫄깃하다고 하면서 쇠고기와 돼지고기를 만두소의 재료로 제시했다. 떡갈비찜에도 돼지갈비를 사용했으며, 김칫잎화양적에도 김치줄기와 함께 돼지고기가 주재료로 제시되었다. 그다음에 제시된 편육 또한 돼지고기 삼겹살로 만들 것을 제안했다.[14]

왕준련의 구정 상차림 요리 기사가 사람들에게 얼마나 영향을 미쳤는지는 알 수 없다. 하지만 정부가 주도한 이러한 돼지고기 소비 촉진 활동은 점차 사람들의 식성을 바꾸어놓았다. 1980년대 들어서도 정부의 돼지고기 소비 촉진은 이어졌다. 1986년 11월 19일 서울 여의도 대한생명빌딩에서는 수도요리학원과 대한양돈협회 주최로 전국 돼지고기 요리경연대회가 열렸다. 이 요리경연대회에서 돼지고기 김치전골·돼지고기쌈·돼지고기 생강장구이·돼지갈비 요리 그리고 돼지족불고기 등의 메뉴가 소개되었다. 이러한 노력 끝에 마침내 1980년대 초반 이후 돼지고기 소비량은 쇠고기를 넘어섰다. 이 무렵 '보쌈집'이 유행하기 시작했다. 편육 재료의 대명사였던 쇠고기가 그 자리를 돼지고기에게 넘긴 때도 이즈음이었다. 돼지보쌈의 유행도 알고 보면 정부 정책의 결과였다. 기름기를 빼고 온갖 약재로 삶은 제육편육의 변신인 돼지보쌈은 분명 영양가가 많은 음식이다. 더욱이 배추김치와 곁들여 먹으면 맛이 일품이다. 어느 보쌈집은 1987년 3월에 5평짜리 골목집에서 시작해 3년이 지난 1990년에 130평 규모의 본점과 직영 분점 2곳, 그리고 체인점이 전국에 34곳에 이르는 대기업으로 성공을 거두었다.

바야흐로 1970년대 이후 줄기차게 진행된 한국 정부의 돼지고기 소비 육성책이 10여 년이 지나면서 쇠고기편육을 좋아했던 국민의 입

맛을 돼지고기편육 쪽으로 바꾸어놓았다. 한정식 음식점에서도 더 이상 쇠고기편육을 식탁에 내지 않게 되었다. 대신 돼지고기편육이 보쌈이란 이름으로 식탁에 올랐다. 1931년 11월 5일자 《동아일보》에서는 어리굴젓을 소개하면서 이런 문장을 덧붙였다. "서산의 간월도에서 만들어 오는 것이 일등 맛이 좋습니다. 저육이나 엄찐편육을 찍어 먹는데 배까지 썰어서 넣고 먹습니다"[15]라고 했다. 3부의 앞에서 소개한 시인 김상용의 '내 봄은 명월관 식교자'라는 수필에서 "'어리굴젓'이 빠졌고나"[16]라고 한 말도 알고 보면 돈의동 명월관 식탁에 올랐던 제육편육이나 업진편육을 찍어먹으려고 했던 것은 아니었을까? 요사이 한정식 음식점에서 무조건 제육편육을 내는 일도 알고 보면 밥상에 간여한 정부의 막강한 힘 때문이라고 생각하니 식탁 위의 권력이 무섭기만 하다.

6

한국식 어회에서 일본식 사시미로

남북이 한참 38도선 근처에서 전세를 엎치락뒤치락하고 있던 1952년 3월 2일, 《동아일보》에서는 〈국제시장을 해부함〉이란 연재기사 '상·중·하' 중 마지막 하를 연재했다. '돗대기시장'에서 '국제시장'으로 이름이 바뀐 이후 그 역사와 부침을 앞의 연재 상·중에서 소개한 기자는 이날 기사에서는 '하꼬방 술집'에 대해 묘사했다. 저녁 7시경 해가 지고 어둠이 깃들자 하꼬방촌 여기저기 등불이 달리기 시작하면서 손님이 모여들기 시작한다. "비록 외양은 허름한 하꼬방 술집이나 한걸음 안에 들어서면 어느 고급 요정 부럽지 않게 불고기·암소갈비·편육·덴뿌라·사시미로부터 신설로(신선로)·수정과에 이르기까지 돈만 있으면 얼마든지 연달아 나오며 약주가 돌기 시작"[1]한다고 했다.

전쟁 중에도 부산은 임시수도로 상업적인 흥성을 맛보고 있었다. 기사를 쓴 김성열(金聖悅)은 '하꼬방 술집'이라고 했지만, 그곳은 평상시의 요리옥에 버금가는 곳이었다. 피난 온 사람들이 운영했던 탓에 술집 이름도 '원산옥·평양집·서울집·함흥집'처럼 술집 주인의 고향 이름을 붙인 곳도 있었고, 판매하는 주메뉴를 앞세워 '불고기집' 이나 '돗고기집'이라고도 했다. 서울에서 누렸던 요리옥의 호화로움에는 비길 수 없었지만, 이 하꼬방 술집의 메뉴는 기존의 조선요리옥이나 요정에서 나오는 것과 다를 바 없었다.

기사에서 언급된 불고기·암소갈비·편육·덴뿌라·사시미·신선로·수정과 따위는 1930년대 이후 조선요리옥의 주메뉴였다. 다른 음식은 본래 조선 음식이지만, 덴뿌라와 사시미는 일본 음식이다. 이 모두 식민지를 겪으면서 생겨난 결과였다. 그중 사시미는 '회'라는 이름으로 바뀌어 요사이도 한정식 전문점의 식탁에서 빠지지 않는 메뉴다. 아마도 사시미가 1930년대 조선요리옥의 고정 메뉴로 자리를 잡았기 때문에 피난지 부산의 하꼬방 술집에서도 덴뿌라와 함께 식탁에 오르게 된 것은 아닐까?

어회와 사시미의 차이

사시미는 일본어 한자로 '자신(刺身)'이라고 쓴다. 일본의 대표적인 사전 《고지엔(廣辭苑)》에서는 전 일본어 위키피디아에서는 사시미를 다음과 같이 정의했다. "주로 어패류를 살아 있는 그대로 잘라서 간장이나 초된장(스미소酢味噌) 등의 조미료에 와사비나 생강 등의 향신료를 합하여 먹는 요리의 총칭이다."[2] 사시미의 한자어인 '자신'의 일본어 어원은 '자르다(切る)'를 꺼려서 '찌르다(刺す)'로 했다든가, 어떤 생선인지 알 수 있도록 그 생선의 지느러미를 꽂아두기 때문에 생

겼다는 주장 등 여러 가지가 있다.[3] '자신'의 어원이 복잡하긴 하지만, 주재료가 생선이며 이것을 날로 먹는 요리라는 의미를 지니고 있음은 분명하다.

이미 2부 육회비빔밥에서 밝혔듯이, 19세기 중반 인물인 조재삼은 《송남잡지》에서 생선으로 만든 회는 한자로 '회(鱠)'라고 적어야 한다고 했다.[4] 하지만 일본의 에도시대 문헌에서는 한자로 '회(膾)'라고 적은 것이 대부분이다. '회'의 일본어는 '나마스'이다. 나라시대 이전에 나온 문헌에서는 생육(生肉)을 가리켰지만, 14~16세기 무로마치(室町)시대에는 가늘게 채 썬 무를 어육(魚肉)과 식초·소금으로 버무린 음식을 나마스라고 불렀다.[5] 이렇게 나마스가 바뀌면서 사시미는 주재료를 그보다 두껍게 썰어서 조미료를 뿌려 상에 올리는 것을 가리키게 되었다.[6] 그렇다고 에도시대의 사시미가 모두 오늘날과 같은 음식은 아니었다. 특히 주재료를 생선으로 하지 않고, 꿩이나 오리와 같은 조류, 죽순이나 송로버섯 등의 채소와 버섯을 사용한 것도 있었다. 일본의 불교음식인 쇼진요리(精進料理)에는 두부나 곤약 등을 주재료로 한 사시미가 있다.[7]

지금과 같은 사시미는 에도시대에 에도 앞바다에서 신선한 생선이 나오면서부터 생겨난 것이다. 특히 도미 사시미는 냉장 시스템이 발달하지 않은 탓에 에도에서만 맛볼 수 있었다. 결국 오늘날과 닮은 사시미는 큰 바다를 끼고 있으면서 많은 인구가 살고 있었던 에도와 교토, 그리고 오사카의 요리옥에서만 독자적인 요리로 식탁에 올랐다. 앞에서도 소개했던 기타가와 모리사다가 19세기 중엽 에도와 교토, 오사카의 풍속을 기록한 《모리사다만코》의 후집(後集) 권1[8]에 교토와 오사카의 사시미와 에도의 사시미를 그린 그림이 나온다. 여기

《모리사다만코》 후집 권1에 실린 교토·오사카의 사시미   《모리사다만코》 후집 권1에 실린 에도의 사시미

서 기타가와 모리사다는 에도의 도미 사시미는 정연한 모습을 보이는 데 비해 교토와 오사카의 것은 그렇지 못하다는 비판을 했다.

　근대에 들어와 냉동 기술이 발달하면서 신선한 생선을 주재료로 한 사시미가 일본 열도 전역의 음식점에서 중요한 메뉴가 되었다. 1905년에는 조선의 부산과 시모노세키(下關) 사이에 냉동 수송이 본격적으로 시작되었다.[9] 일본의 식민지가 된 조선과 타이완에도 점차 일본식 사시미가 퍼져나갔다. 타이완의 한족이나 원주민 중 일부는 일본식 이름을 한자로 음차하여 사시미(沙西米)라 부르면서 날생선인 사시미를 먹기 시작했다. 한반도에서도 사정은 별반 다르지 않았다. 1928년 3월 13일자 《동아일보》에 연재된 염상섭(廉想涉, 1897~1963)의 〈사랑과 죄〉 208번째 편에서는 "울지 말게. '다다미' 위에 앉아서 사시미(일본 횟갓) 놓고 정종 마셔가며 우는 것을 보니 인생이란 우스운 것 같은 생각이 나네. 울어야 소용이 무엇인가?"[10]라는 지문이 나오는데, '사시미'라는 단어 옆에 괄호로 '일본 횟갓'이라는 설명을 덧붙여

놓았다. 아마도 식민지가 된 지 20년이 다 되어가는 시점에도 일본 요리 사시미는 조선인 독자들에게 아직 익숙한 단어가 아니었던 모양이다. 이광수(李光洙, 1892~1950)의 장편소설 〈흙〉이 연재된 1932년 4월 27일자《동아일보》에서는 '사시미(어회)'라는 표현도 나온다.

그렇다면 조선의 어회와 일본의 사시미는 같은 음식이었을까? 어회의 한자어는 '魚膾'이다.《송남잡지》에서 조재삼은 생선으로 만든 회는 '회(鱠)'라는 한 글자로 표현한다고 했지만, 문헌에서는 보통 '어회'라고 적었다. 19세기 후반에 필사된《시의전서·음식방문》에도 '어회'라는 음식 이름이 나온다. 그 내용은 다음과 같다. "민어 껍질을 벗기고 살로 얇게 저며 가로 결로 가늘게 썰어 기름 발라 접시에 담고 겨자와 고초장 윤즙을 식성대로 쓰라."[11] 민어살에 기름을 바른 점, 겨자와 고추장을 양념장인 윤즙으로 사용한 점이 지금과 다르다.

《시의전서·음식방문》의 어회 부분 지면에서 '어회'란 글자가 다른 글자보다 큰 것으로 보아, 나머지는 어회의 종류로 여겨진다. '작은 생선회' 부분에서는 "각색 어회 다 이와 같이 하되 작은 생선은 등대뼈만 바르고 세절하라"[12]고 적었다. 곧 작은 생선은 등뼈만 발라내고 살에 잔뼈가 있어도 통째로 횟감을 만들라는 내용이다. 또 조기회 조리법도 나온다. "조기회는 초장에 고춧가루·파·생강을 다져 넣어 쓰고 혹 겨자 쓰라"[13]고 했다. 앞의 민어회와 달리 조기회에는 식초를 넣은 간장에 여러 가지 향신료를 넣어서 비린내를 줄이려 한 것으로 보인다. 낙지회 조리법은 "낙지와 생문어와 소라와 생복과 생해삼은 다 살짝 데쳐 썰어 쓰라. 초장 쓰나니라"[14]고 했다. 즉, 낙지회는 날것 그대로 먹지 않고 살짝 데쳐 먹었다.

다음에 굴회 조리법이 나온다. "굴회는 생굴 물에 담아 적(깍지)

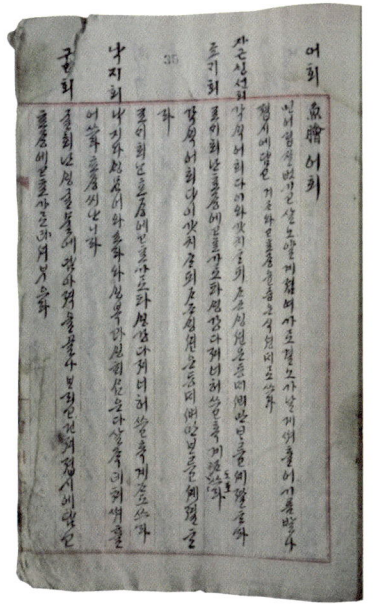

여러 종류의 어회를 소개하고 있는 《시의전서·
음식방문》의 어회 부분.

《시의전서·음식방문》의 미나리강회 항목 아래에
작은 글씨로 북어회 조리법이 쓰여 있다.

을 골라 버리고 건져 접시에 담고 초장에 고춧가루 타서 부으라"[15]고 했다. 초간장에 고춧가루를 타서 그것을 굴이 담긴 접시에 부어 먹으라는 말이다. 정조 때 문인인 이옥(李鈺 1760~1812) 역시 굴회에 대해 언급했다. "대개 석화의 쓰임은 회(膾)가 최고이고, 무치는 것이 다음이고, 젓갈로 만드는 것이 그다음이고, 죽을 만드는 것이 또 그다음이고, 전을 만드는 것이 그다음이고, 국으로 만드는 것이 제일 못하다"[16]라고 했다. 《시의전서·음식방문》에서는 어회 부분 끝에 미나리강회라는 제목을 달아놓고 북어회 조리법을 적어두었다. "북어회는 흠씬 불려 껍질 벗기고 반듯 썰어 좋은 고초장에 파·마늘을 다지고 깨소금·기름·꿀·초 넣어 주물러 쓰나니라"[17]고 했다.

이처럼 《시의전서·음식방문》에는 여러 가지 어회 조리법이 소개되어 있다. 생선의 속성에 따라 곁들이는 양념장을 달리 소개했는데, 이는 지금도 충분히 쓸 수 있는 방법이다. 낙지·생문어·소라·생복·생해삼은 살짝 데치는 조리법을 택했는데, 유통 과정이 길어서 신선도를 보장할 수 없었기 때문에 이런 방법을 택했을 가능성이 크다. 또 맛을 생각해도 살짝 데치는 조리법이 나왔을 것이다. 하지만 식민지 시기 요리전문가 이용기는 삶거나 볶은 것은 회가 아니라고 단언했다. 그는 《조선무쌍신식요리제법》에서 "회란 것은 회생(膾生)이니 회는 회(膾)라 끊고 자른다는 말이요. 또 회(會)라 하는 것은 붉고 흰 것을 각각 썰어 나누어 담았다가 나중에 합하야 먹기로 모듬회(모듬회)라 하나니 어육에 날걸 쓰는 것을 총칭 어생(魚生)이라 육생(肉生)이라 하고 혹 삶거나 볶아서 썰어 쓰는 것을 또한 회라 하는 것은 거짓비러 말하는 것이니라"[18]고 했다.

그러면서 이용기는 회를 크게 어회와 육회로 나누었다. 어회는 다른 말로 생선회라고 적고 예전의 회 치는 법을 다음과 같이 적었다. "예전에 회 치는 법은 생선을 껍질과 뼈를 버리고 살로만 얇게 썰어 종이 위에다가 펴놓고 잠깐만 두었다가 실같이 썰어 사접시(사기접시)에 얇게 펴놓고 따로이 생강과 파를 반 치쯤 잘라 실같이 썰어 회접시 한 가운데 놓고 볶은 고초장(焦吐醬)을 대추만큼 만들어 생강과 파 옆에 놓고 종자에 겨자를 담아놓나니라. 무를 가늘게 채칼에 쳐서 생강과 파 옆에 놓기도 하나니라. 무슨 생선이든지 조금이라도 상한 듯하거든 회란 말을 비치지도 말 것이니라."[19] 다분히 오래된 조선식 어회 치는 법이다.

19세기 서울에서는 3월이 되면 날생선이 제법 인기를 끌었다. 홍석모가 쓴 《동국세시기》의 음력 3월편에 다음과 같은 내용이 나온다. "소어(蘇魚)[밴댕이]는 경기도 안산 지역의 안쪽 바다에서 나고, 제어(鮆魚)[웅어]는 속명(俗名)으로는 위어(葦魚)라고 하는데 한강 하류인 고양 행주에서 난다. 늦은 봄 사옹원의 관리들이 그물을 던져 잡아다가 임금에게 진상한다. 생선 장수(漁商)들은 거리를 돌아다니면서 횟감(膾材) 사라고 소리치며 판다."[20]

홍석모가 살았던 시대보다 반세기 앞서 정조 때 편찬된 《원행을묘정리의궤(園幸乙卯整理儀軌)》에도 '어회'라는 음식이 여러 차례 나온다. 이 책은 정조가 1795년 어머니 혜경궁(惠慶宮) 홍씨(洪氏, 1735~1815)를 모시고 아버지 사도세자(思悼世子, 1735~1762)의 묘소인 현륭원(顯隆園)을 참배하고, 이어서 화성(華城) 행궁(行宮)에 행차하여 어머니의 회갑 잔치를 치룬 과정을 기록한 것이다.

그 내용을 보면, 1795년 음력 윤2월 9일 새벽에 궁을 떠난 정조 일행은 다음 날 점심때쯤 화성에 도착했다. 그때 혜경궁 홍씨에게 올린 주다별반과(晝茶別盤果)에 수어(秀魚) 두 마리로 만든 어회가 차려졌다. 여기서 수어는 숭어를 가리킨다. 13일에는 화성의 봉수당에서 진찬이 열렸다. 그날 아침 혜경궁 홍씨에게 올린 조수라에 웅어 한 마리로 만든 어회가 한 그릇 포함되었다. 또 그날 봉수당에서 거행된 진찬에서도 혜경궁 홍씨에게 숭어 다섯 마리와 농어 한 마리로 어회를 한 그릇 만들어 올렸다. 15일 화성에서 올린 혜경궁 홍씨의 조수라에도 역시 쏘가리인 금린어(錦鱗魚)로 어회를 만들어 한 그릇 올렸다고 한다.

정조에게 올린 수라에는 어회가 들어가 있지 않은데, 왜 혜경궁 홍씨의 수라에는 어회가 빠지지 않았을까?《승정원일기(承政院日記)》 숙종 26년(1700) 음력 6월 17일자 기록을 보면 그 사정을 짐작할 수 있다. 당시 중궁이었던 인현왕후(仁顯王后, 1667~1701)가 병환으로 고생하자 숙종이 무척 걱정했다. 숙종은 어의에게 그 전날 인현왕후의 식사 정황을 물었다. 그러자 어의는 수라를 전혀 먹지 못하다가 저녁에 어회와 흰쌀밥을 약간 먹었다고 했다. 아마도 조선시대에 어회는 병을 앓고 있는 부인들의 건강을 지키는 음식이 아니었을까?

한편,《성종실록(成宗實錄)》68권 1476년 음력 6월 12일자 기사에 이런 이야기가 나온다. 청주에 사는 경연(慶延)이란 사람이 늙어 병든 아비가 한겨울에 어회를 먹고 싶다고 하자, 얼음을 깨고 갖은 고생 끝에 겨우 산 붕어를 잡아 드렸다. 이 소문을 들은 임금이 직접 그를 불러 칭찬했다고 한다. 이처럼 어회는 효도를 상징하는 음식으로도 여겨졌다. 그런 뜻이 앞의《원행을묘정리의궤》에도 반영된 듯하다.

고려시대와 조선시대 선비들이 남긴 글을 보면, 순챗국에 농어회를 맛있는 음식이라 적은 기록이 수없이 많다. 이러한 평가는 본래 중국의 서진(西晉) 사람 장한(張翰)의 '순갱노회(蓴羹鱸膾)'라는 고사에서 유래되었다.[21] 장한은 서진 초기에 제후 사마경(司馬冏)의 관저에서 수레를 담당하는 하급 관리였다. 당시 사마경은 혜제(惠帝, 259~306)를 복위시키는 데 공을 세워 조정의 대권을 장악하고 있었다. 장한은 아무리 천하의 사마경이라 하더라도 반드시 또 다른 난으로 낭패를 당할 것이라 생각하고, 사마경의 관저에서 벗어날 궁리를 하고 있었다. 가을이 되자 그는 고향인 지금의 장쑤성(江蘇省) 쑤저우(蘇州)로 돌아가 순채로 만든 순갱(蓴羹)과 농어회인 노회(鱸膾)가 먹고 싶어졌다. 이 생각에 이끌려 장한은 마침내 관직을 버리고 고향으로 돌아갔다.

얼마 후 사마경은 토벌을 당해 죽음을 맞았지만, 장한은 '순갱노회' 덕분에 난을 피할 수 있었다. 당나라의 여러 시인들은 이 일을 시로 읊조렸으며, 한반도에도 전해져 선비들은 세상이 위태로워지면 화를 피할 수 있는 음식으로 농어회를 곧잘 언급했다. 이러한 영향으로 조선시대 선비들은 어회 먹는 일을 그다지 이상하게 여기지 않았다.

허균은 《도문대작》에서 맛있는 생선을 다음과 같이 꼽았다.

수어(水魚)〔숭어〕: 서해에서 모두 나지만, 한강의 것이 가장 좋다. 나주에서 잡은 것은 매우 크고, 평양에서는 얼린 것이 맛있다.

즉어(鯽魚)〔붕어〕: 전국 어느 곳에나 있지만, 강릉의 경포가 바닷물과 통하기 때문에 맛이 가장 좋다. 특히 흙냄새가 안 난다.

위어(葦魚)〔웅어〕: 곧 준치이다. 한강의 것이 가장 좋다. 호남에서는 2월이면 잡히고, 평안도와 황해도에서는 5월에야 잡힌다.

백어(白魚)〔뱅어〕: 얼음이 얼었을 때 한강에서 잡은 것이 가장 좋다. 충청도 임한(林韓)〔서천〕과 전라도 임피(臨陂)〔군산〕 사이에서는 음력 1~2월에 잡는데, 국수처럼 희고 가늘어 먹으면 매우 맛있다.[22]

이용기 역시 대표적인 어회의 종류를 다음과 같이 꼽았다. 민어회·잉어회·농어회·준치회·조기회·병어회·웅어회·도미회·넙치회·공지회·뱅어회 등이 그것이다.

식민지 시기 생선회 조리법

이런 사정은 근대의 고급 음식점 조선요리옥의 식탁에서 그대로 재현되었다. 이미 앞에서 소개했듯이, 김상용은 〈내 봄은 명월관 식교자〉라는 수필에서 "'닭얄저냐'를 하나 초고초장에 찍어 먹고, 댐으로 어회, 또 댐으로 김치"[23]라고 1935년의 명월관 식탁에 오른 메뉴 속에 어회가 있었음을 밝혀놓았다. 채만식의 콩트 〈초하 콩트 향연 하〉에는 이런 대목도 나온다. "민어회가 산듯한데 멀어서 고개를 늘이고 기웃거리니까 그 앞의 젊은이가 얼핏 접시째 집어주면서 노인 이것 좀 잡수십시요 한다. 자시지 다아 주과냐고 사양하면서 받으니까 좋습니다고 초고초장까지 집어준다."[24] 콩트의 주인공 신천충 영감이 거짓 부령으로 남의 결혼식에 참석한 후 조선요리옥에 가서 민어회를 먹는 장면이다.

이용기는 《조선무쌍신식요리제법》에서 앞서 소개한 예전의 회 치는 법 외에도 1920년대 당시의 어회 치는 법을 다음과 같이 소개했다. "무슨 생선이든지 결을 찾아 회를 치나니 회 치는 법도 여러 가지이니 잘게 쳐서 기름에 주물러 잣가루를 뿌리기도 하고 넙[너비]의 닷분쯤[다섯 푼쯤, 약 1.5cm] 하야 척척 저며 접시에 얼음 놓고 형겊 조각 놓고 그 위에 놓기도 하고 막걸리에 빨아 쓰기도 하나 찍어 먹기는 다 초고추장이나 겨자에나 소금에 기름과 후춧가루 쳐서 찍어 먹나니라." 그러면서 이런 말도 덧붙였다. "그러나 여러 군데 찍어 먹는 것이 다 좋으나 몹시 짜지 않은 진장이나 묽은 장이라도 맛이 달고 잡맛 없는 장에 찍어 먹어야 회의 참맛도 알고 생선의 향취도 아나니 생선회는 일본 사람이 안다 하는 것도 거짓말이 아니니라. 겨자 맛과 같은 산규(山葵)[와사비]를 갈아 넣고 먹으면 맛이 한층 더 있나니라. 회는 담는 것도 꽃 모양과 산 모양으로 담고 회 옆에도 향기 나는 풀을 곁드리나니라."[25]

이용기는 어회에 대한 설명과 함께 사시미에 대해서도 언급했는데, 사시미 묘사에는 어회와 달리 치는 법에 대한 내용이 없다. 19세기 말부터 서울에 자리 잡았던 일본요리옥에서 사시미는 주요 메뉴의 하나였을 가능성이 크다. 특히 1905년에 시모노세키와 조선 사이에 냉동선이 다녔으니, 20세기 조선의 일본요리옥에서 사시미는 빠지지 않는 메뉴였을 것이다. 실제로 1930년대 서울 시대 혼마치(本町)의 송엽정(松葉亭)은 도미 요리로 유명한 일본요리옥이었다. 이곳에서는 10여 가지가 넘는 도미 요리를 내놓았다.[26] 앞에서 살폈듯이 도미는 에도시대부터 사시미의 핵심 재료였다.

사실 어회나 사시미라는 말 대신에 생선회라는 이름도 널리 쓰였다. 앞에서 소개했듯이 이용기 역시 어회 옆에 생선회라고 별도로 표기할 정도였다. 양반들이 쓰던 말인 어회나 일본어인 사시미와는 달리 생선회는 육회에 대응하여 그냥 생선으로 만든 회라는 의미였다. 1931년 5월 21일자 《동아일보》에는 '이철음식 가지가지(2) 생선회 맨드는 법'이 실렸다. 조금 길지만, 각각의 조리법을 한번 살펴보자.

제일 먼저 등장하는 생선회는 병어회이다. 그 내용은 다음과 같다. "병어는 뼈가 무르고 살이 연하야 흔히들 구어 먹습니다마는 덕재라고 하는 큰 것을 얻어 껍질을 벗기고 회로 쳐놓으면 보기에도 좋고 먹기에도 좋습니다. 병어 적은 것은 껍질째 흔히 쳐 먹게 됨으로 빛이 푸르러서 맛이 좀 깨낍니다."[27] 여기에서 말하는 덕재는 덕대를 가리킨다. 덕대는 병어와 닮았지만 병어보다 살이 더 두툼한 다른 생선이다. 이 글의 지은이는 덕대를 병어와 같은 무리로 보았다. 시인 백석(白石, 1912~1995)은 1957년 9월 19일 북한 《문학신문》에 발표한 〈등고지〉란 시에서 "정거장에서 60리/ 60리 벌 길은 멀기도 했다.// 가을 바다는 파랗기도 하다!/ 이 파란 바다에서 올라온다—/ 민어, 농어, 병어, 덕재, 시왜, 칼치……가// 이 길외진 개포에서/ 나는 늙은 사공 하나를 만났다"[28]와 같이 병어와 덕재를 다른 것으로 보았다. 그런데 이용기는 병어회를 그다지 좋게 평가하지 않았다. "병어가 뼈가 무르고 살이 연하야 구워 먹는 데는 좋거니와 회를 치면 빛도 푸르고 맛도 시원치 못하니라"[29]고 했다.

병어회 다음은 웅어회이다. 웅어는 앞에서 소개한 《동국세시기》에서도 밝혔듯이 한자로 위어라 쓰기도 한다. 웅어회조리법은 다음과 같다. "웅어 굵은 것은 뼈가 거세여 술집에서 만들듯 그냥 통으로 엇썰어놓기도 하며 적은 것은 큰 것과 같이 비늘 긁고 대가리나 꽁지 자르고 내장 빼고 정하게 씻어서 꼭 짜가지고 잘게 가루지로 썰어 막걸리에 빨거나 기름에 무치거나 합니다. 그러나 그냥 썰어놓고 고초장에 찍어 먹는 편이 고소한 맛이 일등입니다."[30] 이용기 역시 웅어회에 대해 자세하게 언급했다. 하지만 앞의 글쓴이와는 약간 다른 입장이다. "웅어는 한때에 제일가게 먹는 것이니 굵은 것은 뼈가 거세어 회에 마땅치 않고 적은 것이라야 대가리 따고 비늘 긁고 통으로 엇썰어 막걸리에 빨거나 참기름에 무치거나 하야 초고초장에 찍어 먹으면 고소한 맛이 일등이라 하나 씹어 먹을 때 찍기〔찌꺼기〕가 자연 나는 것이 이 회에 험절〔흠점〕이니라"[31]고 밝혔다.

《동아일보》 기사에는 밴댕이회 조리법도 나온다. "밴댕이를 성한 걸로 머리 따고 꼬리 잘라버리고 내장 빼고 비눌 긁고 잘게 썰어 고초장에 먹으면 얕은 맛으로는 웅어회보다 낫습니다. 이것도 물론 굵은 걸로 회를 칠 것입니다."[32] 밴댕이란 말은 강화도와 안산 일대에서 반지를 부르는 사투리다. 반지는 청어목 멸치과의 바닷물고기로 주로 봄에서 여름 사이에 잡힌다. 회로도 먹고 젓갈로 담그기도 한다.

이용기는 민물생선인 뱅어로 만드는 회에 대해서 언급했다. 뱅어는 송도 근처 하천에서 겨울에 얼음 속에서 꺼낸 뱅어로 해야 제맛이라고 보았다. 그러면서 뱅어를 탱탱하게 얼려서 고추장에 찍어 먹으면 선득선득하여 술안주에 좋다고 마치 자신의 경험인양 칭찬을 아끼지 않았다.[33]

본래 먹지 않았던 생선회로 뱀장어회, 곧 만회(鰻膾)가 있다. 신문기사에서는 "이것을 껍질 벗기고 뼈를 빼고 저며서 막걸리에 빨아 짜서 회를 만들면 비리지도 않고 맛이 훌륭합니다"[34]라고 적었다. 정약용은 〈탐진어가(耽津漁歌)〉란 시에서 "계량(桂浪)에 봄이 되면 뱀장어(만려鰻鱺) 물때 맞아, 궁선(弓船)이 잡으러 나가면서 푸른 물결 헤쳐간다"고 했다. 그러면서 "배 위에다 그물을 장치한 배를 방언(方言)으로 궁선이라고 한다"고 덧붙였다.[35] 조선시대 사람들은 보통 때 민물장어인 뱀장어를 생선회로 먹지는 않았다. 그 모양이 뱀을 닮았기 때문이다. 바닷장어인 갯장어도 마찬가지였다. 정약전은 《자산어보》에서 갯장어를 두고 "뱀이 변한 물고기라고 한다. 본 사람이 매우 많다고 말한다"라고 적었다.[36] 결국 조선시대 사람들은 민물장어든 바닷장어든 이를 회로 먹기보다는 단지 약으로 고아서 죽을 만들어 먹었을 뿐이다. 이런 생각은 적어도 20세기 초반까지 이어졌다. 이용기 역시 1924년에 펴낸 《조선무쌍신식요리제법》에서 뱀장어회를 언급하지는 않았다. 아마도 1930년대 들어 일부에서 뱀장어를 회로도 먹었던 모양이다.

조개회는 한자로 합회(蛤膾)라고 적었다. "조개를 큰 것으로 물에 정하게 씻어 깝니다. 속의 살을 긁어내어 껌정 고락과 누른 지렁이 같

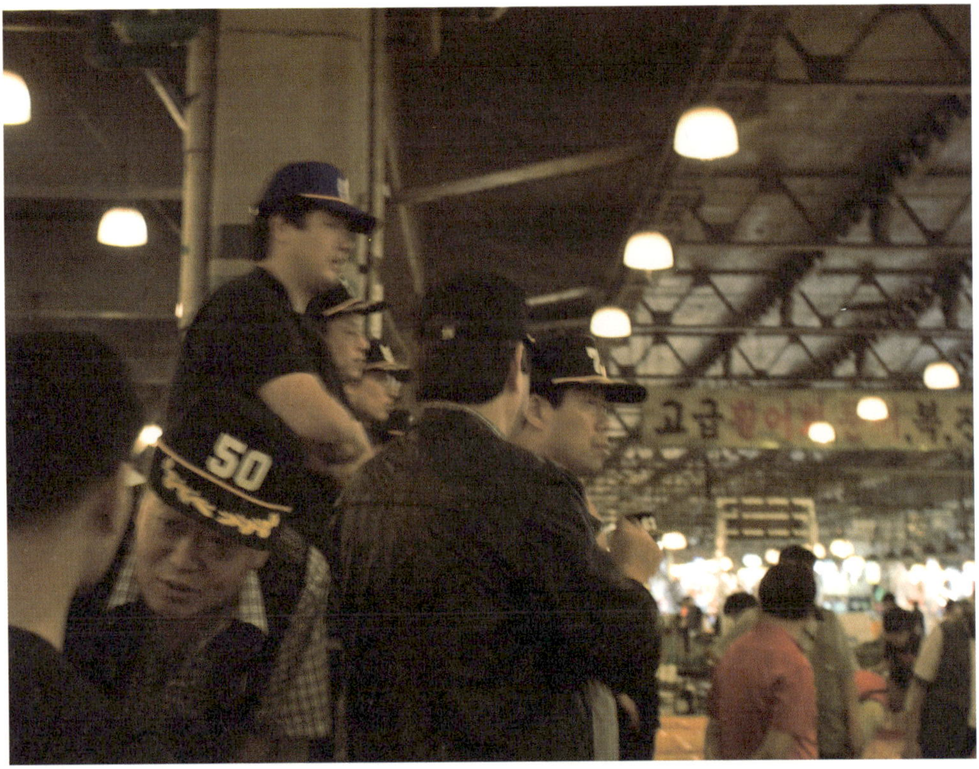

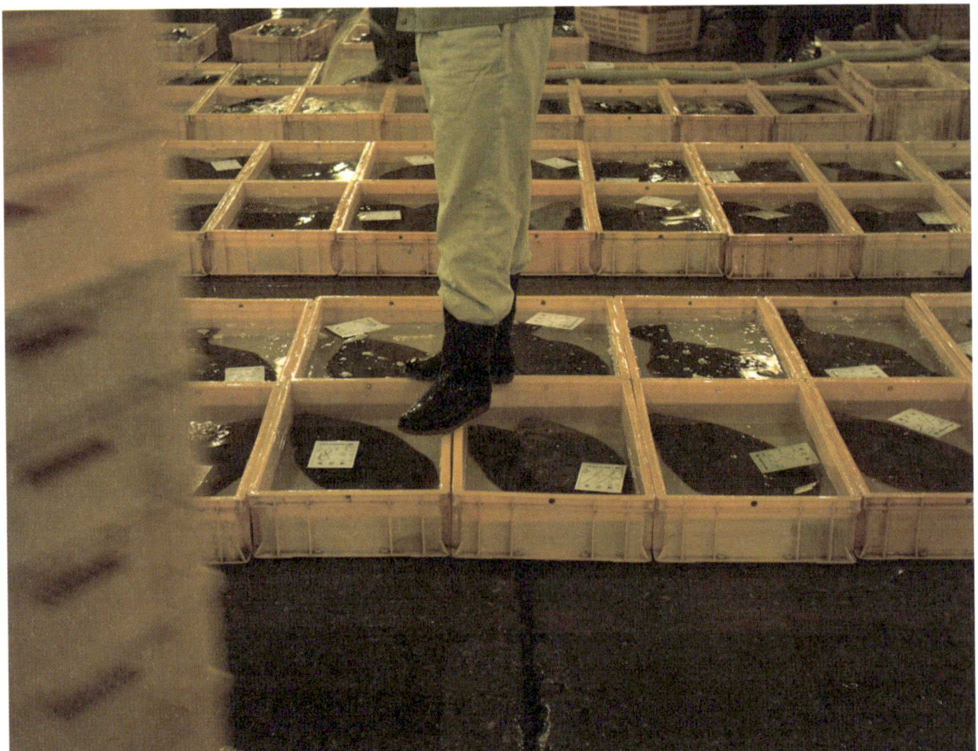

은 것을 다 긁어 버리고 네 귀에 붙은 기둥을 잘 긁고 두 쪽에 죄다 긁어 한쪽 조개껍질에 모두 담고 손으로 눌러 국물을 짠 후에 그 위에다가 파 대가리와 고초를 실같이 썰어 얹고 껍질째 접시에다가 얼마든지 칭칭이 담았다가 겨자나 고초장을 치고 먹습니다. 이것은 적은 조개보다 입안이 긋뜩하게 되는 것이 좋습니다."[37] 이용기 역시 같은 방법을 소개했다. 아마도 식민지 시기 요리옥에서 조개회를 이렇게 먹는 방법이 유행했던 모양이다. 마지막으로 소개된 생선회는 생복회, 곧 전복회이다. 생복회는 이미 다른 글에서 다루었으니 따로 소개하지 않는다.

식민지 시기 한국인들은 생선회를 제대로 즐기기 위해서는 굵은 것은 굵게 썰어서 먹어야 제맛이라고 여겼다. 마치 고기를 씹듯이 씹는 맛이 생선회에서 중요했다. 하지만 양반이 쓰던 어회라는 이름을 대신해 서민들은 생선회라 불렀다 하더라도 생선회가 결코 서민의 음식은 아니었다. 생선회는 육회와 함께 조선시대부터 고급 음식에 들었다. 일본 어부들이 한반도까지 진출해 그전에 비해 바다 생선이 훨씬 풍부해졌지만, 그렇다고 생선회가 곧장 서민의 음식이 된 것은 아니었다.

해방 후 일본 음식은 '왜식(倭食)'이라 불렸으며, 사시미도 그에 포함되었다. 그리고 사시미라는 명칭은 국어순화운동의 대상이 되어 생선회로 대체되었다. 국어학자들이 어회라는 말을 몰랐을 리가 없지만, 생선회가 뜻이 더 분명하기 때문에 그렇게 한 것으로 보인다. 해방 후에도 생선회는 여전히 고급 음식으로, 요리옥이나 요정에서 판매하는 메뉴였다.

1965년 한·일 수교 이후 서울의 명동에는 일본에서 건너온 일본인 주방장이 사시미를 치는 일식집이 생겨났다. 그런데 당시만 하더라도 일본인 주방장 밑에서 보조 일을 할 한국인 조리사를 찾기가 어려웠다. 또한 일본인 밑에서 일식 요리를 배운 한국인 조리사의 경우, 1980년대 중반까지도 당당하게 자기 이름으로 일식집을 열지 못했다. 반면, 1980년대 초반 부산에서는 일본식 횟집처럼 인테리어를 갖추고서 한국인 주방장이 요리를 하는 횟집이 생겨나기 시작했다. 겉보기에는 일식집이었지만 요리법은 한국식이었다. 일본식 사시미는 복어를 제외하고는 대부분 생선 본래의 맛을 살리기 위해 생선살을 두껍게 썰어낸다. 이에 비해 한국식 회는 갓 잡은 싱싱한 생선을 제일 좋은 횟감으로 치며, 생산살도 일본 사시미에 비해 그리 두껍지 않게 썰어낸다. 1988년 이후 당시 부유층 사이에서 일식, 그중에서도 사시미가 건강에 좋다는 인식이 퍼지면서 서울 강남의 테헤란로 일대에 일식집이 골목마다 들어섰다. 주방장은 한국인이지만, 일식집처럼 꾸민 음식점이 한국의 대도시에서 고급 음식점으로 자리를 잡아갔다. 하지만 그곳에서 나오는 음식은 여전히 사시미가 아니라 회였다.

한편, 1988년이 되면 참치회가 대중화의 길을 걷기 시작한다. 일본에 이어 원양어업에 뛰어든 한국 어업회사들이 만들어낸 결과였다. 1989년에는 참치회 전문점이 양재동에 시범적으로 문을 열었다. 또한 1991년 참치원양어업 전문회사에서 서울 서대문구 미근동의 치안본부 근처에 참치회 전문점 제1호점을 열고 영업을 시작했다. 광어를 비롯하여 흰 살 생선을 회로 즐겨 먹었던 한국인에게 참치회는 빨간색 생선회도 먹을 수 있다는 인식을 심어주었다. 이 무렵에 일본 음식으로 알려진 회덮밥이 유행했다. 하지만 회덮밥은 이미 1970년대에 한국에서 개발된 일본에는 없는 한국 음식이다.

이처럼 사시미를 한국식으로 재해석할 수 있었던 이유는 한국인이 동등한 자격을 가지고 일본 음식을 경험해보지 못했기 때문이다. 식민지 시기에 일본의 사시미를 배운 한국인 조리사는 해방 이후 자신의 솜씨가 일본식이라는 것을 내세우는 데 주저했다. 그 과정에서 한국식 사시미, 즉 생선회를 개발할 수 있었다. 한편으로 제국에 대한 식민지 국민들의 선망은 육회가 '육사시미'라는 이름으로 불리는 상황도 만들었지만, 그렇다고 육회가 사시미가 되지는 않았다. 지금도 고급 한정식 음식점에서 한국식 생선회를 주요 메뉴로 내고 있다. 하지만 생선회를 치는 주방장은 결코 예전의 어회 치는 법을 알지 못한다. 회 치는 칼 역시 대부분 사시미 칼이다. 그러니 고급 한정식 음식점의 생선회는 한정식의 사시미라고 부르는 것이 옳지 않을까?

7

약주, 정종에 밀려나다

　조선 후기 이래 약주는 양반의 술로 인정되었다. 주세법(酒稅法)이 본격적으로 시행되기 전까지 약주는 양반가에서 봉제사(奉祭祀)와 접빈객(接賓客)을 위해 직접 만들어 사용했다. 하지만 근대 국민국가의 모습을 갖추기 시작한 대한제국은 술 제조에 간섭이라는 잣대를 들이댔다. 때는 대한제국 시기인 1909년 2월 13일, 바로 이날부터 한반도에 주세법이 발효되었다. 주세법 제1조에서는 주류를 제조하는 자에게 본 법에 의하여 주세를 매긴다고 명시했다. 아울러 제3조에서는 주류를 제조하고자 하는 자는 제조장 1개소마다 정부의 면허를 받아야 한다고 했다. 이처럼 주세법이 시행되긴 했지만 그래도 국밥집에서나 조선요리옥에서는 술을 직접 만들어 팔 수 있었.

　하지만 조선총독부가 들어서면서 사정이 달라지기 시작했다. 1916년 9월 1일 조선총독부는 기존의 주세법을 개정한 주세령(酒稅令)을 발효했다. 그로부터 술 제조는 전문적인 술도가에서 맡았고, 음식점에서는 술을 사서 판매할 수밖에 없게 되었다. 또한 주세령에는 약주를 비롯하여 각종 술의 제조법을 통제하는 내용도 포함되었다. 그 탓에 이제는 결코 이전처럼 음식점마다의 특색 있는 술맛을 즐기기 어렵게 되었다.

양반가에서 마시던 고급술, 약주

여기서 약주에 대해 자세히 알아보자. 약주는 독에 물을 담고 누룩가루를 넣은 다음 찹쌀가루로 찐 떡을 넣어 밑술을 만든 뒤, 다시 멥쌀과 누룩, 그리고 물을 넣어 빚은 술이다. 술독에 용수를 박아 맑은 술을 떠내면 약주가 된다. 갈색을 띤 연노랑의 약간 투명한 술로, 알코올 도수는 12~20% 정도이다. 제법에 따라 특정의 약재를 넣어 빚기도 한다. 그래서 약이 된다고 약주라고 불렀다.

실제로 약이 되는 술도 있었다. 빙허각 이씨가 1800년경에 쓴 《규합총서》에서는 약주로 구기주와 오가피주 두 가지를 언급했다. 특히 구기주를 마시면 회춘한다고 적었다. 그러면서 빙허각 이씨는 고대 중국의 신선으로 알려진 백산보(伯山甫)의 생질이 구기주를 마시고 390세에도 얼굴빛이 열대여섯 살 소년 같았다고 했다. 또 이 구기주를 마신 한 사신은 100일 만에 흰 머리가 도로 검어지고 빠진 이가 다시 나서 해가 가도 늙지 않았다고 적었다. 그 사실 여부를 확인할 길은 없지만 빙허각 이씨는 약주는 몸을 상하게 하는 술이 아니라, 약 그 자체라고 여겼던 것 같다.

그런데 식민지 시기에 약주의 어원에 대해 다른 주장이 나왔다. 바로 약주가 '약산춘(藥山春)'의 줄임말이라는 것이다. 1937년 11월 6

술독 만드는 모습이다. 장독과 달리 술독은 옹기의 입구인 전의 두께가 두꺼워야 한다. 수시로 발효된 술을 퍼내야 하기 때문에 쉽게 깨지지 않도록 하기 위한 방도였다. 또 술독을 만들면서 세금을 낼 때 필요한 내용을 확인할 수 있도록 술독 표면에 글자를 음각했다. 사진에서도 '○주(酒) 제(第)○호(號), 전석수(全石數) ○석(石) ○두(斗) ○승(升), 소화(昭和) ○년(年) ○월(月) ○일(日) 검정(檢定)'이란 글자 각인되어 있다. 새로 술을 담글 때마다 회분으로 술독의 공란에 내용을 표시했다. 술독에 표시된 내용은 주세를 거두는 근거로 쓰였다.

일자 《동아일보》에 그 유래와 관련된 기사가 실렸다.

> 광해조 시대의 서유거란 분이 약현(藥峴, 지금 경성부 중림정中林町)에 살며 아호(雅號) 역왈(亦曰) 약봉(藥峯)이라 하야 그 댁이 명문거족(名門巨族)으로 유명하거니와 양조로도 유명하야 그 댁 청주는 별달리 말이 있었다. 그 당시 인사는 그 댁 술을 약봉주(藥峯酒), 약현주(藥峴酒)라고 부르다가 필경은 약주라고 약칭하였다. 그러다가 지금은 경성에서는 청주를 약주라고 통칭하고 좀 더 널리는 일반 술을 존칭해서 약주라고까지 불러온다.¹

이 기사와 관련해 그다음 날 바로 같은 신문에 정정 기사가 실렸는데, 내용인즉 "서유거가 아니요 '서빈(徐濱)' 씨의 오(誤)요"²라는 것이다. 하지만 서빈 역시 잘못된 정보이다. 서유구는 《임원경제지·정조지》에서 '약산춘방(藥山春方)'을 언급하면서, "곧 서충숙공(徐忠肅公)이 담그기를 즐겼는데, 공의 집이 약현에 있었기 때문에 그 술을 약산춘이라 불렀다"³라고 했다. 여기에서 서충숙공은 조선 중기의 문인인 서성(徐渻, 1588~1631)을 가리킨다. 약산춘의 '춘(春)'은 당나라 사람들이 술을 '춘'이라고 지칭한 데에서 유래했다. 서울 사람들이 술 하면 약주라고 부르니 문헌을 제대로 확인하지 않은 지식인들이 서성을 서유거라고도 하고, 약산춘의 줄임말이 약주라고도 하는 오류를 만들어냈다. 약주가 약산춘의 줄임말일 수도 있겠지만, 약이 되는 술이라는 의미가 더 강한 것은 분명하다.

서울 양반가에서 마시던 약주를 19세기 말 이후 음식점이나 양조장에서도 만들어 팔기 시작하면서 이제는 일반인들도 맛볼 수 있게 되었다. 19세기 말 조선에 와서 일본식 청주를 생산하기 시작한 일본인들조차 조선주의 으뜸으로 약주와 탁주를 꼽았다. 조선 약주는 분명 고급술이었다. 1908년 1월 10일자 《황성신문》에 실린 '명월관 확장 광고'에서도 명월관에서 구비하고 있는 술 중에서 약주가 가장 먼저 나온다. 그만큼 약주는 조선요리옥의 명성에 잘 어울리는 술이었다. 하지만 약주에 한 가지 문제가 있었는데, 바로 여름에 쉽게 변질된다는 점이었다. 명월관을 설립했던 안순환은 1923년 1월 1일자 《동아일보》에서 조선 요리를 개량해야 한다는 주장을 펼쳤다.

> 첫째, 우리 음식은 밥이면 밥, 국이면 국 한 가지만을 먹을 수 없는 것이 병이외다. (중략) 둘째는 우리나라 음식에는 따뜻한 것을 필요하게 아는 것이 병이외다. 이 까닭으로 만드는 즉시에 먹지 않고는 그 음식은 다시 데이든지 그렇지 아니하면 버리든지 하게 됩니다. (중략) 셋째는 오랫동안 감장하야 둘 수 없으며 또는 감장한다고 하더라도 그 맛이 쉽게 변하여지게 되는 것이 결점이외다. 우리나라 구기자약주 같은 것은 실로 맛도 있고 위생에도 훌륭합니다. 세계에 내놓아 아무 부끄러움이 없습니다. 하나 '위ㅡ스키ㅡ'라든지 '뿌란데ㅡ'[브랜디]와 같이 오래 둘 수 없습니다.[4]

안순환 역시 《규합총서》에서 언급한 구기주, 곧 구기자약주를 조선의 자랑으로 내세웠지만 오래 둘 수 없다는 점 때문에 개량할 대상이라고 보았다.

한반도에 진출한 일본 청주, 정종

일본 청주는 조선 약주와 비슷한 제법으로 만드는 술이었지만, 일본의 경우 제조 환경 면에서 조선에 크게 앞서 나갔다. 1895년 청일전쟁에서 승리한 메이지 정부는 술과 관련된 기존 법령을 '주조세법(酒造稅法)'으로 개정하면서 양조업에 깊숙이 개입했다. 특히 청일전쟁 후 청으로부터 받은 배상금으로 네덜란드의 미생물학 전문가를 일본으로 초빙해 발효의 핵심인 효모를 제어하는 기술을 얻게 되었다.[5] 이후 일본에서는 일정한 맛을 지닌 청주가 전국 양조장에서 저마다 독자적인 상표를 달고 판매되기 시작했다.

이미 일본인들은 1883년 1월 부산에 일본 청주 공장을 설립했다. 연이어 마산·인천·서울 등지에서도 일본 청주 양조장이 들어섰다. 서울 사람들은 조선 후기 이래 여름에 술이 변질되는 것을 막기 위해 약주에 증류주인 소주를 탄 과하주(過夏酒)를 마시며 여름을 넘겼다. 하지만 19세기 말부터는 일본 청주에 풍덩 빠진 조선의 주당들이 날이 갈수록 늘어났다. 1920년대 조선에서 양조장을 운영한 일본인들 입장에서 조선은 원료와 노동임금이 저렴하고, 부패의 염려도 크지 않은 등 모든 조건을 구비하고 있었기 때문에[6] 사업하기에 매우 좋은 곳이었다. 여기에서 부패의 염려가 크지 않게 된 사연은 이러하다. 1910년대 말부터 일본 대장성(大藏省)에서는 과학자들의 제안을 받아들여 다음의 두 가지 방법을 청주 부패 방지 기술로 사용하도록 생산자들에게 권장했다. 하나는 유산균(乳酸菌)을 넣은 술밑(주모酒母)을 사용하여 속성으로 일본 청주를 발효시키는 것이고, 다른 하나는 방부제인 살리실산메틸(methyl salicylate)을 넣어 유통 기간 중 부패를 늦

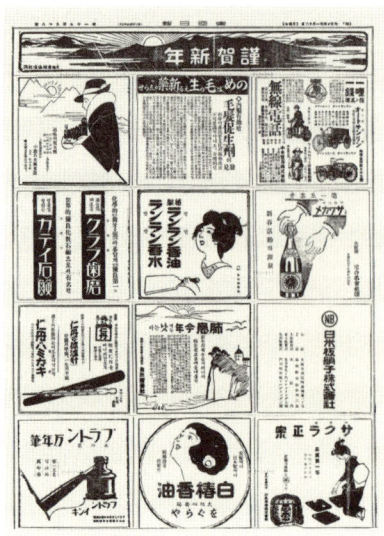

1925년 1월 12일자 《동아일보》의 전면광고
오른쪽 맨 아래 칸에 정종 광고가 있고, 그 위로 두 번째 칸에도 일본 술 광고가 실렸다.

추도록 하는 것이었다.[7] 이 방법이 널리 쓰이면서 한반도에서도 일본 청주를 생산하여 일본으로 수출하는 일이 가능해졌다. 동시에 일본에서 이름난 청주가 한반도로 수입되는 일도 수월해졌다. 1921년 통계에 의하면, 일본 청주는 조선에서만 5만 7,600석 넘게 생산되었다. 그중에서 '국정종주(菊正宗酒)'는 대단한 인기를 모았다. 이 술은 일찍이 1908년 명월관 광고에서도 메뉴 가운데 하나로 등장했다. 결국 1920년대 이후 조선 사람들은 일본 청주 회사의 상표 가운데 하나인 '정종(正宗)'을 일본 청주를 일컫는 이름으로 대체하여 부르게 되었다.

이렇게 조선 술보다 외국 술이 인기를 끌자, 국산품 애용에 대한 지식인의 강력한 요구가 제기되었다. 바로 1922년 12월 21일자 《동아일보》에 실린 염태진(廉台鎭)의 글이다. 그는 '조선 사람은 엇지 하면 살고?'란 문제를 제기하면서 '네 손으로 지은 것을 먹어라'고 강조했다.

여러분 왜 맥주와 배갈과 포도주와 정종과 부란듸(브랜디)와 위스키를 마십니까? 맥주 한 병에 오십 전이면 쌀이 두 되요. 쌀이 두 되면 한 사람의 사오 일 양식이 됩니다. 그런데 여러분이 맥주 한 병을 마실 마다 우리 조선 사람 한 사람이 사오 일 먹을 양식이 없어지니 해마다 맥주로 하야 없어지는 양식이 얼마나 되겠습니까. 한 분이 맥주를 자시기 때문에 우리 조선 사람 중에는 자연히 사오 인의 밥을 굶는 사람이 생기는 것이외다. 포도주는, 부란듸는 더합니다. 포도주 한 병에는 한 사람이 십여 일 먹을 양식, 부란듸나 상등 포도주 한 병에는 한 사람이 한 달 이상 먹을 양식이 달아납니다. 만일 술을 꼭 자셔야 하겠거든 약주나 소주나 막걸리나 조선 사람의 손으로 짓는 것을 자시오. 그러면 그 값으로 가는 것은 여전히 조선 사람의 손에 떨어지기 때문에 다른 나라로 가지는 아니할 것이외다.[8]

염태진은 외국 술을 마시는 일이 조선 사람을 굶주리게 만드는 일이라며 조선 술을 마셔야 한다는 점을 강조했다. 하지만 그는 조선 술이 맛이 없다는 사실을 알고 있었다.

조선 사람이 만드는 술은 맛이 없어요? 천벌받을 말씀을 마시오! 여러분도 조선 사람이니 왜 맛나는 술을 못 만드시오? 조선에도 맥주 만들 보리와 밀이 있고 포도주 만들 포도가 있소이다. 여러분의 손으로 맛나는 술을 만드시오 그려. 여러분이 만들 줄 알기까지는 맛없는 조선 술로 참으시오! 제 손으로 만들 줄도 모르는 것을 사먹는 것은 마치 가난한 사람이 일등 차를 타는 심이니 그놈은 반다시 못살게 되고야 말 것이올시다. 과연 오늘날 여러분은 앉은자리에 맥주를 열, 스무 병씩이나 먹고 좋다고 떠듭니다. 맥주가 열 병이면 한 사람이 두 달 먹을 양식, 스무 병이면 넉 달 먹을 양식이외다. 이렇게 여러분은 사랑하는 불쌍한 동포들의 양식을 빼앗아다가 쓸데없이 남의 손에 던져주니 여러분이 무서운 죄인이 아닙니까? 망할 도를 닦는 이가 아닙니까?[9]

주세령에 의해 양조업이 면허사업자의 독점사업이 되면서 여러 가지 폐단이 발생했다. 그중 재료비가 비싼 약주의 경우 재료비를 아끼기 위해 찹쌀과 멥쌀만이 아닌 다른 것을 섞는 일이 빈번했다. 약주를 마시고 나면 약이 아니라 오히려 독이 되는 부작용까지 일어나곤 했다. 그러니 아무리 조선 사람의 살 길이 약주나 막걸리를 마시는 일이라고 강조해도 그걸 온전히 믿고 따르는 사람이 많지는 않았다.

결국 식민지 시기 한반도에서 일본 청주는 생산량과 품질에서 조선 약주를 밀어냈다. 심지어 한반도에서 생산된 일본 청주가 '내지' 일본을 넘볼 정도에 이르렀다. 특히 일찍이 개항장으로 조성되어 재조 일본인의 핵심 거주지가 된 마산은 일본 청주 생산의 중심지였다. 부산과 함께 마산의 일본 청주 공장에서는 조선 전체는 물론이고 일본에까지 일본 청주를 수출했다. 1929년 조선총독부에서 출간한《조선》이라는 잡지에 '경남의 특산'이라는 제목의 기사가 실렸는데, 그 기사에서는 당시의 경상남도 특산으로 일본 청주를 가장 먼저 꼽았다. "청주 : 본 도(道)의 청주 양조업은 기후·풍토·수질의 천혜에 우수한 원료미(原料米)를 산(産)하기 때문에 기(其) 품질이 일본 명양주(銘釀酒)를 능가(凌駕)하고 연산액(年産額) 역(亦) 2만 석 이상에 달하야 선내(鮮內)는 물론 멀리 만주에 수출되야 도처에 명성이 높은데 주요 산지는 부산·마산이다."[10]

마산에서 생산된 청주는 '마산주(馬山酒)'라는 이름이 붙을 정도로 맛이 좋기로 유명했다. 당시 진해에는 일본의 남선(南鮮) 해군 군항이 있었다. 진해항으로 기항하던 일본인 장교들은 마산 앞바다인 돗섬에 이르면 함대를 세워 작은 배로 갈아타고 마산에 있는 일본요리옥에 들르곤 했다. 그곳에서 그들은 일본 청주로 함상에서의 노역을 달랬다. 1935년 호소이 이노스케(細井亥之助)가 편찬하고 조선주조협회(朝鮮酒造協會)에서 발행한 《조선주조사(朝鮮酒造史)》에 벚꽃으로 유명한 마산에 '마산주'도 있어 좋다는 글이 실리기도 했다. 그 내용은 다음과 같다. "이 지방은 기후도 온난하며 물도 상당히 좋은 곳이기 때문에 옛날부터 청주의 양조를 시험해보고 소위 조선의 고베 나다(灘) 지방에서 나는 고급 청주로 알려지게 되었다. 또한 감히 나다의 명주보다 더 좋은 맛을 내는 영광스러운 이름으로 조선 청주의 발상지라고 알려지게 되었다."[11] 곧 마산주가 일본 열도에서 청주로 가장 유명한 고베 나다의 것에 버금간다는 말이다.

이와 함께 《조선주조사》에서는 일본 청주를 생산하는 마산의 대표적인 공장을 열 곳이나 소개했다.[12] 그 열 곳의 공장에서 생산된 일본 청주는 일본식 이름을 달고서 판매되었다. 일본어 한자를 한국어로 표기하면 다음과 같다. 정통불정종(井筒不正宗), 빈학(濱鶴), 미생(彌生), 한목단(寒牧丹), 계림(鷄林), 대정앵(大正櫻), 대전정종(大典正宗), 염록(艶錄), 달의 포구(月の浦), 아침의 나다(朝の灘), 앵정길(櫻正吉), 소나무의 색(松の色) 등이다. 이 중 앵정길을 생산했던 쇼와주류주식회사(昭和酒類株式會社)는 앞에서 밝힌 고베의 나다에서 정종을 처음으로 생산했던 야마무라주조(山邑酒造)가 마산에 진출해 세운 계열사였다. 오늘날 한국인들이 일본 청주를 일컫는 정종이란 말도 고베 나다의 야마무라주조의 상표에서 유래했다. 이 주조장의 6대 당주(當主)인 야마무라 타자에몬(山邑太左衛門)이 새로 개발한 청주의 이름을 생각하다가 불교 경전에서 '임제정종(臨濟正宗)'이란 말을 보게 되었다. 그는 정종과 청주의 음독(音讀)이 비슷하다는 데 착안하여 정종을 새로 개발한 청주의 상표로 사용하기 시작했다. 이후 사람들은 청주를 정종의 훈독(訓讀)인 '마사무네'로 불렀다. 메이지시대에 들어와서 야마무라주조에서는 마사무네를 독자적인 상표로 등록하려 했지만, 이미 시중에서 보통명사처럼 쓰는 바람에 등록 허가가 나지 않았다. 그래서 '사쿠라'를 붙여 '사쿠라마사무네(櫻正宗)'로 상표 등록을 할 수밖에 없었다. 식민지 시기에 일본 청주를 즐겨 마시던 한국인들 역시 일본 청주를 '세이슈(淸酒)'라고 부르지 않고 마사무네 혹은 정종이라고 불렀다. 그런 습관이 지금까지도 이어져 한국에서 일본 청주는 여전히 정종이라 불리고 있다.

더 이상 알아주는 이 없는 약주

해방 후 수많은 일본 청주 공장이 모두 적산(敵産)으로 분류되어 미군정을 통해 구입 수속을 밟은 한국인의 손에 넘어갔다. 하지만 일본 청주는 여전히 정종이란 이름으로 인기를 모았다. 1950년대 희석식 소주가 돈 없는 사람이 마시는 저급술이었다면, 정종은 부자들이 마시는 고급술이었다. 가령 1953년 10월 26일의 물가 시세[13]에서 정종 1승(升, 약 1.8039리터)이 370원인 데 비해 소주는 130원이었다. 같은 부피의 정종이 희석식 소주의 3배 값이었다. 하지만 알코올 도수는 정종이 희석식 소주에 비해 훨씬 낮았다. 그런데 같은 청주 계통의 술이었던 한국의 약주는 당시 1승에 80원밖에 하지 않았다. 정종 가격의 5분의 1을 조금 넘는 가격으로, 그만큼 인기도 없고 술맛도 엉망이었다.

해방 후에도 약주는 이름뿐, 제대로 된 약주는 가정에서 밀주(密酒)를 담그지 않는 한 맛보기 어려웠다. 특히 1962년 박정희 정부는 밥으로 먹을 쌀도 부족한 상황에서 쌀로 술을 담그는 것을 못마땅하게 여겼다. 결국 그해 12월 4일 재무부에서 약주의 원료로 쌀 대신 잡곡을 40% 이상 사용할 것을 행정조치로 발표했다. 1965년에는 이 정책을 더욱 강화해 8월 4일 농림부에서 약주에 쌀이나 잡곡의 사용을 절대 금하고 고구마 전분만을 쓰도록 입법조치를 취했다. 이미 증류주가 사라지고 고구마 전분으로 만든 희석식 소주가 술상을 점령한 상태에서 이러한 조치는 약주의 존재 가치마저도 없애버리는 결과를 낳았다.

하지만 그러한 상황에서도 정종은 살아남았다. 전국 30여 곳의 공장에서 술이 생산될 정도로 성황을 이루었다. 이는 식민지 시기에 견줄 만했다. 그러자 박정희 정부는 세금을 더욱 효과적으로 거둘 방법을 고안하기 시작했다. 대한민국 정부 수립 이후에도 식민지 시기 조선총독부의 주세법은 크게 바뀌지 않았는데, 1967년 초부터 국세청에서 세제 개혁 방안의 하나로 주세법 개정 준비에 착수했다. 당시 술은 양을 기준으로 세금을 매기는 종량세(從量稅)를 따르고 있었다. 그런데 술 종류마다 가격 차이가 많이 나자, 국세청에서는 가격을 기준으로 세금을 매기는 종가세(從價稅)가 훨씬 유리하다는 판단을 했다. 결국 정종과 맥주, 그리고 희석식 소주 등의 주세는 1968년부터 종가세로 바뀌었다.[14] 하지만 값도 싸고 술도가도 많았던 약주와 탁주, 그리고 정부가 직접 관리했던 희석식 소주의 주정(酒精)은 종가세에서 제외되었다.

종량세에서 종가세로의 주세법 개정은 그 파장이 만만치 않았다. 정종의 경우, 납세필증을 대규모로 위조해 유통하다가 적발되는 사건이 1968년 한 해 동안 매일같이 일어났다. 주세가 오르자 당연히 가격도 올랐다. 비싼 가격을 치르고 정종을 마시던 사람들이 점차 희석식 소주로 입맛을 돌렸다. 그러자 몇몇 대표적인 정종회사는 도산에 이르렀다. 그중 가장 대표적인 사건이 바로 보해산업의 도산이었다.[15]

1960년대 한국의 대표적인 정종으로 삼학대왕표(三鶴大王票)·수복표백화(壽福票白花)·금천표보해(金泉票寶海) 등이 있었다. 이들 3대 정종은 특급 청주로 분류되어 각각 특이한 맛과 그윽한 주향으로 이름나 있었다. 그중 금천표를 생산하던 보해산업이 1968년 3월 도산했다. 연간 3억 300만 원이라는 거액의 주세를 내던 보해산업이 도산한 가장 큰 이유는 정종 때문이 아니라 주정 공장 경영난 때문이었다. 보해산업은 원래 1940년대 초반 목포에 일본인이 설립한 정종 공장이었다. 해방 이후 김길성(金吉星)이 적산을 구입했다가 다시 임광행(林廣幸)의 손에 넘어가 운영되었다. 하지만 순천의 주정 공장이 어려움을 겪으면서 도산 위기에 빠졌다. 그 후 1976년 12월까지 8년 8개월의 법정관리 동안 경영 정상화를 위해 노력한 결과, 현재도 이 회사는 지속되고 있다.

보해산업과 함께 목포를 근거지로 삼학대왕표를 생산하던 삼학산업도 1970년에 도산했다. 그 이면에는 정치적인 영향도 있어, 지금도 목포 사람들은 전라남도에 대한 박정희 정부의 정치적 압박으로 삼학산업이 도산에 처했다는 생각을 하고 있다. 주세는 정부의 보이지 않는 큰돈이었기 때문에 더욱 그러하다.

    반면, 약주는 주세 수입이 미약했던 탓에 정부의 관심 밖에 있었다. 1965년 약주를 쌀로 빚지 못하도록 한 입법조치 이후 12년이 지난 1977년, 다시 쌀로 빚은 약주가 시장에 나왔다. 하지만 사람들의 입맛은 약주를 잊어버린 지 오래였다. 한 양조장의 고집스런 노력 끝에 1988년 서울올림픽 이후 민속주란 이름으로 다시 약주가 우리 앞에 나타났다. 그중 '백세주'라는 술은 이름 그대로 약주의 장점을 담아낸 술이었다. 하지만 이미 변해버린 한국인의 입맛은 약주를 온전히 받아들이기에는 무리였던 모양이다. 주당들은 약주에 희석식 소주를 타서 달콤한 맛을 상쇄시키고 대신에 독한 맛을 더했다. 이름도 '오십세주'라 고쳐 불렀다. 이 술이 유행하자 급기야 백세주를 생산하던 명문 술도가에서도 '오십세주'를 만들 수 있는 병을 식당이나 술집에 제공하는 지경에 이르렀다. 간사해진 사람들의 입맛은 결코 100년 전으로 돌아갈 수 없었다. 값싸고 독한 희석식 소주에 길들여진 결과이기도 했지만, 일본 청주 정종이 만들어낸 결과이기도 했다.

8

명란이 후쿠오카로 간 사연

　　1922년 10월 1일 경성의 장곡천공회당(長谷川公會堂)에서 경성상공회 주최로 조선식량품 품평회가 개최되었다. 그날 《매일신보》에서는 '물가 조절 문제가 고조된 작금(昨今) 식량품평회 개최'라는 제목을 붙여 이 내용을 보도했다. 그러면서 "값싸고 간이한 생활을 하려거든 반드시 한번 구경할 일"이라고 강조했다. 특히 이 품평회 관람은 일반인에게도 필요하지만 부인에 대해서는 가장 간절하다고 썼다.[1] 식량이니 당연히 음식이 중심이 된 전시회였다. 전시장은 일본·조선·중국·서양으로 나뉘었으며, 심사위원에 의한 품평회도 진행되었다.

　　이 품평회에서 우수상은 모두 일본인이 운영하는 업체에게 돌아갔다. 하지만 1등상에는 조선인 개인 수상자 한 명과 업체 한 곳이 포함되었다. 개인 수상자는 조선 소주를 출품한 고양의 신태영(申泰榮)이었고, 업체는 조선 과자를 출품한 경성의 식도원이었다. 그런데 재미난 사실은 안순환의 이름으로 토장(土醬)과 명란(明卵)이 3등상을 차지했다는 점이다. 앞에서도 소개했듯이 안순환은 조선요리옥 황토현 명월관의 설립자이고, 당시에는 식도원의 주인이었다. 조선된장인 토장은 조선요리옥에서 마지막에 간단한 식사로 밥과 함께 낸 국이었을 것이고, 명태 알로 만든 명란은 반찬이었을 것이다. 혹시 토장과 명란이 식도원의 간판 메뉴였기에 이렇게 품평회에 출품한 것은 아닐까? 특히 명란은 재조 일본인들 사이에서도 인기가 높은 음식이어서 품평회에서 더욱 관심을 끌었을 것이다.

겨울에 먹던 명란젓

명태의 알을 명란이라 부르고, 그것으로 담근 젓갈을 명란젓이라 부른다. 이규경은 《오주연문장전산고·북어변증설(北魚辨證說)》에서 19세기 초반 명태의 사정을 자세히 들려준다.

> 우리나라 동북해 중에 있는 생선이다. 생김이 좁고 길어 한 척 정도이다. 입이 크고 비늘이 거의 없다. 맑은 검붉은 색이다. 머리에는 호박처럼 타원형의 뼈가 있다. 배에는 알이 있는데, 작고 가늘면서 차지다. 또 살은 양의 기름이나 돼지의 등심고기와 비슷하다. 그래서 고지미(膏脂美)라고 부르기도 한다. 그 이름은 북어(北魚)이고, 민간에서는 명태(明太)라고 부른다. 봄에 잡히는 것은 춘태(春太)라고 일컫고, 겨울에 잡는 것은 동태(冬太)라고 일컫는다. 동짓달에 시장에 나오는 것은 동명태(凍明太)라고 부른다. 젓갈로 담근 난해(卵醢)는 명란이라 일컫는다. 생것의 고기는 질이 거칠지만 맛은 담박하다. 말리면 포가 된다. 한군데 몰려 있어 한 마리를 잡으면 수십 마

리가 따라와서 사방이 가득 찬다. 매일같이 밥반찬으로 쓰인다. 여항(閭巷)의 가난한 백성들은 신령에게 제사를 모실 때 말린 것으로 중요한 제수로 삼는다. 가난한 선비의 집에서도 제사 때 올려야 하는 각종 고기 제물을 이것으로 대신한다. 그러니 값은 싼 데 비해 귀하게 쓰인다. 단지 먹을 줄 알 뿐 그 이름을 모르니 과연 옳겠는가![2]

이로 미루어 명태는 19세기 한반도에서 가장 널리 식용된 생선 가운데 하나였음을 알 수 있다. 하지만 명란은 명태만큼 널리 퍼지지는 못했다. 숭어·연어·민어 따위의 알을 알주머니째 빼내어 소금에 절여 햇볕에 반쯤 말린 어란(魚卵)은 장기간 상온에서 보관이 가능하다. 이에 비해 명란은 소금에 절여 삭혀서 먹는데, 알집이 단단하지 않아 겨울이 아니면 상온에서 쉽게 썩어버린다. 그런 탓에 예전에는 겨울에만 함경도에서 남쪽으로 유통되었다. 1910년 1월 29일자 《황성신문》 기사에 의하면, 1909년 1년 동안 함경도에서 부산항으로 유입된 명란은 720원 규모였다.

1936년판 방신영의 《조선요리제법》에서는 '명란젓'을 소개하며, 요즘처럼 명란젓을 그대로 먹는 법과 끓이거나 쪄서 먹는 법을 함께 적어두었다.

겨울에 먹는 것이니 북어알로 만든 것이라 날로도 먹고 쪄서도 먹나니 찌개 하는 법은 명란을 오 푼 길이씩 되게 잘라서 그릇에 담고 파를 채 처 얹고 고추를 약간 썰어 넣고 물을 적당히 친 후에 끓이든지 찌든지 해서 먹는 것이요 생으로 먹는 것은 명란을 도마에 놓고 잘 드는 칼로 오 푼 길이로 잘라서(다른 것을 써는 것과 같이 썰지 말고 칼로 툭툭 쳐서 자르라) 접시에 담아놓고 움파를 한 치 길이로 잘라서 채 쳐서 접시 한옆에 곁들여놓고 초를 조금 쳐서 상에 놓는 것이니라.³

제국으로 건너간 명란

1914년 9월 16일 경성과 원산 사이에 경원선이 개통되면서 명란 유통망은 새로운 전기를 맞이했다. 경원선 철로의 완공과 함께 공사가 시작된 원산―청진 간 함경선이 점차 북으로 이어지면서 경성에서 발행되는 신문 기사에 명란이라는 이름이 자주 등장했다. 원산을 비롯하여 함경도의 주요 어항에 진출한 일본인들은 조선인이 명태를 매우 즐겨 먹는다는 사실을 알고 발동선으로 싹쓸이를 하기 시작했다. 원래 조선인 어부들은 걸그물이라 불리는 자망(刺網)으로 명태를 잡았다. 자망 어법은 옆으로 기다란 사각형의 그물을 명태 어군이 지나는 통로에 수직으로 펼쳐서 그물코에 꽂히게 하여 잡는 방법이다. 그런데 이러한 방법으로는 일본인들의 발동선을 이용한 수조망(手繰網) 어법을 감당하기 어려웠다. 수조망 어법은 그물로 명태 어군을 빙 둘러서 해당 구역 내의 명태를 휩쓸어 잡는 방법으로, 말 그대로 싹쓸이가 가능했다.

일본인의 발동선과 수조망은 명태잡이에서 절대적인 우위를 차지했다. 가령 1930년 함경남도 어항에서 모두 24척의 발동선이 가동되었는데, 그중 21척이 일본인 소유였다. 일본인 소유의 발동선은 명태의 치어마저도 가리지 않고 모두 잡아들였다. 결국 함경도의 주요 어항에서 활동하던 조선인 어민들의 불만이 고조되었다. 1930년 3월 4일자 《동아일보》에서는 '함남의 명태어'를 다루면서 이 문제를 들고

식민지 시기 명태 덕장. 해안가에 덕장을 바로 설치하여 어획한 명태를 말렸다. 하지만 명란은 소금에 절여서 고춧가루를 혼합하여 만들었다.

나왔다. 또한 같은 신문 1931년 3월 8일자에서는 함남의 중부 해안에 있는 홍원군(洪原郡) 유지들이 '밀어 발동선 횡행' 문제를 지방 여론으로 당국에 청하는 기사가 게재되었다.

명란의 개량 문제는 특히 심각했다. 이미 일본인에 의해서 명태의 가공은 물론이고 명란마저도 통조림으로 가공되어 일본 열도를 비롯해 타이완과 만주로까지 수출될 정도로 성업했다. 이로 인해 조선인 무역상들은 걱정이 태산 같았다. 좌담회에 참석한 대무역상(大貿易商) 정종성(鄭鍾性)은 "명란에 있어서는 그것이 수출하게 된 것은 지금부터 불과 사오 년 전 이후의 일인데 대개 일본과 대만에서 많이 수요합니다. 이것도 외인(外人)의 가공품보다는 품질이 양호치 못하야 판매 가격에 있어서 조선 사람의 조제 명란은 약 이 할인(割引)이 된다고 합니다. 그러나 지대상(地帶上)으로 보아서는 우리는 가공품 제조에 대하여 장소와 기후가 매우 적당하여 썩 발전될 여지가 많다고 생각합니다"⁴라는 의견을 피력했다.

1920~30년대 홍원군의 삼호(三湖)는 전국에서 명태 어획량이 가장 많은 어항이었다. 1933년 8월 25일 '삼호마루보시(대표 지표준)'라는 운송점 주최로 명태자(明太子), 곧 명란 문제 협의회를 결성하여 면장 등 유지들과 어민들이 대책을 논의하기에 이르렀다. 그들은 조선운송주식회사와 조선총독부 철도국에 명란 운임 인하를 요청하기로 결의하고 아울러 명란 제조를 개량하는 방법에 대해 논의했다.⁵ 자세한 개량 방법이 나오지는 않지만, 명란을 씻어 물기를 뺀 다음에 소금에 절여 고춧가루를 겉에 바르는 방법이 아니었을까 추정해본다.

오늘날 일본인들은 명란을 '가라시멘타이코(辛子明太子)'라고 부른다. 여기에서 '가라시(辛子)'는 고추를 가리킨다. 명란 덩어리 겉에 고춧가루를 발랐기 때문에 생긴 이름이다. 이러한 명란 조리법은 19세기 이전에도 있었을 것이라 여겨진다. 다만 1908년 후쿠시마(福島) 출신 히구치 이즈하(樋口伊都羽, 1872~1956)가 부산에서 명란을 제조해 시모노세키로 보내면서 이 제조 방법이 퍼진 것 같다. 1920년대 중반부터 해방 이전까지 부산에 있던 히구치 상점은 상당히 번창했다고 한다. 하지만 오늘날 일본 열도에서 가라시멘타이코는 후쿠오카(福岡)의 하카타(博多)가 명산지로 알려져 있다. 하카타 명란의 유래에 대해서는 여러 가지 주장이 있지만, 가와하라 도시오(川原俊夫, 1913~1980)가 1949년 1월 10일부터 하카타에서 '맛있는 명란(味の明太子)'이란 상표로 명란을 판매한 것은 분명한 사실이다.

아마도 식민지 시기부터 이루어진 부산과 후쿠오카 사이의 인적

교류가 한국어 명란의 일본식 표현인 '멘타이코(明太子)'를 유지시킨 힘이 되었을 것이다. 가와하라 도시오가 판매한 '맛있는 명란'은 1970년대 중반 이후 후쿠오카는 물론이고 일본 열도 전역에서 대단한 환영을 받았다. 이 때문에 오늘날 많은 일본인들이 명란젓을 후쿠오카의 오래된 '향토 음식'으로 알고 있다. 하지만 일본의 멘타이코는 식민지 조선에서 제국 일본으로 건너간 음식이다. 그동안 식민지를 경영하면서 제국의 음식을 식민지에 퍼뜨렸다는 주장이 주류를 이루었다. 하지만 제국 사람들이 식민지에서 관리자나 자본가, 혹은 노동자로 생활하면서 경험한 식민지 음식이 식민 지배관계가 해체된 이후에 오히려 식민지에서 제국으로 이동하는 사례도 있다. 인도의 커리가 그러하고,[6] 조선의 멘타이코가 그러하다.

한·중·일 3국의 합작품, 당면잡채

요사이 한국인은 잡채 하면 당면이 들어간 음식을 떠올리게 마련이다. 하지만 조선시대 조리서에 소개된 잡채는 그 면모가 지금과는 확연히 달랐다. 장계향이 쓴 《음식디미방》의 잡채 조리법을 보면 그러한 사실을 알 수 있다.

"외채〔오이채〕·무우·댓무우〔무의 한 종류〕·진이〔참버섯〕·성이〔석이버섯〕·표고·송이·녹두기름〔숙주나물〕으란 생으로 하고, 도랏〔도라지〕·게묵〔거여목〕·건박고자기〔마른 박고지〕·나이〔냉이〕·미나리·파·둘홉〔두릅〕·고사리·쇠엄초〔승검초〕·동화〔동아〕·가지와 생치〔날꿩고기〕 삶아 실실이 찢어놓으라. 생강 없거든 건강〔말린 생강〕·초강〔식초에 절인 생강〕·호초·참기름·전지령〔진간장〕·진가루〔밀가루〕·각색 것을 가늘게 한 치씩 썰어라. 각각 기름지령〔기름간장〕으로 볶아 혹 교합〔攪合, 섞어 합함〕하고 혹 분리하여 임의로 하야 큰 대접에 놓고 즙을 뿌리되 적중히〔알맞게〕 하여 위에 천초·호초·생강을 뿌려라. 즙이란 생치 다져

하고, 건장(된장) 걸러 삼삼이 하고, 참기름과 진말(밀가루) 넣되 국 맛이 맞거든 진말국(밀가루국)에 타 한소끔 끓여라. 즙을 걸게 말라. 동아도 생적긔(날 것) 물에 잠깐 솟가하되(데치되), 빛을 우리려거든 도랏과 맨드라미 붉은 물 들여 하고, 없거든 머루물을 들이면 붉나리라. 이것이 부디 각색 것을 다 하란 말이 아니니 수소득(구할 수 있는 것) 하여 있는 양으로 하라."[1]

19세기 말에 집필된 것으로 보이는 한글 필사본 조리서 《규곤요람·음식록》에도 한자로 '잡채법(雜采法)'이라 적고 조리법을 다음과 같이 썼다. "잡채라 : 숙주나물 거두절미하고 미나리를 숙주 길이만큼 썰고 곤자손이(소 대장의 골반 안에 있는 창자의 끝부분)와 양(소의 위) 삶아 그와 같이 채 치고 파 데쳐서 채 치고 한데 갖은 고명하는데 육회 채 썰어 한데 볶아서 각 등물을 모두 한데 섞어 무쳐 계란 부쳐 가늘게 채 쳐서 위에다 뿌리고 잣가루 뿌리고 겨자에 무치느니라."[2]

《음식디미방》에서는 온갖 재료를 밀가루로 만든 즙에 무친 뒤 붉은색을 들였다. 이에 비해 《규곤요람·음식록》에서는 갖은 재료를 볶은 다음에 겨자즙으로 무쳤다. 두 책에 나온 잡채는 재료나 맛이 확연히 다르다. 또한 오늘날 우리가 먹고 있는 잡채와도 많이 다르다. 특히 당면이 들어간 잡채는 결코 조선시대 조리서에 나오지 않는다. 그러니 우리가 먹고 있는 잡채를 '당면잡채'라고 부르는 것이 마땅하지 않을까? 당면잡채에는 또 어떤 사연이 담겨 있을까?

재래지나제 당면

당면은 이름만으로도 중국이 원산지임을 알 수 있는 음식이다.

그렇다고 당나라 때의 음식은 아니다. 만주족이 아닌 한족의 음식이라는 의미에서 '호(胡)'가 아니라 '당(唐)'이 붙었다. 한국인의 입장에서는 당면이라 부르지만 중국인의 입장에서는 결코 당면이 아니다. 중국에서는 예나 지금이나 당면을 '펀탸오(粉條)' 혹은 '펀쓰(粉絲)'라고 부른다. 당면은 고구마나 감자의 전분, 곧 녹말로 만든다. 먼저 녹말을 조금 덜어내 뜨거운 물을 부어 풀처럼 반죽한 뒤, 다시 나머지 녹말을 부어 젓다가 40°C 정도의 물을 더 붓고 치댄다. 이 반죽을 국수틀에 넣고 눌러서 가락이 나오면 바로 뜨거운 물이 담긴 솥에 넣었다가 건져 식힌 뒤 햇볕에 말리면 펀탸오, 곧 당면이 만들어진다.

펀탸오가 조선으로 들어온 시기는 19세기 말이었다. 조선으로 이주해온 중국인들이 펀탸오를 퍼뜨렸고, 조선 사람들은 그것을 당면이라고 불렀다. 1900년대 들어 근대적 도시가 형성되면서 거리에 만두나 호떡을 파는 소규모 중국 식당이 문을 열었다. 1909년 서울 수표교와 남대문 근처에서는 그 이름도 찬란한 아서원(雅敍園)·금곡원(金谷園)·대관원(大觀園)·사해루(四海樓) 같은 간판을 내건 대규모 중국요리옥이 성업했다. 서울뿐 아니라, 지방 도회지에서도 중국요리옥은 시가지 중심에 자리를 잡고 영업했다. 이곳을 찾는 조선인 손님들이 즐겨 먹었던 메뉴는 주로 탕수육·양장피·잡채, 그리고 '배갈'로 불렀던 고량주였다.

1923년 10월 28일자 《동아일보》 3면에는 '우리 손으로 제조하는 재래지나제(在來支那製) 당면(唐麵)·분탕(粉湯)·호면(胡麵)'에 대한 광고가 실렸다. 당면은 일등(一等)이 100근(斤)에 27원, 분탕은 이등(二等)이 100근에 25원, 그리고 호면은 평양에서 만든 것이 100근에 24원이라고 한다. 또 편율(片栗)은 "홋카이도산을 진남포 인천항으로 직

수입하야 염가 제공하오니 1차 시문(試問)하여 보시오"라고 적었다. 여기서 편율은 일본어로 가타쿠리코(かた-くりこ)라 부르는 편율분(片栗粉)의 줄임말로 녹말가루 혹은 감자가루인 전분을 가리킨다. 이 광고를 낸 업체는 경의선(京義線) 사리원역 앞에 있던 광흥공창제면부(廣興工廠製麵部)였다. 평양에 있는 삼정정미소(三精精米所)를 대리점이라고 별도로 표기해둔 것으로 보아, 광흥공창은 생산 공장인 것으로 보인다.3 광흥공창의 당면 광고는 그 후 11월 5일, 그리고 다음 해인 1924년과 1925년에도 같은 신문에 서너 차례 더 실렸다.

1939년 5월 23일자 《매일신보》의 사리원 특집면을 보면 이 광흥공창의 사장이 양재하(楊在河)라는 인물임을 알 수 있다. 기사 제목은 '당면 제조의 원조, 상업학교 기지(校基) 만 평 희사(喜捨) 광흥공창 양재하 씨'이다. 기사 전문을 한번 보자.

> 사리원 특산물로 유명한 당면 제조업계의 원조요 일반 사회의 신망과 기대를 한 몸에 지니고 있는 씨(氏)의 존재야말로 너무나 유명하다. 전일(前日) 각 신문지상에도 보도된 바 있지만 사리원상업학교 설치에 기지 1만 평(시가 10만 원)의 토지를 쾌척(快擲)한 것을 비롯하여 씨가 현 읍회(邑會) 의원으로 각 방면에 무언역행(無言力行)의 공적이야말로 매거(枚擧)할 수 없다. 무릇 일을 경영함에 있어 그 수완이 비범함과 설계의 정확함은 가위 초인적이어서 일반 세인(世人)들은 기(其) 천재적 섬광(閃光)에 일종의 질투까지를 느끼게 한다. 이렇듯 씨는 대사업가로의 풍도(風度)를 갖추고 있고 씨는 청년 후대에 만지(滿支)〔만주와 중국〕를 만유(漫遊)하고 돌아와 무엇이나 우리의 손으로 못 만들 것이 없다는 굳은 결심 밑에 현재 광흥공창이라는 당

면 공장을 20여 년 전에 설립하고 종업원이 120명에 연 매상고(賣上高)가 23만 원에 달한다고 한다. 이 밖에 씨가 관여하고 있는 대소(大小) 사업은 일일이 매거하기에 겨를 이 없을 정도이며 씨는 사리원시 내외에 많은 토지를 소유하고 있는데 사리원 발전을 위하여는 어떠한 것이라도 아끼지 않겠다는 금도(襟度)를 보이고 있어 사리원에는 없지 못할 지보(至寶)요 명실공히 유지(有志)이다.[4]

이 기사에 의하면, 양재하는 사리원에서 당면을 제조한 원조이다. 그는 청년 시절에 만주와 중국을 돌아다니면서 돈이 될 상품을 조사했고, 사리원으로 돌아와서 가장 장사가 잘될 것으로 판단한 당면·분탕·호면, 그리고 전분을 생산하는 공장을 광흥공창이라는 이름으로 20여 년 전에 설립했다. 이로 미루어보아 양재하는 1910년대 말에 사리원에 광흥공창을 세운 것으로 추정된다. 여러 가지 제품이 나왔지만, 광흥공창의 주력 상품은 당면이었다.

양재하는 평안도 일대에서 성업 중이던 중국요리옥에서 가장 많이 팔리는 잡채에 주목한 듯하다. 중국인들이 제조하던 재래식 당면을 조선인인 그가 생산한 것도 조선인 손님들이 당면이 들어간 잡채를 주로 먹었기 때문일 가능성이 크다. 1920년대가 되자 전국 각지에 당면 공장이 들어섰다. 당시 경성만 해도 중국요리옥이 200군데가 넘었으니 조선인의 당면 소비량이 대단했을 것이다. 1922년에 열린 조선식량품 품평회에서는 조선장유·조선소주·약주와 함께 부천의 이계현(李啓賢)이 출품한 당면이 조선인 수상자 명단에 올랐다. 이처럼 당면은 더 이상 재조 중국인이 아닌 조선인이 만드는 품목이 되었다. 그런데 여름 장마가 시작되면 당면을 생산하기 어려웠다. 1924년 5월

9일자《동아일보》에 광흥공창이 그러한 사정을 예고하는 광고를 실었다. "당면 제조는 시기가 유(有)하야 매년 임우기(霖雨期)에는 2개월간 휴업함으로 품절될 터이오니 예(預)히 즉속(卽速) 주문(注文) 적치(積置)하시와 하절 상품을 준비하시옵"[5]이라고 적었다. 이 광고를 통해서 당면 소비가 계절을 가리지 않고 이루어졌음을 알 수 있다.

양조간장으로 간을 맞춘 당면잡채

방신영의 1921년판《조리요리제법》에서는 잡채를 나물의 한 종류로 분류하면서 사철음식이라고 적었다. "도라지·미나리·황화채·제육〔저육豬肉〕·표고·버섯을 채 쳐 담고 파를 이겨 넣은 후 간장과 기름과 깨소금·후춧가루를 쳐서 한참 섞어가지고 기름에 볶아내어 당면을 물에 불려 삶아가지고 썰어서 다 함께 담고 잘 섞어서 접시에 소복이 담은 후 알고명 채 치고 표고·석이버섯을 물려서 실과 같이 잘게 채 쳐 기름에 볶아가지고 맨 위에 뿌리고 또 잣가루를 그 위에 뿌리느니라"[6]고 했다.《조선요리제법》의 이와 같은 언급은 이제 당면이 들어간 잡채가 조선 음식으로 받아들여졌음을 알려준다.

그로부터 9년이 지난 1930년 3월 6일자《동아일보》에 경성의 동덕여고보 가정과 교사인 송금선(宋今璇)이 매우 구체적인 잡채 조리법을 소개했다.

(가) 도라지를 하루쯤 물에 담가 불려서 잘게 찢어 참기름에 볶아 놓을 것(도라지는 불린 후에 소금 치고 잘 주물러 씻는 것이 좋습니다)
(나) 미나리를 칠 푼 길이씩 썰어 소금에 잠깐 절였다가 기름에 볶

아놓을 것

(다) 고기와 제육(살코기만 써도 좋습니다)을 잘게 썰어 약념(기름·깨 소금·호초가루·파·마늘·사탕)하여 볶을 것

(라) 표고와 버섯, 황화채를 물에 불려 칠 푼 길이씩 잘라 채를 쳐서 기름에 볶을 것

(마) 목이는 물에 불려 손으로 뜯어 기름에 볶을 것

(바) 석이는 더운 물에 불려 머리카락같이 가늘게 썰어놓을 것

(사) 당면은 물에 불려 풀어지지 않게 살짝 데쳐 건져놓을 것

(아) 계란은 황백을 갈라 얇게 부쳐 실고초처럼 가늘게 썰어놓을 것

(자) 파를 채 쳐놓을 것(움파를 데쳐 많이 쳐도 좋습니다)

이상에 준비가 다 되었으면 조그만 그릇에 아까 볶아놓은 도라지·미나리·목이·황화채·표고·파·버섯·당면·고기 등을 한데 넣고 갖은 양념(기름·깨소금·호초가루)를 알마치 넣고 맛 좋은 간장(이것은 일본장하고 반씩 섞어도 좋고 일본장만도 맛이 관계찮습니다. 모든 음식이 다 그렇지만 더구나 나물에는 장맛이 나쁘면 아무리 좋은 재료를 써도 맛이 나지 않습니다. 일본장도 상하 여러 질이 있으니 극상이 좋은 것은 물론입니다)을 간 맞춰 잘 한데 섞어 접시에 보기 좋게 얌전히 담아놓고, 알(계란) 고명 황백과 석이·실고초·실백을 색 맞춰 위에 얹어놓습니다. 이것을 먹을 때에는 겨자나 초장을 찍어야 합니다.[7]

송금선의 잡채 조리법 역시 방신영의 것과 마찬가지로 당면이 들어갔다. 특히 잡채의 간을 맞추는 부분에서 방신영은 단지 간장이라고 적은 데 비해, 송금선은 일본장이라고 적었다. 여기에서 일본장은 곧 일본간장을 가리킨다. 송금선은 여러 가지 재료에 양념을 한 다음

에 조선간장과 일본간장을 반반씩 하여 간을 맞추든지, 아니면 일본간장만으로 간을 맞추면 좋다고 했다. 조선간장과 일본간장은 맛이 다르다. 보통 '왜간장'이라고도 불렸던 일본간장은 메이지유신 이후 끊임없는 개량 끝에 나온 것이었다.

본래 메이지유신을 성공시킨 주도 세력은 재래의 음식에 대해서 별로 관심이 없었다. 유럽화를 목표로 했던 신지식인들 중에는 일본 된장국인 미소시루(味噌汁)를 폐지시켜야 한다는 생각을 가진 이도 적지 않았다. 그런데 1878년 여름 일본 내무성 위생국에서 미소(味噌)·두부·유바(ゆば, 두유를 가열할 때 두유 표면에 생기는 응고된 막)를 분석해 단백질이 많이 함유된 우수한 식품이라고 소개했다.[8] 이 일이 계기가 되어 미소 제조법이 새로 개발됨은 물론이고 대규모 공장제 생산이 도모되기 시작했다. 미소와 함께 일본의 가장 오래된 조미료인 간장(쇼유醬油)은 이미 에도시대부터 특정 지역에서 대량 생산되고 있었다. 1661년 지금의 지바현(千葉縣) 노다시(野田市)에서 다카나시 효우자에몬(高梨兵左衛門)이 쇼유 생산을 전문적으로 하기 시작하면서 노다 지역에는 모기 사헤이지(茂木佐平治)를 비롯하여 여러 개의 공장이 운영되고 있었다. 메이지유신 이후 노다 지역의 쇼유 공장들은 미소의 대량 생산 체제에 영향을 받아 근대적 생산에 박차를 가했다. 하지만 그들의 생산 방식은 여전히 재래의 생산 방식에 기반을 둔 것이었다. 1882년 이후 메이지 정부는 쇼유에 대한 과학적 연구를 적극적으로 지원했다. 그 결과 온도 조절을 통해 황국(黃麴) 미생물을 배양하는 방식이 도입되면서, 공장마다 단일한 맛을 유지할 수 있게 되었다. 또 석탄으로 불을 때서 강제로 온도를 높여 발효 시간도 단축시켰다.

1904년경 서울에 거주하는 일본인이 5,000명이 넘을 정도로 많아지자 자연스럽게 일본간장 공장이 서울 청파동에 들어섰다. 다카미 쇼유양조장(高見醬油釀造場)이 바로 그것이다. 하지만 양조간장인 일본간장은 처음에는 조선인들에게는 그리 인기를 끌지 못했다. 조선간장과는 맛이 너무 달랐기 때문이다. 아마도 1921년에 방신영이 제시한 잡채 조리법에 들어간 간장은 조선간장이었을 가능성이 크다.

한편, 노다 지역의 쇼유 공장들은 제1차 세계대전 후 경제 호황에 힘입어 1917년에 간장 생산을 완전히 공업화하는 데 성공했다. 이를 계기로 노다 지역의 8군데 쇼유 공장은 서로 합동하여 노다쇼유주식회사(野田醬油株式會社)를 설립했다. 이 회사에서는 당초 모기 사에 이찌 집안에서 사용하던 '깃코만(龜甲萬)'이란 상표를 공동으로 사용하여, 후에 깃코만주식회사가 되었다. 이러한 흐름을 타고 1910년대 후반 이후에는 일본 열도 각지에서 대량 생산 체제를 갖춘 간장 공장이 설립되었다. 이로부터 양조간장은 일본 음식의 맛을 좌지우지하기 시작했다. 하지만 대량 생산으로 대두 수요가 급증하면서 공급 문제가 발생했다. 잇따라 대두 가격도 비싸져 양조간장의 제조 원가는 가파르게 상승했다. 이 문제를 해결하는 과정에서 아미노산 간장이 개발되었다. 아미노산 간장은 콩가루·콩깻묵·땅콩깻묵·간장비지·밀 등 단백질 원료를 염산으로 가수분해하여 가성소다나 탄산소다로 중화시켜 얻은 아미노산에 소금으로 간을 맞추고 재래식 간장의 색과 맛, 향기를 내는 화학약품을 첨가하여 만들어졌다. 일본간장이 조선간장에 비해 덜 짜면서 단맛이 강한 이유가 여기에 있다. 그러니 일본간장을 쓴 송금선의 잡채는 방신영의 잡채에 비해 맛이 달았을 것이다.

송금선 방식의 잡채는 1930년대 이후 중국식 잡채와 함께 점차 대중화의 길을 걷기 시작했다. 1937년 경성여자사범학교 가사연구회

(家事硏究會)에서 펴낸 《할팽연구(割烹硏究)》에도 조선 음식으로 당면이 들어간 잡채 조리법이 소개되어 있다.[9] 재료 중에 당면이 있을 뿐 아니라, 조리법 또한 송금선 방식의 잡채이다. 나는 이것을 그냥 잡채라고 부르지 않고 '당면'잡채라고 부른다. 이처럼 당면잡채는 조선의 가사과학 교육의 내용을 담고 있는 《할팽연구》에 신선로와 미나리강회, 그리고 장조림 등과 함께 조선 요리로 소개될 정도로 이미 조선 음식으로서 확고한 지위를 차지하고 있었던 것이다. 더욱이 1937년 7월 7일에 발발한 중일전쟁으로 인해 조선에 살던 3만 명이 넘는 중국인들이 대거 귀국하면서 경성에 있던 중국요리옥이 대부분 문을 닫았다. 당시 경성에는 중국요리옥이 292곳 넘게 있었는데, 그중 237곳이 문을 닫고 겨우 55개소 남짓 남았다. 그 바람에 당면잡채는 가정에서 만들어 먹어야 하는 음식이 되었다.

해방 이후 당면잡채는 한정식을 판매하는 식당은 물론이고 심지어 분식점에서도 중요한 메뉴가 되었다. 1976년 출판된 황혜성(黃慧性, 1920~2006)의 《한국요리백과사전》에서는 잡채를 궁중음식 중에서 숙채로 다루었다.[10] 당연히 당면이 들어간 잡채였다. 쇠고기·양파·당근·오이·도라지·숙주·송이·표고·목이·석이·당면 등의 재료에 양조간장·설탕·깨소금·참기름·후춧가루 등으로 양념을 하여 무치는 방식으로 만들었다. 결국 무치는 방식의 당면잡채가 1970년대에 한국 음식으로서 시민권을 얻게 된 것이다. 1930년대 이래 지금까지 생일·돌·회갑과 같은 잔칫상에 빠지지 않고 오르는 당면잡채는 20세기 전반기 제국 일본에 편입되었던 중국의 동북 지역과 한반도에 살았던 조선인·중국인·일본인의 합작품이다.

요리옥 사람들, 기생과 보이

기생 출신 이난향(李蘭香)은 자신이 경험한 1910년대 명월관의 모습을 다음과 같이 적었다.

"매일 밤 명월관에 가보면 현관에 기생들의 신발이 그득히 있었다. 그때 기생들은 가죽 위에 비단을 입힌 비단신을 신었는데 무늬가 곱고 색깔이 여러 가지였다. 명월관 '보이'들은 기생들이 신고 온 신발을 서방님이 있는 유부기와 서방님이 없는 무부기별로 구별하여 현관에 나란히 갈라놓아 들어오는 손님에게 손님이 어느 정도 왔으며 누가 왔는지 대강 짐작하게끔 했다."[1]

이렇게 요리점에 불려온 기생은 시간을 기준으로 돈을 받았다. 다시 이난향의 이야기를 들어보자. "요릿집이나 개인집에서 연석이 벌어지는 사랑놀음에 갔다 올 때는 시간에 따라 돈을 받게 되었다. 어떤 요릿집에서는 2시간 반이면 3시간으로 넉넉히 시간을 잡아주는 후한 곳도 있었지만 2시간으로 우수리를 떼는 곳도 있었다."[2] 그렇다고 요릿집에 불려간 기생이 그 자리에서 직접 돈을 받은 것은 아니었다. "기생은 시간을 적은 전표를 점잖게 들고 와 권번에 맡기면 권번에선 돈을 찾아오는 번거로운 방식이었지만 이것이 기생의 체통을 살리는 길이라고 생각되었다. 1시간에 계산되는 돈은 제일 처음 1시간은 1원 50전이었고, 다음부터는 몇 시간이 지나든 1시간에 1원 20전씩 계산되었다."[3]

기생은 요리점에 불려가도 손님과 함께 음식을 먹는 일은 거의 없었다. "기생이 요릿집에서나 개인집에서 연석에 참석할 때에는 미리 다른 방에 모여 음식을 먹고 나서 들어갔다. 아무리 체통을 살리려 해도 배고픈 다음에야 별 수 없는 법. 우선 기생들이 배불리 먹고 나서야 모든 예의범절과 노래와 춤이 제대로 될 수 있었으니 당연한 일이었다."[4] 조선요리옥에서 기생을 빼면 요리옥의 존재감이 사라질 정도로 조선요리옥 기생은 식사 자리를 예술의 장으로 변모시키는 역할을 했다.

보이 역시 조선요리옥을 이야기할 때 빠뜨려서는 안 되는 이들이다. 조선요리옥의 보이는 손님을 맞이하고, 기생을 배정하고, 음식 주문을 받고, 음식을 차리고, 심지어 인력거 일꾼들을 관리하여 손님을 배웅하는 일까지 도맡아 했다. 그러니 아무리 조선요리옥의 메뉴가 대단하고 기생이 화려하다고 해도, 보이가 빠진다면 조선요리옥은 운영 자체가 어려웠다. 여기에서 조선요리옥의 필수 구성원이었던 기생과 보이에 대해서 간략하게 다룬다. 이 글을 통해서 식민지 시기 조선요리옥의 속사정을 좀 더 깊이 들여다볼 수 있으리라 생각한다.

조선요리옥의 꽃, 기생

춘외춘이란 기생은 식민지 시기 경성에서 가장 유명한 기생 가운데 한 사람이었다. 1926년 1월 8일자 《동아일보》에 이미 원로격(元老格)에 속하는 춘외춘을 인터뷰하기 위해 한성권번(漢城券番)을 찾은 기사가 실렸다. 이 권번에서 오랫동안 사무원으로 일한 사람이 춘외춘에 대해 이야기한 내용도 실렸는데, 정리하면 이렇다. "다른 애들 같으면 그동안 여러 번 살림한다고 들락날락했을 것입니다마는 그 애는 참말로 기생으로 충실한 아이라 남과 같이 요새 말로 연애를 하거나 어떤 외입쟁이와 정분이 났던 일이 없습니다."[5] 이어서 직접 춘외춘을 인터뷰한 내용이 실렸다.

기생으로 나오기는 내 나이 이팔이 되던 해 이른 봄이었지요. 어려서 아버지 어머니를 여의고 일곱 살에 수양어머니를 찾아서 고향인 황해도 황주(黃州)를 떠나 서울로 왔는데 삼 년 만에 수양어머니마저 세상을 떠나니 오고 갈 데가 없어 처가살이를 하는 오라버니에게 가서 붙어 있다가 아모래도 살 수가 없던 중에 기생 노릇을 하면 좋으리라는 동리 사람들의 말을 듣고 기생이 된 것입니다. 처음에는 당시 화류계에서는 모를 사람이 없던 일류 외입쟁이로 권번 창설자인 박한영(朴漢英)이란 노외입쟁이를 포주로 남편으로 하고 나와서 칠 년 동안을 그의 기생 노릇을 하다가 경복궁에 첫 번 공진회가 열리던 해 김씨(金氏)라는 사람과 살림을 하겠다는 핑계를 하고 그와 헤어져서 비로소 무부기가 되었습니다.[6]

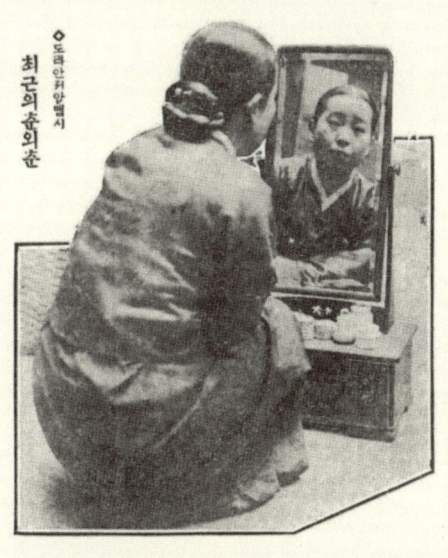

1926년 1월 8일자 《동아일보》에
실린 춘외춘 사진
돌아앉아 거울을 보고 있는 34세의
원로 기생의 모습이다.

　실로 어려운 34살의 인생살이였다. 이윽고 다시 춘외춘의 이야기가 이어졌다.

　　유부기로 있을 때는 나이도 어렸거니와 모든 금전관계는 포주가 하고 나는 간섭을 못한 까닭에 그 당시에는 내가 돈을 얼마나 벌어주었으며 얼마씩이나 생기었는지도 모르겠습니다마는 원체 됨됨이가 남만 못하지 아니하였던 까닭에 상당히 포주의 돈벌이를 해주었다는 것은 의심 없는 일이지요. 내가 처음 기생으로 나가던 때까지도 박춘재(朴春載), 문영수(文永秀) 등 칠팔 명의 가무별감들이 있었고 기생계는 끔찍이 신성했었답니다. 그때는 기생으로서는 잡가란 못할 것으로만 알던 때입니다. 그저 '노래', '가사', '시조' 기껏해야 술소리 같은 것 부를 따름이고, 춤이나 추고, 명월관, 혜천관 같은 요릿집을 갈지라도 지체가 없거나 돈이 없거나 외입쟁이가 아닌 사람이 부르면 아니 가던 때입니다. 그때쯤은 포주들이 손님의 내력을 잘 알아야 보내었으니까요."[7]

하지만 1920년대 중반이 되면서 춘외춘의 말처럼 "환경은 자유롭고 기생은 망했지요"가 되는 지경에 이르렀다. 춘외춘은 예전과 지금의 기생살이를 비교하는 말을 했다. 비록 돈은 많이 벌지 못했지만, 예전에는 의리가 있었다는 평가다. "그때는 모든 인심이 후하던 때이라 놀음이라고는 몇 달에 한 번도 못 가는 기생들이라도 잘 다니는 기생들의 도움을 받아 지냈으며 놀러다니는 손님들도 시간차 외에 상관을 한다든지 하면 세간바리가 오락가락하고"라면서 과거를 회상했다. 그러면서 세금도 만만치 않다고 불평을 늘어놓았다. "처음에는 첫 시간 1원 50전 그다음 시간부터는 50전씩 하고 요리점과 조합에서 1할씩의 할금을 떼더니 사오 년 전부터 첫 시간 1원 95전, 둘째 시간부터 1원 30전씩이 되고 할이도 늘어 2할 5부가 된 것이랍니다"[8]라고 했다. 그만큼 요리옥의 기생살이가 1920년대 중반 이후 힘들어졌다는 말이다.

보이의 고역

조선요리옥 기생이 이러할진대 요리옥 보이의 고역은 어떠했을까? 1929년 7월 13일자 《동아일보》에는 요리옥 보이의 여름 고역이 너무나 생생하게 그려져 있다. 기사의 제목은 '녀름 행진곡—환락의 파노라마 그 실(實)은 고역(苦役)거리'로, 유난히 더운 여름 날씨에도 불구하고 요리옥에서 세월을 보내는 사람이 있다고 까발린 글이다. 기사는 "선들선들한 바람이 부는 강가의 버드나무 밑에 앉지 않아도 해수욕장의 싸늘한 바닷물 속에 잠겨 있지 않아도 홍로 같은 경성 시내에 앉아 있으면서 남량을 맘대로 하고 척서(滌署)를 욕심껏 탐하고 있는 사람이 있으니 이들은 돈 잘 쓰는 현대 한량들이오. 이들의 피서처는 나날이 번창하여 가는 요릿집이외다"로 시작한다. 그러면서 이들을 '유식인종(遊食人種)'이라고 불렀다. 그런데 그들과 달리 "그 이면에는 그 정비례로 더운 땀을 푹푹 쏟아내는 사람이 있으니 그 사회에서 부르는 바 '뽀이'외다." 유식인종의 즐거움 뒤에 요리옥 보이의 고역이 있다는 말이다.

또 같은 기사에서 구체적으로 유식인종이 보이를 부리는 장면을 묘사했다. "'얘― 뽀이야―', '얘― 이녀석, 홍련이 어쨌어?' '예― 지금 옵니다.' 술이 왜 차냐고 호령을 해도 '예―', 술이 왜 더우냐고 고함을 쳐도 '예―' 하고 자기를 부정하고 오직 유흥객의 편의를 위하여 존재한 듯이 공손히 복종하는 '뽀이'들의 더위라니 더위 중에도 가장 더운 몸뚱이만 아니라 오장육부로부터 백혈구 적혈구 뼈 속까지 더운 더위일까 합니다." 그러면서 보이에 대한 애잔함을 빠트리지 않는다. "이 요릿집 '뽀이'라는 사람들은 이 손 저 손의 요모저모 이꼴 저꼴을 너무 익숙히 보고 알게 되어 이러한 인상의 부질없는 향락에 대한 일종의 비판안을 가지게 됨으로 보통 고역보다도 더욱 강렬한 맘의 더위, 즉 정신상 고염(苦炎)을 느끼게 됩니다"라고 했다. 무조건 손님의 요구에 '예―'라고 응대해야 하는 요리옥 보이의 모습이 적나라하게 그려졌다.

이야기는 계속 이어진다. "내일이 파산 선고를 받는 날인지 모레

1929년 7월 13일자 《동아일보》에서 묘사한 한여름 요리옥 보이의 고역 장면

가 망신패 차는 날인지도 모르고 '아이구 영감도……' 한마디에 입이 해죽해가지고 그 옆방엔 또 어느 누가 앉아 있는지도 분간할 능력을 가지지 못하고 시간비만 늘리고 있는 그 비참한 인종들을 볼 때에 과연 남의 일이라면서도 가슴이 답답하여 열한을 금치 못할 것이 아닙니까."

요리옥에 드나드는 한량들의 한심함이 그대로 드러나는 듯하다. 그래도 요리옥 보이는 돈을 벌기 위해 일을 해야 했다. 주린 배를 채우기 위해서 '예—' 소리를 반복하지 않으면 안 되었다. 이에 이 기사를 쓴 글쓴이는 좋은 제안을 내놓는다. 바로 아들로 하여금 요리옥 보이를 한번 시켜보라는 제안이다. "아들의 장래를 위하여 방탕을 미연에 금하게 하려면 요릿집 '뽀이'를 서너 달씩 붙여두는 것이 가장 현명한 방책일 듯하외다." 아들에게 요리옥 보이를 시키면 "우습고 비열하고 간교한 모든 인생의 추악한 반면"을 직접 목격할 수 있어 좋지 않겠는가 하는 저자의 생각은 반전임에 틀림없다.[9]

4부

대폿집

0

고달픈 서민의 안식처, 대폿집

소설가 손소희(孫素熙, 1917~1987)가 1949년 6월 25일자 《경향신문》에 〈잃어버린 녹음〉이란 에세이를 썼다. 신록의 계절이지만, 건국 초의 혼란은 녹음을 녹음으로 바라보지 못하게 그를 괴롭혔던 모양이다. 그는 그런 심정을 글로 옮겨 "거리에서 길에서 골목에서 다방에서 대폿집에서 녹음처럼 짙게 그늘처럼 어둡게 하늘같이 높고 햇볕같이 맑고 희게 사람들은 인생과 철학을 논하고 있는데 나는 왜 이렇게 자신 없이 앉아 있는지 모른다"[1]라고 했다.

여기에서 대폿집은 대폿술을 파는 집을 가리킨다. 그렇다면 대폿술은 무엇일까? 바로 큰 술잔으로 마시는 술을 가리킨다. 자칭 술꾼이었던 시인 장승욱(1961~2012)은 대포를 다음과 같이 설명했다. "술을 별 안주 없이 큰 잔으로 마시는 일을 대포라고 하는데, 대포로 술 마시는 집이 대폿집, 소주를 대포로 파는 집은 다모토리, 서서 마시는 집은 선술집이었다."[2] 여기에서 다모토리는 일본어가 아니라, 순한국어로 서울 지역어이다. 큰 잔으로 소주를 마시는 일이나 큰 잔으로 소주를 파는 집을 가리킨다. 그러니 대폿술은 오로지 막걸리만을 가리키는 것이 아니라, 소주대폿술, 정종대폿술도 있었다. 이렇게 생각하면 '대포'의 한자로 '大匏'를 언급하는 주장도 말이 되는 듯하다. 큰 바가지에 막걸리를 담아 마신다는 뜻에서 그 이름이 생겼다고 알려져 있다. 그렇다고 이것을 정설로 보기는 어렵다.[3]

또 다른 주장도 있다. 중국 고사에 나오는 '천하대포(天下大酺)'와 관련이 있다[4]는 설이다. 상나라의 군주인 주왕(紂王, ?~BC 1046)이 주지육림(酒池肉林)에 빠져 나라를 망하게 했다고 생각한 후대의 천자들은 술 마시는 일을 엄격한 규정으로 다스렸다. 유학을 국가 경영 이념으로 내세웠던 한나라 때의 율령에는 세 사람 이상이 까닭 없이 한자리에 모여 술을 마시면, 일금 넉 냥의 벌금을 내야 한다는 조항이 있었다. 이른바 무리 지어 술을 마시는 행위인 군음주(群飮酒)를 금지했다. 다만 황제의 사급(賜給)이 있을 때만 군음주를 할 수 있었는데, 이를 천하대포라고 불렀다. 여기에서 대포라는 말은 천자가 백성에게 술과 음식을 내리는 일을 가리킨다. 조선시대 문헌에도 이와 같은 맥락에서 쓰인 대포라는 말이 제법 나온다. 그중 한 사례를 보자. 《세조실록(世祖實錄)》 6권에 나오는 내용이다. 1457년 음력 1월 11일 세조가 "하늘에 제사를 지낸 후에 3일 동안을 대포 하는 것은 옛날의 예절인데, 지금도 또한 여러 도에 사연(賜宴)하려고 하니 어떻겠는가?"라고 신하들에게 물었다. 그러자 승지(承旨) 등이 여럿이 "정말로 마땅합니다"라고 답했다고 한다.[5]

그런데 건국대 국문과 교수를 지낸 이훈종(李勳鍾, 1918~)은 조금 다른 주장을 펼친다. "요새 대폿집이라지만 그 호칭이 달갑지 않다.

일본 것인 화투 놀이의 육백에서, 술잔 그린 국끗 열끗에 사쿠라광이 곁들이면 한 잔 입바이, 공산명월과 맞붙어도 한 잔, 그러다 두 입바이가 겹치면 대포, 그래서 곱배기 잔이라는 뜻인데, 물론 전엔 없던 소리다."⁶ 이 말도 분명 일리가 있다. 특히 전에 없던 소리라는 이훈종의 말은 옳다. 식민지 시기에 나온 각종 문헌 자료를 아무리 뒤져도 대폿집 혹은 대폿술이라는 말이 나오지 않기 때문이다. 다만 이북명(李北鳴, 1910~?)의 소설《민보의 생활표》(1935)와 1938년 9월 2일자《동아일보》에 장서언(張瑞彦, 1912~1983)이 쓴 칼럼 '소한집(小閑集)(2)'에 다모토리가 언급돼 있다.

하지만 이 다모토리란 말도 해방 이후에는 거의 쓰이지 않다가 사라졌다. 심지어 이 말을 두고 러시아말이라고 주장한 작가도 있었다. 그만큼 대폿집이나 대폿술이 해방 이후에 갑작스럽게 퍼져나갔음을 증명한다. 그런 탓에 손소희도 다방과 대폿집을 두고 건국 초 온갖 말들이 쏟아지는 곳이라고 하지 않았겠는가.

대폿집에 앞서 유행했던 선술집

1897년 11월 11일자《독립신문》에 다음과 같은 광고가 실렸다. "구리개 돗골 새로 품주가(品酒家)라 하는 기를 세은 술집이 있는데 술맛이 상지 상품이요 값도 매우 싼지라 술 자시는 이들은 많이 와서 사 가시오."⁷ 이 광고에 나온 구리개는 지금의 서울 중구 을지로 1가와 2가 사이에 있던 나지막한 고개를 가리킨다. 황톳길인 이 고개는 땅이 몹시 질어서 먼 곳에서 보면 마치 구리가 햇볕을 받아 반짝이는 것처럼 보여서 이런 이름으로 불렸다. 본래 구리고개였는데, 사람들이 줄여서 부르면서 구리개가 되었다. 돗골은 아마도 구리개에 있던 동네 이름으로 여겨진다. 이곳에 '품주가' 곧 '술맛을 보여주는 집'이란 술집이 생겼는데, 깃발을 세워놓고 술집임을 광고한 모양이다.

술집에 깃발을 세워놓는 풍속은 고려시대에도 있었다. 고려 중기의 문인 이규보(李奎報, 1168~1241)는 〈주패(酒旆)〉란 시에서 당시의 주점 모습을 다음과 같이 읊조렸다. "봄바람이 주점의 푸른 깃발 날리니, 멀리서 한번 보매 컬컬한 목 축여지는 듯, 수양버들 함부로 요란히 흔들리어, 시흥(詩興) 어린 눈으로 뚜렷이 보지 못하게 하네, 오직 백만 전을 가지고 술을 마실 뿐, 술집의 푸른 깃발(青帘) 보이든 말든 물을 것 없네, 하늘의 주기성(酒旗星)도 유성(柳星) 곁에 있으니, 푸른 버들과 서로 어울림 또한 풍류라오."[8] 이렇듯 이미 고려시대에 주점(酒店)에서는 푸른 깃발을 달아두었다.

그렇다고 모든 술집이 이런 깃발을 달았던 것은 아니다. 20세기 초반에 촬영된 사진에는 '복덕방(福德房)'이라 쓰인 가리개와 '쥬점(酒店)'이라 쓰인 등갓을 내건 점포가 등장한다.[9] 이 사진은 변두리 마을에 자리 잡은 복덕방과 주점의 바깥 모습이다. 주점 입구에 걸린 등갓에는 한글과 한자로 '쥬졈'과 '酒店'이 엇갈려 적혀 있다. 입구의 오른쪽 기둥에는 한자로 '음식점영업(飮食店營業)'이란 글자가 쓰여 있는 것으로 보아, 주점과 음식점을 겸하고 있는 곳으로 보인다. 기와지붕 위에는 대나무로 만든 용수가 두 개나 올라가 있다. 아마도 이미 사용하여 젖은 용수를 말리고 있는 듯하다. 술을 직접 양조하면서 음식도 판 집이니, 앞에서 말한 구리개의 품주가도 이런 모습이 아니었을까 여겨진다.

이미 밝혔듯이 식민지 시기 자료에서는 대폿집이 잘 나오지 않는

20세기 초반 변두리 마을에 자리 잡은 복덕방과 주점의 바깥 모습이다. 주점 입구에 걸린 등갓에는 한글과 한자로 '쥬점'과 '酒店'이 엇갈려 적혀 있다. 입구의 오른쪽 기둥에는 한자로 '음식점영업(飮食店營業)'이란 글자가 쓰여 있는 것으로 보아, 주점과 음식점을 겸하고 있는 곳으로 보인다.

다. 그 대신에 선술집에 관한 이야기는 너무나도 많다. 이름에서 알 수 있듯이 선술집은 서서 마시는 술집이다. 조선 후기 김홍도(金弘道, 1745~?)나 신윤복(申潤福, 1758~?)의 그림에 등장하는 술집도 앉을 자리가 없어 서서 술을 마시는 모습이지만, 식민지 시기에 유행한 선술집과는 달랐다. 식민지 시기의 선술집 모습은 1930년 4월 16일자 《중외일보》에 실린 삽화에서 찾을 수 있다. 《중외일보(中外日報)》에서는 1930년 4월 12일부터 '가두풍경(街頭風景)'이란 이름으로 좌파 문학인 이갑기(李甲基, 1908~?)가 그린 삽화와 글을 연재했다. 그 다섯 번째 주제가 '선술집 풍년'이었다. 삽화에는 거리 한편에 부뚜막을 갖추고 나무판에 각종 안주를 올려놓은 부인이 나온다. 그 앞에 남자 다섯이

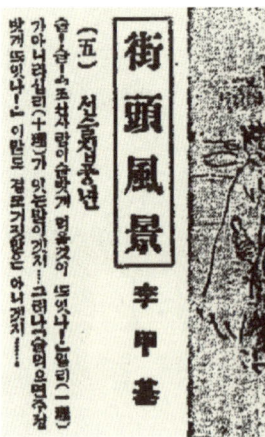

1930년 4월 16일자 《중외일보》에 실린 선술집 이야기와 삽화

섰다. 셋은 술을 마시고 있고 둘은 멱살을 붙잡고 싸움을 벌이고 있다. 그림 옆에 짧은 글이 적혀 있다. "술- 술- '조선 사람이 술밖에 먹을 것이 또 있나!' 일리(一理)가 아니라 십리(十理)가 있는 말이겠지⋯⋯. 그러나 '술 먹으면 주정밖에 또 있나!' 이 말도 결코 거짓말은 아니겠지⋯⋯."[10] 바로 술주정에 대한 비판이다.

식민지 시기 선술집은 조선의 민중적인 정조(情調)를 대표했다. 1920년대 경성의 종로통에는 조선인 술꾼들을 위한 선술집이 골목마다 들어섰다. 이미 1920년대 초반부터 식민지인으로서 고된 삶에 시달리던 경성의 조선인들은 하루도 거르지 않고 술을 마셔댔다. 한편, 제1차 세계대전 후 불어닥친 대공황으로 조선요리옥도 청요리옥도 불경기의 소용돌이 속에 휘말렸다. 그러자 "요릿집 못 가는 신사들은 선술집으로만 모여들어"[11] 대성황을 이루었다. 대공황으로 인한 요리옥의 불황은 동시에 내외주점으로도 불어닥쳤다.

청진동 명물은 부랑자들이 좋아하는 내외주점이외다. 호수 육백 호에 내외주점만 열한 집이나 되고 보니, 이 동리의 대표적 명물로는 당당하지 않습니까. 이 당당한 명물이 작년에는 삼십여 호, 재작년에는 사십여 호나 있었더랍니다. 참 그때에야 굉장하였겠지요. 열 집에 내외주점 하나씩! 장관이었겠습니다. 내외주점의 역사를 캐어보면 옛날에는 이름과 같이 아낙네들이 술상만 차려 내보내고 내외를 착실히 하던 술집이었더랍니다. 이것이 차차 개명하여져서 내외법이 없어지고 술상 옆에 붙어 앉아 웃음을 팔며 노래를 팔더니 내종에는 매음까지 하게 되어 요사이에는 '내외주점' 하면 밀매음이 연상되게 되었답니다. 내외주점을 찾아가면 의례히 기름때가 꾀죄죄 흐르는 젊은 계집이 한둘씩 있지요. 이 계집들이 이제 말한 그것인데 너무 풍기를 괴란하므로 경찰서에서는 내외주점 허가를 안 내어준답니다. 이 까닭으로 해마다 해마다 내외주점이 줄어들어가서 요사이에는 이미 서산의 비경에 들었답니다. 일동의 명물 내외주점도 칼 찬 나리 세력에는 꿈적을 못하는 모양입니다.[12]

　　요리옥과 내외주점의 불황은 거꾸로 선술집의 부흥을 가져다주었다. 1920년대 중반이 되면 선술집은 더 이상 서서 술을 마시는 술집이 아니었다. 선술집이라 불리는 곳 중에는 넓은 홀에다 탁자를 들여놓고 한쪽에서 주모가 무쇠화로에 고기 안주를 구워 파는 곳도 있었다. 선술집에서는 쇠갈비나 돼지갈비 혹은 북어를 구워 팔았다. 술국이라고 불리는 각종 국이나 탕도 있었고, 족발·편육·두부김치·짠지 따위도 마련되었다. 위생을 내세워 나무젓가락이 제공되기도 했다. 여기서는 손님들이 각자 취향대로 안주를 골라 먹었다. 원래 조선 후기 이래 선술집에서는 술값만 받고 안주는 따로 돈을 받지 않았다. 그런데 술보다 안주를 더 많이 먹는 손님으로 인해 자주 다툼이 일어나고, 더욱이 물가까지 오르면서 잔술 값이 5전에서 7전으로 올랐다.[13] 방을 별도로 마련한 선술집에서는 '고용녀(雇用女)'라고 불리던 여성이 손님을 접대했다. 내외주점과 마찬가지로 일부 선술집에서는 매춘이 행해지기도 했다. 결국 조선총독부에서는 1934년 7월부터 선술집도 '카페 취체법(取締法, 단속법이라는 뜻의 일본어)'으로 관리했다. 술뿐 아니라 안주도 돈을 받도록 했고, 심지어 방에 앉아서는 술을 마시지 못하도록 금지했다.[14] 이런 와중에 거리에서 잔술을 팔던 오래된 선술집들이 무허가로 지목받아 변두리로 쫓겨났다.

선술집에서 대폿집으로

해방 이후 주모가 혼자서 운영하던 선술집은 대폿집이 되었고, 고용녀를 둔 선술집은 '니나노집'이 되었다. 잔술로 막걸리를 파는 대폿집에서는 안주를 공짜로 주기도 했다.

당시 대폿집의 상징 중 하나는 드럼통이었다. 해방 이후 미군이 주둔하면서 한국 사회에 대량으로 유입된 석유를 담았던 빈 드럼통을 대폿집에서는 식탁으로 요긴하게 사용했다. 드럼통을 세워 가운데에 연탄을 집어넣을 수 있도록 개량한 이 드럼통 식탁은 대폿집을 선술집으로 바꾸어놓았다. 손님들은 의자 없이 둘러서서 식탁 가운데 놓인 연탄불에다 각종 안주를 구워 먹었다. 이런 대폿집이 지금의 서울 명동·광화문·청계천·낙원동과 같은 번화가는 물론이고, 동대문 밖과 신촌 일대, 그리고 마포 공덕동·창천동에까지 들어섰다. 1962년

12월 13일자 《동아일보》 기사에서는 '골목마다 대폿집'이라며 당시 대폿집 풍경을 다음과 같이 묘사했다.

○ …… 무슨 영문인지 날이 갈수록 풍성대기만 하는 것이 이른바 '대폿집'…….

골목마다 즐비하게 늘어선 대폿집 속은 초저녁부터 밀려든 손님들의 담배 연기, 술 냄새, 안주를 청하는 고함 소리로 숨 막힐 지경이다. 대포 한 잔에 5원, 안주가 대개 10원에서 20원 정도……, 대부분 '살라리·맨'들로 보이는 손님들은 그저 마시기 위해 마시는 양 연거푸 큰 술잔을 들이킨다.

○ ……서울의 밤은 대폿집부터 시작된다고나 할까?

반드시 즐거워서 마시는 것만도 아닌 듯싶다. 이상한 말이지만 '케네디'의 '큐바' 봉쇄가 단행되었을 때 서울의 대폿집은 대낮부터 풍성거렸다. 그 어떤 망각—잊어버리고 싶고, 피하고 싶고 큰소리도 쳐보고 싶고…… 대폿집은 고달픈 사람들의 피신처인지도 모른다.[15]

그런데 이 시기에 대폿집이 날이 갈수록 풍성댄 까닭은 왜일까? 다음의 기사에서 그 사정을 짐작해보자.

5·16혁명 직후 눈에 띄도록 서리를 맞은 것은 사창(私娼) 이이(以以)에도 고급 요정이 있다. 그러나 2년 후인 지금 혁명적인 '정신한 기풍'은 찾아보기가 힘들고 혁명 전의 '장(莊)'이나 '관(館)'이 한때 '왕대포'를 팔았으나 또다시 무슨 '나무집' 등 예전 이름으로 바꿔놓고 밤늦게까지 주지육림의 불야성을 이루고 있다. 밤만 되면 홍등가

는 술내 풍기는 젊은이들이 흥청거리고 한때 영업이 안 되어 굶어 죽겠다던 '바'에서는 값비싼 '맥주'가 바닥에 질펀하며 통금시간이 다가오면 남녀가 쌍쌍이 술 취한 걸음걸이로 '호텔'과 여관을 찾는다. 도시의 뒷골목은 다시 혁명 이전으로 되돌아갔다. 다만 고급 요정에 나타나는 술꾼들의 직업은 예나 이제나 거의 다름없지만 그 얼굴이 크게 바뀌었다고나 할까?[16]

이 글은 1963년 5월 4일자 《동아일보》 1면에 실렸다. 기자는 5·16군사쿠데타의 중심 세력이 내세웠던 혁명공약 중에서 제3항을 언급하며 과연 그것이 2년 후에 얼마나 실현되었는가를 취재했다. 혁명공약 제3항은 이러하다. "3. 이 나라 사회의 모든 부패와 구악을 일소하고, 퇴폐한 국민 도의와 민족 정기를 다시 바로잡기 위하여 청신한 기풍을 진작시킨다." 이 청신한 기풍의 진작을 위해서 쿠데타 세력은 댄스홀·바·고급 요정·사창가에 대해 폐쇄령을 내렸다. 그러자 1인당 1만 5,000환에서 2만 환으로 비단 치마폭을 휘감고 지분(脂粉) 냄새 풍기던 고급 요정이 하루아침에 한 접시 100환에 빈대떡 두 장을 올려주는 '대폿집'으로 바뀌고 말았다.[17]

사정이 이러하자 서울 시경에서는 약 5,000개의 각종 접객업소를 상대로 1961년 10월 28일부터 11월 9일까지 '사회 풍기의 정화'를 위한 단속을 벌였다. 단속 항목에는 요리점이 손님을 끌 목적으로 대폿집을 가장한 간판으로 손님을 기만하는 행위도 포함되었다. 실제로 서울 시내에 337점이나 되던 요리점이 문을 닫거나 이름을 바꾸었다. 이에 대해 "유명 무명의 갑종(甲種)들이 그 이름부터 깡그리 자취를 감춘 대신, '대중식사'니 '대폿집'이니 하는 것으로 영업 종목을 갈아

치운 것까진 혁명적"이었지만 "이면을 들여다보면 '외화(外華)'를 '표빈(表貧)'으로 위장하고 속으로는 여전히 요정업을 계속하는 곳이 꽤 많다"라는 평도 있었다.[18]

이와 관련된 또 다른 이야기가 있다. 1965년 3월 20일자《경향신문》의 고정 칼럼〈여적〉에서는 지방 큰 도시에서도 요정을 찾아볼 수 없으며, 정부가 공무원의 요정 출입을 금지한 이후 얼마 전까지도 요정이었던 식당이 경기가 악화되자 대중식당으로 전업한 경우도 많다고 밝혔다. 그러면서 전남 K시처럼 큰 도시에도 요정이 한둘밖에 없다고 했다. 결국 요정 운영자들은 "요정 경기가 말이 아니라고 저마다 한숨들"이었다.[19]

고급 요정들이 왜 간판을 대폿집으로 바꾸었는지는 충분히 짐작할 수 있다. 요정이나 요리옥을 부패의 온상으로 여긴 데 비해 대폿집은 여전히 서민의 안식처로 받아들여졌기 때문이다. 이런 사정으로 1960년대 초반 서울에서는 중심가나 변두리를 막론하고 대폿집이 골목마다 있을 정도로 일대 유행했다. 월급쟁이가 다니는 회사가 밀집한 명동에는 대폿집이 100여 군데 넘게 골목을 장악하고 있었다. 지방의 중소도시 주택가 입구에도 대폿집이 들어서서 고단한 하루 일과를 마친 가장들을 맞았다. 심지어 대학가 근처에도 어김없이 대폿집이 자리를 잡고서 세상을 향한 청년들의 불만을 들어주었다.

한편, 1960년대 이후 쌀로 만든 막걸리가 사라지고, 막걸리 판매도 지역별로 경계가 정해지면서 대폿집 또한 더 이상 술값만 받고서는 버티기가 어려워졌다. 그래서 술 두 잔에 10원, 안주국 한 그릇에 5원을 받기 시작했다.[20] 1960년대 중반 무렵부터 대폿집의 주류는 막걸리가 아니라 희석식 소주로 바뀌어갔다. 특히나 급작스럽게 서울로 이주한 농촌 출신 노동자들이 많아지면서 노동 현장 근처에 소주에다 돼지갈비나 갈매기살, 돼지껍질을 안주로 내놓는 대폿집이 늘어났다. 막걸리를 큰 사발로 내놓아 '왕대폿집'이라 불리던 대폿집이 1970년 대까지도 이어졌지만, 말이 왕대포지 날이 갈수록 술꾼들은 대폿집에서 막걸리보다 희석식 소주를 즐겨 마셨다. 그러면서 대폿집의 의미도 퇴색되었다.

    1970년대 말부터 서울의 유흥가에 자리 잡고 있던 대폿집은 도시 개발로 외곽으로 밀려나거나 사라졌다. 또한 사람들의 입맛도 달라져 손님이 뜸해지면서 문을 닫거나 상호를 바꾸지 않을 수 없게 되었다. 식당 주인들은 대폿집이란 간판 대신에 홍어회·족발·두루치기·전골 따위의 전문 메뉴를 내세워서 대중식당 겸 술집으로 전환했다. 결국 1980년대 이후 한국의 서민들은 전문적인 술집인 대폿집을 잃어버리고 밥집에 가서 술을 마시게 되었다.

    추억이 된 대폿집을 제4부에서 다루는 이유는 해방 이후에 인기를 누린 대폿집의 술과 안주들 때문이다. 소주를 큰 잔에 마시는 다모토리도 있었다고 하지만, 그래도 서민의 술이라 하면 대폿집의 막걸리가 먼저 떠오른다. 종래의 쌀막걸리가 1960년대 중반 이후 밀막걸리로 바뀐 사연은 대폿집의 쇠락과도 맞아떨어진다. 그래서 다음에서 가장 먼저 막걸리를 다룬다. 막걸리가 대폿집의 대표 술이었다면 술국은 대표 안주였다. 이미 이 책의 2부 국밥집에서 여러 가지 국을 다루었기 때문에 굳이 선짓국이나 우거짓국을 다룰 이유는 없어 보인다. 그 대신에 전주에서 오랫동안 술국으로 먹어온 탁백이국을 다루었다. 탁백이국은 지금도 콩나물국밥이라 불리며 모주와 함께 즐겨 먹는 음식이다. 요즘 사람들이 고급 음식으로 여기는 갈비구이는 식

민지 시기만 하더라도 대폿집의 대표적인 안주였다. 여기서 갈비구이가 대폿집의 안주에서 고급 음식으로 변하는 과정을 살펴보자. 한편, 식민지 시기 후반부터 길거리 음식으로 판매되었던 빈대떡은 조선요리옥의 화려함에 대응하는 대폿집 안주였다. 빈대떡이 해방과 건국의 혼란기에 대폿집의 상징적인 안주가 된 사연을 풀어낸다. 이에 비해 돼지순대는 1960년대가 되어서야 대폿집의 안주 자리에 오르게 되는데, 그 연유를 살펴보자. 복국은 부산과 마산에서 식민지 시기 이후 인기를 모았던 술국이지만 자주 탈이 나는 음식이었다. 복국은 1984년에야 시민권을 얻어 음식점의 당당한 메뉴가 되었다. 이때부터 복국은 자격을 취득한 조리사가 제대로 만들어주는 음식이 되었다. 이에 비해 쏘가리매운탕은 술안주로 민물생선을 끓인 매운탕을 대표한다. 본래 보양음식으로 먹던 쏘가리가 어떻게 매운탕으로 변신했는지, 그 사연을 살펴본다. 4부에서도 특집으로 두 가지를 다룬다. 하나는 식민지 시기 서울에서 가장 큰 양조장 주인이었던 장인영에 대한 이야기다. 그의 일대기를 통해 당시 조선의 양조업 상황을 짐작할 수 있다. 또 다른 한 가지는 포항 사람들이 희석식 소주에 가장 잘 어울리는 안주로 꼽는 과메기이다. 1990년대 이후 이미 사라진 대폿집 대신에 밥집 겸 술집인 횟집에서 판매된 과메기가 전국적인 인기를 모은 사연을 담았다.

1

대폿집의 끼니술, 막걸리

그가 국밥집에 왔을 때, 그들의 동무들은 벌써 노동시장으로부터 돌아와서, 국밥을 먹으며, 혹은 막걸리를 들이마시며, 농을 주고받았다. 그들에게 있어서 가장 위안을 얻는 곳이란 이 국밥집이며, 동시에 막걸리나마 얼큰히 먹고 나서 농지거리나 하는 것이다. 첫재는 우선 막걸리 한잔을 마시고 나서, 펄펄 끓는 국밥을 단숨에 먹었다. 그리고 슬금슬금 돌아보았다. 그는 신철이를 알면서부터, 웬일인지 이렇게 사람 많이 모인 곳에 오게 되면, 벌써 저들 중에 스파이가 섞여 있지나 않나? 하는 불안이 들군 하였던 것이다.[1]

이 글은 1934년 11월 29일자 《동아일보》에 실린 연재소설 〈인간문제〉 99회의 일부분이다. 이 소설의 작가는 식민지 시기 항일투쟁을 직접 작품화할 수 없었던 상황에서 농민운동과 노동쟁의 등을 다룬 여성 소설가 강경애(姜敬愛, 1907~1943)이다. 이 글에 나오는 주인공

'첫재'는 소작농의 아들로 태어나 지식인 '유신철'에 의해 노동운동에 뛰어든 인물이다. 이 소설은 1934년 8월 1일에 첫 회를 연재해 같은 해 12월 22일에 120회로 마감했다. 그러니 이 99회의 글은 소설이 후반부로 치닫는 상황을 묘사하고 있다. 인천에서 부두 노동자로 일하던 첫재는 유신철을 만나 철저히 의식화되어 공장 내의 노동운동을 돕고 부두 노동자의 파업을 주도한다.

식민지 시기 도시화와 산업화가 서울·대구·평양·인천과 같은 대도시를 중심으로 이루어지면서 공장이나 부두에서 일하는 노동자가 유래 없이 많이 생겨났다. 막걸리는 본래 농민들의 술이었지만, 이제는 노동자들의 술이기도 했다. 노동에 지친 도시 노동자들은 대폿집이나 국밥집에 가서 고기 육수가 가득한 뜨끈한 술국이나 국밥을 먹으면서 막걸리를 들이켰다. 농민이나 노동자들은 일을 하다 참으로 막걸리를 한잔 걸치며 배고픔을 잠시 잊기도 했다. 알코올 도수가 낮은 막걸리는 술국과 함께 또 다른 끼니가 되는 노동주(勞動酒)였다.

농민과 노동자의 술

그런데 문제는 막걸리의 주재료가 주식인 쌀밥을 만드는 데 쓰는 멥쌀이라는 점이었다. 1924년에 《조선무쌍신식요리제법》을 펴낸 식민지 시기 술꾼 이용기는 막걸리를 탁주(濁酒)라고 하면서 다음과 같이 정의했다. "탁주라 하는 것은 막걸리라 하기도 하고 탁백이라 하기도 하고 막자라 하기도 하고 큰술이라 하기도 하나니. 상(常) 막걸리는 하등 쌀이나 쌀래기나 한 말가량을 절구에 찧어 굵은 체에 쳐서 쪄내어 식힌 후에 항용 누룩 넉 장가량을 찧어 섞되 여름에는 반 장쯤 더 놓나니. 물은 맑은 술보담 더 붓고 덮어두면 겨울에는 열흘 동안이요 여름에는 이레 동안이면 거르되 술맛을 보아가며 물을 치나니라. 또는 이렇게 빚은 술이라도 닷 되만 밋츨〔밑(밑술)을〕하고 닷 되는 지여〔지에밥〕처럼 쪄서 위를 덮으면 매우 좋으니라."[2]

그렇다. 막걸리의 주재료는 멥쌀 중에서 하급에 속하는 것을 사용하거나 심지어 부스러진 쌀알인 '쌀래기', 곧 싸라기를 사용한다고 했다. 멥쌀이 알코올로 변하기 위해서는 반드시 당화(糖化)를 촉진시켜줄 성분이 있어야 한다. 포도와 같은 과실 속에는 당화에 필요한 성분이 들어 있지만, 곡물에는 그런 성분이 없다. 이로 인해서 누룩을 이용하여 곡물 재료를 알코올로 발효시키는 방식을 사용할 수밖에 없었다. 하지만 곡물과 효모균이 직접 작용해도 술이 만들어지지는 않는다. 전분은 반드시 가수분해를 거쳐야만 맥아당 혹은 포도당으로 변하기 때문이다. 가령 녹말은 아밀라아제와 접촉하면 가수분해되어 말토오스로 변한다. 이 말토오스는 다시 말타아제와 접촉해 가수분해되어 포도당이 된다. 이러한 가수분해를 다른 말로 당화라고 부른다.

만약 곡물을 창고에 저장해두었는데 잘못되어 싹이 트고 곰팡이가 붙었다고 하자. 이것을 익혀서 먹지 않고 그냥 두면 술밑(주료酒醪)으로 변한다. 싹이 트고 곰팡이가 붙은 것이 바로 누룩이다. 이와 같은 원리를 이해한 누군가가 인공적으로 누룩을 만들었다면, 그것은 대단한 발명이라고 할 수 있다. 중국의 고문헌에서도 누룩을 누가 발명했는지를 두고 주장이 분분했다.[3] 바로 하(夏, BC 2070~BC 1600년경)의 의적(儀狄)과 두강(杜康)을 두고 하는 말이다. 이에 대해 동한(東漢)의 허신(許愼, 58~147)이 그 대강을 정리했는데, 그는 《설문해자(說文解字)》에서 의적이 술밑을 만들고, 두강이 황주를 만들었다고 했다. 즉,

누룩을 만든 사람은 의적일 가능성이 크다.

그렇다면 막걸리에는 어떤 누룩이 쓰였을까? 다시 이용기의 글을 살펴보자. "보리를 썩힌 것을 누룩(국麴)이라 하고 곡식을 싹을 내는 것을 엿기름(얼蘖)이라 하니 누룩은 빚는(양수釀須) 것이요 엿기름은 달게 하는 재료(첨료甛料)라."[4] 보통 국얼(麴蘖)을 누룩이라고 하지만, 이용기는 '국'과 '얼'을 구분했다. 또한 이용기는 누룩의 종류로 보리누룩(맥국麥麴), 말누룩(소맥국小麥麴, 밀누룩의 잘못으로 보임), 흰누룩(백국白麴, 밀가루와 찹쌀로 만든 누룩), 내부비전국(內府秘傳麴, 밀가루와 황미, 그리고 녹두로 만드는 누룩으로 궁중에서 비전되어오는 누룩을 가리킴), 홍국(紅麴, 중국에서 황주를 만드는 데 사용하는 누룩) 등을 소개했다.[5] 막걸리에는 보리누룩 아니면 밀누룩을 사용했다.

그런데 이용기는 막걸리를 두고 "이전 이 맑은 술보담 독기가 적고 해가 과히 없다 하나 취키 전에 배부르고 정신이 띵하고 눈구석에 비지가 끼고 오래 먹으면 해소 나기 쉽고 음성이 탁하여 지나니 그런고로 노동자가 맑은 음성이 적으니라. 단지 값이 흔하고 파는 데 많아서 잘들 마시나 술 따는 천품이니라"[6]고 했다. 곧 맑은 술인 청주보다 막걸리 맛이 못하다고 보았다. 그러면서도 한편으로는 막걸리에 대한 찬사도 빠트리지 않았다. "추운 날 식전에 제 양에 삼 분 일쯤 마시고 잘 끓인 술국이나 한 그릇 먹으면 어한방풍(禦寒防風) 의기보신(益氣保身) 충복탕(充腹湯)은 이만한 것이 없고 산삼녹용(山蔘鹿茸)도 이렇게 속히 효험 나기가 어려우니라." 곧 추운 날 막걸리와 국밥은 언 몸을 녹이고 바람을 막아주며, 허약한 원기를 일으켜 몸을 온전히 지켜주면서, 고픈 배를 채워준다고 했다. 추위에 노동하는 사람에게는 국밥과 막걸리가 바로 산삼이나 녹용에 비견된다는 주장이다.

막걸리의 이런 장점은 1939년 1월 5일자 《동아일보》에 게재된 민요 당선작 황용남(黃龍南)의 '농군(農軍)의 노래'에서도 나온다. 그 일부를 옮긴다. "조쿠나 우리는 이름이 농군// 맑은 술 독해서 흘려돌갓나/ 막걸리 순해서 마음이 곱소/ 뚝배기 넘도록 따라나 보세/ 어깨춤 나도록 마셔나 보세/ 얼시구 우리는 이름이 농군//"[7] 여기서도 '맑은 술'은 청주를 가리킨다. 맑은 술은 독하니 막걸리가 마시기에 좋다는 주장이다. 하지만 이 말에는 '맑은 술=양반술'로 비싸서 먹기 어렵다는 뜻도 담겨 있다. 가령 1934년 경기도 문산 시내의 술도가에서 판매한 약주 한 말 값은 5원인 데 비해 탁주 한 말 값은 1원 80전에 불과했다.[8] 그렇다면 약주와 탁주의 알코올 도수는 어떠할까? 1935년에 발간된 《조선주조사》에 의하면, 1916년 경기도에서 생산된 약주의 알코올 도수는 19.9도, 18.2도, 14도인 데 비해 탁주의 알코올 도수는 10.7도, 10.1도, 8.8도였다.[9] 맑은 술인 약주가 심하게는 두 배 정도 알코올 도수가 높았다.

식민지 시기 초기만 해도 막걸리는 술집이나 가정에서 신고만 하면 직접 담글 수 있었다. 1909년 대한제국에 의해 처음으로 주세법이 제정된 이래, 1910년 4월 24일자 《황성신문》에서는 '주초세(酒草稅) 증수(增收)에 관한 변론(辨論)'이란 기사가 실렸다. "융희(隆熙) 3년에 정부에서 주세(酒稅)와 연초세법(煙草稅法)을 반포하고 세금을 징수함은 일반의 함지(咸知)하는 바이어니와 근간 재무서(財務署) 관리와 주초상(酒草商) 등 간에 일대 분쟁이 기(起)하였는데 기(其) 내용을 문(聞)한즉 (중략) 공덕리(孔德里) 소주상(燒酒商)은 원래 매년 3, 4월간에 소주를 증(蒸)하여 하간(夏間) 5, 6, 7월에 방매(放賣)함으로 기 영업 성질을 논하면 일 년 내 일시적 영업에 불과한 것인데 재무 관리는 주가(酒家)에 시존(視存)한 옹수(甕數)를 조사하여 가령 10옹(甕)이 유(有) 하면 차(此)는 1개월에 10옹인즉 1개년에 120옹이라 하고 세금을 강수(强收)하는 중 기 세율도 주세법에 의하여 매 1석에 평균 1원(圓)씩으로 불수(不收)하고 3해주(亥酒) 1옹에 대하여 2원 내지 3, 4원씩 수봉(收捧)함으로 1옹의 가금(價金)으로 1옹의 세를 부당케 되었고 우(又) 일가(一家)에 부자가 공동영업하면 부자의 각명하(各名下)로 각징(各徵)하는지라 차(此)로 인하여 남문(南門) 급(及) 이현(梨峴) 연초상과 공덕리 주상 등이 연일 철시폐업하고 경성상업회의소에 회집하여 교구(矯求) 방법을 신청함으로 해소(該所)에서 당국에 교섭하여 학실(學實)을 변명하고 각처에 인원을 파송하여 실황을 조사한다더라."[10]
이는 서울 공덕리 소주상들이 주세의 부당한 처리에 항의하는 내용이다.

이처럼 서울에서는 술도가에 대한 세금 징수가 엄격하면서도 과도하게 이루어졌지만, 지방에서는 그다지 엄격하게 시행되지는 않았다. 이는 대한제국의 행정력이 그다지 강력하지 않았기 때문이다. 그런데 1916년 조선총독부가 기존의 주세법을 개정하여 '주세령'을 발효하면서 통제가 그전보다 더욱 엄격해졌다. 주세령에 따르면, 가정이나 술집, 그리고 전문전인 양조장을 구분하지 않고 술을 제조하려면 반드시 제조면허를 취득해야만 했다. 이후 주세령은 1919년, 1920년, 1922년, 1927년, 1934년 다섯 차례에 걸쳐 개정되었다. 여러 차례의 개정에도 불구하고 제조면허 없이는 개인 용도로 술을 담그지 못하도록 한 방침은 변함이 없었다. 결국 개인적인 용도로 술을 만들겠다고 면허를 신청해 허가를 받은 사람은 1932년 단 한 명에 지나지 않았다.

조선총독부에서는 1916년 주세령을 발효하면서 알코올 도수에 대해서는 특별한 제한을 두지 않았다. 다만 1934년 주세령에서 탁주의 알코올 도수를 8도 정도로 권장했다. 이런 탓에 지방마다 술도가마다 알코올 도수가 달랐다. 부산에서는 이런 일도 일어났다. "조선 탁주의 보통 '알콜' 성분은 7, 8도로 되는 것이 탁주의 본질로 되어 있고 또 세무당국에서도 평균 8도의 성분으로 그 판매를 허가하고 있는 터인데 요즈음 각 판매점에서 판매하고 있는 주질은 4, 5도 심하면 3도 정도의 그야말로 물 그대로를 술이라 칭탁하고 팔고 있는 형편이므로 일반 애음가들은 이러한 탁주를 애용하지 않고 약주 전문회사인 부산부(釜山府) 부전리(釜田里) 부산양조회사에서 약주 찌꺼기 즉 재주(滓酒) 1두에 물 약 2두가량 섞어서 한 잔에 탁주 값과 동일한 5전으로 '떰핑' 하고 있는 것을 애음하게 되어 약주의 재주 세월이 갑자기 왕성해졌다고 한다."[11]

이와 유사한 사례로 탁주의 알코올 도수가 낮아서 맛이 없다고 하자 술장사들이 소주를 타는 일이 이미 1920년대에도 있었다. 이용기는 《조선무쌍신식요리제법》에서 다음과 같이 언급했다. "온갖 술이 본시 알콜(주정酒精)이 들었는데 술장사가 못된 짓으로 따로이 알콜을 넣으니 이것은 죄받을 일이어니와 막걸리는 본시 알콜이 매우 적은고로 맛이 슴슴하기 쉬우니 한 말 술에 좋은 알콜 한 사발쯤 넣어서 담그면 걸러 마실 제 뒤가 승겁지〔싱겁지〕 아니하니라."[12]

막걸리의 주조법을 엄격하게 다스리지 않았던 이유는 생산처와 생산량이 너무나 많았기 때문이다. 1916년 주세령을 시행한 이후 탁주의 생산량은 계속해서 증가했다. 그 양도 조선 약주에 비해서 무려 16배나 많았다. 《조선주조사》에 기록된 '주세령 시행 이후 주류 조석고(造石高)의 누년(累年) 비교표' 중에서 조선 탁주, 조선 약주, 소주, 청주의 생산고만을 다시 정리하면 다음 〈표 1〉과 같다. 여기에서 조선 탁주와 조선 약주의 경우 밀주가 포함되어 있지 않기 때문에 실제 생산량은 이 통계치보다 많았을 것으로 여겨진다. 하지만 그러한 사정을 감안하지 않더라도 조선 탁주의 생산량이 가장 많았고, 그다음이 소주였다. 이에 비해 조선 약주는 일본 술인 청주보다 생산량이 약간 더 많을 뿐이었다.

이렇게 막걸리의 생산량이 상당했지만, 그렇다고 한반도 어디에서나 똑같았던 것은 아니었다. 《조선주조사》에서는 '지방별·연도별 주류 조석고 표'를 청주·약주·탁주·소주로 나누어 앞의 표 다음에 실었는데, 남북의 편차가 확실하게 드러난다. 식민지 시기만 해도 서울 중상류층 사람들은 약주를, 서울 이북 사람들은 소주를, 그리고 서울 이남 사람들은 탁주를 주로 마셨다.[13] 이러한 정황을 이광수는 〈명문(名文)의 향미(香味), 남유잡감(南遊雜感)〉이란 글에서 상세하게 밝혔다.

"충청도 이남으로 가면 술에는 막걸리가 많고 소주가 적으며 국수라 하면 밀국수를 의미하고 서북에서 보는 모밀국수는 전무하다. 서북 지방에는 술이라면 소주요 국수라면 모밀국수인 것과 비겨보면 미상불(未嘗不) 재미있는 일이다. 아마 막걸네와 밀국수는 삼국 적부터 있는 순수한 조선 음식이요 소주와 모밀국수는 비교적 근대에 들어온 지나식(支那式) 음식인 듯하다. 길을 가다가 주막에 들어앉아서 냉수에 채어놓은 막걸리와 칼로 썬 밀국수를 먹을 때에는 천년 전에 돌아간 듯하더라. 술 말이 났으니 말이거니와, 삼남 지방에 맥주와 일본주의 유행은 참 놀랍다. 촌사람들이라도 술이라 하면 의례히 '삐루'

연도 \ 주류	조선 탁주	조선 약주	소주	청주
1916년(주세령 발효)	486,315	28,826	90,410	34,260
1917년	562,198	32,018	118,987	43,860
1918년	700,133	37,244	140,906	51,985
1919년(주세령 개정)	846,689	36,043	117,564	62,522
1920년(주세령 개정)	1,170,409	37,282	119,844	43,195
1921년	1,207,327	39,566	186,608	55,747
1922년(주세령 개정)	1,095,215	38,845	167,542	57,311
1923년	1,247,575	54,020	181,857	57,699
1924년	1,246,508	59,749	192,753	46,117
1925년	1,305,262	70,918	238,040	54,635
1926년	1,329,451	76,648	266,238	58,730
1927년(주세령 개정)	1,323,710	83,740	274,918	62,114
1928년	1,340,573	94,637	294,155	65,206
1929년	1,287,019	93,275	322,289	61,998
1930년	1,164,088	89,033	265,374	55,652
1931년	1,192,007	94,826	253,923	51,933
1932년	1,286,407	96,380	312,235	57,265
1933년	1,554,619	179,350	381,817	67,143

〈표 1〉 주세령 시행 이후 주류 조석고 누년 비교표 중 일부(단위 : 석)

《조선주조사》 33쪽의 '주세령 시행 이후 주류 조석고 누년 비교표' 중에서 조선 탁주·조선 약주·소주·청주만 뽑아서 정리한 것이다. 주세령 개정 연도는 별도로 표시했다. 1석(石)은 약 180리터이다.

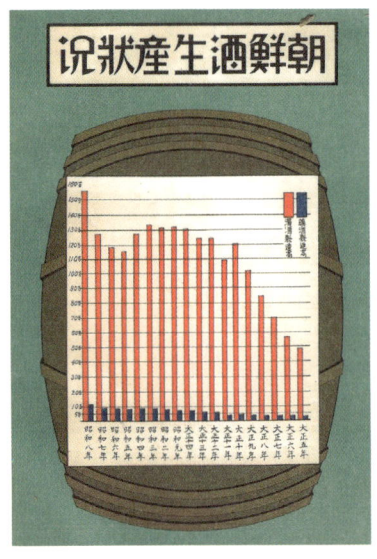 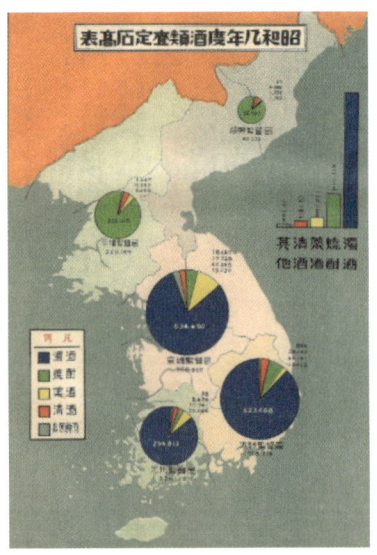

조선주 생산 상황

《조선주조사》 152~153쪽 사이에 실린 1916년 (다이쇼 5)부터 1933년(쇼와 8) 사이의 조선 탁주(붉은색)와 약주(파란색)의 생산 상황을 그래프로 표시한 그림이다. 탁주의 생산량이 약주에 비해 월등히 많음을 확인할 수 있다.

1934년도 주류 사정 석고표

《조선주조사》 32~33쪽 사이에 실린 1934년(쇼와 9) 주류 사정 석고표이다. 서울 이북 지역은 소주 생산에, 이남 지역은 탁주 생산에 치우쳐 있음을 알 수 있다.

나 '마사무네'를 찾는다. 서북 지방에 가면 아직도 '삐루'나 '마사무네'는 그다지 보급이 되지 못하였다. 소주는 압록강을 건너오기 때문에 서북 지방에 먼저 퍼지고 맥주는 황해를 건너오기 때문에 영호남 지방에 먼저 퍼진 것이다. 여기서도 우리는 지리관계의 재미를 깨닫겠더라."[14] 이런 사정은 《조선주조사》에 실린 '주류 사정 석고표(酒類査定石高表)'에서 분명히 알 수 있다. 1934년 서울 이남에서는 단연코 탁주의 생산량이 훨씬 많았지만, 이북에서는 소주의 생산량이 절대적인 우위를 차지하고 있었다.

이런 탓에 식민지 시기에 남쪽 지방의 노동자가 북쪽에 가서 일할 때 막걸리가 없어 불편을 겪기도 했다. 1939년 8월 4일자 《동아일보》에 '남조선(南朝鮮) 노력(勞力) 이산(離散)은 막걸리 없는 까닭'이란 기사가 실렸다. "남조선 이주 노동자는 평균 1원 7전의 임금을 받고 있는데 그들은 습관으로 음주를 하게 됨으로 남조선에서 식사 겸 술로 헐한 값을 주고 마실 수 있던 막걸리가 여기에는 없어 크다란 불편을 느끼고 이로 인하여 고향으로 돌아가려는 마음이 그들에게 생긴다는 진기한 사실을 지적하였다. 그래서 이들의 이산을 방지하기 위하여 그들의 일하는 노동장에 한하여 막걸리 이입 판매를 허할 수 없을까? 하는 연구를 행하게 되었다 한다."[15] 이 말은 같은 해 8월 1일에 열렸던 평남도정보위원회에서 노세타니 간리(野世溪閑了) 내부부장이 보고한 내용이다. 그만큼 남북 사람들의 막걸리 취향이 달랐다.

정부, 막걸리에 개입하다

멥쌀의 생산량이 많은 남쪽 지방에서는 일상적으로 막걸리를 담가 마시곤 했다. 그렇다고 삼국시대로 돌아간 듯하다는 이광수의 묘사는 과장이 심하다. 남쪽 지방에서 막걸리가 흔해진 것도 기껏해야 조선 후기 들어서이다. 그런데 해방이 되면서 이상한 일이 한 가지 일어났다. 해방 이듬해인 1946년 미군정청에서 막걸리 주조 금지령을 내린 것이다. 1946년 10월 22일부로 미군정청 상무부에서는 미곡 사정을 고려하여 11월 1일부터 술을 만들지 못하도록 양조 정지 상무부령을 발포했다. 심지어 군정청에서 관리하는 양조장에 대해서도 이와 같은 조치를 적용했다.

그 여파는 대단했다. 양조장 업주는 물론이고 요리옥을 비롯하여 외식업을 하던 사람들까지 모두 나서서 이 법령의 문제점을 제기하기 시작했다. 시민 우복인 씨는 다음과 같은 걱정을 했다. "양조 금지의 본뜻은 예측할 수 있으나 제대로 이행될는지는 매우 의심스럽다. 현재 서울 안 각 목노집에서 파는 술은 대부분이 밀주인데 이러한 조치는 밀주를 더욱 조장하게 될 것만 같다. 그러면 결국은 술 먹는 우리 소비자만이 곤란할 뿐으로 악덕 간상배는 오히려 춤추고 좋아할 것이 아닌가."[16]

1946년 11월 12일자 《동아일보》의 '휴지통'란에도 이런 글이 실렸다. "슬퍼도 술, 기뻐도 술, 1배 1배부 1배로 취흥에는 남녀노유 가릴 바 아니라, 또한 상하의 구별도 없이 돌고 도는 게 술잔, 그렇지만 논밭 고랑의 '막걸리' 사발은 공복을 채우는 것, 한때의 '주림'을 늦추는 대용식, 도회지의 날벌이꾼이 드는 '막걸리' 사발도 역시 공복을 채우는 대용식, '위스키'니 '뿌란듸'니 하는 고급주야 대개는 재산 접수꾼이나 모리배, 음모꾼이나 사먹을 수 있다는 것, 그러니 주류 양조 금지령은 밀주를 더욱 조장한다는 것, 중국 '배갈'이 더욱 판을 치게 된다는 것, 이상 이론 분분한 독자의 투서가 휴지통자에 답지. 러-취 장관님, 이 뒷수습을 어떻게 하시려오?"[17]

신문에서는 농민과 도회지 노동자들이 공복을 채우기 위해 대용식처럼 먹던 막걸리를 만들지 못하게 하면 이들의 주식은 어떻게 해결할 것인가 하고 묻는다. 마지막에 나오는 '러-취 장관'은 바로 제2대 재조선 미국 육군사령부 군정청(在朝鮮美國陸軍司令部軍政廳, 약칭 미군정청)의 최고책임자였던 아처 엘 러치(A. L. Lerch, 재임 기간 1946. 1. 4 ~1947. 9. 11.) 장군을 가리킨다. 술을 만들지 못하도록 한 조치는 조선시대에 제법 자주 있었지만, 식민지 시기에는 없던 일이다. 그런데 식민지를 해방시켜주러 온 미군정청이 술을 못 만들게 금지령을 내리니 온 나라가 민원으로 들끓을 수밖에 없었다.

특히 밀주 문제가 심각했다. 1947년 5월 29일자《경향신문》에 당시 경기도 재무관이었던 정귀섭(丁貴燮)이 주조 금지령으로 인해서 세수입이 격감하고 밀주가 성행하게 되어 역효과를 보았다는 주장을 담은 글을 실었다. 그는 조선총독부가 한반도에서 나는 쌀을 본국에 보내거나 군용미로 쓰면서도 주조 금지령을 내리지 않았던 가장 큰 이유는 세금을 걷기 위해서였다고 보았다. 그런데 미군정청이 세금 생각은 하지 않고, 농업국 조선에서 주식으로 먹는 쌀로 술을 빚는 것을 금지한 점은 대단한 용기라고 평가했다. 하지만 밀주가 범람하고 외국주와 불량주가 발호하는 사정을 보면 이 주조 금지령은 실패한 것이라며, 만약 주식량인 미곡이 아닌 다른 곡물로 술을 빚게 한다면 주곡을 아낄 뿐 아니라 밀주로 인한 많은 식량 소비도 억제할 수 있는 현명한 정책이 될 것이라고 자신의 생각을 밝혔다.[18]

하지만 미군정청은 이 금지령을 해금하지 않았다. 당시 한국의 식량 사정이 매우 심각한 상태였기 때문이다. 농수산부의《한국양정사(韓國糧政史)》(1978)에 수록된 통계 자료에 의하면 1946년 식량 생산량은 1,987만 8천여 석이었지만, 수요량은 2,107만여 석이었다.[19] 그러니 무려 119만 2천여 석이 부족한 상황이었다. 1947년과 1948년에는 사정이 더욱 나빠져 식량 부족량이 200만 석을 넘어섰다. 미군정청에서는 멥쌀을 오로지 주식으로만 먹도록 주조 금지령을 내렸지만 멥쌀로 막걸리를 만들어 마셔온 오래된 관습 탓에 강력한 심리적 반발이 일어났던 것이다.

결국 이 금지령은 1948년 8월 15일 대한민국 정부 수립 이후에야 슬그머니 사라졌다. 그 대신 1949년 3월 재무부는 '양곡 소비 규정 실시 요강'을 발표했다. 그 내용 중에 다음과 같은 항목이 있다. "(1) 각 지방으로 존재하고 있는 양조업장을 지역적 당지(當地) 조건과 그 설비시설과 업적을 재검토하여 가능한 한 최대한도로 축소 방책을 강구하여 조속히 단행 실시할 것. (중략) (3) 양조 가공 원료는 가급적으로 백미를 피하게 하고 당국으로서 부산물 등속을 적극적으로 알선 배급하여주는 태세로서 양조계의 일대 획기적 전환이 있기를 도모할 것. (중략) 밀조주업자(密造酒業者)에 대하여는 추호의 가차(假借)이 강력히 이를 적발하여 일벌백계주의(一罰百戒主義)로 단행할 것."[20]

양곡 소비 규정은 이미 1946년부터 각 지방별로 실시한 사례가 있었다. 그러나 중앙정부의 법률로 시행되지는 않았다. 1949년 3월 31일 사보(社保) 제532호로 사회부 장관 앞으로 송부된 정부 문서 '양곡 소비 규정 실시 요강에 대한 접객업(음식점 영업, 요정 영업, 여관 영업) 정비에 관한 건'에서도 단지 백미 사용을 제한한 대상 업종으로 제과업을 지목했을 뿐, 주조업에 대한 조치 내용은 없었다. 이러한 정황은 대한민국 정부 수립 이후 처음으로 국무회의에서 의결된 1950년 2월 10일의 '양곡 소비 규정 실시에 관한 건'에서도 마찬가지였다. 다만 이런 내용을 넣어서 양곡 부족 문제를 제기했을 뿐이다. "국민 각자가 밀주·이병(飴餠) 등과 기타 각종 음식물로 무절제한 식량 낭비를 한 것이 주요 원인으로 사료되는 바, 이 연간 낭비량을 개별적으로 열기하면 밀주가 미곡 108만 석(재무부 통계) 음식업자가 54만 석(총 업자 수를 3만으로 추정하고 1업자 1일 소두小斗 1두一斗 소비로 추산), 이병 제과 등을 약 30만 석으로 추정하면 전체적으로 약 200만 석이라는 거대한

양을 소비케 되는 것으로 보아 작금 미가(米價) 등귀(騰貴) 역시 차(此)에 기인됨이 크다고 사료됨에 감하여 양곡관리법이 공포될 때까지 좌기(左記) 조치로서 소비면의 (불명) 긴급한 식량 사정에 기여(寄與)코저 하오니 부의(附議)하여 주시앞기 경망(敬望)하나이다."[21] 곧 밀주가 양곡을 낭비한다는 입장만 밝혀져 있을 뿐, 별도의 조치를 취하지는 않았다. 앞에서 살폈듯이 아마도 미군정청이 주조 금지령을 발포한 후 생겼던 각종 부작용에 대해서 대한민국 정부가 익히 알고 있었기 때문에 이 정도에서 멈춘 것이 아니었을까 싶다. 이러한 인식은 1950년 11월 14일자 대통령령으로 발효된 '양곡관리법 시행령(대통령령 제393호)'에서도 그대로 나타난다. 대두·소두·조·메밀·옥수수·보리·쌀 등을 양곡이라고 규정한 이 법에서 술과 관련된 내용은 오직 제17조 제1항에 나올 뿐이다. "미곡을 원료로 하는 양조는 농림부 장관이 필요하다고 인정할 때에는 재무부 장관의 동의를 얻어 이를 제한할 수 있다."[22] 곧 미곡인 쌀로 술을 담는 것을 제한하는 행위는 필요할 경우에만 가능하도록 규정했을 뿐이다.

정부는 전쟁까지 겪은 탓에 식량 사정이 매우 어려웠던 1950년대에도 막걸리 주조에 미곡을 사용하는 것을 법률로 금지하지 않았다. 그 이면에는 미국에서 들어온 잉여농산물이 있었다. 미국은 미군정기부터 한국전쟁이 일어난 1945~53년 사이에 상호방위원조법(MDA)에 의거하여 상당한 양의 식량을 한국에 원조했다. 가령 1948년 12월 15일부터 1949년 12월 31일까지 1,390만여 달러에 상당하는 식료와 식량품을 원조했다.[23] 1953년부터 1961년 사이에는 미국의 상호안전보장법(MSA)에 의거하여 군사 원조와 병행해 잉여농산물 원조가 이루어졌다. 미국의 대외 원조 계획을 관할하던 행정기관인 FAO(Foreign

Operation Administration)가 1954년 한국에 원조한 농산물은 보리가 178만 5천 달러, 밀이 200만 7천 달러, 콩이 69만 1천 달러어치였다. 1956년부터 PL-480호에 의한 지원이 이루어지면서 그 양이 더욱 늘어났다. 1957년 보리는 1,386만 3천 달러, 밀은 2,280만 9천 달러어치에 달했다. 이에 비해 콩의 원조량은 급격하게 줄어 8만 1천 달러어치에 지나지 않았다.[24]

이처럼 1955년 이후 미국의 원조는 밀가루가 아닌 가공하지 않은 밀을 위주로 이루어졌는데, 이는 미국 내 밀 재고분을 소비하기 위한 행정조치의 일환이었다.[25] 특히 1956부터 시행된 PL-480호에 의한 원조는 실제로 무상이 아니었다. 한국 정부가 그 대가를 지불하는 방식으로 결제 조건이 바뀌었다. 시행 초기만 하더라도 대가 지불은 원화로도 가능했다. 하지만 1968년 이후 미국 정부는 농산물 원조 대금을 달러로 바꿀 수 있는 통화로 받았다. 한국의 원화는 당시 달러로 바로 바꿀 수 있는 통화가 아니었다. 이는 원조가 아니라 상업적 판매였다.[26] 적어도 1950~60년대에 이루어진 미국 정부의 농산물 원조는 다분히 미국의 방위우산 속에 한국을 포함하려는 전략적 의도가 개입돼 있었다. 인도 다음으로 원조 식량의 양이 많았던 이유도 한국의 군사적 중요성 때문이었다. 특히 1954년부터 1963년 사이에 PL-480호에 의해 적립된 현지 통화 중 84.9%가 공동방위에 쓰인 것만 보아도 이를 확인할 수 있다.[27] 이뿐만이 아니었다. 미국 정부는 식량 원조를 통해 한국 정부를 좌지우지하려 들었다. 가령 1963년 3월 16일 박정희가 군정을 4년 연장하겠다는 성명을 발표하자, 미국 정부는 그에 대한 대응으로 원조 중단을 공표했다. 결국 같은 해 4월 8일 박정희는 군정 연장 국민투표를 보류한다는 성명을 발표하고서야 농산물 원조

1960년대 후반, 쌀막걸리 생산이 금지되었음에도 불구하고 막걸리 소비는 대단했다. 그즈음에 폴리에틸렌으로 만든 한 말짜리 막걸리통이 나와 자전거 뒤에 포개서 실어 배달했다.

를 다시 약속받을 수 있었다.

한편, 한국 정부는 1963년 2월 26일 주세 보전을 위해서 그해 3월 1일부터 12월 31일까지의 기간 중 '탁주 제조자에 대한 원료 미곡의 사용 금지 조치'를 내렸다.[28] 쌀막걸리가 1963년 3월 1일부터 제조되지 않게 된 사건이었다. 그 배경을 명확히 확인할 길은 없지만, 추측건대 박정희 정부는 군정 4년 연장을 선포할 준비를 하면서 미국의 원조 중단 압력을 미리 짐작하고 이러한 고시를 내리지 않았을까? 미군정청에 의한 주조 금지령이 20세기 들어 처음 이루어진 술에 대한 국가의 개입이었다면, 1963년 3월 1일부터 실시된 쌀막걸리 제조 금지 조치는 막걸리에 대한 국가 개입이었다. 1964년 1월 30일에 고시된 규정에서는 '탁주 제조 원료에 미곡 사용과 주정 원료에 미맥(쌀과 보리) 사용을 금지하는 조치'가 담겼다. 아울러 '도입 소맥(밀) 또는 도입 소맥을 원료로 한 소맥분 및 도입 대맥(보리)으로서의 양조를 금지하는 조치', '약주 제조 원료에 4할 5부 이상의 미곡 사용 금지 조치', 그리고 'FY64(fiscal year 64, 회계년도 1964년) 약주 및 청주 원료용 미곡 배정량 이상의 제조 금지 조치'도 함께 발표했다.

이어서 1964년 6월 3일에 발포된 재무부 고시 제348호에서는 "1. 탁주와 주정 제조 원료에 미곡 사용을 금지하는 조치, 2. 미공법 480호(PL-480호)로 도입된 양곡의 주조 원료 사용 금지 조치, 단, 시중에서 자유 구입할 수 있는 맥류를 위시한 기타 잡곡은 본 호 금지 조치에서 제외한다"[29]라고 했다. 다시 1965년 3월 29일자 재무부 고시 제377호에서는 더욱 자세하게 주세법에 의거한 명령 권한을 고시했다. "가. 양곡(서류薯類 제외)을 원료로 하는 주정 및 증류식 소주의 제조를 금지하는 조치, 나. 미공법 480호에 의한 도입 소맥 또는 도입 소맥을 원료로 한 소맥분 및 도입 대맥을 원료로 하는 양조를 금지하는 조치, 다. 탁주 제조에 사용 원료의 2할을 초과하는 미곡 사용을 금지하는 조치, 라. 약주 제조에 있어서 미곡 4.5 대 5.5의 혼합률을 견지하는 조치, 마. 주류 제조에 있어서 재무부 장관이 책정한 원료 사용량의 초과 사용을 금지하는 조치."[30] 이 조치로 인해 막걸리 원료로 멥쌀을 전혀 사용하지 못하다가 멥쌀을 20% 내에서 사용할 수 있게 되었다. 그리하여 판매용 막걸리는 멥쌀 20% 이하, 잡곡 60% 이상, 그리고 고구마전분 20% 이상의 비율로 제조되었다.[31]

하지만 다시 1966년 8월 28일 이후 정부는 멥쌀 사용을 전면 금지하고, 그 대신에 밀가루로만 막걸리를 담그도록 했다.[32] 이때부터 100% 밀막걸리가 생산되었다. 1966년에 이러한 조치가 취해진 배경에는 그해 미국에서 들어온 무려 2억 3천만 달러어치의 원조 밀과 밀가루의 소비 문제가 있었다. 밀막걸리의 등장은 막걸리 제조 방식에도 큰 변화를 가져왔다. 막걸리는 본래 누룩을 사용해 제조했는데, 이는 주로 멥쌀을 원료로 한 막걸리를 담글 때 쓰던 방법으로 맛이 일정하지 않은 단점이 있었다. 그런데 밀가루로 막걸리를 담그게 되면서 누룩도 일본에서 술을 제조할 때 쓰는 누룩을 사용하게 되었다.

한반도와 중국에서 오래전부터 술을 담글 때 사용했던 누룩은 그 모양이 떡을 닮았다 하여 '병국(餠麴)'이라고 불렀다. 하지만 일본 열도에서는 곡물의 낱알이 흩어져 있는 '산국(散麴)'을 사용했다. 병국은 싹을 낸 밀이나 보리 혹은 수수를 가루로 내어 물과 함께 반죽해 작은 떡처럼 만든 후 곰팡이를 붙여 만든다. 이에 비해 산국은 가루를 내지 않은 곡물을 시루에 찐 뒤 곰팡이 포자를 뿌려서 만든다. 일본에서는 누룩을 '코우지(麴)'라 부르는데, 한국에서 100% 밀막걸리를 제조하면서 일본 누룩인 코우지를 쓰기 시작했다. 쌀막거리는 발효와 양조 과정에 120시간이 걸리는 데 비해 코우지로 밀가루를 발효시켜 만드는 밀막걸리는 70시간밖에 걸리지 않았다. 더욱이 밀막걸리는 단맛을 내기 위해 발효가 완전히 이루어지지 않은 상태에서 판매되었다.[33] 그런데 의외의 일이 일어났다. 완전히 발효되지 않은 밀막걸리가 유통 과정에서 발효가 진행되면서 탄산가스가 생겼는데, 이 탄산가스의 톡 쏘는 식감을 의외로 사람들이 좋아했다.

하지만 그 이후 밀과 밀가루 원조량이 줄어들자 막걸리 또한 밀가루 함량을 50~70%로 줄였다. 밀가루를 덜 사용하는 대신 보리와 옥수수가루를 넣었다. 마침내 1977년 12월 15일, 정부는 재무부 고시 제783호를 통해 1965년 3월 29일에 발포했던 재무부 고시 제377호를 폐지했다. 이는 정부가 그만큼 식량 자급에 자신감을 갖게 되었다는 신호이기도 했다. 정부 조치 이후 다시 쌀막걸리가 부활했다. 그러나 이미 20년 넘게 밀막걸리에 입맛이 길들여져 있던 술꾼들은 금방 쌀막걸리로 돌아서지는 않았다. 특히 톡 쏘는 탄산 맛이 줄어들자 오히려 쌀막걸리를 '전통'이라고 보지 않으려는 경향도 생겨났다.

1980년대가 되면 쌀막걸리나 밀막걸리나 인기가 예전 같지 않았다. 1987년 4월 4일자 《경향신문》에 실린 '관철동 시대—70년대 한국 문단 풍속화(51) : 주점 '항아리집'서 생긴 일'이란 글에 그런 사정이 담겨 있다. 이 칼럼을 쓴 소설가 강홍규(康弘圭)는 1960년대 문인들이 드나들었던 명동의 막걸리집 은성(銀星)에 얽힌 이야기로 글을 시작했다. 1953년에 명동극장 옆 골목에 있던 20여 평의 적산가옥 1층에 문을 연 은성은 명동의 '막걸리시대'를 연 곳이었다. 1960년대에는 탤런트 최불암의 어머니 이씨가 이곳을 운영했는데, 당시만 하더라도 박

인환, 전혜린, 김수영과 같은 불멸의 스타들이 유명을 달리하기 전에 이곳을 즐겨 찾았다. 하지만 1970년대 초반 은성이 문을 닫으면서 막걸리시대도 사실상 막을 내렸다. 강홍규는 막걸리시대가 끝나갈 무렵 젊은 술꾼들은 막걸리와 콩나물무침보다는 생맥주와 통닭을 더 좋아했다고 적었다. 은성이 문을 닫은 이유도 여기에 있었다. 막걸리집 은성을 운영했던 이씨도 '생맥주시대'를 쫓아서 명동의 옛 성모병원 건너편에 생맥주와 통닭을 주메뉴로 하는 또 다른 은성을 개업하기도 했다. 물론 그것도 1년쯤 견디다가 문을 닫고 말았지만.[34] 이처럼 막걸리에 안주를 팔던 대폿집의 종언도 은성과 비슷한 시기에 진행되었다.

그렇다고 이때부터 전국적으로 막걸리시대가 완전히 끝났다고 보기는 어렵다. 적어도 1980년대까지 막걸리는 여전히 농민과 노동자, 심지어 반정부운동이나 민주화운동을 했던 대학생들의 술이었다. 하지만 1970년대부터 삶이 더욱 고단해진 도시 노동자들은 싸고 독한 희석식 소주로 몸을 추슬렀다. 일부 대학생들이 막걸리를 마시며 의식적으로 '농민'의 사정을 고려하는 듯했지만, 그리 오래 지속되지는 못했다. 그들의 입맛에도 막걸리보다는 생맥주나 맥주가 더 맛있었기 때문이다. 막걸리시대의 종언은 대폿집의 변신으로 이어졌다. 술국에 막걸리 한잔하던 모습은 온데간데없고, 그 자리에 희석식 소주가 들어앉았다. 해장술국에도 막걸리보다는 희석식 소주가 더 어울렸다. 1990년대 이후가 되면 대폿집은 대도시 골목에서 찾기 어렵게 되고, 삼겹살이나 돼지보쌈 혹은 술국을 안주로 희석식 소주를 마시는 소줏집이 주류를 이루게 되었다.

그런데 2000년대 후반에 갑자기 일본에서 막걸리 붐이 일어나더니 한국 사회에까지 영향을 미쳤다. 이 막걸리 붐은 2000년대 초반부

밀가루를 찐 술밥에 효소제를 넣고 손으로 섞고 있다.

하루 정도 술밥을 발효시킨 다음 오동나무 상자에 넣어 종국균을 배양한다(경기도 양평군에 위치한 지평주조에서 촬영).

터 일본에서 일기 시작한 한국 드라마 붐과 연관돼 있었다. 한국 드라마를 보고 한국인의 일상생활에 관심을 갖게 된 일본인들 가운데 규격처럼 짜인 한정식 음식점보다 한국의 젊은이들이 자주 가는 일반 음식점에 가고 싶다고 생각하는 사람들이 생겨났다. 이러한 분위기에 맞추어 온갖 안주거리를 갖춘 한국 음식점이 도쿄에 들어섰다. 그곳에서 일본 젊은이들은 막걸리를 자신들의 방식으로 칵테일처럼 섞어 마셨다. 일본에서 불기 시작한 막걸리 붐이 언론에 보도되면서 한국인들 사이에서도 막걸리를 찾는 이들이 갑자기 늘어났다. 마침 '한식 세계화'를 표방한 이명박 정부에서도 이러한 현상에 관심을 가졌다. 놀랍게도 대통령도 청와대에서 일본식 칵테일 막걸리를 마셨다. 그 덕택인지 몰라도 이후 막걸리는 다양한 이미지 전략을 구사하며 판매되었다. 막걸리에 대한 찬사와 걱정이 이어지는 한편, '막걸리=전통'이라는 인식도 널리 퍼졌다. 하지만 물만 한국산일 뿐 누룩이나 쌀 등 주요 성분의 원산지를 따져본다면 무조건 '전통'이라고 말하기도 어렵다. 이것이 20세기 후반 이후 막걸리가 안고 온 역사이자 현실이다.

2

술국 중의 으뜸, 전주 탁백이국

　오 원짜리 사글셋방을 석 달이나 집세를 내지 못하고 하루 이틀 밀어오다가 오늘은 집주인이 순사까지 끌고 와서 할 수 없이 쫓겨나는 수밖에 없었다. 넓으나 넓은 서울 바닥에 즐비한 것이 사람이 살려고 지어논 집이건마는 제각기 담을 쌓고 울타리를 둘러막고 널직한 터전마다 붉은 테 두른 인형을 사서 말뚝을 박아 세워 오 척에 지나지 못하는 일영이 한 사람을 용납지 않았다. 저녁때가 지나서 일영은 몹시 시장하였으나 쫓겨나올 때에 들고 나온 것은 헌 옷 한 벌과 모서리가 떨어져 전당도 잡지 않는 헌 '끼타〔기타〕' 하나밖에는 날로 수척해가는 알몸뚱아리 하나뿐이었다. 전 재산인 헌 옷 한 벌을 마지막으로 뎐장국〔전당포〕에다가 틀어넣고 나온 일영의 주린 창자를 끌어 잡아당기는 것은 선술집의 구수한 술국 냄새다. 얼근히 취한 일영은 야시장이 한참 벌어진 종로 큰길로 휘젓고 나왔다.[1]

이 글은 1926년 12월 4일자 《동아일보》에 실린 심훈(沈熏, 1901~1936)의 영화소설 〈탈춤(25)〉의 일부이다. 지금도 영화소설이라는 장르는 생소하다. 이 소설은 나운규(羅雲奎, 1902~1937)가 영화로 만들 생각으로 심훈에게 부탁해 먼저 신문에 연재한 글이다. 나운규는 신문에 소설이 연재되는 동안 스틸 사진을 삽화처럼 올렸다. 앞에서 소개한 25호에는 "모든 것은 허무(虛無)다"라는 주인공의 대사를 스틸 사진 안에 넣었다. 나운규는 미리 영화소설을 연재해 영화 제작기금을 마련하려 했지만 실패했다. 그로 인해 소설은 영화로 촬영되지 못했다. 이 글에서 주인공 일영은 선술집에 헌 옷을 팔고 술국 한 그릇을 먹었다. 얼큰하게 취한 것으로 보아, 술국을 먹으면서 한잔 걸친 게 분명하다.

술국은 쇠뼈다귀를 오랫동안 푹 곤 국물에 배추·우거지·콩나물·애호박 등을 넣고 끓인 토장국을 말한다.[2] 한자로는 '주탕(酒湯)'이라 적었다. 그런데 조선시대 문헌에서는 간혹 관아에서 일하는 관비(官婢)나 기생을 주탕이라고 불렀다. 곧 주탕비(酒湯婢)의 준말이다. 보통 술집에서 술안주나 해장국으로 술국을 팔았는데, 여기에 밥을 만 것을 술국밥이라고 불렀다. 다른 말로 주가탕반(酒家湯飯)이라고도 한다. 여러 가지 술국 가운데서 뼈다귓국이라고도 불렸던 우거짓국이 가장 으뜸에 들었다.

서울에서 가장 오래된 술국은 청진동의 해장술국이다. 식민지 시기였던 1936년경에 문을 열었다고 알려진 청진동 술국집은 성안으로 나무를 져다 팔던 나무꾼들을 상대로 대포 한 잔에 술국을 판매한 데서 연유한다.[3] 당시 술국은 쇠뼈에 내장을 넣고 시금치·콩나물을 곁들여 끓인 술안주였다. 한국전쟁 이후 종로 일대에 요정과 숙박업소가 들어서면서 술국집은 밤새 술을 마신 한량 손님들 덕분에 영업이 잘되었다.[4] 1960년대 이후 나이트클럽이 생기고 손님들이 늘어나면서 청진동 골목뿐 아니라 도심 곳곳에 술국집이 많이 들어섰다. 술국 또한 선짓국, 따로국밥, 콩나물국 따위로 종류가 다양해졌다. 이때부터 사람들은 술국을 술안주로 먹는 음식이 아니라, 술을 마신 뒤 숙취를 푸는 데 좋은 음식으로 여기게 되었다.

요리연구가로 유명했던 왕준련은 1977년 12월 14일자 《동아일보》에서 '숙취 씻는 술국 몇 가지'로 북엇국·뼈해장국·훈탕(薰湯)을 언급했다. 북엇국과 뼈해장국은 익히 알고 있는 음식이지만, 훈탕은 생소하다. 훈탕은 먼저 쇠고기를 곱게 다져서, 다진 파·마늘·표고와 섞어 속을 만든다. 그리고 밀가루에다 달걀흰자를 넣어 말랑말랑하게 반죽해 얇게 밀어 네모나게 잘라둔다. 그런 뒤 껍질 한쪽에만 속을 넣어 아물려서 훈탕을 빚어 끓인다.[5] 훈탕은 원래 밀만두와 비슷한 중국 음식이다. 이것을 왕준련은 술국으로 소개했으니, 술국의 종류를 더 보태보려는 의도가 엿보인다.

식민지 시기 여러 소설에 등장하는 술국은 술을 한잔 마시면서 안주로 먹던 국을 가리킨다. 전주에서는 지금도 이름 그대로 막걸리 한잔을 곁들여 먹던 탁백이국이 유명하다. 왜 그 이름에 막걸리를 뜻하는 탁백이란 말이 붙었는지 탁백이국의 20세기 역사를 살펴보자.

전주의 명물, 탁백이국

식민지 시기 잡지인 《별건곤》 1929년 12월 1일자 (제24호)에서는 특집으로 팔도에서 이름난 지역음식을 소개하는 지면이 꾸려졌다. 그

가운데 한 편이 '전주 명물 탁백이국, 진품·명품·천하명식 팔도명식 물예찬'이란 제목의 기사다. 이 기사의 필자는 '다가정인(多佳亭人)'이란 필명을 썼다. '다가정'은 지금도 전주시 완산구 중화산동에 있는 조선 후기에 세워진 누정이다. 그러니 필명에서 이 기사의 필자가 전주 출신임을 알 수 있다. 기사의 출발은 이러하다.

> 평양의·어북장국(어복장국), 서울의 설넝탕이 명물이라면 전주 명물은 탁백이국일 것이다. 명물이라고 하면 무슨 특이한 진미인 것 같기도 하지만 실상 그렇지는 않고 어북장국 국이나 설넝탕과 마치 한가지로 상하귀천(上下貴賤)이 없이 누구나 먹고, 값이 헐하고 한 데다가 맛이 구수하며 술속이 잘 풀리니 이만하면 어북장국이나 설넝탕과 어깨를 견줄 만한 명물의 자격이 충분하다. 그러나 한편으로 보면 어북장국이나 설넝탕보담도 나은 편이 없지 않다. 그것은 어북장국은 고기로 끓이고 설넝탕도 소고기로 끓이는 만큼 원료가 다 그만한 맛을 갖추어가지고 있겠지만 탁백이국은 원료가 단지 콩나물일 뿐이다.[6]

이쯤이면 탁백이국이 어떤 음식인가를 눈치 챌 수 있다. 평양의 어복장국●이나 서울의 설렁탕이 국밥인 것과 마찬가지로 탁백이국 또한 콩나물로 끓인 국밥이다. 다만 쇠고기로 국물 맛을 내는 어복장국이나 설렁탕과 달리 탁백이국은 콩나물로 국물 맛을 낸다.

콩나물은 오래전부터 매우 즐겨 먹어온 부식물이다. 그러한 사실이 너무나 당연시된 탓인지 조선시대 문헌에서 콩나물에 대한 글을 아직까지 보지 못했다. 오히려 식민지 시기에 일본인 가미타 쓰네이치(上田常一)가 콩나물에 대한 글을 자세히 써서 남겼다. 가미타 쓰네이치는 1927년《조선총독부 및 소속관서 직원록》에서 경성사범학교 훈도(訓導)로 알려진 인물이다. 같은 책의 1937년판에서는 교유(敎諭)로 나온다. 그는 경성사범학교 생물학 담당 교사로 한반도의 각종 생물에 대한 조사와 표본을 수집했다. 그 가운데 그는 조선총독부 산하 조선교육회(朝鮮敎育會)에서 발간한 잡지《문교의 조선(文敎の朝鮮)》 1932년 1월호에 콩나물에 대한 글을 게재했다.

'조선의 콩나물(朝鮮の豆芽)'이란 제목의 글에서 가미타 쓰네이치는 일본 열도에서도 지방에 따라 콩이나 밀을 그늘에서 발아시킨 식

● 1926년 8월 22일자《동아일보》에는 '버들쇠'라는 필명을 가진 저자가 '평양인상(平壤印象)' 열 번째 연재글로 '조선 명물 어복(魚腹)장국'이란 글을 실었다. 저자는 먼저 어복이란 이름의 내력을 설명하는데, 평양 사람들에게 물어보아도 그 내력을 잘 알지 못한다고 했다. 그러면서 여러 사람의 말을 종합해본 결과, 당초 쇠고기로 만들지 않고 물고기 내장으로 만들었기 때문에 이런 이름이 붙은 것이라는 결론에 이른다. 그런데 이제는 이러한 요리법이 사라지고 어복장국을 소의 내장에다 소의 골수(骨髓)를 섞어 만들게 되었다. 하지만 저자 버들쇠가 평양에서 맛본 어복장국은 꼭 그렇지만도 않았다. "지금의 어복장국은 순전한 연한 암소의 가슴팩이살―경성서 '업주인'이라고 소위 편육을 만드는 고기―로 만드는데 그중에도 잘 만드는 어복에는 지금도 골수를 넣는다 하나 대개는 값이 비싸고 구하기가 어려운 까닭으로 골수는 넣지 않고 '업주인' 고기로만 만든다고 합니다." 어복장국을 끓이는 그릇도 특이하다. 한자로 유제장반(鍮製掌盤)이라 불리는 이 그릇은 놋쇠로 만든 쟁반처럼 생겼다. 크기도 둘레가 세숫대야만 하다. 그 쟁반에 장국을 담고 가운데 초장을 담은 보시기를 놓는다. 이 쟁반에는 신선로와 마찬가지로 밑에 불을 지필 수 있는 장치가 달려 있어 식탁에 놓고 쟁반 아래에 숯불을 지피면서 보글보글 끓여 먹을 수 있다. 버들쇠도 밝혔지만, 어복장국은 다른 말로 하면 '평양의 신선로'라 할 수 있다. 하지만 해방 이후 서울로 옮겨온 어복장국은 '어북쟁반'이란 이름으로 바뀌었다. 신선로열구자탕이 신선로가 된 연유와 비슷하다. 심지어 이름이 어북쟁반인 이유가 그릇이 생선의 배처럼 불룩하기 때문이라는 주장도 생겨났다.

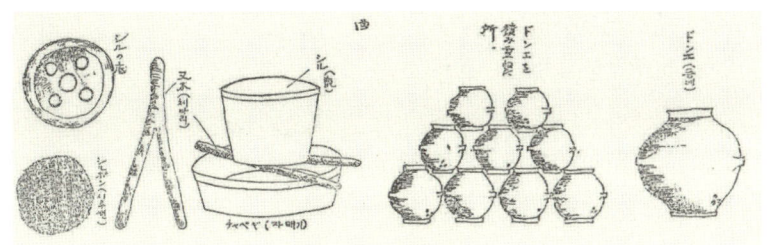

가미타 쓰네이치가 그린 콩나물 시루와 대량 재배에 이용된 동이 그림

품인 모야시(もやし)를 볼 수 있지만, 조선에서는 때와 장소를 가리지 않고 항상 먹는다는 점이 진귀하여 관심을 갖게 되었다고 밝혔다. 그는 "조선에는 보통 두 종류의 모야시가 있다. 하나는 콩나물이라 부르며, 다른 하나는 숙주나물 또는 녹두나물이라고 부른다. 전자는 가장 많이 식용하는 것으로 서목대두(鼠目大豆) 흔히 서두(鼠豆)로 불리는 낟알이 작은 콩으로 만든 것이다"[7]라고 하면서 콩나물이나 숙주나물을 만드는 과정도 매우 상세하게 조사해 글로 옮겼다. 여기에 더하여 시루를 그림으로 그리고 그 명칭도 표기해두었다. 또한 시루를 사용하지 않고 동이로 만드는 것도 있다고 하면서 역시 그림으로 그려놓았다. 그는 동이를 이용하는 방법에 대해서 이렇게 설명했다. "이것 (동이)을 '모야시'용으로 하려면 그릇의 가장 아랫부분의 곁 한곳을 골라서 거기에만 여러 개의 작은 구멍을 뚫는다. 한 번 구멍을 뚫으면 더는 물 긷는 데 쓸 수 없으니 테가 깨진 것 따위를 이용한다."[8]

가미타 쓰네이치는 동이를 이용한 재배 방법은 주로 콩나물이나 숙주나물을 전문적으로 판매하는 사람이 사용한다고 밝혔다. 앞의 전주 탁백이국을 전문적으로 판매한 식당에서도 콩나물 수요를 감당하기 위해서 이러한 재배 방법을 사용했으리라 여겨진다. 가미타 쓰네이치는 생물학 교사답게 콩나물 재배 과정을 매우 자세하게 묘사했다. "모야시가 이렇게 다 자라는 데는 봄과 가을에는 약 1주간, 여름에는 약 5일간, 겨울에는 약 10일 혹은 그 이상의 시간이 걸린다. 겨울에는 모야시를 만들 때 별도로 옷감으로 덮개를 만들어 덮어두기도 한다."[9]

콩나물 푹신 삶아 소금 쳐 훌훌 마시면…

그렇다면 이렇게 키운 콩나물로 어떻게 탁백이국을 끓였을까? 그 내용은 앞에서 소개했던《별건곤》제24호의 탁백이국 기사에서 찾아야 할 듯하다.

> 콩나물을 솥에 넣고(시래기도 조금 넣기도 한다) 그대로 푹푹 삶아서 마눌 양념이나 조금 넣는 둥 마는 둥 간장은 설넝탕과 한가지로 대금물(大禁物)이요 소곰을 처서 휘휘 둘러놓으면 그만이다.[10]

매우 간단한 조리법이다. 특히 설렁탕과 마찬가지로 간장을 넣지 않고 소금으로만 간을 맞추는 음식이 바로 탁백이국이다. 이쯤에서 이 탁백이국이 바로 오늘날의 콩나물국임을 눈치 챌 수 있다. 방신영은 1921년판《조선요리제법》에서 '국 끄리는 법'의 하나로 콩나물국 조리법을 적었다. "고기를 얇고 잘게 썰어서 여러 가지 고명을 치고 주물러서 솥에 넣고 맑은 장국같이 물을 먹을 만치 붓고 콩나물을 넣은 후 불을 때어 끓이나니라."[11] 조리 방법이 아주 간단한데, 앞의《별건곤》제24호에 나오는 탁백이국과는 약간 다르다. 곧 방신영의 콩나물국에는 고기가 들어간다. 무슨 고기인지를 밝히지 않은 것으로 보아 쇠고기일 가능성이 크다. 지금 사람들 생각에는 매우 의아하지만, 1920년대 서울의 콩나물국에는 고기가 들어갔다.

이에 비해 《별건곤》 제24호에 글을 쓴 다가정인은 전주 탁백이국의 특징으로 다른 건 아무것도 넣지 않고 오로지 콩나물만 사용한다고 했다. 덧붙여 전주에서 나는 콩나물이 다른 곳의 콩나물과 달리 물이 좋아서 콩나물만 넣어도 맛이 있다는 주장도 담았다. 비록 시래기를 조금 넣기도 하지만 말이다.

원래 다른 채소도 그러하겠지만 콩나물이라는 것은 갖은 양념을 많이 넣어 맛있는 장을 쳐서 잘 만들어놓아야만 입맛이 나는 법인데 전주 콩나물국인 탁백이국만은 그렇지가 않다. 단지 재료라는 것은 콩나물과 소금뿐이다. 이것은 분명 전주 콩나물 그것이 다른 곳 것과 품질이 다른 관계이겠는데, 그렇다고 전주 콩나물은 류산암모니아를 주어서 기르는 것도 아니요 역시 다른 곳과 같이 물로 기를 따름이다. 다 같이 물로 기르는데 맛이 그렇게 다르다면 결국 전주의 물이 좋다고 하지 아니할 수가 없다. 그런 것은 어쨌든 그처럼 맨 콩나물을 푹신 삶아서 소금을 쳐가지고 휘휘 내저어놓은 것이 그와 같이 맛이 있다면 신통하기가 짝이 없는 것이다. 이 신통한 콩나물국을 먹는 법이 또한 운치가 있다. 아침 식전에, 그렇지 아니하면 자정 후에 일즉 일어나서 쌀쌀한 찬 기운에 목을 웅숭커리고 탁백이집을 찾아간다. 탁백이집이라는 것은 서울 같으면 선술집이다. 구수-한 냄새와 푸군히 더운 김이 쏟아져나오는 목노 안에 들어서 개다리상 같은 걸상에 걸터앉아 톱톱한 탁백이 한 잔을 벌컥벌컥 들이켜고는

> 탁백이국 그놈 한 주발에 밥 한 술을 놓아 훌훌 마시는 맛은 산해의 진미와도 바꿀 수 없이 구수하고 속이 후련하다. 더구나 그 안날 밤에 한잔 톡톡히 먹고 속이 몹시 쓰린 판에는 이 탁백이국 외에는 더 덥혀 먹을 것이 없다.[12]

방신영은 콩나물국 옆에 괄호를 하여 '겨울음식'이라고 밝혀두었는데,[13] 탁백이국 역시 마찬가지였던 모양이다. 이 이야기만 놓고 보면, 탁백이국은 겨울에 먹는 해장국이었던 듯하다. 그것도 술을 거나하게 마신 다음 날 아침 먹기 전 혹은 일찌감치 이른 저녁에 한숨 자고서 자정 후에 일어나 먹으면 좋다고 했다. 전주 탁백이국은 값도 아주 쌌다. 《별건곤》 제24호의 다가정인 역시 그러한 사정을 자랑한다.

> 그런데 그것이 기가 맥히게 헐해서 탁백이 한 잔, 국 한 주발, 밥 한 뎅이, 삼 점을 합해서 일금 오 전야(五錢也)라다. 전주가 특별히 음식이 헐키는 하지만 탁백이국은 특별 중 특별이다. 물론 계급을 초월한 것은 설넝탕 이상이다. 이만하면 모든 것이 평범한 전라도의 것으로는 꽤 제법이라 하겠다.[14]

전라도의 모든 것이 평범하다는 표현이 무엇을 의미하는지는 분명하지 않지만, 탁백이국은 값이 싼 점이 특징이라고 강조했다. 그런데 왜 콩나물국 혹은 콩나물국밥이라고 부르지 않고 탁백이국이라고 했을까? 앞에서 보면 탁백이국을 시키면 밥 한 점과 함께 탁백이 한 잔이 나오는데, 아마도 그 때문이 아닐까 싶다. 탁백이란 말은 막걸리의 경상도 지역어이다. 북한에서도 막걸리를 탁백이라 부른다. 탁백이를 '뚝배기'의 지역어라고 주장하는 사람도 있지만, 앞의 글에서 '탁백이 한 잔'이라 적었기에 이 말은 분명히 막걸리를 뜻한다. 여기에서 탁백이 한 잔은 해장술일 가능성이 크다. 그렇다면 탁백이국을 또 다른 이름으로 콩나물해장국이라고 불러도 무방하겠다.

1957년 7월 6일자 《경향신문》에 실린 당시 해장국집 모습
오른쪽에 앉은 손님이 해장국을 식탁에 두고 막걸리로 보이는 술을 한 잔 마시고 있다.

해장국은 '해정(解醒)'이란 한자와 탕을 뜻하는 '국'이 붙어서 만들어진 말이다. 본래 '정(醒)'이란 말은 술이 깬 후에 정신이나 마음이 마치 몸이 아픈 환자처럼 맑지 못한 상태를 가리킨다.[15] 이런 상태를 '해(解)'한다는 말은 곧 '푼다'는 뜻이다.

고려 말의 문신인 이색(李穡, 1328~1396)의 시문집 《목은집(牧隱集)》에 실린 〈석반(夕飯, 저녁밥)〉이란 시는 해장국을 제대로 잘 먹은 뒤의 느낌을 실감 나게 묘사하고 있다. 가히 해장국 예찬시라고 해도 지나친 말이 아니다.

해장술을 급히 불러서 취한 꿈 깨고 나니 허무하구나. 문을 여니 맑은 하늘은 푸른데 붓을 빼드니 저녁 햇살이 붉구나. 밥은 향기로워 씹어 먹기 좋고 국은 따뜻해 주독이 다 풀리네. 몸이 더욱 좋아짐

을 서서히 깨닫노니 이 모두 잘 익혀 먹은 덕이라네.[16]

해장을 할 때는 반드시 해장술이 필요했다. 이색이 해장을 위해 술을 찾은 것도 그 이유이다. 1957년 7월 6일자 《경향신문》에 당시 해장국집 모습을 담은 사진이 있는데, 오른쪽에 앉은 손님이 해장국을 식탁에 두고 막걸리로 보이는 술을 한 잔 마시고 있다. 이를 통해서도 역시 막걸리를 뜻하는 탁백이가 해장국 이름에 붙은 이유를 짐작할 수 있다.

사서 먹어야 제맛

식민지 시기 전주에는 콩나물국밥을 판매하는 식당이 여러 군데 있었다.[17] 그중 남문시장 건너편 완산동에 있던 원각사 골목의 오씨집이 가장 인기가 있었다. 또 완산교 입구에 있던 '도래노파'와 '김제노파' 두 집도 유명했다. 당시 전주 사람들은 이 두 집을 각각 '도래파', '김제파'라 부르기도 하고, 함께 일컬을 때는 '양파집'이라고 불렀다. 제자인 양미경 박사가 전주 현지에서 노인들을 통해 확인한 바에 따르면, 식민지 말기에 전주 콩나물국밥집은 앞에서 언급한 완산교 주변처럼 전주천 제방 근처에 몰려 있었다고 한다. 전주천 제방은 본래 나무를 사고파는 거리였다. 지게에 나무를 지고 새벽길을 걸어 온 나무꾼들은 나무가 다 팔리면 그제서야 콩나물국밥집에 들러 아침 끼니를 해결했는데, 밥은 집에서 싸오고 식당에서는 국만 사서 말아 먹었다고 한다. 사람들은 이런 모습을 두고 콩나물국밥을 '국말이밥', 혹은 '국말밥'이라고 부르기도 했다. 요즘 전주에서 파는 콩나물국밥은 앞에서 소개한 잡지《별건곤》제24호에 나온 것과 많이 다르다. 특히 콩나물국밥은 간을 소금이 아니라 새우젓으로 맞춘다.

　한국인이면 누구라도 전주 음식으로 비빔밥을 꼽는다. 하지만 실제로 전주 바깥으로 가장 먼저 알려진 음식은 탁백이국, 곧 콩나물국밥이었다. 전주 토박이들 가운데 비빔밥은 집에서 만들어 먹는 음식이지 사먹는 음식이 아니라고 말하는 이들도 있다. 하지만 콩나물국밥은 이와 다르다. 집에서 만들기보다는 남문시장이나 그 근처에 자리 잡은 오래된 식당에서 사서 먹는다. 전주비빔밥이 1970년대 이후 전주 밖에서 유명해진 음식이라면, 콩나물국밥은 전주 토박이 음식인 셈이다. 2003년 문화관광부는 전주시를 '전통문화도시'로 지정했다. 또한 1990년대부터 시청 관계자들과 전주 지역 외식업자들, 그리고 학계와 문화계 인사들이 모여 '전주=비빔밥'이라는 이미지를 세계에 알리려고 노력해왔다. 그 덕택에 2012년 봄에 전주시는 '유네스코 음식창의도시'로 지정되었다.

　전주에 간다면 비록 지난 100년 사이에 조리법과 맛이 많이 변하긴 했지만, 그래도 콩나물국밥을 먹어야 한다. 그것도 남문시장에 자리 잡은 식당에서. 실제로 전주시가 자랑하는 한옥촌은 조선시대 유산이 아니라, 식민지 시기의 유산이다. 탁백이국의 식당 메뉴화 역시 식민지 시기에 시작되었다. 다들 '전통'을 강조하지만 음식에 한해서 보면 그 탄생 시기가 결코 조선 후기로까지 거슬러 올라가는 경우가 많지 않다. 탁백이국에서 콩나물국밥으로 이어지는 이 음식의 역사에서도 그 사실을 확인하게 된다.

3

갈비구이는 본래 대폿집 메뉴

갈비는 소·돼지·닭 따위의 가슴통을 이루는 좌우 열두 개의 굽은 뼈와 살을 식용으로 부르는 말이다. 하지만 돼지갈비나 닭갈비와 달리 그냥 갈비라고 하면 쇠갈비만을 가리킨다. 그만큼 먹을거리 갈비의 으뜸은 쇠갈비였다. 조풍연(趙豊衍, 1914~1991)은 《서울잡학사전》에서 "1939년께 낙원동에 평양냉면집이 하나 생기더니 냉면과 아울러 가리구이를 팔면서 그것을 '갈비'라고 일컫기 시작했다. 서울 사는 평안도 사람들이 즐겨 드나들기 시작하더니 그 뒤 차차 이름이 나 자정 때쯤은 가장 바쁜 때가 됐다. 냉면 한 그릇에 20전, '특제' 냉면 한 그릇에 30전, '갈비'가 한 대 20전이었다. 자정 때는 극장이 파하고 요릿집·카페·바 등이 파하는 시간이다. 술이 깨려면 냉면이 좋다 해 몰려드는데 요릿집에서 진탕 놀고 나서 기생을 데리고 이 집을 찾는 무리가 많아서 들어앉을 자리도 만만치 않을 지경이었다"[1]라고 적었다. 조풍연의 글에 의하면 평양냉면집에서 가리구이를 팔았다. 손님들은 당연하다는 듯이 냉면과 함께 갈비 두 대를 시켰다. "모두 60전, 연한 암소갈비였다."[2] 왠지 가리구이 달라고 하면 복잡해서 간단히 줄여서 '갈비 두 대'라고 했다. 이로부터 가리구이가 줄임말로 갈비가 되어버렸다.

식민지 시기만 해도 갈비구이는 선술집에서 술안주로 먹는 음식이었다. 값도 보통 한 대에 얼마 혹은 두 대에 얼마 이런 식이었다. 1930년 12월 7일자 《동아일보》에서는 강릉의 식당 요리 가격을 기사로 다루었는데, 국밥 한 그릇이 15전인 데 비해 갈비 한 대는 5전에 지나지 않았다.[3] 지금과 비교하면 갈비구이 한 대 값이 설렁탕 값의 3분의 1에 지나지 않았던 셈이다. 그런데 이용기는 《조선무쌍신식요리제법》에서 갈비구이를 먹는 모습을 그다지 좋게 보지 않았다. "대체 가리구의와 상치쌈이라 하는 것은 습관으로 좋아서 편기를 하나 그러하나 이것을 안 먹는 사람이 보게 되면 오죽 추하게 보며 오죽 웃겠으리요. 그 뜨거운 뼈 조각을 좌우 손에다가 움켜쥐고 먹는 것은 사람이 먹는 것 같지 않고"[4]라고 했다. 이런 인상 때문인지 1920년대 이후 이용기의 말처럼 먹는 모습이 추한 갈비구이는 선술집의 안주로 밀려나고, 그보다 품위 있게 먹을 수 있는 갈비찜이 요리옥에서 신선로 다음 가는 고급 음식이 되었다.

기름기가 송알송알, 고기는 연하고 맛도 좋아

정약용은 《아언각비(雅言覺非)》에서 우협(牛脅)을 갈비(曷非)라고 부른다고 했다.[5] 하지만 19세기 말부터 1920년대 초반까지 그 시기에 나온 한글 요리책에서는 갈비라 하지 않고, '가리'라고 적었다. 1890

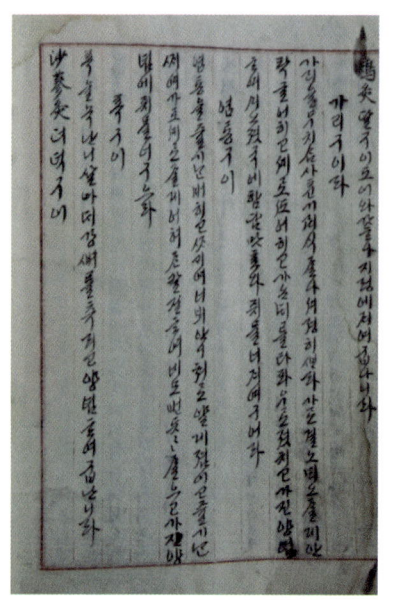

《시의전서·음식방문》의 가리구이 조리법

년대에 필사된 것으로 여겨지는 《시의전서·음식방문》에 '가리구이'라는 음식 이름이 나오는데, 그 조리법을 보면 "가리를 두 치 삼사 푼 길이씩 잘라서 정히 빨아 가로 결로 매우 잘게 안팎을 어히고[저미고] 세로 또 어히고 가운데를 타[갈라] 좌우로 젖히고 갖은 양념하여 새우젓국국에 함담[간] 맞추어 주물러 재워 구어라"고 했다.[6]

이용기의 《조선무쌍신식요리제법》에서는 '갈비구의'라고 적은 다음에 '가리쟁임'과 '협적(脅炙)'이라는 다른 명칭을 함께 달아놓았다. '구의'는 구이의 다른 표기이다. '가리쟁임'은 가리를 양념하여 재워두었다가 굽기 때문에 붙은 이름인 듯하다. 조리법을 한번 살펴보자.

기름진 연한 갈비나 암소갈비를 잘게 족이되[쪼개되] 대가리는 질기니 내어놓고 한 치 길이씩 잘라서 물에 잠깐 씻어 베수건에 꼭 짜서 안팎을 잘게 어히되[저미되] 붙은 고기를 발라가며 다 어인 후에 진장에 꿀과 배즙과 이긴 흰 파와 마늘 다져 넣고 깨소금과 호초가루를 넣어 한데 풀어가지고 어인 갈비를 하나씩 들고 고명 풀어놓은 것을 안팎으로 바르되 짜지 않게 하여 담되 다시 켜켜로 깨소금과 기름을 쳐가며 재워놓았다가 구워 먹나니 (중략) 대체 잘 재운 가리를 석쇠에 굽지 말고 번철에 기름을 붓고 바삭 지져 먹는 것이 좋으나 그러나 굽는 것은 기름기가 송알송알 하여 맛이 더 있는 것 같으니라.[7]

백설이 펄펄 흩날릴 때 먹는다고 하여 갈비구이를 두고 '설리적(雪裏炙)'이라는 한자 이름을 붙이기도 했다. 경기도 광주 출신인 문인 최영년(崔永年, 1856~1935)이 1925년에 출판한 한문 인쇄본《해동죽지(海東竹枝)·음식명물(飮食名物)》에 그와 관련된 이야기가 나온다. "설리적: 이것은 개성부에서 예로부터 내려온 명물이다. 만드는 법은 쇠갈비(우륵牛肋)나 쇠염통(우심牛心)을 기름과 마늘을 두르고 굽다가 반쯤 익으면 냉수에 잠깐 담갔다가 센 숯불에 다시 구워 익힌다. 눈 내리는 겨울밤에 술안주로 삼는데, 고기는 매우 연하고 그 맛도 매우 좋다"[8]라고 적었다.

숯불화로는 식민지 시기에 가리구이뿐 아니라 온갖 구이음식을 조리하는 데 사용된 도구였다. 중국 랴오닝성(遼寧省) 선양시(沈陽市) 만룽촌(滿融村)의 조선족 식당에서는 지금도 당시의 화로에 조선족 카오뤄(烤肉)를 조리한다.

1960년대가 되면 갈비찜이든 갈비구이든 상관없이 쇠갈비라면 모두 환영하는 분위기였다. 전후 황폐했던 경제가 제법 안정되자 명절을 앞두고 수육상가에서 쇠갈비 판매가 절정에 달하고 있다는 언론

보도가 줄을 이었다. 당시 쇠갈비는 명절 선물로 으뜸에 들었다. 결국 "아부아첨으로 진상이라는 표현으로 통하고 있는 것이 요즘 소갈비를 바치는 칭호가 되어 있다"[9]라는 기사가 신문에 실릴 정도였다. 이런 탓에 쇠갈비는 명절을 앞두고 미리 예약하지 않으면 구입하기조차 어려웠다. 가격도 암소나 황소를 구별하지 않고 쇠갈비 한 짝에 4,500원이나 했다. 당시 서울시청 과장 월급이 1만 원 전후였으니, 쇠갈비 한 짝이 얼마나 비쌌는지 짐작할 수 있다.

경제가 성장하자 쇠고기에 대한 욕구는 더욱 커졌다. 이 무렵 갈비구이는 갈비찜과 함께 고급 음식의 반열에 들었다. 쇠고기 수요가 늘자 민간업자인 경동기업(京東企業)에서 1968년 가을부터 뉴질랜드산 쇠고기를 약 300톤 정도 수입했다. 가격은 600그램에 200원 정도로, 당시 한우가 600그램에 350원이었으니 거의 150원이나 쌌다.[10] 그러나 수입산 쇠고기는 인기를 끌지 못했다. 오히려 '한우' 갈비구이를 술안주가 아닌 고급 음식으로 만드는 데 일조한 격이 돼버렸다.

갈빗집 식당촌의 등장[11]

갈비구이로 이름난 수원갈비도 처음에는 간단한 술안주 가운데 하나였다. 수원갈비의 탄생에는 이귀성(李貴成, 1900~1964)이란 인물의 역할이 컸다. 그의 후손을 인터뷰한 결과, 원래 이귀성은 1930년대에 수원시 팔달구 27-1번지에서 형, 동생과 함께 삼형제가 '화춘제과'라는 제과점을 운영했다고 한다. 그 후 이귀성은 1945년 11월경 혼자서 수원 영동시장 싸전거리에서 '미전옥'이라는 갈비구이 식당을 개업했다. 장사가 제법 잘되어 2년 후에는 80평짜리 목조건물을 새로

지었다. 그리고 식당 이름을 '화춘옥'으로 바꾸어 해장국집으로 운영했다. 이귀성은 '미전옥'에서의 경험을 살려서 해장국에 갈비를 넣어 인기를 모았다. 그 이듬해인 1946년에는 양념한 갈비를 숯불에 구운 갈비구이를 메뉴에 보탰다.

한국전쟁 당시 부산으로 피난 갔던 이귀성은 그곳에서도 갈비 기술을 전수하여 '해운대갈비'를 탄생시켰다. 전쟁이 끝난 후 다시 수원으로 돌아온 이귀성은 1953년 영동시장 싸전거리가 화재로 불타자 수원시에서 제공한 팔달로 근처로 자리를 옮겨 다시 영업을 시작했다. 마음씨 좋던 이귀성은 주머니 사정이 좋지 않은 손님들에게 외상을 자주 주는 바람에 이익을 크게 보지 못하고 곤경에 빠지기도 했다. 결국 1960년대 초 공무원이던 아들 이영근이 화춘옥 경영을 맡으면서 갈빗집은 정상 궤도에 올랐다. 하지만 1960년대 초반까지도 갈비구이만을 전문으로 하지는 않았다.[12] 당시 주메뉴는 갈비구이와 함께 해장국·갈비탕·설렁탕·냉면이었다. 맛이 좋다는 소문이 나자 새마을운동을 격려하고 벼 품종을 개량하는 데 적극적인 관심을 보였던 박정희 대통령도 수원에 있는 농촌진흥청에 들리면서 화춘옥의 단골이 되었다. 화춘옥 덕택에 팔달로 근처는 점차 갈빗집 식당촌으로 변해갔다. 그 후 1979년 영동시장이 도시 개발로 사라질 처지가 되자, 수원 갈빗집들이 법원사거리 근처로 대거 이전해 오늘에 이르게 되었다.

이쯤에서 1990년대 이후 갈빗집으로 유명해진 곳을 열거해보면, 수원갈비를 비롯해 서울의 마포갈비, 부산의 해운대갈비, 경기도 포천의 이동갈비, 그리고 전라도 담양과 해남 일대의 떡갈비를 들 수 있다. 서울의 마포갈비는 일반적으로 'O대포갈비'라고도 부른다. 원래 마포갈비는 쇠고기보다 돼지고기를 주재료로 한 갈비였다. 지금 마포

대교가 들어선 자리에 예전에 마포나루가 있었는데, 나루에서 일하던 인부들이 구워 먹던 갈비가 상업적으로 집단촌을 형성하면서 소문이 나기 시작했다.[13] 이에 비해 해운대갈비는 석쇠에 굽지 않고 쇠로 만든 불고기판에 양념한 갈비를 올려놓고 익혀 먹는다. 고기를 먼저 먹고 냄비에 남은 국물에 밥을 비벼 먹으면 그 맛이 일품이다. 아마도 1960년대 갈빗집의 명성을 처음으로 전국에 드날린 것은 이 해운대갈비가 아닌가 싶다.

이동갈빗집이 세상에 본격적으로 알려진 때는 1987년을 전후해서이다. 그 이전부터 포천시 이동에 갈빗집이 한둘 있었지만, 1980년대 중반 이후 경제가 급속하게 좋아지면서 갈비 수요가 늘어나자 이에 편승해서 이동갈비도 소문을 타게 되었다. 산행하기 좋은 아름다운 산들이 주변에 많은 데다, 군부대가 즐비하여 이곳을 지나다니는 외지 사람들이 많았다.[14] 그들의 입을 통해서 이동갈비가 맛있으면서도 값이 싸다는 소문이 퍼져나갔다. 당초 이동갈비는 양이 많은 편이었다. 더욱이 전국에서 이곳을 찾는 사람들의 입맛에 맞추기 위해서 지역적 특색이 강하지 않은 평균적인 맛을 유지했다. 이것이 이동갈비가 유명해진 이유라 할 수 있다.

송정리 갈비는 수원갈비나 이동갈비와 달리 떡갈비였다. 지금은 거의 사라졌지만 1980년대 중반까지도 송정리 일대에는 떡갈빗집이 많았다. 지금은 해남과 담양에 있는 식당이 더 유명하지만, 당시만 해도 송정리가 으뜸이었다. 떡갈비는 갈빗살을 발라내어 갖은 양념을 한 다음 다시 갈비뼈에 붙여 석쇠에 구워내는데, 뜯어먹는 재미는 덜하지만 입안에서 갈빗살 씹는 맛이 일품이다. 냉정하게 생각해보면 이 떡갈비는 갈비에서 살코기를 다 뜯어내고 버려야 마땅한 뼈에 마치 살이 많이 붙은 갈비인 양 만들어 먹으면서 생겨난 음식이다.

　쇠갈빗살과 돼지갈빗살을 함께 치대서 만든 떡갈비도 있었다. 심지어 아예 가래떡이 들어간 떡갈비찜도 있었다. 1976년 1월 28일자 《매일경제》에는 한국식생활연구소에서 소개한 구정 상차림 음식 중 하나로 떡갈비찜 조리법이 실렸다. 여기서 떡갈비찜은 가래떡과 돼지갈비를 주재료로 하여 만들었다.[15] 이처럼 떡갈비는 누구나 쉽게 만들어 먹을 수 있는 음식이다. 그러니 그 원조를 두고 전라도니 어디니 할 일은 아니다.

　떡갈비의 탄생 과정이 이러함에도 불구하고 1990년대 말부터 '궁중'이란 단어를 붙여 사람들을 현혹시키고 있어 안타깝다. 심지어 이런 이야기도 인터넷 웹사이트에서 난무한다. "떡갈비는 본래 궁중에서 임금이 즐기던 고급 요리로, 만드는 방법이 인절미 치듯이 쳐서 만들었다고 해 떡갈비라 부르게 됐다고도 하며, 갈빗살을 다져 갈비뼈에 도톰하게 붙여 석쇠에 구운 갈비 모양이 마치 떡처럼 생겼다고 해서 붙여진 이름이라고도 한다. 또한 임금이 체통 없이 갈비를 손에 들고 뜯을 수 없다는 뜻도 숨어 있다."[16] 이는 결코 역사적 사실이 아니다. 분명 떡갈비는 먹기에 좋은 음식이다. 하지만 떡갈비는 갈비구이를 응용한 음식이거나 혹은 새롭게 진화한 음식에 지나지 않는다.

갈라진 소비층

　1980년대 초반까지 서민들이 재래시장에서 떡갈비를 사먹었다면 자가용을 가진 사람들은 야외에서 갈비구이를 사먹었다. 당시에는 주말에 가족이 함께 야외로 나가 갈비구이를 먹는 일이 대단한 호사로

여겨졌다. 공기 좋은 야외에서 숯불에 구워 먹는 갈비구이는 집에서는 맛볼 수 없는 색다른 맛을 제공했다. 서울 외곽의 유원지 이름을 붙인 'ㅇㅇ갈비'가 등장한 것도 바로 이 무렵이다. 1982년은 한국 사회에서 본격적으로 갈비구이의 전성시대가 열린 때이다. 이때부터 서울 강남에 갈비구이 전문점이 우후죽순처럼 들어서기 시작했다. 천여 평에 달하는 대지에 건물 바닥에는 열대어가 다니고 인공폭포와 물레방아와 같은 시설을 꾸민 숲속공원이 새로 개발된 신도시 강남 곳곳에 들어섰다. 일명 '호화갈비타운'이라고 불렸던 갈빗집은 이름도 'ㅇㅇ가든' 혹은 'ㅇㅇ공원'이었다.

그러나 이들 갈빗집은 기존의 풍성한 양을 자랑하던 갈비를 왜소하게 만든 주범이기도 하다. 1960년대 수원갈비는 도끼로 토막을 내서 그 크기가 어른 손바닥만 했다. 갈비의 포를 뜰 때도 양쪽을 모두 이용한 '양갈비'였다. 그러다 서울 강남에 갈빗집이 생기면서 한쪽으로 포를 뜨는 '외갈비'로 축소되었다.

한편, 한우 갈비 가격이 치솟자 미국산 갈비가 'LA갈비'라는 이름을 달고 시중에 유통되었다. 쇠갈비에 이어 쇠고기 값도 덩달아 폭등했다. 그러자 정부에서는 1980년대 초반부터 쇠고기 값의 반에 반값도 되지 않던 돼지고기를 권하며 돼지갈비구이를 적극적으로 홍보했다. 감히 쇠갈비구이를 먹을 엄두를 내지 못하던 서민들은 돼지갈비구이로 갈비구이에 대한 식욕을 해소했다. 춘천닭갈비 역시 쇠갈비나 돼지갈비를 대신하여 개발된 숯불닭갈비에서 생겨난 음식이다.[17]

이런저런 사정에 비추어보면, 짐꾼이 하루 종일 노동에 지친 몸을 이끌고 집 앞 골목 선술집에서 막걸리 한 잔에 쇠갈비구이 한 대를 먹던 1920년대가 그립기도 하다. 하지만 지금은 이것도 한낱 꿈에 지나지 않는다. 한우 쇠갈비는 크게 마음먹지 않으면 식당에 들어서기조차 겁난다. 쇠갈비 가격이 1인분 2대에 5만 5,000원을 넘기 때문이다. 한국 사회에서 경제적 풍요가 시작된 1980년대에 그 풍요의 단물을 먼저 받은 사람들은 너 나 할 것 없이 근사한 고급 식당에서 갈비구이를 맛보면서 행복을 누렸다. 날이 갈수록 그 맛을 향유할 수 있는 계층이 늘어나긴 했지만, 경제력에 따라 국내산 쇠고기와 수입산 쇠고기, 그리고 쇠갈비와 돼지갈비를 먹을 수 있는 소비의 경계가 새로 만들어졌다. 심지어 갈비구이의 서민용 변환이었던 떡갈비도 이제는 '무척 싼' 음식이 더 이상 아니다.

4

좌판에서 시작한 저렴한 안주, 빈대떡

식민지 시기에 빈대떡은 길거리 간이음식점에서 인기 있는 메뉴 가운데 하나였다. 1926년 7월 3일자《동아일보》'자정 후의 경성'이란 연재 기사를 보면, 기자가 새벽 1시 30분이 넘은 시간에 야시(夜市)를 돌아다니다가 한 노파의 뒤를 밟게 된다. 그 노파의 이름은 조성녀(趙姓女)로 당시 61세였다. 그는 과부가 된 뒤 아들 정성렬(鄭聖烈, 44)과 며느리와 함께 집 근처에서 30여 년 동안 모주(母酒)와 함께 겨울에는 빈대떡을 팔고, 여름에는 밀국수를 팔아 생계를 이어갔다. 당시 변변한 수입이 없던 가난한 집 부인들은 먹고살기 위해 종종 길거리에 좌판을 벌였다. 특히 추운 겨울에는 주로 빈대떡을 만들어 팔았다. 겨울날 도시의 길거리에서 사먹을 수 있는 따끈따끈한 빈대떡은 서민들에게 좋은 간식거리였다.[1]

빈자의 떡, 빈대떡

빈대떡의 어원은 식민지 시기와 해방 직후 국어학자로 활동했던 방종현(方鍾鉉, 1905~1952)의 글 〈빙자떡〉에서 찾을 수 있다. 사실 방종현의 〈빙자떡〉은 그가 망자가 된 후 출간된 《일사국어학논집(一蓑國語學論集)》(1963)에 실려 있어 그가 살아생전에 언제 쓴 글인지 알 수가 없다. 그는 〈빙자떡〉에서 해방 후 빈대떡 성행에 대한 묘사와 함께 당시 빈대떡을 표기하는 여러 가지 표현법을 소개하고 있다.

> 해방 후에 특별하게 유난히 많아진 음식으로는 아마 이 빙자떡같이 성해진 것이 없을 것이다. 그전에는 거리에서 이것을 구해 먹을래야 힘들던 것인데, 해방 후에는 이것이 방 안에서는 물론 노상(路上)에서까지 거의 도처 어느 곳에서나 아니 볼 수 없으리 만큼 성행하여졌다. 처음에는 골목 안에서 간혹 그 간판이라기보담은 그저 조그만 종이 조각에 '빈대떡'이라는 석 자를 겨우 보일 정도로 써 붙이었더니, 그 후 점차 일반의 환영을 받음인지 골목에서 넘쳐서 큰 길 정면인 가두(街頭)에까지 뚜렷한 간판을 가지고 진출하게 되었다. 나는 이 빙자떡의 가진 그 뜨끈한 별미를 여기서 이러니저러니 말하려는 것이 아니고, 다만 그 이름에 관해서 생각되는 바를 몇 마디 적어 볼까 할 뿐이다. (중략) '빈대떡'이 으뜸이지만, '빈재떡', '빈자(貧者)떡', '빈대(賓待)떡', '지즘', '지짐', '부침개', '부치개', '문주', '녹두떡' 등 너무나 많다고 했다.[2]

이어서 방종현은 빈대떡의 어원에 대해 다음과 같은 주장을 펼쳤다. 그는 먼저 조선 초기의 역관용 중국어 학습서였던 《박통사(朴通事)》의 한글본인 《박통사언해(朴通事諺解)》에서 '빙져(餠䭔)'를 찾았다. 그런데 그 책에서는 녹두로 만든 것, 맷돌로 간 것, 그리고 지져서 먹는 것 등을 모두 통틀어서 '빙져'라고 불렀다. 방종현은 '빙져'는 바로 지짐, 즉 빙자와 조금도 다를 바가 없다고 보았다. 그다음에 방종현은 15~18세기의 문헌에 나타난 빈대떡 표현을 두루 살펴보았다. 그 결과, 그는 한어(漢語) '빙져'에서 '빙쟈'로, 다시 '빙자'로, 그리고 '빈자', 마침내 '빈대'로 옮아갔다고 보았다.[3]

실제로 지금의 경상북도 영양군 석보면 두들마을에 살았던 장계향도 《음식디미방》에서 '빈쟈'라 적었다. "녹두를 뉘 없이 거피하여 되게 갈아 기름 사므디[잠기지] 아니게 부어 끓이고 적게 떠놓고 거피한 팥 꿀에 말아 소 넣고 또 그 위에 녹두 간 것으로 덮어 빛이 유지빛같이 지져야 좋으니라"[4]고 했다. 곧 녹두를 주재료로 하여 속에 팥과 꿀을 넣은 음식이 바로 '빈쟈'이다. 일종의 녹두병인 셈이다. 장계향이 살았던 인조대인 1643년(인조 21) 음력 9월, 한양에 온 청나라 사신을 왕실에서 영접한 기록인 《영접도감잡물색의궤(迎接都監雜物色儀軌)》에도 '녹두병(菉豆餠)'이란 음식이 나온다. 당시 장계향은 46세가량 되었는데, 장계향의 남편 이시명(李時明, 1580~1674)이 이미 그전에 과거시험을 준비하기 위해 한양을 드나들었던 것으로 미루어보아 장계향도 익히 이 음식을 알고 있었을 가능성이 크다. 장계향은 단지 그 이름을 녹두병이라 하지 않고 '빈쟈'라 불렀고, 그것을 만드는 방법을 '빈쟈법'이라고 책에 적어두었던 것이다.

그로부터 대략 130여 년 뒤 서울과 경기도 장단 일대에서 살았던 빙허각 이씨의 경우 《규합총서》에서 '빈자'와 '빙쟈'를 두루 사용했다.

"녹두를 되게 갈아 즉시 번철의 기름이 몸 잠길 만치 붓고 녹두즙을 술(수저)로 떠놓고 그 위에 밤소·꿀 버무린 소를 놓고 녹두즙을 위에 덮고 술로 염정하여(고르게) 눌러가며 소 꽃전 모양같이 만들고 위에 백자(잣) 박고 대추를 사면으로 박아 지지나니라"⁵고 기록했는데, 빈대떡을 만드는 방식과 상당히 흡사하다. 장계향과 빙허각 이씨는 살았던 시기도 다르고 게다가 지역도 각각 한양과 영양으로 거리가 있는데, 두 부인이 이렇게 유사한 방식의 빈대떡 만드는 방법을 적어두었으니 이것은 궁중의 영향이 컸다고 봄이 마땅하다. 특히 두 부인 모두 '빈쟈'와 '빙쟈'를 떡 만드는 방법에 배치해 기록했다. 그러니 방종현이 빈대떡의 어원으로 보았던 한어 '빙져'가 조선에서 '빙쟈' 혹은 '빈쟈'가 되었을 가능성은 더욱 높아 보인다.

국어학자 이기문(李基文, 1930~)은 이런 방종현의 주장을 수용하면서 '빙쟈'에 '떡'이란 글자가 붙은 이유를 다음과 같이 설명했다. 그는 1690년에 사역원(司譯院)에서 만든 중국어 어휘사전인《역어유해(譯語類解)》와 18세기 영조 때 사역원에서 편찬한《방언유석(方言類釋)》에서 중국어 '餠餬'를 찾고 그 한글 발음이 '빙저, 빙져'였음을 밝혔다. 또한 조선 후기에 쓰인 필사본《과정일록(課程日錄)》에서는 '餠餬'의 한글 발음이 '빙쟈'로 나온다는 사실도 소개했다. 특히 이기문은 조선 후기에 쓰인 필사본 사전《광재물보(廣才物譜)》에 '餠餬'가 '빙즈썩'이라고 한글로 적혀 있는 점에 주목했다. 그러면서 '빙쟈'의 정체성이 모호해지자 그것을 보강하기 위해 '떡'이란 글자를 붙이지 않았을까 추정했다. 왜냐하면 그 이후에 나온《한영ᄌ뎐(韓英字典)》(1897)에서도 '빈쟈썩'이라고 표기되었으며, 주시경(周時經, 1876~1914)이 쓴 필사본《사전(辭典)》(《주시경전서》 권5, 662쪽)에서도 '빈자썩'이라

고 적혀 있기 때문이다.[6]

하지만 방종현과 이기문의 주장과 무관하게 이미 식민지 시기에 출판된 이용기의 《조선무쌍신식요리제법》에 요즘 사람들이 익히 아는 어원이 소개되어 있다. "이 떡 이름이 빈자병인데 가난한 자가 먹는다 하여 빈자병이라 하나 나라 제향에도 쓰고 또 누른적이나 전유어에 밀가루 대신으로 많이 쓰나니라"[7]고 했다. 곧 빈대떡은 가난한 사람들이 먹는 떡이기도 하지만, 조선시대 궁중에서 각종 연회에 내던 밀가루 대신 녹두가루로 만든 전유어를 가리킨다는 주장이다. 실제로 이용기가 제시한 빈대떡 속에는 파·미나리는 물론이고 배추 흰 줄거리를 데친 것, 심지어 쇠고기·닭고기·돼지고기를 잘게 썰어 양념하여 볶아 넣고 여기에 표고·석이·목이 따위의 버섯과 황화채·해삼·전복까지 들어간다. 실로 이만한 재료가 들어간 빈대떡은 결코 빈자(貧者)떡이 아니라, 빈대(賓待)떡이 되어야 마땅하겠다.

그러면서 이용기는 "가난한 사람이 먹는 것이야 어찌 여러 가지를 넣을 수가 있으리오. 녹두로만 하야 미나리나 파를 썰어 넣고 만드는 것이라"[8]고 덧붙였다. 이러한 조리법은 1921년판 방신영의 《조선요리제법》에도 그대로 나온다. "녹두를 거피하여 가지고 되직하게 맷돌에 갈아서 밀가루 조금 섞고 미나리를 썰어 넣고 섞은 후 지짐질 냄비에 기름을 발라가며 얇게 부치나니라"[9] 빈대떡은 주악이나 꽃전처럼 기름에 지지는 음식이다. 조선 후기 궁중에서는 참기름을 사용했지만, 가난한 백성들은 기름을 구하기가 아주 어려웠다. 19세기 말 중국인들이 서울에 많이 들어와 살면서 돼지기름으로 음식을 볶는 방식이 전해졌다. 비록 돼지 냄새가 나서 썩 좋지는 않았지만, 돼지기름에 녹두 반죽을 지진 빈대떡은 그야말로 고기에 비견되는 음식이었다.

빈대떡 사상

식민지 시기에는 '사람의 거래가 빈번한 가두'에서 빈대떡을 팔아 번 돈으로 생계를 꾸려간 사람들이 제법 많았다. 원산의 조씨 부인은 14년 동안 빈대떡을 구워 시집 식구와 자녀들을 훌륭하게 키워내 모범부녀로 칭송받기도 했다. 1936년 2월 29일자《동아일보》(석간)에 그 미담이 실렸다.

> 원산부(元山府) 북촌동(北村洞) 15번지 김희원(金熙源, 66) 씨 자부 조씨(曺氏, 38) 부인은 지금부터 14년 전에 남편 김여숙(金如淑, 43)이 있던 집을 저당 잡아가지고 어떤 작부와 북간도로 도망간 후 늙은 시부와 어린 딸과 아들을 데리고 가두에 방황하게 되자 싹바누질(삯바느질)과 품팔이를 하다 일수(日收) 3원을 얻어 사람의 거래가 빈번한 가두에서 빈대떡을 굽기 시작하여 14년을 하루같이 딸 선옥(善玉, 18)과 아들 창식(昌植, 16)을 학교에까지 보내 보통학교를 졸업시키고 또 생활도 다소 피기 시작하고 늙은 시아버지를 극진히 섬기어 근처에서 그로 하여금 모범부녀라고까지 한다.[10]

친일 문학평론가로 알려진 김문집(金文輯, 1907~?)은 이러한 모범부녀들의 헌신을 빗대어 '빈대떡의 사상(思想)'이라고까지 예찬을 늘어놓았다. 1938년 3월 12일자《동아일보》에 그 글이 실렸다.

> 우인(友人)이 병와(病臥)했다는 소식을 듣고 먼 길을 찾아가보았다. 꾸밈이 없는 듯한 그의 안해가 허심(虛心)한 얼굴로 한 접시의 빈

대떡을 내놓는 것이었다. 묵묵히— 할 일이 없는 듯 몇 갠지 모르게 그 초견(初見)의 음식을 집어 먹는 것이었다. 이 마당의 그 안해를 통해서 나는 지금까지 느껴온 그에의 우정이 오히려 부족했음을 스스로 뉘우치는 것이었다. (중략) 우정 — 그는 빈대떡과 같이 둥글다. (중략) 예술가에 있어서는 울음과 웃음은 빈대떡의 양면과 같다는 모순에 예술의 논리가 있는 것이다. 빈부(貧富)를 물론(勿論)하고 조선서는 빈대떡을 사랑하는 가정이 참된 가정이다. 빈대떡은 또한 침묵의 상징이랄까. (중략) 세대의 비평정신 — 이것이 곧 영원의 빈대떡의 사상이다. '느낌'을 자의식(自意識)하라! 빈대떡의 사상을 질겨워하라!¹¹

김문집은 1938년 '방공제이야(防空第二夜)'의 경성 밤을 거닐면서 빈대떡을 내어준 친구의 부인에 대해 여러 차례 감탄을 되뇌다 마침내 '빈대떡의 사상'이 필요한 시대라고 확신한다. 친구 부인의 침묵과 빈대떡 대접이란 사건은 김문집에게 울음과 웃음의 양면성처럼 보였다. 곧 부인의 침묵이 울음이라면 빈대떡 대접은 웃음이라는 비유다. 그래서 새로운 시대적 비평정신으로 그는 '빈대떡의 사상'을 제시했다. 지금 생각하면 무슨 귀신 씻나락 까먹는 소리냐고 하겠지만, 김문집은 친구 부인이 대접한 처음 보는 음식인 값싼 빈대떡을 자신에 대한 무한한 우정의 표현이라고 판단했다. 제국 일본의 총동원 체제를 맞이하면서 모두가 가난했던 시절, 빈대떡은 더 이상 빈자(貧者)만 먹는 부끄러운 음식이 아니었다. 이 얼마나 빈대떡에 대한 반전인가!

해방 이후 가장 발전한 음식

해방은 되었지만 한반도는 식민지 시기보다 더욱 가난했다. 해외에서 고국으로 돌아온 사람들과 불안한 정세를 피해서 일찌감치 남하한 이북 사람들, 그리고 조국의 새로운 정치를 꿈꾸고 상경한 사람들까지 한데 어울려서 서울은 북새통이나 다름없었다. 그러한 서울 거리를 기자들이 놓칠 리 없었다. 《경향신문》에서는 1947년 6월부터 '거리의 화제(話題)'란 칼럼을 연재했다. 그 가운데 다섯 번째 글이 빈대떡집 이야기였다. 1947년 6월 28일자 《경향신문》에 실린 '날로 번창하는 빈자떡집'이란 글을 통해서 당시 서울 거리에 번창했던 빈대떡집 모습을 떠올려보자.

> 요자음〔요즈음〕에 와서 거리나 골목은 말할 것 없이 날이 갈수록 늘어가는 빈자떡집은 무엇을 말함인가? 그리고 이 많은 빈자떡집이 손님으로 터질 지경이다. 손님들의 모습을 보니 대부분이 '빈자'?가 아니라 말숙하게 차린 소위 문화인 신사들이다. 해방 즉후 온 장안이 요리점 '카페-' '빠-'로 변하는 감이 있더니 날이 가면 갈수록 대궐 같은 이 집들은 파리를 날리게 되고 5, 6월 파리 꾀듯이 모여드는 곳이 새로 나온 빈자떡 집으로 변하였다. 그러고 보면 해방 이후 정말 남조선의 대중생활은 곤중에 빠졌단 말인가? 헌다하는 신사들이 "자네 한 2백 원 있나?" 하고 초저녁 때면 찾아 들어가는 서울의 빈자떡집은 허마한 남조선의 혼란 모순 곤궁의 한 개 축도(縮圖)일까?[12]

왜 이렇게 해방 직후에 서울에서 빈대떡집이 유행했을까? 사실

빈대떡집은 그다지 큰 자본이
나 특별한 조리 기술이 없어도
차릴 수 있는 음식점이었다.
조국으로 다시 돌아온 사람들,
이북에서 내려온 사람들, 그리
고 혼란 속에 재산을 날린 사
람들이 너 나 할 것 없이 길거
리에서 좌판을 벌이고 판매한
음식이 바로 빈대떡이었다. 사
람들이 몰려들었던 청계천변
의 판잣집에는 겨울뿐 아니라,
여름에도 빈대떡을 파는 부인
들로 장사진을 이루었다. 더욱
이 조선총독부가 남겨놓은 물
자와 함께 미군이 풀어놓은 먹

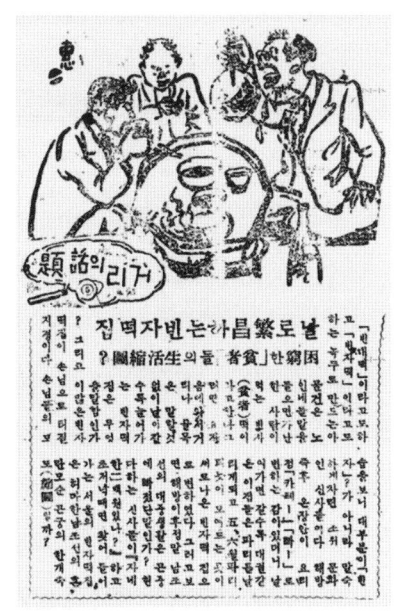

1947년 6월 28일자 《경향신문》에 실린 '날로 번창하는 빈자떡집' 기사

을거리를 이용하여 시루떡·빈대떡·곰탕·설렁탕을 판매하는 좌판이 청계천에 와글와글했다.[13]

한국전쟁 중에는 부산의 대청동시장을 비롯하여 시장거리의 '하꼬방'에서 빈대떡·우동·탁주·소주가 팔려나갔다. 1952년 3월 22일자 《경향신문》에서는 엘리자베스 영국 여왕의 시이모인 에드위나 마운트배튼(Edwina Mountbatten, 1901~1960) 여사가 대청동시장의 하꼬방 음식점에서 빈대떡을 맛보았다는 기사를 실었다.

나종에는 진기하게 보이는 대청동 6조 1반 김복선(金福善, 27) 경영

1962년 2월 2일자 《경향신문》에 실린 캬바레 '궁전'의 광고에도 막걸리와 빈대떡이 메뉴로 올랐다.

의 하꼬랑 '빈대떡' 집에 이르자 '이것을 얼마에 파느냐'는 등 '피난 와서 이렇게 좁은 데서 얼마나 고생스러우냐'는 등의 동정스러운 표정의 말로 위안을 하면서 빈대떡집 문안에 들어갔다. 그 빈대떡을 한번 먹을 수 없느냐고 동여사가 묻자 빈대떡 아주머니는 선뜻 한 개를 선물하니 서투른 '젓갈'질로 맛을 본 다음 '참 맛이 좋다고' 꾸려 달라고 요청하였다. 그때 엄격한 얼굴을 하고 있는 빨간 모자의 영국 헌병이 조그마한 빈대떡집 문앞에 늘어섰다. 신문지 쪽에 싸들고 일행들에게 '참 맛 좋다'고 선전을 하였다. '좀 깨끗한 종이로 꾸리시죠'라고 하는 수행원의 말에 '아니라'고 대답한 동여사는 조심스럽게 영국 엠피의 호위를 받으면서 전란에서 화를 입은 한국 피난민들의 생활 상태를 샅샅이 보고 약 30분 후에 표연히 자동차에 올라탔다.[14]

전쟁 와중에 빈대떡은 끼니가 되는 맛있는 음식이었다. 빈대떡이 서민의 음식이 될 수 있었던 이유는 녹두가 쌀에 비해 월등히 쌌기 때문이다. 1960년대 중반까지만 해도 빈대떡은 선술집과 대폿집에서 주당들에게 가장 인기 있는 음식이었다. 빈대떡이 얼마나 인기가 있었던지 '모던쑈'를 하던 주장(酒場) 카바레에서도 막걸리와 함께 빈대떡

을 제공했을 정도였다.

하지만 1967년부터 녹두 값이 매년 급속하게 오르기 시작했다. 1967년 녹두가 한참 나오는 1월에 녹두 한 가마 값이 6,500원에 거래되었는데, 같은 해 12월에는 8,500원으로 올랐다. 수요에 비해 공급이 달려서 생긴 일이었다. 특히 농지 개량으로 벼농사 위주로 농정 정책이 바뀌면서 녹두 생산량은 그전과 달리 날이 갈수록 줄어들었다. 여기에 정부의 식량 정책으로 1960년대 후반부터 먹을거리가 풍족해지자 빈대떡의 인기도 급속하게 떨어졌다. 21세기를 살아가는 오늘날의 한국인은 1940년대에 "돈 없으면 집에 가서 빈대떡이나 부쳐 먹지"라고 노래했던 가수 한복남(韓福男, 1919~1991)의 심정을 모를 것이다. 이제는 녹두장군도 울고 갈 정도로 국내산 녹두 값이 상상 이상으로 비싸졌고, 그 속에 들어가는 재료도 국내산을 찾기가 어려워졌다. 그러니 이제 더 이상 빈대떡을 가난한 사람의 떡이라고 부를 수 없게 되었다.

5

고급 음식에서 대폿집 메뉴가 된 돼지순대

흔히들 순대는 돼지나 소의 내장(창자)으로 하는데 물론 맛도 좋지만 이것은 값이 비싸고 쉽게 할 수가 없습니다. 그런데 여기 만들기도 쉽고 값이 싸며 맛도 좋은 '오징어순대'가 있답니다.[1]

이 신문 기사가 실린 1964년 당시 돼지나 소의 내장으로 만든 순대가 오징어보다 값이 비쌌다니 21세기를 살아가는 요즘 한국인에게는 무척 의아스럽다. 하지만 이 이야기는 사실이다. 1960년대 중반만 해도 일반 서민이 쇠고기나 돼지고기를 쉽게 먹을 수 없었던 가난한 시절이었다. 그러니 그 내장으로 만든 순대 역시 지금과는 사정이 달랐다.

소, 돼지, 개, 생선 등 여러 종류의 순대

흔히 순대라고 하면 우리는 돼지 내장으로 만든 순대만을 떠올린다. 그러나 돼지순대 조리법은 조선 후기 문헌에서는 아직까지 발견되지 않았다. 1890년대에 필사된 것으로 추정되는 《시의전서·음식방문》의 돼지순대 조리법이 가장 오래된 문헌이다. 이 책에 소개된 음식 이름은 '도야지슌대'이다. "창자를 뒤집어 정히 빨아 숙주·미나리·무우 데쳐 배차김치[배추김치]와 같이 다져 두부 섞어 총[파]·강[생강]·마날[마늘] 많이 다져 넣어 깨소곰·기름·고초가로·호초가로 각색 양념 많이 섞어 피와 한데 주물러 창자에 넣고 부리 동여 삶아 쓰라"[2]고 했다. 이 음식의 이름에 '도야지'를 붙인 것으로 보아 돼지창자를 사용하여 만든 순대임을 알 수 있다. 돼지창자 속에 무엇을 넣느냐는 경우에 따라 다르겠지만, 무척 많은 재료가 들어갔다. 이 책에는 '도야지슌대'와 함께 '어교슌대'도 나온다. 여기에서 어교는 한자 '魚膠'로, 민어의 부레를 끓여서 만든 풀을 가리킨다. 곧 '민어풀'이다. 이 민어풀을 물에 담가 피를 빨고 깨끗이 씻어 숙주·미나리·쇠고기·두부와 함께 갖은 양념을 주물러 넣고 삶아서 어교순대를 만든다고 했다. 민어는 '民魚'라는 한자 이름에서도 알 수 있듯이 조선 후기에 서민들이 즐겨 먹던 생선 가운데 하나였다.

이 밖에도 조선 후기 사람들은 제법 여러 종류의 순대를 만들 줄 알았다. 심지어 개의 창자로 만든 순대도 있었다. 바로 17세기에 쓰인 장계향의 《음식디미방》에 그 조리법이 나온다. 요즘 사람들이 보기에는 신기한 음식임에 틀림없다. 그 조리법을 한번 알아보자.

개를 잡아 조히〔깨끗이〕 빨아 어덜〔살짝〕 삶아 뼈 발라 만도소〔만두소〕 이기듯이 하여 후초·천초·생강·참기름·전지령〔진간장〕 한데 교합하여 질지 않게 하여 제〔개〕 창자를 뒤혀〔뒤집어〕 죄 빨아 도로 뒤혀 거기〔창자 속〕 가득히 넣어 시루에 담아 찌되 나자리〔한나절〕나 만화〔약한 불〕로 쪄내어 어슥어슥 썰어라. 초·계자〔겨자〕 하여 그만 가장 좋으니 창자란 생으로 하되 안날〔전날〕 달화〔손질하여〕 약념을 하되 교합하여 두었다가 이튿날 창자에 넣어 찌라.[3]

그런데 장계향은 이 음식의 이름을 순대라고 하지 않고 '개쟝'이라 적었다. 아마도 재료로 개의 장(腸)을 썼기 때문에 그렇게 부른 것으로 여겨진다.

《음식디미방》이 집필된 때로부터 대략 80년 후인 1766년 한양에서 태의원(太醫院) 의약(醫藥)을 지냈던 의관(醫官) 유중림(柳重臨)은 《증보산림경제(增補山林經濟)·치선상(治膳上)》에서 '우장증방(牛腸蒸方)'이란 음식을 언급했다.

쇠창자는 안팎을 깨끗하게 씻어 각각 한 자가량 자른다. 한편, 소의 살코기를 가져다가 칼날로 자근자근 다지고 여러 가지 양념과 기름·장과 골고루 섞어 창자 안에 꼭꼭 메워 넣은 다음 실로 창자 양 끝을 맨다. 솥에 먼저 물을 붓고 대나무를 가로로 걸치고 쇠창자를 대나무에 고이 안쳐 물에 젖지 않게 하고 솥뚜껑을 덮는다. 약하지도 세지도 않은 불로 천천히 삶아 아주 잘 익기를 기다려서 꺼내어 차게 식히고 칼로 말발굽 모양으로 썰어 초장에 찍어 먹는다.[4]

유중림보다 한 세대 뒤의 인물인 빙허각 이씨 역시 《규합총서》에서 《증보산림경제》와 비슷한 내용의 조리법을 적었다. 다만 쇠창자에 넣는 살코기로 쇠고기는 물론이고 꿩고기와 닭고기도 사용한다고 했다.

그렇다면 이처럼 소나 돼지, 심지어 개나 생선의 창자에 고기와 채소 따위를 넣고 쪄낸 순대 혹은 창자찜은 어디에서 유래했을까? 나는 조선시대 지식인들이 즐겨 읽었던 중국 북위(北魏) 때 쓰인 《제민요술(齊民要術)》과 원나라 때 쓰인 《거가필용(居家必用)》●이 순대 조리

● 중국의 고대 농서 가운데 하나인 《제민요술》은 현존하는 가장 오래된 책이다. 남북조시대 북위 때의 관리인 가사협(賈思勰)이 533년에서 544년 사이에 지은 책으로 알려져 있다. 한국고전번역원의 '한국고전종합DB'에서 《제민요술》을 인용한 내용을 검색하면 50여 건이 나오며, 《거가필용》은 150여 건이 넘는다. 《거가필용》은 비록 집필자를 알 수 없지만, 조선에서도 출판이 되었다. 그것도 주자소(鑄字所)에서 활판인쇄를 했을 정도로 중요한 책이었다. 《세조실록》 16권, 1459년 음력 4월 20일자 기사에 이런 대목이 나온다. "신(臣)이 가만히 생각하건대, 원나라 중승(中丞) 유의(劉意)가 송나라의 유학자 서산(西山) 진덕수(眞德秀)의 동료를 타이른 사사십해(四事十害)를 채택하여 그 구문(舊文)을 기재했는데, 시사(時事)를 부록(附錄)하고 절(節)마다 의론(議論)했으며, 구헌(瞿軒) 왕매(王邁)의 사사잠(四事箴)까지 기록하여 《부현관잠(府縣官箴)》이라 불렀으니, 진실로 수령(守令)된 자의 좋은 모범입니다. 그러나 서산의 주장 아래에 중승의 주장을 이어서 붙여놓았으므로 서로 뒤섞여서 분별하기가 어렵고 또 글자도 틀린 것이 많습니다. 신이 《거가필용전서(居家必用全書)》를 사용하여 분석하고 교정했습니다. 옮겨서 바치니, 엎드려 빌건대, 예람(睿覽)하시고 주자소에 내리어 인쇄하도록 하여 중외(中外)에 반포하고, 대소(大小) 신료(臣僚)들로 하여금 습독(習讀) 면려(勉勵)하게 하여, 각기 자기 몸을 수양하고 백성을 다스리는 방법을 다하도록 한다면, 염치가 일어나서 풍속이 아름다워지고 교화(敎化)가 행해져서 치도(治道)가 융성해질 것입니다." 한편, 정약용은 《여유당전서(與猶堂全書)》 제1집의 제9권에서 《제민요술》에 대해 다음과 같이 적었다. "가사협의 《제민요술》은 농사일에서부터 해(醢) 담는 일까지 언급했는데 모두 92편입니다. 그 내용이 제법 정밀하기는 하나 오히려 옛사람의 말을 그대로 써놓은 것이 많습니다"라고 하여 《제민요술》의 내용을 폄하하기도 했다.

법을 퍼트린 주범이 아닐까 생각한다. 왜냐하면 《제민요술》과 《거가 필용》에 '관장(灌腸)'이란 음식의 조리법이 나오기 때문이다.

《제민요술·적법(炙法)》에서는 "관장법(灌腸法) : 양의 대장(반장盤 腸)을 꺼내서 속까지 깨끗하게 씻는다. 양고기를 가늘게 썰어서 마치 대나무 대롱처럼 만든다. 파를 가늘게 썰고 소금과 메줏가루·생강· 후춧가루를 골고루 섞어서 입맛에 맞도록 간을 맞춘다. 창자에 이들 재료를 넣어서 둥글게 두 줄로 돌려서 불에 굽는다. 잘라서 먹으면 그 맛이 매우 좋다"[5]라고 했다. 조선시대 조리법에서는 순대를 모두 삶았 는데, 《제민요술》에서는 이를 구웠다. 《거가필용·육관장홍사품(肉灌 腸紅絲品)》에서는 '관장'을 다음과 같이 설명했다. "살찐 양의 소장(小 腸)과 대장(大腸)을 깨끗하게 씻는다. 싱싱한 피 반 자루와 차가운 물 반 자루를 골고루 섞는다. 항상 사용하는 방법에 따라 싱싱한 피를 창 자에 가득 채워서 짝을 지어 둘둘 만다. 그 양이 너무 많으면 안 된다. 많으며 엉겨서 창자에 넣을 수가 없기 때문이다."[6] 이 방법은 《제민요 술》과 달리 피를 넣어서 관장을 만들었다. 이렇게 피를 넣으면 여러 가지 재료가 서로 잘 엉기도록 도와준다. 이것을 전문 용어로는 결착 제(結着劑)라고 하는데, 순대에 들어간 피가 이러한 역할을 하는 것이 다. 이처럼 원나라 들어서 관장을 만드는 기술이 진화했다.

《제민요술》과 《거가필용》에서는 양의 창자로 순대를 만들었다. 명나라 때 베이징의 맛있는 음식을 노래한 《고도식물백영(故都食物百 詠)》에서는 "돼지창자에 붉은 가루를 넣어 한번에 지져내고, 매운 마 늘과 짠 소금을 뿌리니 맛이 더욱 좋네. (입 안에서) 부서지며 퍼지는 기름진 향은 납육(臘肉)〔고기를 소금에 절여서 겨우내 훈제하거나 말린 음식〕 과 같아, 바라보며 침만 꼴깍 삼키는 사람도 있으니 불쌍하구나"[7]라고 했다. 곧 명나라 때 들어와서는 양창자보다 돼지창자로 관장을 만들었다. 더욱이 '붉은 가루(紅粉)'를 넣어 더욱 먹음직했을 것이다. 여기서 '붉은 가루'는 홍곡(紅曲, 누룩으로 발효시킨 붉은 쌀) 같은 붉은색을 띠는 재료를 가리킨다. 관장은 베이징의 점포에서 쉽게 볼 수 있는 상품이었다. 오늘날에도 베이징 사람들은 관장을 '관창'이라고 발음하면서 《제민요술》의 한자를 그대로 사용한다.

한편, 양의 창자를 구하기 어려웠던 조선에서는 개·소·돼지·민어 등의 창자로 순대를 만들었다. 그런데 왜 이름이 순대일까? 중국에서 부르는 관장이 곧바로 한국어 순대로 바뀐 것은 결코 아닐 것이다. 순대의 '대'는 한자로 자루를 뜻하는 '대(袋)'이다. 중국어 '관장'은 무엇인가를 집어넣은 창자라는 뜻이다. 그러니 순대의 '대'가 중국어 관장의 '장'인 셈이다. 그렇다면 순대의 '순'은 무엇일까? 한국에서 사용한 순대의 한자어는 장대(腸袋)이다. 하지만 '장'은 고대 한국어에서는 '쟝'이라고 적혀 있다. 그러니 '쟝'이 '슌'으로 바뀌었을 가능성은 없다. 혹자는 '순'이 장의 모양이 둥글둥글한 데서 '둘'이 '순'이 되었다고도 하고, 만주어 순타(sunta)에서 온 것이라고도 한다. 하지만 아직 정설은 없다.

식민지 시기 베스트셀러였던 방신영의 《조선요리제법》에는 순대에 대한 소개가 빠져 있는데, 이용기의 《조선무쌍신식요리제법》에서는 순대 대신 순댓국이 언급되어 있다. 한자로 '저숙탕(猪熟湯)'이라 적은 순댓국의 조리법은 다음과 같다. "순댓국은 도야지 삶은 물에 기름은 건져버리고 우거지를 넣어서 끓이면 우거지가 부드럽고 맛이 좋으나 그냥 국물에 내장을 썰어 넣고 젓국 쳐서 먹는 것은 상풍(常風)〔일반 조리법〕이요 먹어도 오르내기가 쉬웁고 또 많이 먹으면 설사가 나나니라."[8] 이는 곧 우거지돼지내장탕인 셈이다. 젓국을 쳐서 먹는 법이 가장 보편적이라고 했으니, 새우젓으로 간을 하는 지금의 내장탕 먹는 법과도 유사하다. 다만 순대가 들어가지 않고 내장이 들어갔음에도 불구하고 순댓국이라 부른 이유는 그 내장이 곧 순대이기 때문으로 보인다. 하

《조선요리》에 그림으로 소개된 순댓국 조리 과정

지만 소화가 잘되지 않아 토하기 쉽고, 많이 먹으면 설사를 한다고 했다. 지금과 달리 기름기 있는 음식을 거의 먹지 못하던 당시 사정을 생각하면 당연한 언급이라 하겠다.

이에 비해 손정규는 일본어로 쓴 《조선요리》(1940)에서 내장이 아닌 순대가 들어간 순댓국 조리법을 적었다. 음식 이름도 한자로 '돈장탕(豚腸湯)', 한글로 '순대국'이라고 적었다. 만드는 과정을 그림으로 그려놓은 점이 이 책의 특징이다. 재료로는 돼지창자, 두부, 파, 마늘, 숙주, 돼지고기, 배추절임(백채지白菜漬), 간장, 소금, 기름, 고춧가루, 후추가 들어갔다. 만드는 법은 다음과 같다. "돼지창자에 소금을 치고 주물러 연하게 하여 씻고, 가운데를 뒤집어서 몇 번을 헹굽니다. 두부도 으깨고 숙주나물을 데치고 돼지고기를 잘게 썰고 파와 마늘의 다진 것과 간장·후추·고춧가루 등을 넣고 뒤섞어서 창자 중에 가득 채워서 단단히 한 후 양 끝을 실로 묶습니다. 냄비에 물을 끓이고 소금

과 간장 약간, 아지노모도를 치고, 창자를 넣고 잘 익힌 다음 꺼내서 2~3센티로 단면이 둥글게 썹니다. 국물 안에 다시 넣어도 먹고, 순대를 초간장에 찍어서도 먹습니다."[9]

그런데 손정규가 1948년에 한글로 출판한 《우리음식》에서는 조리법이 약간 달라졌다. 재료로 돼지창자(돈장豚腸), 돼지고기, 선지(돈혈豚血), 배추김치, 숙주, 그리고 찹쌀가루나 녹말가루, 장(간장)과 기타 갖은 양념이 들어갔다. 《우리음식》에 적힌 조리법은 다음과 같다.

> 창자를 안팎을 소금에 비벼 잘 씻어둔다. 돼지고기를 잘게 썰어놓고 숙주·배추김치 등 만두소와 같이 하여서 돼지고기와 선지와 찹쌀가루나 녹말가루는 엉기게 하기 위하여 넣고, 갖은 양념하여 무쳐서 창자에 넣고 양 끝을 실로 매서 국에 잘 삶는다. 건져서 식혀 2~3센티로 베어 국에 넣기도 하고 초장 찍어 먹기도 한다. 술안주 등에 호물(好物)로 여기는 것이다.[10]

두 책의 그림은 똑같지만 일본어가 한국어판에서는 빠졌다. 하지만 선지와 찹쌀가루 혹은 녹말가루가 들어가는 점은 일본어판 《조선요리》와는 확연히 다르다. 일본인들이 선지를 좋아하지 않는다는 점을 염두에 두고 《조선요리》의 순댓국에는 넣지 않은 것으로 여겨진다. 여하튼 손정규의 《우리음식》에 나오는 순댓국 조리법이 요즘 조리법과 가장 비슷하다. 이 순댓국은 1960년대 이후 이용기가 말한 내장탕에 가까운 순댓국을 대신하기 시작했다.

값싼 당면돼지순대의 유행

앞에서도 보았듯이 1964년까지만 하더라도 순대는 값비싼 음식이었다. 그런데 1960년대 후반이 되면 마치 정부의 경제 개발 정책이 열매를 맺은 듯 돼지순대도 시장에서 사먹을 수 있는 값싼 음식으로 재탄생했다. 게다가 맛이 얼마나 좋았으면 반찬거리 사러 온 주부들이 장은 보지 않고 외상으로 돼지순대를 사먹었을까?[11] 돼지순대가 인기를 누리게 된 이유는 순대 속에 들어가는 재료가 고가에서 저가로 변했기 때문이다. 곧 당면을 넣은 당면돼지순대가 바로 그것이다. 여기에 1960년대부터 정부가 양돈업을 지원해 성장을 이끌었던 점도 한몫했다. 양돈업이 막 시작되던 1960년대 초반, 사료로 쓰던 미국의 무상 밀이 끊기는 바람에 정부는 난처한 입장에 처했다. 이에 당시 정부에서는 AID 차관을 유치(1968)하고, 삼양그룹이 양돈업에 진출(1973)하도록 권유하기도 했다. 원래 양돈은 농가에서 부업으로 서너 마리 정도를 키워 적당한 때가 되면 수집상들에게 넘기는 방식으로 이루어졌다. 수집상은 돼지를 사서 다시 반출상에게 팔고, 반출상은 다시 도매상에게 넘기고, 마지막에 정육점에서 소매로 판매했다. 이러한 복잡한 유통 과정 때문에 수익이 적은 탓에 농민들은 양돈을 전문적으로 하지는 않았다. 그런데 수요가 꾸준히 증가하자 1960년대 말부터 양돈업이 기업축산으로 바뀌기 시작했다. 또한 1970년대 초반 주요 대도시에 대형 도살장이 생겨 그전에 비해 돼지고기 부속물인 돼지창자를 훨씬 쉽게 구할 수 있게 되었다. 돼지 한 마리에서 나오는 부속물 중에서 소창의 양이 대창에 비해 많아서 서민용 돼지순대에는 소창이 이용되었다. 그러면서 덩달아 돼지순대 가격도 싸졌다. 여기에 1960년대 말부터 돼지순대에 당면이 들어가면서 소창으로 만든 돼지순대는 서민음식으로 자리를 잡았다.

　1960년대 후반부터 서울 남대문시장과 동대문시장에 돼지순대를 판매하는 노점상이 들어섰다. 1970년대 초반이 되면 전국의 재래시장에서 돼지순대는 빈대떡·잡채·튀김 따위와 함께 대포 안주로 좌판 술집의 인기 메뉴가 되었다. 이렇게 돼지순대가 대중적인 인기를 모으자 가짜 순대도 생겨났다. 당면 공장에서 버린 당면 찌꺼기를 돼지순대 속에 넣어 팔다가 붙잡힌 불량식품 노점상도 있었다. 1970년대 중반만 해도 노점상에서 파는 순대는 주로 40~50대 주부들이 가정에서 만들어 시장에 내다 파는 것이었다. 그러다 보니 유해식품으로 순대가 자주 꼽혔다. 1980년에는 노점상 순대를 만드는 어떤 사람이 돼지 소창 값을 아끼기 위해 소창 대신 얇은 비닐로 속을 싸서 순대라며 팔다가 경찰에 잡힌 사건도 있었다.

　1984년 서울지하철 2호선이 완공되면서 신림역 근처는 순대타운으로 변모했다. 1970년대 후반까지만 해도 신림시장은 채소·생선·건어물 등을 파는 전형적인 재래시장이었다. 당시 이곳에서 순대를 팔던 가게도 세 곳에 불과했다. 그런데 지하철역이 생기면서 농촌에서 서울로 올라와 도시 노동자가 된 가난한 사람들이 근처에 모여 살게 되었다. 사람들이 모이자 자연스레 순대장사도 성행했다. 조그만 순대볶음집에서 출발한 순대가게가 순대타워를 이루며 이주민들의 고달픔을 달래주는 장소로 변모한 것이다.[12] 여기에 대학생들까지 맛집이라 칭하며 드나들기 시작해 신림순대타워는 1990년대 초반 서울의 대표적인 음식 명소 가운데 하나가 되었다. 이처럼 경제 개발의 틈바구니에서 노동자들은 매일 밤 대포 한잔에 돼지순대와 순댓국으로

노동의 고달픔을 날려 보냈다. 노동자들이 많이 드나드는 구로공단 근처에는 돼지순대를 전문적으로 가공하는 공장이 들어서기도 했다. 이로부터 돼지순대도 대량 생산의 시대를 맞이했다.

순대가 유행하자 대창에 여러 가지 재료를 넣어 직접 손으로 만든 아바이순대 같은 돼지순대가 다시 부각되기도 했다. 대창은 돼지 한 마리에 기껏해야 50센티미터에서 1미터 정도밖에 안 나오는데, 아바이순대는 그 대창을 써서 속에다 찹쌀·좁쌀·선지·고사리·숙주 등을 넣고 쪄낸 음식이니 고급이라 할 수 있다. 아바이순대는 함경도의 자존심을 내세워 서민음식인 돼지순대를 다시 고급 음식의 반열에 올려놓았다. 아바이순대뿐 아니라 여러 지역에서 다양한 순대가 만들어졌다. 그중 피순대는 선지 맛이 강한데, 오래된 순대임에도 맛이 이상하다고 생각하는 사람들이 있을 정도로 호불호가 확연히 갈린다. 결국 손정규가 소개했던 순댓국이 오늘날 가장 널리 퍼져 술국으로 술꾼들의 입맛을 당기고 있다.

6

복엇국이 시민권을 얻기까지

한강 강가에 삼월이 때를 어기지 않고 다다르니, 가랑비에 복숭아 꽃잎이 파랗게 물결을 치네. 바야흐로 하돈(河豚) 맛이 좋을 때이건만, 조각배로 돌아가기에는 안타깝게도 너무 늦네.[1]

이 글은 조선 초기 세종(世宗, 1397~1450) 때부터 45년간 여섯 왕을 모셨던 서거정(徐居正, 1420~1488)이 지었다. 서거정은 음력 3월 서해에서 한강을 거슬러 올라오는 복어를 먹고 싶지만, 시간이 늦어서 그럴 수 없다는 안타까운 심정을 이 글에 담았다. 이 시의 제목 역시 그런 심정을 그대로 반영하고 있다. 곧 '하돈이 이미 올라왔다는 소리를 듣고 나도 모르게 흥이 나서 짓다(聞河豚已上悠然起興有作)'이다. 중국의 소식(蘇軾, 1037~1101) 역시 복어 요리를 먹고 "죽어도 그 값을 하겠다!(也值得一死)"고 감탄했는데,[2] 이 말은 이처럼 맛있는 것을 먹었으니 죽어도 괜찮다는 뜻이리라.

선비들이 목숨 걸고 먹었던 복어

복어는 종류가 매우 많은데, 크게 '강복어'와 '바닷복어'로 나눌 수 있다. 이규경은 《오주연문장전산고》의 〈하돈변증설(河豚辨證說)〉에서 "하돈은 강과 바다의 두 종류가 있지만 그 이름은 매우 많다. 돈(魨)이라 일컫기도 하고, 가(䰽)로 일컫기도 한다. 다른 이름은 후이(鯸鮧)이다. 또 호이(鯝鮧)라고도 부른다. 또 규어(鯢魚)라고도 하고, 태(鮐)라고도 한다. 포(鮬)라고도 부르고, 기(鰭)라고도 부른다. 또 해(鮭)라고도 한다. 《화한삼재도회(和漢三才圖會)》에서 해돈(海豚)은 눈이 가늘고 좁다고 했다. 강돈과 해돈 모두 센 독을 지니고 있어 자주 사람을 죽인다. 특히 알이 매우 독해서 이것을 먹은 사람은 바로 죽는다"라고 했다. 그러면서 "돈은 민간에서는 '가돈'이라 부르지만 본래는 하돈이다. 방언으로는 복(復)이다. 또 물가치(勿家治)라고도 부르는데, 곧 강돈(江豚)이다"라고 적었다.[3] 이처럼 이규경은 강에서 나는 복어를 '물가치'라고도 일컫지만 사람들은 그냥 '복'이라고 부르며, 해돈은 다른 말로 '기'라고 한다고 했다.

이규경의 조부인 이덕무(李德懋, 1741~1793)는 손자와 달리 복어 먹는 일을 두고 매우 엄격하게 꾸짖는 글을 남겼다. 그가 젊은 시절에 쓴 시인 《영처시고(嬰處詩稿)》에 그 내용이 나온다. 시의 제목은 '하돈탄(河豚歎)', 곧 '복어를 탄식하다'이다. 이덕무는 시를 시작하기에 앞서서 왜 이 시를 짓는지에 관해 별도로 밝혀두었다. "이삼월 사이에 어선이 강에 머무르면 하돈이 때때로 나타난다. 시골 사람들이 이것을 잡아서 먹고서는 죽는 자가 매우 많다. 반드시 죽는다는 것을 알면서도 결코 두려워하지 아니한다. 어찌 그리 어리석단 말인가! 이 시를 써서 한편으로 스스로 조심하고, 다른 한편으로는 하돈을 먹는 자에게 알려주려 한다."[4] 제법 긴 시이지만, 읽지 않고 그냥 넘어갈 수가 없다.

천지는 매우 크다. (天地至大矣)
하늘이 내려준 물건 성기지 않고 빽빽하네. (賦物密又稠)
조물주도 무엇을 하자는 건지 (造物亦何事)
독어(毒魚)를 물속에 머물게 했네. (毒魚水中留)
비늘 돋친 충(蟲)의 족속 삼백여섯인데 (鱗蟲三百六)
너와 같은 무리는 없었거늘 (旣無如爾儔)
음탕하고 악한 기운이 모인 것인가? (淫惡之所鐘)
독기가 쌓인 것인가? (毒氣之所裒)
그 이는 억세고 날카로우며 (骭齒利而銳)
화가 난 배는 둥글고 부르며 (怒腹圓而周)
비늘도 없고 또 아가미도 없고 (無鱗又無鰓鰓)
몸뚱이에는 가시가 총총 돋쳤네. (荊棘身上抽)
하돈에 혹하는 자들은 (惑於河豚者)
그 맛이 가장 좋다고 스스로 말하네. (自言美味尤)
비린내 가시도록 솥에 푹 삶아서 (腥肥汚鼎鬴)
후춧가루 타고 다시 참기름 치면 (和屑更調油)
물과 땅에서 나는 맛있는 것 가운데 (不知水陸味)
방어와 소가 있다는 것도 알지 못하게 되지. (復有魴與牛)
사람들은 모두 보고 기뻐하기만 하네. (人皆見而喜)
오로지 나만 그것을 보고 근심할 뿐이네. (我獨見而憂)

아! 슬프도다, 세상 사람들이여. (吁嗟乎世人)

목구멍 윤낸다고 기뻐들 마소. (勿喜潤脾喉)

무서워 떨리니 불행이 이보다 크겠는가, (凜然禍莫大)

두려우니 그 해가 어찌 걱정이 안 되겠는가. (慄然害獨憂)

인생이란 천지 사이에서 (人生天地間)

돌연히 흐르는 물과 같으니 (倏如水流)

오호! 백 년도 못 사는 몸 (嗚呼百年身)

잘 죽어도 오히려 서글플 텐데 (考終猶或愁)

어쩌자고 독물(毒物)을 마구 삼켜서 (奈何吞毒物)

가슴에 뾰쪽한 쇠촉을 묻으려 드나. (胸藏戈與矛)

비록 잠깐의 기쁨이야 얻겠지만 (雖有頃刻喜)

결국 한순간에 목숨을 잃게 된다네. (終然命忽輈)

옆 사람은 머뭇거리며 혹은 말리는데도 (傍人猶或止)

제 몸 생각 어이 그리 잘못되었나. (計身何太謬)

비유하면 소인을 사랑하는 것 같으니 (比如愛小人)

부드럽게 꾀어내는 말을 즐겁게 여기고 (樂其言溫柔)

엿처럼 달콤한 말만 헛되이 기뻐하여 (徒喜言如飴)

자신을 망친다는 걸 모르네. (不悟反賊劉)

고기 잡는 어부들 내 말 좀 듣게. (我願捕魚子)

행여 하돈에게 낚시 던지질 마소. (豚魚勿投鉤)

그 물건도 삶을 얻고 (物類亦得生)

사람 목숨도 길어질 수 있으니. (人命亦可脩)

아! 슬프도다, 세상 사람들이여 (吁嗟乎世人)

부디 돌이켜 생각해주길 바라네. (我願反而求)

돈어(豚魚)를 소인에 견주었으니 (豚魚比小人)
어찌 눈길을 그곳에 돌릴 수 있겠나. (豈可回靑眸)
나는 세상 사람을 조심시키기 위해서 (我欲警世人)
시를 지어 노래처럼 읊조리도록 하네. (詠以爲歌謳)[5]

이덕무보다 앞서 살았던 유중림은 《증보산림경제》에서 복어를 '하돈(河㹠)'이라고 적고 그 조리법을 매우 상세하게 적어두었다. 그는 "피와 알에 무서운 독이 들어 있는데, 잘못 먹으면 반드시 사람을 죽게 만든다. 사람들이 모르는 바 아니지만 한때의 별미로 탐하여 종종 그 독에 빠지기도 하니 참으로 슬픈 일이다"[6]라면서 증법(蒸法)을 소개했다.

복어를 골라서 그 배를 가르면 얼기설기 핏줄이 보이는데 날카로운 칼로 깎아내서 줄을 하나도 남기지 않는다. 또 조심스럽게 아가미를 벌려 피를 빼는데 고기 살이 하나도 상하지 않도록 한다. 백반(白礬)〔유황을 함유한 일종의 광물〕한 덩어리를 솥에 넣고 기름을 많이 부어 미나리와 소루쟁이〔양제羊蹄〕잎을 넣는다. 간장과 물은 반드시 싱겁게 맞추어야 한다. 알에는 본래 독이 없고 그 맛이 아주 기가 막혀서 옛날에는 '서시(西施)〔춘추전국시대 월나라 미인〕의 젖'이라고 불렀다. 알을 고기 뱃속에 고이 넣고 실로 묶은 다음 약한 불에 한두 시간 끓여서 먹는다. 이 탕은 비록 차게 식더라도 비리지 않고 맛이 매우 뛰어나다. 곤쟁이젓은 복어의 독을 푸는 데 좋다.[7]

이는 곧 복국 끓이는 방법이다. 문제는 이 책의 저자인 유중림의 주장과 달리 알에도 독이 있다는 사실이다. 이덕무는 이 점을 문제 삼았던 건지도 모르겠다. 이어서 유중림은 조리법을 한 가지 더 소개했다. "단지 복어의 하얀 살코기만 납작하게 썰어 참기름에 볶아 익히고 꺼내서 탕을 만들면 만에 하나 잘못이 생기지 않는다. 그 맛이 기가 막힐 정도다. 재료는 위에서 말한 것과 같다."[8] 여기서 유중림은 복어의 하얀 살코기만을 이용하여 탕을 만드는 방법이니 위험하지 않다는 확신을 갖고 있는 듯하다. 서유구 역시 복국에 대해서 자신의 책《임원경제지·정조지》에 적어두었는데, 내용은《증보산림경제》를 그대로 인용하면서 음식 이름만 '하돈갱탕(河豚羹湯)'이라고 적었다.[9] 서유구도 복국을 조심해서 조리하면 먹을 수 있다고 생각했다. 서유구는 한때 임진강 근처 임단(臨湍)이라는 시골 마을에 살면서 자연스레 복국 조리법을 책에 남겨두었을 것이라 여겨진다.

일본인이 버린 복어 먹다 죽은 사연

이처럼 전근대시대에 강가에 살았던 사람들은 복어를 제대로 조리해 먹으면 괜찮다고 생각했다. 하지만 죽는 사람이 훨씬 많았을 것이다. 복어를 잘못 먹은 사람이 죽는 사건은 근대 이후 도시에서도 일어났다. 곧 도시의 굶주린 사람들이 생선가게에서 버린 복어의 내장이나 머리를 끓여 먹고 부지기수로 죽었다. 당연히 사회 문제가 되었다. 그렇지만 조선총독부에서는 이 문제를 해결하겠다는 의지를 강력하게 보이지는 않았다. 그것이 문제였다.《동아일보》1924년 1월 10일자〈휴지통〉란에 실린 가십 기사가 그런 사실을 보여준다.

모든 살림살이가 남만 못한 우리의 살림에는 비참한 일이 한두 가지가 아니지마는 남이 먹다 내어버린 복의 알을 집어다가 그대로 고깃국이라고 끓여 먹다가 죽은 일이 최근 일 개월 동안에 경성에서만 십이 명이라 한다. 이와 같이 참혹한 일에 대하야 마야 경찰 부장의 의견을 들으면 "그것은 먹은 사람의 자제력이 부족하야 그런 것이요. 그런 자제력이 없는 사람들이 죽는 것을 어찌겠느냐. 다른 데서 복어 판매를 금지하는 것은 정사가 무서워서 연애를 금지하는 것과 같다" 한다. 이것이 인민의 생명·재산을 보호한다는 일도 경찰 부장의 말로는 너무 성의 없는 말이 아닐까. 우리는 아무 말도 아니 하련다. 그의 말을 그대로 소개하고 현명한 사람의 판단에 맡길 뿐이다.[10]

1924년 1월 10일자 《동아일보》에 실린 경찰 우마노 세이이치 부장을 풍자하는 그림

　기사에서 언급된 마야 경찰 부장은 우마노 세이이치(馬野精一)를 가리킨다. 사건의 전모는 같은 신문 2면에 실렸다.

　지나간 12월 1일부터 작 19일까지 경성 시내를 통하야 '복엇국'을 먹고 무참히 생명을 잃어버린 사람이 열두 명이나 된다. 생각하면 위험성이 있는 '복어!' 더욱이 남들이 내어버린 복어의 내장 등속을 정신없이 주워다 먹고 생명을 잃어버렸다 하면 한편으로 책망할 점도 없지 아니하나 그러나 그들은 그 '복어' 중에 독이 있는지 없는지를 알지 못하며 또는 극히 빈한한 사람들로 자못 고기를 먹고 싶다는 뜨거운 식욕을 참지 못하여 돈을 내고 고기를 사먹을 수 없어서 남들이 내어버린 '복어'를 주워다 먹고 그와 같이 참사한 것이라 그들을 책망한다 함보다도 뜻 있고 눈물 있는 사람으로는 그들에게 한 줌의 동정을 아낄 수가 없는 일이며 따라서 사회의 적지 아니한 문제라 하겠다.[11]

결국 매년 늦겨울에서 봄만 되면 한강을 비롯하여 서해안 일대에서 복어를 잘못 먹고 죽는 사례가 식민지 시기 내내 이어졌다. 그러자 계몽 차원에서 복어 중독을 피하는 방법에 대한 홍보성 기사가 봄만 되면 신문이나 잡지에 빠지지 않고 실렸다. 1929년 4월 1일자 잡지 《별건곤》의 '취미실익(趣味實益) 과학강좌(기이基二) 4월 철에 제일 위험한 하돈 중독에 관하야'도 그중 하나다. 비록 이 기사를 작성한 정석태(鄭錫泰) 역시 하돈 중독 전문가는 아니었지만, 복어의 독소에 대해서 상당히 상세하게 묘사했다.

하돈의 독소는 난소에 있는 까닭에 그 난소가 수정을 하여 난(卵)이 성숙할 시기에 제일 무서운 독을 가지게 된다. 그 시기는 바로 도화(桃花)가 피고 버리[보리] 이삭이 나올 4월경이다. (중략) 혈액을 많이 함유한 간장(肝臟)과 기타 내장에까지도 독을 많이 함유하여 있다. (중략) 그럼으로 3월 이후 4월경 수정급(受精及) 출란기(出卵期)에 입(入)한 하돈은 가장 위험하여 함부로 먹는 사람이면 기어이 중독이 되어 생명을 빼앗기게 된다. 종(從)하여 이 시기에는 요리점에서는 하돈을 식용으로 쓰기를 기피하나 의학계에서는 약용으로는 이 시기를 제일 좋은 시기로 생각하는 것이다. 하돈의 체중(體中)에 독을 함유치 아니한 부분은 근육(筋肉)이니 우리가 식용으로 맛있게 먹는 것도 전혀 이 근육이다. 피(皮)와 골(骨)도 독을 함유함이 적은 까닭에 식용에 쓴다. 근육은 회(膾) 또는 팽자(烹煮)〔솥에 넣고 삶음〕를 하여 먹고 피와 골도 또한 팽자하여 먹나니 이 하돈의 고기는 지방이 많고 자양이 풍부한 외에 맛이 특별히 좋은 까닭에 자래(自來) 식용상 이름이 높고 가격도 또한 상당한 것이다. (중략) 이 하돈 독소의 특성은 제일로 무미(無味)한 것이니 다른 독소는 대개 자비(煮沸)〔물에 넣고 펄펄 끓임〕하면 파양(破壤)되어 그 독력을 실(失)하지만은 이 하돈의 독만은 4시간 가령을 자비하여도 독력은 조금도 상실되지 않으며 또 잔(酸)에 대하여도 비상히 저항력이 강하여 유잔(硫酸), 염잔(鹽酸)이든지 또는 왕수(王水)에 대하여도 조금도 파괴되지 않는다.[12]

조선의 사정과 달리 일본에서는 근대 이후 복어 식용에 대한 문제를 법률로 다스렸다. 1872년 8월 14일 《도쿄니치니치신문(東京日日新聞)》에 복어 식용을 금지해야 한다는 투고가 게재된 일이 결정적인 계기가 되었다. 그만큼 복어를 먹고 죽는 사건이 자주 발생했기 때문이다. 그럼에도 불구하고 중독자는 계속 증가해, 마침내 메이지 정부는 1882년 '복어를 먹는 자는 구치과료(拘置科料)에 처한다'라는 내용을 포함한 '위경죄즉결령(違警罪卽決令)'을 발포했다.[13] 여기에서 '구치과료'란 구속 혹은 과태료를 가리킨다. 그런데 이 복어 식용 금지령은 1894년 봄부터 적어도 야마구치현(山口縣)은 예외로 인정되었다. 다음

과 같은 이야기가 전해지고 있다.[14]

1895년 4월 17일 청일전쟁의 강화조약을 위한 협상이 시모노세키의 슌판로(春帆樓)라는 여관에서 열렸다. 일본 대표 이토 히로부미와 청나라 대표 리훙장(李鴻章, 1823~1901)이 회담에 참석했다. 여관의 여주인은 좋지 않은 날씨 탓에 좋은 생선이 들어오지 않자 음식 준비에 걱정이 많았다. 그런데 오직 복어만이 상태가 좋았다. 여주인은 어쩔 수 없이 복어로 음식을 마련했다. 그다음 날 이토 히로부미는 생선 맛이 좋았다고 여주인에게 칭찬하면서 생선 이름을 물었다. 여주인은 복어라고 고백을 하면서 요리를 제대로 하면 문제가 없다고 했다. 이 말을 들은 이토 히로부미는 자신의 고향이자 지지자들이 많은 야마구치현만은 복어 식용 금지령을 해제하도록 내각에 지시를 내렸다. 이로부터 야마구치현에서는 복어 잡이는 물론이고 식용에도 큰 문제가 없어졌다.

하지만 식민지 조선에서는 한 번도 '복어 식용 금지령'이 발포되지 않았다. 앞에서도 보았듯이 사회적으로 심각한 사건이 되었음에도 불구하고 경찰 부장이 그저 개인이 스스로 조심해야 한다고 말할 정도였다. 야마구치현 어부들은 식민지 조선의 동해에 들어와 마음대로 복어를 잡은 뒤 부산 항구에 풀어놓았다. 그 과정에서 일본인들의 복어 요리법이 전파되어 부산 사람들도 복국을 먹기 시작했다. 이때 먹은 음식이 바로 '복지리'로 알려진 복엇국이다. 복지리의 '지리'는 일본어에서 냄비요리를 가리키는 '지리(ちり)'에서 온 말이다. 지리는 일본인들이 주로 복어를 요리하는 방법이었다. 하지만 일본인들이 알고 있는 안전한 복어 조리법이 조선인들에게는 알려지지 않은 듯하다.

해방 후에도 여전히 복어 중독이 문제가 되었다. 《동아일보》

1962년 3월 12일자 〈횡설수설〉란에서는 당시 횡횡했던 복어 중독을 두고 희생자의 '빈궁과 무지'로 그 탓을 돌렸다. "복어알 중독과 구공탄 중독으로 비명(非命)에 죽는 사람이 부지기수다. 죽고 또 죽고 이렇듯 귀로 듣고 눈으로 보고, 허구한 날 희생자가 나건 말건 거기에 조심을 않음은 우리만이 있는 빈궁과 무지의 비극이 아니랄 수 없다." 심지어 이런 주장도 이어졌다. "복생선 이놈은 전부터 일인(日人)이 이 땅에 와서 극성맞게 진어(珍魚)로 상식(常食)하던 것. 그러나 그들은 그것을 다루는 방법도 배웠고 또 먹는 격식도 알았다. '국'으로, '회'로 심지어는 술에까지 담가서 애식(愛食)을 했다. 그렇다 해서 일인이 그것에 중독·탈명(奪命)당했다는 말은 별로 들은 적이 없다."[15] 물론 식민지 시기에 재조 일본인 중에서도 복어를 잘못 먹고 사망한 사람이 있었다. 이 기사를 쓴 기자는 재조 일본인은 제대로 된 방법으로 복어를 조리했지만, 한국인은 지금까지도 그렇지 않다고 본 것이다. 하지만 이것은 식민주의적 발상에서 나온 견해에 지나지 않는다. 앞에서 보았듯이 20세기 초반에 이미 일본에서는 복어 식용 문제를 국가적 차원에서 법률로 다룬 데 비해, 한국에서는 1960년대 초반에도 여전히 복어 중독 문제를 국민의 무지로 돌리고 있을 뿐이었다.

복엇국, 드디어 시민권을 얻다

그야말로 식민지 시기 이후 복어는 공적 영역에서 관심을 가지지 않은 독을 품은 생선이었다. 하지만 1960년대 중반 복어 식용이 증가하면서 조리법이 거의 처음으로 신문에 등장했다. 바로 새나라가정요리학원장 왕준련이 1967년 11월 23일자 《동아일보》에 소개한 복엇국 만드는 법이다. 그는 글의 처음에 "복어는 누구나 손질을 잘할 수 있는 생선은 아니다"라고 단언했다. 그러면서 "전문가가 깨끗이 손질한 후에 만들어진 것이어야 안심하고 먹을 수 있다"라고 했다. 이렇게 위험한 생선을 먹는 이유는 살이 고들고들하고 맛이 있기 때문이란다. 특히 술국은 말할 수 없이 맛있다고 찬사를 아끼지 않았다.[16] 이미 식민지 시기 이전부터 복엇국은 술을 많이 마신 다음에 해장에 좋은 국으로 인식되어왔다. 하지만 이것을 먹을 수 있는 사람은 극소수였다. 그런데 1960년대 이후 복어 어획량이 증가하면서 복엇국은 더 이상 극소수 선택받은 사람들의 음식이 아니었다. 그런 탓에 신문지상에 떳떳하게 복엇국 조리법이 실렸을 것이다.

재료는 복어 200g, 무 1토막, 파 2뿌리, 쑥갓 1잎, 당근 1토막, 멸치 국물 3컵, 양파 1개, 배추 1잎, 찰떡 2개, 간장·정종(청주)·미원(화학조미료)·소금·식초 등이다. 조리법은 다음과 같다. "1. 완전히 손질한 복어를 3cm 기장으로 토막을 치고 무는 얇고 넓게 저며서 냄비에 넣는다. (당근을 얇게 해 넣기도 한다.) 2. 배추는 속대를 저며서 파와 함께 넣고 멸치국을 붓는다. 이때 파의 기장은 5cm 가량으로 토막 쳐 넣는다. 3. 간장과 소금 간을 하고 정종과 식초를 한 방울 넣으면 맛이 더욱 있다. 4. 맨 나중에 찰떡을 두 토막가량 넣으면 된다. 예로부터 복엇국에 찰떡을 넣으면 제독이 된다 하여서 넣기 시작한 것이 근래에도 혹간 찰떡을 넣어서 끓이는 집을 보게 된다. 5. 매운맛을 즐기는 분은 내려놓기 직전에 고추장을 한 술 풀어내면 고추장의 향기와 복어국의 맛이 훌륭해진다. 쑥갓을 한 잎 띄워내기도 한다."[17]

그런데 그다음 해인 1970년 12월 5일자 《경향신문》의 〈여적〉이란 코너에서는 복엇국 조리법에 대한 당시의 경향을 제법 사실에 가깝게 묘사했다. "복어 요리라고 하면 오랫동안 일본식이 풍미(風靡)한 때가 있었지만 그것도 점차 꼬리가 가늘어져간다. 그 대신 일본식 국에 고추장을 풀어서 '복어매운탕'이라는 이것도 거짓도 아닌 것이 새로 등장하고 있는데 아무래도 시원치 않다. 역시 콩나물에 미나리를 곁들여 끓인 국에 초를 약간 쳐서 먹는 한국식이 제일이다."[18] 이 이야기를 사실로 받아들인다면 왕준련이 소개한 복엇국 조리법은 일본식을 기본으로 하고 여기에 당시 새롭게 등장한 고추장을 넣는 방식이었다. 이러한 정황은 왕준련이 복어 요리를 적으면서 가장 마지막에 '지느러미술(히레사케)' 만드는 법을 넣은 데서도 확인할 수 있다. 왕준련은 처음에 부산에서 요리학원을 했던 인물이기도 하니, 그의 복어 요리법은 일본식을 바탕에 두고 한국식으로 변용한 것임이 분명해 보인다. 왕준련이 제시한 조리법을 보아도 상에 올리기 전에 고추장을 한 술 푼다고 했으니 그 맛이 지금의 칼칼한 복매운탕과는 달랐을 것이다. 그러니 《경향신문》에서 '일본식 국에 고추장을 풀어서' 그 맛이 시원치 않다고 하지 않았겠는가.

앞에서 보았듯이 조선 후기의 이덕무는 복엇국에 후춧가루를 넣는다고 했다. 이에 비해 빙허각 이씨는 《규합총서》에서 "노구 속의 백반 작은 조각과 기름 많이 붓고 청장[맑은 간장]과 미나리를 넣어 끓이고"[19]라고 했다. 앞의 《경향신문》에서는 콩나물을 끓인 물에 미나리를 곁들여서 복엇국을 끓인 다음에 식초를 약간 치는 방법이 오래된 한국식이라고 했다. 1977년 11월 12일자 《경향신문》에서는 '부산 복국'이란 제목으로 당시 부산 곳곳에서 인기를 끌고 있던 복국에 대해 소개하고 있다. 예나 지금이나 부산이나 마산 사람들은 복엇국을 줄여서 복국이라고 부른다. 그 기사 중에 '복국 할아버지'로 불리는 송도 복국집 주인 김씨가 복국을 끓이는 방법이 간단하게 나온다. "우선 살아 있는 복어의 내장을 통째로 들어낸 다음 뼈 관절과 살 부분에 칼금을 내어 피를 완전히 뽑아낸다. 그리고 소금·간장·마늘 다진 것 등을 넣고 물을 끓인다. 펄펄 끓는 간물에 내장을 뽑아낸 복어를 넣어 삶아 복어가 익으면 건져낸다. 남은 국물에 콩나물과 미나리를 넣고 식초를 알맞게 친다. 이 국물이 바로 해장복국이다."[20] 바로 1970년 12월 5일자 같은 신문에서 한국식이라고 했던 조리법이다.

2011년에 발간된 《마산시사(馬山市史)》에서는 마산에서 복국이 유명하게 된 배경을 다음과 같이 적었다. "옛날 마산의 해안은 낙동강 물이 섞이고 해안선이 복잡하여 복이 서식하기에 좋은 천혜의 조건을 갖추고 있었다. 어시장에서는 복을 경매하여 전국 일식집으로 보내졌다. 이 때문에 마산의 복요리가 유명해졌을 것이다."[21] 사실 1960년대 이전의 마산만은 청정해역으로 복어의 서식지였다. 마산 어시장은 복어 집하장이어서 복국 재료를 어느 지방보다 싸게 구할 수 있었다. 지금도 마산 어시장 근처에서 영업을 하고 있는 복국 전문점이 있는데, 그곳의 제1대 주인 최달옥은 1945년에 식당 문을 열었다고 한다. 후손들의 말에 의하면, 그는 식민지 시기에 일본에서 복어 조리법을 배웠다고 한다. 이처럼 지금의 마산 복국은 일본식에서 진화한 것이다.

식민지 시기 일본인 중에서 야마구치현 출신 어부들은 한반도의 동남 해안을 자신들의 어장이라고 여겼다. 이곳에서 잡은 복어는 시모노세키나 후쿠오카, 그리고 부산항으로 보내졌다. 특히 울주군 온산 앞바다에서 잡히는 복어는 맛이 좋기로 유명했다. 가장 맛있는 참복은 일본인들 손에 넘어가고 조선인은 돌복이나 개복으로 복국을 끓였다. 심지어 가장 작은 복어인 졸복은 가난한 조선인 노동자의 해장

복국 재료로 일품이었다. 앞에서 말한 최달옥의 딸 박복련은 1962년 3월 '특수식품 취급자' 증명서를 경상남도 도지사로부터 받았다. 이로부터 복국이 시민권을 얻게 되었다. 그렇다고 그전에 복국을 판매하는 일이 금지되었던 것은 아니다. 다만, 복어를 특수식품으로 지정하여 취급 증명서를 가진 사람이 요리를 할 경우 안전하다는 판정을 해준 셈이다. 그런데 1965년 한·일 수교 이후 복어는 외화벌이용으로 일본에 수출되었다. 봄만 되면 참복 맛에 빠졌던 복국 마니아들은 날이 갈수록 비싼 복국 값에 입맛만 다셨다. 그 과정에서 다시 식민지 시기에 알게 된 돌복·개복·졸복 따위가 복국의 주재료가 되었다. 복어 어획량이 점차 증가해 마침내 1970년대 말부터 한국에는 복매운탕과 복지리, 그리고 복국의 전성시대가 도래했다.

지금과 유사한 복매운탕은 서해에 연한 항구 도시에서 개발되었을 가능성이 크다. 바다에서 자라다가 강을 거슬러 올라온 황복을 조리하는 방법은 기존에 민물생선을 조리하는 방법과 비슷할 수밖에 없었다. 19세기 후반부터 자리 잡은 한반도의 매운탕 조리법이 황복에도 적용된 셈이다. 앞에서 소개한 고추장이 들어간 복국이 아니라, 민물매운탕과 같은 방식으로 조리한 복매운탕이 한강과 금강 일대에서 전국으로 퍼져나갔다. 1950년대 부산이나 마산에서 복어 어획량이 증가하자 내륙으로 유통된 바닷복어로 매운탕을 끓여서 먹는 사람도 있었다. 1957년 2월 23일에 경상북도 경산의 용성면 시장 상인들이 복어매운탕을 끓여 먹다가 중독되어 세 명이 즉사하고 두 명이 중독된 사건[22]이 일어난 데서도 그러한 정황을 알 수 있다. 바닷복어로 끓인 복매운탕이 대중화된 때는 1970년대 중반쯤이었다. 여기에 아귀찜을 응용한 복어찜도 개발되었다. 1976년 9월 28일자 《경향신문》에서는 대한노인회 군산시지회 부회장 차칠선(車七善)이 군산의 향토요리로 복어찜 조리법을 소개했다. "물기가 빠진 복어 위에 마늘·고추·파 등의 양념과 약간 데친 미나리·풋고추·양파·솔 등을 올려놓고 간을 맞춘다. 술안주로 이용하려면 고추를 많이 넣어 얼큰하게 하는 것이 좋다."[23]

이렇게 복국이나 복매운탕이 술꾼들의 입맛을 당겼음에도 불구하고, 1980년대에도 복어가 나는 철에는 어김없이 복어 중독 사건이 일어났다. 당시에는 탕반을 판매하는 대중식당이나 간이음식점은 전문 조리사 없이도 영업을 할 수 있었다. 복국집도 복매운탕이나 복지리를 탕반의 하나로 내세워 조리사 자격증 없이 개업하는 경우가 많아서 종종 복어 중독 사건이 일어났던 것이다. 결국 1981년 가을에 복국집에도 조리사를 두도록 하는 법령이 만들어졌다. 그러나 여전히 복어 조리에 대한 면허 문제가 고려되지는 않았다. 그 이후에도 매년 복어 중독 사건이 발생하자 마침내 정부에서는 1984년부터 복어 조리기능사 제도를 실시하기 시작했다. 1984년, 한국인은 역사 이래 처음으로 전문가의 손에서 조리된 복어를 안심하고 먹을 수 있게 되었다.

7

보양식에서 술꾼의 별미가 된 쏘가리매운탕

　　1992년 2월 20일 오전 11시 5분 북한의 평양 금수산의사당 영빈관에서는 당시 국무총리였던 정원식과 김일성 주석이 자리를 함께하고 있었다. 한참 정치 이야기를 나누고 나자 쏘가리회 요리가 나왔다. 마침 정 총리가 김 주석에게 건강하냐고 물었다. 그러자 건강하다고 하면서 "이것은 외국 손님에게 주로 대접하는 쏘가리회지요. 남쪽에도 있나요? 얼핏 한강 상류에 있다고 들었는데……. 자, 외교 형식을 버리고 한 식구처럼 화목하게 식사합시다"라고 했다. 그러자 정 총리가 "이 쏘가리는 어디서 나온 건가요?" 하고 물었다. 이에 김 주석은 "북한강에서 잡히고 대동강, 청천강에도 있는데 일본에는 없다더군요"라고 답을 했다. 그 자리에 동석했던 김종휘 청와대외교안보보좌관이 "남에서는 쏘가리를 매운탕으로 많이 끓입니다"라며 끼어들었다. 그러자 김 주석은 "매운탕? 그럼 남쪽에도 있단 얘기군요" 하고 말했다. 이 일화는 1992년 제6차 남북고위급회담이 한창 이루어지고

있던 중 한국 대표단들이 김일성 주석을 직접 만나 환담한 장면이다.[1]

북한 사람들이 쏘가리를 회나 탕으로 먹는다면, 남한 사람들은 주로 매운탕으로 먹는다. 식품학자 유태종(劉太鍾)은 "쏘가리는 구이나 지짐, 회도 좋지만 매운탕도 별미이다"[2]라고 했다. 강이 내려다보이는 음식점에서 쏘가리매운탕에 소주라도 한잔 걸치면 술꾼들에게는 이만한 사치가 따로 없다. 지금부터 이 쏘가리매운탕이 겪은 20세기 근대사를 한번 살펴보자.

보양식, 궐어와 금린어

1933년 9월 3일자 《동아일보》의 〈지상병원〉이란 코너에 이런 기사가 실렸다.

> 【문】 20세 남자이온데 연전에 늑막염으로 고생하다가 나았었는데 올부터 가삼(가슴)이 답답하고 옆구리와 잔등이가 몹시 쑥쑥 결리고 아픕니다. 몸이 몹시 약하고 무슨 일을 하든지 하기가 싫고 힘이 듭니다. 기침이 혹시 나오고 노란 가래침이 나옵니다. 이와 같은 병에 쏘가리를 삶아 먹으면 좋다 하오니 어떠한지요. 병명과 약방문을 가르켜주시요. (개성 고통생)[3]

이 질문에 대해 당시 경성부립진찰소 내과 박종영(朴鍾榮) 박사의 대답은 이러하다.

> 【답】 늑막염의 재발이 아닌가 생각됩니다. 일차 의사의 진찰을 받

아 병명을 확실히 안 후에 치료 방침을 정하십시오. 문의하신 쏘가리는 섭취하여도 무관할 것입니다.[4]

늑막염은 다른 이름으로 흉막염이라 부르는데, 대부분 결핵균이 원인이 되어 발생한다. 식민지 시기 많은 젊은이들이 영양 상태가 좋지 않아 결핵이나 늑막염을 많이 앓았다. 당시에는 특별한 약이 많지 않았기 때문에 일종의 민간요법으로 쏘가리를 고아서 먹었다. 빙허각 이씨는 《규합총서》에서 중국 원나라 때의 의서(醫書)인 《양생기(養生記)》를 근거로 쏘가리를 먹으면 허약함을 도와주고 위에 좋다고 했다.[5] 다만 등마루 뼈에 독이 있으니 모조리 제거하고 먹으라고 일러두었다. 이로 보아 위의 '지상병원' 처방에서 쏘가리를 먹어도 괜찮다고 한 이유를 충분히 짐작할 수 있다. 공적인 의료 체제가 자리를 잡지 못했던 조선 후기 이래 이러한 양생 관련 자료들이 민간에서는 병을 낫게 하는 처방으로 두루 사용되었다.

그런데 《규합총서》에서는 이 생선을 쏘가리라고 적지 않았다. 단지 한글로 '궐어'라고만 적었다. 궐어(鱖魚)는 쏘가리의 다른 이름이다. 빙허각 이씨를 형수로 두었던 서유구는 한문으로 쓴 《임원경제지·전어지》에서 궐(鱖)을 두고 '소갈이'라고 한글로 적어두었다.[6] 조선총독부 식산국 수산과의 기수(技手)로 있던 정문기(鄭文基, 1898~1995)는 이를 두고 남선(南鮮) 지방에서는 쏘가리라고 부르며, 언어학자들에 의하면 '소'는 '쏘'의 진화된 어음(語音)이라 쏘가리라는 명칭이 먼저 생겼으리라고 보았다.[7] 하지만 문헌 자료의 표기를 보면 오히려 조선 후기에 '소가리'라고 부르다가 식민지 시기를 거치면서 '쏘가리'가 되었다고 보는 것이 옳다.

서유구는 쏘가리 맛을 두고 "일명 수돈(水豚)인데, 그 맛이 돼지고기처럼 맛있기 때문이다"[8]라고 했다. 크기나 두께는 물론이고, 생선임에도 돼지고기 맛이 나기에 이런 이름이 생겨났다. 또 "우리나라 사람들은 이것을 금린어(錦鱗魚)라고 부른다"[9]라고 했다. 서유구보다 거의 200년이나 앞서 살았던 허균은 자신이 먹어본 음식을 열거한 글 《도문대작》에서 "금린어 : 산골에 있는 고을에 모두 있지만, 양근(楊根) 것이 가장 좋다. 처음에는 천자어(天子魚)라고 불렀다. 동규봉(董圭峯)이 먹고는 맛이 좋아 이름을 물었다. 역관이 얼떨결에 대답하기를 금린어라고 말했다. 사람들이 모두 이를 좋다고 했다"[10]라고 적었다. 동규봉은 명나라 사람으로, 조선에 자주 사신으로 왔던 동월(董越, 1430~1502)을 가리킨다. 본래 조선 사람들은 쏘가리 맛이 너무 좋아서 그냥 '천자어'라고 불러왔다. 마침 명나라 사신이 그 이름을 묻자 감히 생선에 '천자' 운운할 수 없어서 지어낸 이름이 금린어이다. 그렇다고 금린어란 이름이 얼토당토않게 지어진 것은 아니었다. 쏘가리는 비늘이 가늘고 황색을 띈다. 그러니 역관이 매우 적절하게 이름을 붙인 셈이다.

그런데 허균은 금린어 다다음 항목에서 따로 궐어를 언급했다. "궐어 : 서울 동서쪽에서 많이 나는데 백성들은 염만어(廉鰻魚)라고 부른다."[11] 왜 허균이 금린어와 궐어를 구분했는지 정확히 알 수는 없다. 아마도 금린어는 황쏘가리이고, 궐어는 일반 쏘가리를 가리키는 듯하다. 그래서 양근(지금의 양평) 지역에서 나는 것을 금린어, 한강에서 나는 것을 궐어로 본 듯하다.

쏘가리지짐이에서 쏘가리매운탕으로

조선시대 문헌에 쏘가리 관련 기록이 많이 나오지만, 조리법은 아직까지 발견되지 않았다. 심지어 식민지 시기에 베스트셀러였던 《조선요리제법》에서도 이에 대한 언급이 없다. 다만 이용기의 《조선무쌍신식요리제법》에서 '쏘가리지짐이'라는 조리법이 나올 뿐이다. "쏘가리는 궐어라 하는 것인데 예부터 이르는 것이라. 그런고로 도화유수궐어비(桃花流水鱖魚肥)라[복숭아꽃 흐르는 물에 쏘가리가 살쪘도다] 하였나니 이것이 지짐이 중에 제일등이요, 또 희귀하게 나는 것이라 지지는 법은 잉어지짐이법과 같이 만드나니라"[12]고 하면서 '지짐이 만드는 법'에서 잉어지짐이와 함께 소개했다. 쏘가리지짐이 역시 주재료만 다를 뿐 잉어지짐이처럼 만든다고 했으니, 잉어지짐이 조리법을 살펴보자.

> 비늘을 긁지 말고 내장에 쓸개 빼고 씻어서 대가리 자르고 짜개여 굵게 토막 치고 물에 고초장을 삼삼하게 간 맞추어 풀고 살코기와 파를 많이 넣고 끓여 용솟음하거든 토막 친 것을 넣고 무르도록 끓이다가 무를 네모지고 굵게 썰어 넣고 한테 끓여 뼈가 무르도록 다린 후에 먹으면 지짐이 중에 제일 좋고 술 먹는 사람이 안주를 상등으로 아나니라.[13]

이용기는 지짐이를 한자로 '전(䭇)'이라고 적었다. 요즘 사람들은 기름에 지진 음식을 통틀어 지짐이라고 부르지만, 식민지 시기만 해도 지짐이는 국보다 국물을 적게 잡아 짭짤하게 끓인 음식을 가리켰다. 《조선무쌍신식요리제법》에는 별도로 된장찌개·생선찌개·두부찌개와 같이 '찌개 만드는 법'에 대한 언급도 있다. 이용기는 "국보다 지짐이가 맛이 좋고 지짐이보다 찌개가 맛이 좋은 것은 적게 만들고 약념을 잘하는 까닭이라"[14]고 했다. 국은 국물이 많은 데 비해 찌개는 뚝배기에 재료를 듬뿍 넣고 밥할 때 찐 다음에 다시 모닥불에 끓여서 '밧트러지게' 끓인 것이다. 이에 비해 뼈가 문드러질 때까지 곤 음식을 지짐이라고 불렀다. 이용기는 "여러 가지 생선이 다 만들기는 하나 그중에 잉어(은어)(우레긔)라 하는 것과 놋치(동어리)라 하는 것도 다 지져 먹기는 하나 쏘가리 맛과는 대단히 틀리나니라. 이 쏘가리가 사월쯤 하야 맛이 제일 좋으니라"[15]고 했다. 그만큼 쏘가리지짐이 맛을 최고로 여겼다.

이용기는 잉어지짐이 옆에 '발갱이지짐이'라는 다른 이름을 밝혀두었다.[16] 발갱이는 음식의 색이 빨간 데서 나온 이름으로, 발갱이지짐이는 고추장으로 간을 맞춘 음식이다. 잉어지짐이와 쏘가리지짐이는 조리법이 같다 했으니, 쏘가리지짐이 역시 발갱이지짐이의 일종이라고 보아도 무방할 듯하다. 그런데 식민지 시기의 신문이나 잡지에서 발갱이지짐이의 다른 말로 매운탕이라고 적은 자료는 아직까지 발견하지 못했다. 매운탕이란 음식 이름은 1951년이 되어야 신문에 처음 등장한다. 1951년 12월 1일 전시(戰時)에 보건당국은 '고급 요정 폐지 및 무허가 음식점 관리'를 공포하면서 관리 대상 요리로 신선로와 함께 매운탕을 언급했다. 이처럼 고급 요정에서도 메뉴로 내놓을 정도였으니 매운탕은 결코 값싼 음식이 아니었다. 당시 신문 기사를 보면, 매운탕 가격이 신선로와 같은 가격인 11,000환이나 되었다.[17] 하지만 이 기사에서 매운탕의 주재료가 무엇이었는지는 따로 밝혀놓

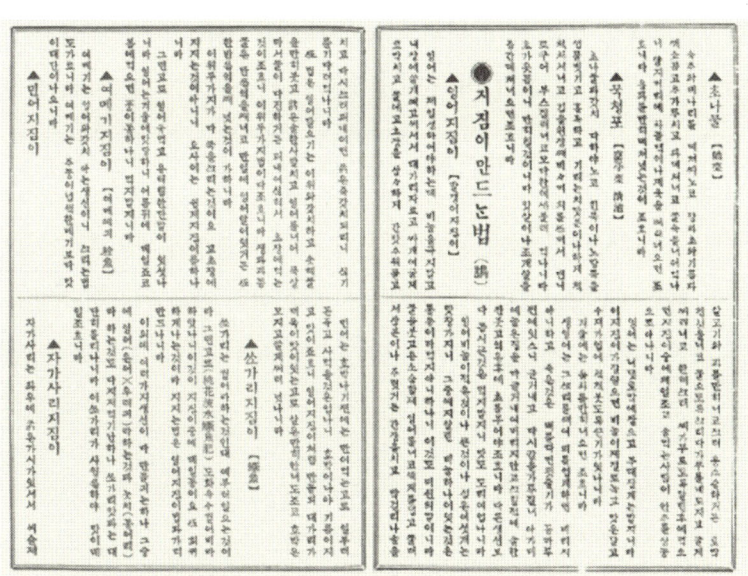

《조선무쌍신식요리제법》 154~155쪽의 쏘가리지짐이를 비롯한 여러 가지 지짐이 만드는 법

지 않아 알 수가 없다.

요즘은 바닷생선이나 민물생선을 가리지 않고 내장과 비늘만 긁어내고 머리와 꼬리는 그대로 둔 채 끓이는 음식을 매운탕이라 한다. 1976년 10월 22일자 《경향신문》에 소개된 쏘가리매운탕 조리법은 다음과 같다. "① 고추장과 고춧가루를 푼 국물에 쏘가리를 넣고 뼈가 무를 때까지 끓인다. ② 거의 익었을 때 준비된 풋고추, 파 등을 넣고 다시 10분쯤 끓인다. ③ 다 되었을 때 갖은 양념을 넣고 냄비에 담아낸다."[18] 쏘가리매운탕은 1970년대 중반 이후에야 대중화되기 시작했다. 사람들이 쏘가리매운탕을 즐기게 된 데에는 한반도 곳곳에 건설된 댐의 역할이 컸다. 북한강 유역의 소양강댐이 1973년에 완공되었고, 1976년에는 낙동강 유역의 안동댐이, 그리고 1980년에는 금강의

대청댐이 완공되었다. 당초 댐 건설의 목적은 용수 공급과 수력 발전이었지만, 부수적으로 도시 사람들에게 바다처럼 넓은 담수호의 풍광을 제공했다. 그 과정에서 산골짜기의 담수호가 관광지로 변했다. 이들 관광지에서 민물매운탕은 지역적 특색을 지닌 관광음식으로 자리 잡았다. 그중에서 쏘가리는 가장 인기 있는 매운탕거리였다. 그렇다고 쏘가리매운탕이 결코 값싼 메뉴는 아니었다. 예나 지금이나 민물매운탕 중에서 가장 비싼 음식이 쏘가리매운탕이다.

자연산에서 양식으로

쏘가리는 남해와 서해로 빠지는 민물에 자라는 육식성 생선이다. 그 육식성으로 인해서 19세기 이전만 해도 쏘가리는 쉽게 잡을 수 없는 생선이었다. 식민지 시기 조선총독부 직속기관이었던 부산의 수산시험장에서 어류 조사를 맡고 있던 우치다 게이타로(內田惠太郎, 1896~1982)는 1931년 6월 평안남도 남동쪽에 위치한 성천(成川)의 비류강에서 쏘가리의 생활사를 조사하게 되었다. 그때 그는 "성천에 맹인으로서 쏘가리 잡는 명수가 있다는 것을 들었다. 이 맹인은 혼자서 강가를 수 리(里)에 걸쳐 걸어 돌아다니면서 쏘가리가 사는 장소를 잘 알아내, 물에 자맥질을 하여 물고기를 잡아온다고 한다. 평소에는 조선 국수가게의 심부름을 하지만, 따뜻한 계절에는 쏘가리잡이로 적잖은 수입을 얻는다고 했다"[19]라는 기록을 남겼다. 그 맹인은 맨손으로 모래무지까지 헤엄쳐서 큰 쏘가리의 아가미를 잡고 나타나기도 했다고 한다.

그런데 우치다 게이타로의 기록과 비슷한 내용이 한국 최초의 어류학자로 알려진 정문기가 1974년에 출판한 《어류박물지(魚類博物誌)》에도 나온다. 하지만 그 내용은 이미 이기복 박사에 의해 정문기가 우치다 게이타로의 글을 표절했음이 밝혀졌다.[20] 앞에서도 밝힌 대로 정문기는 조선총독부 식산국 수산과의 기수로 근무했는데, 그가 쏘가리의 생활사를 조사하기 위해 성천에 간 때는 1935년 6월이라고 한다. 반면, 우치다 게이타로는 1931년에 정문기가 근무했던 같은 부서의 기사(技師)였다. 나이나 학력 그리고 직급에서도 우치다 게이타로가 정문기보다 앞섰다. 하지만 정문기가 주로 본부에서 근무했다면 우치다 게이타로는 현장에서 조사연구를 했다. 해방 이후 대부분의 조사연구 자료를 손에 쥘 수 있었던 정문기가 우치다 게이타로의 글을 표절하기는 어렵지 않았을 것이다.

우치다와 정문기가 소속되어 있던 조선총독부 수산과에서는 이미 1920년대 말부터 잉어·붕어·가물치·은광어(은어)·숭어·농어·흑도미 따위를 양어(養魚)하는 기술에 연구를 집중했다. 그 이유는 조선총독부가 조선의 어종을 파악하여 알맞은 번식법 연구와 금어기 설정 등의 제반 법적 장치를 마련하여 어획량을 늘리려 했기 때문이다.[21] 또 다른 이유로는 부분적으로나마 먹을거리를 안정적으로 생산하여 식민지 조선 사회의 안정을 도모하려는 데 있었다.

> 우리 농촌에는 보건상으로 보아 영양 문제도 등한시할 수 없다. 초등학교 아동의 팔구 할이 영양 부족으로 허약하다고 하니 이 어찌 한심치 않으랴? 이 영양 부족으로 인한 허약을 구함에도 양어가 필요치 않을까?[22]

1936년 2월 1일자 《동아일보》에 박병환(朴炳煥)이란 사람이 쓴 이 글은 '양어와 농촌(하) — 무자본(無資本)으로 용이(容易)하다'라는 제목으로 그 전날 신문에서부터 연재되었다. 그의 주장에 의하면, 식민지 조선 사회에서 도시민은 물론이고 농촌의 영양 상태는 매우 좋지 않았다. 한강을 중심으로 남쪽은 낙동강까지, 서쪽은 압록강까지 서해와 남해로 흘러드는 하천에서 서식하는 쏘가리는 그러한 영양 문제를 해결할 수 있는 가장 좋은 민물생선 가운데 하나였다. 앞서 말했듯이 쏘가리는 '수돈(水豚)'이라고 불릴 정도로 살이 많은 생선이기 때문이었다.

우치다 게이타로는 1931년 6월 이후 3년 동안 앞서 말한 맹인의 도움을 받으면서 일본인 조수와 함께 성천의 일본인 여관에서 쏘가리의 인공부화를 실험했다. 비록 실험은 성공했지만, 그렇다고 곧장 대규모 치어 생산으로 이어지지는 않았다. 단지 개인이 경영하는 어장에서 사양(飼養)되는 정도였다. 대량 생산이 가능한 인공부화는 1995년에야 비로소 성공했다. 식민지 시기부터 조선총독부는 수출용과 촌민들의 불량한 영양을 강화한다는 명목으로 쏘가리를 비롯하여 잉어·은어·뱀장어 따위의 민물생선을 사양하도록 권장했다. 그러나 조선총독부나 대한민국 정부에서나 쏘가리의 산란기인 5월 중순에서 6월 상순은 금어기로 정했다.

조선시대만 해도 한반도의 강은 살아 있는 생선을 먹을 수 있는 좋은 식품 저장고였다. 그러한 사정은 식민지 시기가 되어도 크게 변하지 않았다. 1938년 7월 22일자 《동아일보》 기사에서는 '조선담수산명어(朝鮮淡水產名魚)'로 다섯 군데의 다섯 가지 민물생선을 꼽았다. 즉, 번포산 부어(藩浦產鮒魚), 몽탄산 숭어(夢灘產崇魚), 금강산 종어(錦

江産宗魚), 한강산 금린어(漢江産錦鱗魚), 장진강산 열목어(長津江産熱目魚)가 그에 해당한다.[23] 번포는 함경북도 부령군 관해면에 있는 못으로, 이곳에서 나는 부어는 붕어를 가리킨다. 몽탄은 전라남도 무안군과 나주시의 경계를 흐르는 영산강의 지류로 이곳에서 나는 숭어가 맛있다고 했다. 특히 숭어알로 만든 숭어 어란은 지금까지도 유명하다. 금강은 충청남도와 전라북도의 경계를 이루는 강으로, 이곳에서 나는 종어는 메기를 가리킨다. 한강은 북한강과 남한강이 합쳐져서 서울을 관통하는데, 한강에서 나는 금린어가 유명하다고 했다. 앞에서도 보았듯이 금린어가 바로 쏘가리이다. 장진강은 함경남도 장진군과 삼수군을 거쳐 흐르는 압록강의 지류로 그곳에서 나는 열목어가 유명하다고 했다.[24]

식민지 시기만 해도 육지에 사는 사람은 바다에서 나는 살아 있는 생선을 구하기가 어려웠다. 특히 봄부터 가을 사이에는 말리든지 절이든지 하지 않으면 유통이 불가능했다. 하지만 다행히도 육지에 있는 하천이나 저수지에서 직접 민물생선을 구할 수 있었다. 날것을 좋아했던 조선 사람들은 이들 민물생선을 익히지 않고 먹기도 했다. 그런데 디스토마가 큰 문제였다. 결국 조선총독부는 물론이고 대한민국 정부에서도 지속적으로 민물생선을 익혀 먹도록 계몽하거나 아예 식용을 금지하기도 했다. 그러니 식민지 시기나 해방 직후에도 쏘가리와 같은 고급 어종은 쏘가리지짐이 혹은 쏘가리매운탕의 형태로 요리옥의 식탁에 올랐다.

1966년 한강에 팔당댐 공사가 시작되면서 날이 갈수록 쏘가리 서식지는 줄어들었다. 하지만 1960년대부터 유행한 릴낚시로 그전보다 훨씬 쉽게 쏘가리를 잡을 수 있게 되었다. 게다가 1960년대 말부터 온

나라가 건설 현장이 되면서 이제는 TNT 폭약이 민간에까지 들어와 아예 강바닥을 훑으며 쏘가리를 잡아댔다. 결국 1967년 5월 12일 문화재위원회에서는 한강 일대에 서식하는 황쏘가리를 천연기념물로 지정했다. 이러한 조치는 허균 때부터 언급되었던 양근 일대의 금린어가 멸종위기에 봉착했음을 의미했다.

1973년 소양강댐이 완공되자 춘천의 호반 근처에는 매운탕 전문점이 장사진을 쳤다. 수요가 몰려 쏘가리를 막무가내로 잡아대자 이번에는 정부에서 치어를 전국의 강에 뿌렸다. 그 결과 남해와 서해로 흘러가는 강은 물론이고, 각지의 저수지 근처에서도 여름철이 되면 쏘가리매운탕을 파는 식당이 자리를 잡았다. 1970년대 건설 붐과 함께 80년대에 관광음식이 전국적으로 유행하면서 나타난 결과였다. 결국 이용기가 지짐이 중에서 제일 맛이 좋다고 했던 쏘가리지짐이의 주재료는 오늘날 치어로 대량 양식되어 다시 강에 뿌려진 쏘가리가 주류를 이룬다. 심지어 멀리 중국의 양식장에서 키운 쏘가리가 출신지를 바꾸어 식탁에 오르기도 한다.

역사 이래 한반도는 민물생선의 보고였다. 하지만 20세기 이후 민물생선은 본래의 서식지를 잃어버리는 일이 잦았다. 하천을 그대로 두지 않고 다른 목적으로 이용하려고 했던 개발 맹신자들의 욕심 때문이었다. 여기에 한국인의 왕성한 식욕으로 자연산 민물생선의 씨가 말라버렸다. 결국 요즘 한국인들은 인공적으로 보기 좋게 다듬어진 하천가에 앉아 그 경치를 '자연'이라고 생각하고, 양식한 민물생선을 '자연산'이라 여기며 쏘가리매운탕이나 쏘가리지짐이를 먹는 데 열심이다. 이것이 바로 쏘가리매운탕이 겪은 20세기사다.

식민지 시기 조선인 양조업자 장인영과 천일양조장

"선대의 유업(遺業)이라면 듣기에 큰 사업인 것 같습니다마는 저의 선친께서 가난한 술장사를 하시다가 제가 20살 때에 돌아가셨는데 실상은 아무것도 아니 남겨두신 이 술장사를 제가 20세 되던 해 맡아가지고 다시 시작하였습니다. 그때 돈 200원 하나를 융통하여 가지고 내 손으로 술을 만들며 팔며 외상을 거두러 다니는 등 일절 일을 혼자서 하였었는데, 바로 이 동안이 뭣보다도 오늘날의 성공을 있게 한 직접 원인이 된다고 생각합니다." (중략) "그래서 20세부터 30세까지의 10년 동안을 거의 눈코 뜰 사이 없이 장사를 하였더니 그때에 조금 돈푼이 생겼습니다. 그러자 대정 8년〔1919년〕 인산(因山) 때 시골서 많이 올라온 손님의 덕택으로 하야 그때 한몫 잡았습니다. 그 후 오늘날에 이르기까지 10여 년 동안은 제법 장사다운 장사를 하여왔지요."[1]

1936년 6월 10일자 《매일신보》에 실린 이 글은 당시 연재하던 '나는 어떠케 성공하얏나'라는 칼럼의 13번째 기사다. 이 기사는 "동대문을 바라보고 내려가면 종로 5정목 초입의 바른편에 있는 천일양조소(天一釀造所)는 지금은 인천에 분공장(分工場)까지 가진 큰 양조업자"[2]로 시작된다. 이 천일양조소의 주인은 식민지 시기 서울에서 가장 큰 술 공장 중의 하나였던 천일양조장(天一釀造場)의 사장 장인영(張寅永, 1891~?)이다. 천일양조장은 지금의 서울 종로 5가에 있었다. 장인영은 1936년에만 세금으로 15만 원을 냈을 정도로 대단한 사업가였다. 앞의 기사에서 장인영이 말한 선친은 장근식(張根植)이다.

1935년에 발행된 《조선주조사》에 의하면, 통감부 시절 장근식은 11명의 서울 소재 약주가(藥酒家) 중 한 사람이었다.[3] 하지만 당시에는 아직 주세법이 존재하지 않던 시절이라 전문적인 양조장이 서울에 별로 없었다. 음식점에서 직접 술을 양조해 음식과 함께 팔았기 때문에 양조업이 성립되기조차 어려웠다. 그러니 장인영의 말처럼 그의 선친 장근식은 술장사로 큰돈을 벌지는 못했다.

대한제국 시기인 1909년 2월 13일 주세법이 발효되면서, 장근식도 1913년 1월에 탁주 및 약주 제조 면허를 받았다. 이 무렵에 장인영도 아버지를 도와 양조장 일을 하기 시작했다. 그는 서울에서 태어나 어릴 때 한학을 배웠지만, 이후 양조업에 전념했다.

조선총독부는 1916년 9월 1일에 기존의 주세법을 개정한 주세령을 발효했다. 1917년 4월, 일개 술장사에 지나지 않았던 천일양조장은 개정된 주세령에 근거하여 소주 제조 면허도 취득했다. 근대적인 양조장 시설을 갖춘 천일양조장은 1923년 서울에서 열린 부업품공진회(副業品共進會) 때 제품을 내놓고 높은 평가를 받았다. 그 후 천일양조장은 동대문 근처에서 경기도 일대까지 영업망을 확장했다. 장인영의 사업 확장은 1919년 3월 3일에 거행된 고종의 인산(장례)이 중요한 계기가 되었다. 고종의 인산을 보기 위해 지방에서 서울로 올라온 수많은 사람들이 술로 슬픔을 달래는 동안, 장인영은 한몫 잡았던 것이다.

1935년 12월 1일자 잡지《삼천리》제7권 제11호에서는 '서울 장안(長安)의 부호명부(富豪名簿)-개인소득세액(個人所得稅額)에 나타난' 이란 기사를 게재했는데, 거기서 장인영을 17번째로 세금을 많이 낸 사람으로 꼽았다. 그 기사 내용을 잠깐 보자.

서울 장안에 부자는 누구누구인고. 6만 가호(家戶) 사는 서울의 동서남북 방방곡곡을 뒤져보면 아방궁 같은 크나큰 집들이 날 보아라 하듯이 웃둑웃둑 솟아 있는 것을 볼 수 있으니 이것이 모다 누구누구라는 한다하는 백만장자들의 주택이다. 그러나 집이 크고서도 속이 빈 부자도 있고, 속은 알심 있게 찼으면서도 겉치레를 허줄구레하게 하는 부자들도 있어 주택을 표준하고는 도모지 그 부(富)의 다과(多寡)를 모르겠다. 그런데 이제 요행한 일이 있으니 그것은 그 부자들의 정말 실속을 엿볼 수 있는 모방면(某方面) 조사의 그분들의 소득세액이라, 즉 금년 1년 동안에 이 부자들이 제각금 생긴 돈이 몇십만 원이나 되는가. 이 소득액이라 함은 대개 자본금의 1할로 보는 것이 타당하야 가령 여기 소화 10년(1935년) 중에 30만 원의 소득이 있었다면 그는 적어도 3백만 원의 재산을 가진 것으로 보아 틀림이 없다. 설명은 이만치 하여놓고! 대체로 민대식(閔大植) 씨가 장안 제일 갑부다. 올에 26만 원의 소득이 있었고, 그러고는 임종상(林宗相), 김연수(金秊洙) 씨들인데 박영효(朴泳孝) 후작(侯爵)의 4만 원을 최하

순위	인명	개인소득세액(원円)	직업
1	민대식(閔大植)	259,016	지주
2	임종상(林宗相)	209,303	동(同)
3	민규식(閔奎植)	191,957	금융업, 지주
4	김연수(金秊洙)	187,640	동
5	이석구(李錫九)	178,713	동
6	민병도(閔丙燾)	173,499	지주
7	김성식(金星植)	139,369	은행원
8	임호상(林昊相)	129,697	금융업, 지주
9	전*필(全*弼)	126,573	동
10	이병묵(李丙默)	107,545	동
11	박영철(朴榮喆)	104,202	동
12	조병학(曺秉學)	103,122	동
13	이풍한(李豊漢)	99,268	동
14	백상규(白象圭)	91,483	동
15	김성수(金性洙)	86,908	동
16	조남섭(趙南燮)	76,160	동
17	장인영(張寅永)	72,696	공업
18	윤덕영(尹德榮)	65,358	금융업, 지주
19	윤치호(尹致昊)	62,871	동
20	최남(崔楠)	55,645	광(鑛), 상업
21	박흥식(朴興植)	50,286	금융업, 상업
22	박영효(朴泳孝)	42,733	금융업, 지주

〈표 1〉 1935년 서울의 22대 부자

로 약 22명의 한다하는 부자의 소득세액을 보면 아래와 같다.[4]

과연 1935년 서울의 부자들은 어떤 인물이었을까? 장인영의 당시 입지를 알기 위해 잡지《삼천리》에서 보도한 부자들 리스트를 표로 만들었다.[5] 〈표 1〉을 보면 1935년 장인영의 개인소득세액은 7만 2,696엔이었다. 앞의《매일신보》기자는 장 씨의 특별한 성공 비결을 찾아보려고 장인영과 말을 이어가려 했다. 그러자 옆에서 인터뷰를 보고 있던 지배인 전재룡(田在龍)이 기자의 말을 가로채 다음과 같이 답변했다.

"저희는 요사이 흔히들 하는 광고 선전주의가 아니고 실제주의로 하여나갑니다. 다시 말하면 장사에 선전도 필요하나 그렇게 되면 선전 비용을 어디서 산출하느냐는 것이 문제가 되어 결국은 상품에서 빼내야 할 터이니까 상품의 원료를 내려트리든지 그렇지 않으면 상품의 값을 많이 받든지 할 것인데 저희는 직접 많은 배달부를 총출동시키어 직접 술맛을 보여가며 팔았음으로 이러한 폐단이 없읍니다. 그리하야 거래처로부터 다른 양조점에서 광고를 암만 많이 하더라도 직접 술맛이 좋고 단가가 비교적 싼 저의 집 술을 사게 되었습니다. 재작년부터 우금 3년간은 이웃에 있는 모 양조소와 하도 경쟁을 하느라고 오히려 손해를 보았습니다마는 우리는 평일 준비가 있었으니 만큼 조금도 굴하지 않고 헛된 광고주의를 떠나 실제주의와 주인어른의 다년간 경험에 비추어보아 경비를 극도로 줄여가며 한때 난관(難關)을 물리치고 나갑니다."[6]

이렇게 성공을 거둔 천일양조장의 장인영은 주로 탁주와 약주를 생산했다. 《조선주조사》에 의하면, 1930년대 초 장인영의 천일양조장에서는 탁주를 8,500석, 약주를 5,100석이나 생산한 데 비해, 소주는 650석에 불과했다. 장인영은 1920년대 이미 성공한 술장사로 서울의 유지였다. 그는 한약으로 시료하는 사설피병원(私設避病院)을 설립하는 설립기성회(設立期成會)에도 참여해, 15만 원을 낸 기부자 명단에 이름을 올렸다.[7] 이뿐 아니라 돈을 기부해야 할 때마다 서슴지 않고 나섰다. 심지어 1933년 4월에는 자신의 공장 근처, 즉 지금의 종로 5가에 있던 동아학원의 원장을 맡기도 했다.[8] 당시 동아학원은 300여 명의 아동을 가르치고 있었는데, 학교 건물이 좁아서 더 이상 신입생을 수용할 수 없는 형편이었다. 학부형 후원회에서는 교사 신축을 의결하고 원장으로 장인영을 추천했으며, 이때 장인영은 600원을 교사 신축 비용으로 내놓았다고 한다.

장인영은 기부뿐 아니라 일제가 전쟁을 준비하면서 1937년에 실시한 군용 마련 국방헌금에도 참여했다. 아마도 정치적인 강제가 있었을 터인데, 사업을 지속하기 위해서는 어쩔 수 없는 일이었을 것이다. 당시 그는 100원을 냈다.[9] 한편으로 그는 고초를 당하기도 했다. 1939년 10월 5일 장인영은 부정·독직 사건으로 고발되어 수뢰죄로 불구속 입건되었다.[10] 국방헌금을 적게 내서 이러한 고초를 당한 것은 아닌지 모르겠다. 당시 장인영은 교육사업이나 불우이웃돕기에 지속적으로 기부한 몇 안 되는 조선의 사업가였다. 해방 전후 장인영은 사망한 것으로 보인다. 1949년 8월 30일자 《경향신문》에는 '장 씨의 특지(特志)'라는 기사가 경기도 여주 발신으로 다음과 같이 실렸다.

"여주군 홍천면에서는 가정 빈한으로 타지방에 진학하지 못하는 어린이를 위하여 지방인사 일동이 미리부터 중학 설립에 노력하여왔으나 기금이 뜻 같지 못하여 곤경에서 헤매고 있던 중 시내 종로 5가 14에 거주하는 장동은(張東殷) 씨는 여주 일대에 있는 소유 토지 6만 평을 지난 8월 26일에 자진하여 이에 기증하였다 한다. 지금으로부터 10여 년 전 동씨의 부친 고 장인영(張寅永) 씨는 홍천국민학교 기지를 자진 희사한 바가 있어 2대에 궁한 장씨 가문의 사회봉공정신에 지방 관계인사는 물론 사회 일반이 감격의 찬사를 던지고 있다 한다."[11]

장인영은 아들 장동은이 대를 이어 천일양조를 운영하기를 기대했겠지만, 그의 사후인 해방 이후 아들 장동은을 비롯한 후손들이 재산을 분할하여 천일양조는 결국 파산하고 말았다.[12] 초창기 한국 주조사에 큰 획을 그었던 천일양조는 이렇게 3대를 잇지 못했다.

청어과메기와 꽁치과메기

지금의 포항시 연일읍은 1910년대 말부터 청어 주산지로 자리를 잡았다. 마침 동해 청어가 영일만에 들어와 산란한 데다, 여기에 한반도로 이주한 일본인 어부들이 가세했기 때문이다. 식민지 시기에 조선총독부 식산국 수산과에서 근무했던 정문기는 1939년 5월 9일자 《동아일보》에서 "청어 다산지인 경상북도에서는 소건(素乾)한 청어를 '과미기'라고 칭하여 지방 특산으로 진중시(珍重視)하는 수산물이다. 경상북도 연일·대구 등 지방에서는 이 '과미기'를 짚불에다 구워가지고 어피(魚皮)를 벗기어 버리면 별미를 가진 선적색어육(鮮赤色魚肉)이 나오는데, 이 '과미기' 요리 중에는 '과미기-쑥국'이 제일 미미(美味)하다고 말한다"[1]라고 했다. 아마도 포항 영일만 일대 어민들은 청어로 쑥국을 끓여 먹었던 모양이다. 요즘도 쑥이 새잎을 내는 2~3월이 되면 동남 해안에 사는 어민들은 제철에 나는 생선으로 쑥국을 끓여 먹는다.

식민지 시기 영일만에 연한 두호동(斗湖洞, 지금의 포항시 북구에 있는 동)에는 구정을 앞두고 어획한 청어를 벌판에 늘어놓았다. 인부들의 거처인 가옥 옆에 한자로 '대어(大漁)'라고 써 붙인 깃발에서 어선의 주인이 일본인이었음을 짐작케 한다.

여기에서 '과미기'는 요즘 말하는 과메기다. 과메기의 어원에 대해서는 여러 주장이 있는데, 그중 '관목(貫目)'에서 유래했다는 설이 우세하다. 《규합총서》에서도 "청어 마른 것을 그 속이 다 관목이라 하되 가칭(假稱)이오 진짓[진짜] 관목은 청어를 들고 비추어보면 두 눈이 서로 통하여 벌겋게 마주 비추는 것을 말리어 쓰면 맛이 이상하니 청어 한 동[2,000마리]에 관목 하나 얻기 어려우니라"[2]고 했다. 또한 저자인 빙허각 이씨는 청어 중에서도 맛이 특별히 좋은 것을 관목이라고 불러야 하는데, 세상 사람들이 말린 것을 모두 관목이라고 잘못 부른다고 일침을 놓았다. 이용기 역시 《조선무쌍신식요리제법》에서 세상 사람들처럼 관목을 '건청어(乾靑魚)'라고 하면서, "성한 비웃을 말려 먹는데 껍질을 벗기고 토막 쳐서 초고초장에 찍어 먹으면 술안주에 비릴 듯하나 맛은 제일 좋고 멧나물지짐이에 넣으면 맛이 매우 좋으니라"³고 했다. 여기서 비웃은 당시 서울 사람들이 청어를 부르던 이름이다.

하지만 과연 관목이란 한자어가 포항에서 과미기 혹은 과메기로 변이되었는지는 언어학적으로 분명하지 않다. 한양대 교수인 예종석은 그 근거를 밝히지 않은 채 "말린 청어를 뜻하는 관목이란 이름에서 시작되었다는 것이 정설인 듯하다. 관목은 청어의 눈을 꼬챙이로 꿰어 말린 데서 비롯되었는데 그것이 '관메기'가 되었다 과메기로 변한 것이다. 1960년대의 기록만 보더라도 관메기란 명칭으로 자주 등장하던 것이 어느새 과메기가 된 것을 보면 말의 빠른 변화를 절감한다"⁴라고 했다. 그런데 앞의 1939년 5월 9일자《동아일보》에서 정문기는 이미 포항에서 '과미기'라고 한다고 하지 않았던가! 혹시 '꿰어서 말리기'란 뜻의 '꿰매기'가 '과미기' 혹은 '과메기'로 변한 것은 아닌지 의심해봄 직하다.

앞의《동아일보》기사에서 정문기가 밝혔듯이 경상북도에서 잘 말린 '과미기'는 1918년 11월 1일부터 영업을 시작한 포항역을 통해 그전보다 수월하게 전국 각지로 배송되었다. 매년 1~2월이면 포항역 광장에는 산처럼 쌓인 청어가 장사진을 이루었다. 가령 1924년 1월 초부터 2월 말까지 잡힌 청어는 대어는 아니었지만 약 5,000만 마리에 이르렀다. 1924년 3월 23일자《동아일보》에서 그러한 상황을 다음과 같이 소개했다.

> 백오십만 미(尾)는 생어(生魚)대로 일본에 이출하고 육십만 미는 타말님(거두절미去頭截尾하야 말린 것) 원료로 소화되고 약 팔백만 미는

기차로 조선 내 각지에 발송되고 차외(此外)는 발동기선급(及) 기선에 의하야 해로로 부산 기타 조선 내 각지에 공급되었다. 또 포항의 경북도립수산시험장에서 최초의 시험으로 금회 타말님 청어급 훈제 청어를 제조한 바 호성적을 재(齋)하야 평판이 파(頗)히 양호한 모양이더라.[5]

정문기는 1931년 2월 13일자 《동아일보》에서 청어 먹는 방식을 다음과 같이 적었다. "청어는 생선 외에 염장을 만들어 식용에 공(供)하는 외에 천일(天日)을 이용하야 연이(鰊鯏)라는 건청어를 만들어 보존식품에 사용합니다. 이외에 훈제품을 만들어 역시 장시(長時) 보존식품에 공급합니다. 훈제라는 것은 어류를 일단 염지(鹽漬)한 후에 훈연(燻煙) 중에서 건조한 자(者)올시다. 염장 중에는 호초(胡椒)·정자(丁子)〔정향〕·육관(肉蔲) 등의 향료를 가하야 풍미 있게 할 수도 있습니다."[6] 훈제청어는 서유럽 사람들이 즐겨 먹는 청어 조리법이었다. 수출을 하기 위해 훈제청어법이 개발되었을 텐데, '타말님'은 어떤 방법으로 만드는지 아직까지 확인되지 않았다. 만약 이것이 한국어라면 태워 말렸다는 의미일 것이다. 청어는 항구에 들어오면 생어로 유통시킬 것과 염장용, 말림용, 그리고 훈제용으로 재가공할 것 등으로 나뉘었다. 일본으로 나가는 생어는 얼음을 가득 채운 냉장선에 실려 갔다.

1910년대부터 40년대 초반까지 영일만에서 청어가 대량으로 잡혔는데, 이때 가장 돈을 많이 번 사람은 주로 일본인 기업가였다. 그에 비해 조선인 선주들은 배와 그물이 열악해서 그다지 큰돈을 벌지 못했다. 뿐만 아니라 전국에서 몰려든 조선인 노동자들은 죽도록 일하고도 밥 한 그릇 제대로 얻어먹지 못했다. 특히 1931년 포항면이 읍으로 승격하면서 사정은 더욱 악화되었다. 노동자들은 일본인들이 청어로 떼돈을 버는 것을 줄곧 봐왔지만 자신들은 결코 그 영광을 만끽할 수 없었다. 그러한 상황은 1933년 2월 17일자 《동아일보》의 '청어어업과 영일만 주민(상)'이라는 기사에 실린 정보를 통해서도 알 수 있다. 조선인과 일본인이 정치어망장(定置漁網場)을 보유한 정도를 보면 수적인 면에서는 큰 차이가 없지만(〈표 1〉), 일본인의 어로 장비가 월등히 좋아서 어획고는 일본인이 조선인에 비해 거의 3배가량 많다(〈표 2〉). 정치어망은 수심이 50미터가 되지 않는 곳에 일정 기간 그물을 고정하여 설치해두고 생선을 잡는 어법(漁法)이다.

다음 날 신문 기사에서는 영일만 조선인의 비참한 사정을 더욱 생생하게 보도했다. "평화롭던 어촌에도 강대한 자본이 침입되기 시작한 지 이십여 년에 생명의 양식이 되는 어장은 대자본에 독점되고 정치어업자(定置漁業者)는 자망업자(刺網業者)로, 자망업자는 어업노동자로 전락 과정을 급속히 밟고 있다. 그들의 유일한 생업인 어장을 할 수 없이 되니 명맥을 보전할 길이 없어 그들의 생활은 실로 참담하다. 어장에서 떨어진 고깃마리나 또는 고용(雇傭)을 살아 영수(零粹)한 소득으로 그날그날의 연명을 하여가는 어민이 영일만 내외에 일만여 명에 달한다 한다." 실로 어업노동자로 전락한 영일만 조선인의 사정이 소상하게 적혀 있다. 그러면서 이 문제는 단지 영일만 조선인 어업자에만 한정되지 않고 전체 조선인에게도 큰 영향을 미친다고 걱정했다. "수산업자가 삼만여 인이라고 함은 전업자(專業者)이요, 연안 각지의 소작 농민 혹은 농업노동자 고용인 중에는 농한기를 어장에서 노동하는 자도 불소(不少)하고 주민의 대부분이 직접·간접으로 어업과 지대 이해관계를 가지고 있다. 따라서 그들의 생(生)을 지지하기 위한

군별	각 조별 소유	일본인 소유	조선인 소유
영일군	36	125	117
영덕군	20	32	31
경주군	―	6	―
계	56	163	148

〈표 1〉 1933년 2월 17일자 《동아일보》 '청어 어업과 영일만 주민(상)'이란 기사에 제시된 '청어 정치어망장 소유별'(단위 : 개)

구분	일본인 어획고	조선인 어획고
쇼와 1년(1926)	3,306,289	1,745,936
쇼와 2년(1927)	4,489,984	1,698,493
쇼와 3년(1928)	5,245,369	1,950,470
쇼와 4년(1929)	4,778,540	2,500,254
쇼와 5년(1930)	4,055,446	1,959,958

〈표 2〉 1933년 2월 17일자 《동아일보》 '청어 어업과 영일만 주민(상)'이란 기사에 제시된 '청어 어획고'(단위 : 원圓)

단결은 긴급 문제인 동시에 전 민족에게 미치는 영향도 크다 아니할 수 없다."[7] 아무리 격년으로 청어 풍년이 들어도 조선인 수산업자나 어민들, 심지어 연안의 농민에게는 결코 큰 수익이 나지 않았음을 알 수 있다.

급기야 1933년 봄, 포항 수산당국에서는 기존에 일본 한신(阪神) 지역으로 보내서 인기를 모았던 미가키니신(身欠き鰊)을 적극적으로 제조하도록 장려했다. 미가키니신은 청어의 내장과 머리를 제거하고

등뼈 양쪽의 살만 떼어서 말린 것을 가리킨다. 1890년대 홋카이도에서 청어가 많이 잡히면서 개발된 건조법이다. 특히 서일본에서는 이것을 다시마에 돌돌 말아서 먹는다.

식민지 시기에 영일만에 몰려들었던 청어는 1960년대 초반 이후 해류의 변화로 인해서 영일만에서 사라졌다. 대신 1970년대 이후 동해안에서는 꽁치가 많이 잡혔다. 청어의 시대에서 꽁치의 시대로 바뀐 것이다. 여기에 1980년대 이후 한국의 수산업자들이 원양어업을 하기 시작하면서 냉동 꽁치가 부산 어시장에 지천으로 깔리기 시작했다. 포항의 과메기 가공업자들은 이 기회를 놓치지 않았다. 비록 청어보다 값어치가 떨어지지만, 꽁치 역시 과메기 재료로는 안성맞춤이었다.

결국 1990년대 이후 포항의 꽁치과메기는 전국적인 유행 음식이 되었다. 2000년대 이후 다시 포항 앞바다에 청어가 대량으로 몰려오기 시작했다. 하지만 요즘 사람들은 더 이상 청어과메기를 먹으려 하지 않는다. 비린내가 훨씬 적고 값도 싼 꽁치과메기에 입맛이 길들여졌기 때문이다. 실제로 포항 죽도시장에는 지금도 청어로 과메기를 만드는 수산업자들이 있다. 하지만 그들은 팔기 위해서가 아니라 자신들이 먹기 위해서 청어과메기를 만든다. 간혹 옛날 맛을 잊지 못한 영일만 노인들이 청어과메기를 찾지만, 외지인들은 한 입 먹어보고는 바로 꽁치과메기로 젓가락을 옮긴다. 요즘도 과메기는 포항에서 만들지만, 재료는 먼 바다에서 부산항을 거쳐 포항으로 들어온 것이다.

오늘날 포항 과메기는 결코 오래된 영일만식 조리법이 아니다. 부엌에서 훈제해 말려둔 것을 발라서 먹는 방식이 옛날 과메기 조리법이다. 제국은 식민지를 식재료 생산지로 삼아 정치·경제적 수단을 동원해 싼 값에 마구 훑어갔다. 식민지 출신 사업가들 또한 조금이라도 돈이 생기는 일이라면 앞장서서 제국 사람들의 기호에 따르려 애썼다. 그런 까닭에 제국에서 해방된 이후에도 식민지 사람들은 자신도 모르게 길들여진 음식을 마치 옛것인 양 소비하게 된다. 포항 과메기를 먹는 지금의 방식은 예전 조선식 관목에 서일본의 미가키니신 방식이 보태진 것이다. 예전부터 한반도의 바다에 청어가 찾아왔지만, 식민지 시기를 관통하면서 옛 풍습은 온데간데없이 어로(漁撈) 방식이나 가공 방식, 심지어 먹는 방식까지 제국을 너무나 많이 닮아버렸다.

5부

해방 이후, 음식의 혼종과 음식점의 글로벌화

0

음식점과 메뉴의 끊임없는 진화

이 책은 20세기 한국 음식점에 올랐던 메뉴의 역사를 살피고 있다. 1부에서 4부까지는 주로 19세기 후반부터 20세기 중반까지의 음식점 사정과 메뉴에 관해 집중적으로 다루었다. 어떤 메뉴는 기원이 조선시대까지 거슬러 올라가고, 어떤 메뉴는 겨우 20세기 초반에 만들어진 것도 있었다. 하지만 당시 메뉴들 가운데 21세기 한국의 음식점 식탁에서 맛볼 수 있는 것은 별로 없다. 음식마다 사정은 다르지만 지난 60여 년간 문화적 변용을 거치면서 이름이 같더라도 조리법이나 맛이 많이 달라졌다.

이 책의 프롤로그에서 이미 밝혔듯이 음식사의 시대구분에서 세 번째 시기(1950년부터 1960년대 중반까지)와 네 번째 시기(1960년대 말부터 1980년대까지), 그리고 다섯 번째 시기(1990년대)는 변혁의 시기였다. 다시 한 번 간략하게 그 시기를 살펴보자.

세 번째 시기는 한국인 스스로의 힘으로 식품공업이 시작된 때이다. 식품공업의 기반은 대부분 식민지 시기 재조 일본인에게서 이어진 것이었지만, 미국의 잉여농산물 유입은 또 다른 맥락에서 식품공업을 출범시킨 기반이 되었다. 네 번째 시기에 도시화가 이루어지면서 인구의 도시 집중과 함께 식품공업이 급속히 성장했다. 먹을거리를 대부분 스스로 마련하는 농어민에 비해 도시 노동자들은 공장제 식품에 기댈 수밖에 없었다. 이 시기에 공장제 밀가루를 주재료로 음식을 만들어 판매하는 분식점이나 빵집이 성업했다. 특히 국가가 국민 대다수의 기근 문제를 해결하기 위해 대량 생산에 기반을 둔 농수축산 지원 정책을 펼치자 식품공업은 국내산이나 수입산을 가리지 않고 공장제 식품의 대량 생산에 매달렸다. 결국 1980년대 초반 한국인의 식탁은 세계화된 식품산업 체제에 완전히 편입되었다. 식품산업의 세계화 체제 편입과 함께 경제의 고도성장은 단지 끼니를 해결하던 수준이었던 음식점을 외국의 레스토랑 수준으로 올려놓았다. 다국적 프랜차이즈(franchise) 음식점은 물론이고 국내 프랜차이즈 음식점이 전국적인 외식업의 유행을 이끌었다. 이때가 바로 1990년대이다.

5부에서는 이와 같은 배경을 전제로 해방 이후 1990년대까지 한국의 음식점과 식품산업이 거쳐온 역사를 다음의 네 가지 주제를 중심으로 살펴보려 한다.

첫 번째 주제는 어묵과 김밥으로 대표되는 후기 식민지 시기 음식의 문화적 혼종에 대해서 다룬다. 식민지 시기 재조 일본인이 남겨놓은 흔적이 어떤 과정을 거쳐 한국 음식에 수용되었는지에 대한 내용이 주를 이룬다. 가마보코(蒲鉾)와 김밥이 주된 메뉴이다.

두 번째는 미국의 잉여농산물이 유입되면서 성행하게 된 밀가루 음식점에 관해 다룬다. 근대적 제분업의 출발과 그것을 기반으로 조성된 빵집의 유행이 가장 대표적인 사례이다. 짜장면이 국민음식으로 부상하는 과정도 풍부해진 밀가루 덕택이었다. 1960년대 이후 밀가루 음식점의 대유행은 분식점을 통해서도 확인할 수 있다.

세 번째 주제는 현대적인 식품공업의 성장과 그 뒤안길에 대해서 다룬다. 박정희 정부가 식품위생을 강조하는 과정에서 가내수공업 형태의 식품공장이 대형화되는 계기가 마련되었다는 것이 나의 가설이다. 1960년대 이후 대형 간장회사와 제과회사의 출현이 대표적인 사례라 할 수 있다. 국민 다수의 기근을 해결하기 위한 정부의 식량 정책은 희석식 소주를 일상화시키는 계기가 되기도 했다.

마지막 네 번째 주제는 한국 음식점의 맥도날드화에 대해 다룬다. 1980년대 초반 국내에 진출한 외국 프랜차이즈 음식점의 영향으로 한국 음식점의 프랜차이즈화가 시작되었다. 1990년대에 이런 경향이 주류를 이루면서 2000년 이후에는 한국의 음식점에서 효율성·계산가능성·예측가능성·자동화를 통한 통제라는 네 가지 맥도날드화의 특성[1]을 수용했다. 그 과정에서 일부 한국 음식점이 해외로 진출하게 되었으며, 외국 음식점도 국내로 들어왔다. 그 결과, 2000년대 한국 음식점의 메뉴는 혼종의 과정을 밟으며 글로벌 체제에 편입되었다.

1

한국 음식으로 자리 잡은 일본 음식

어묵의 본래 이름은 가마보코

그것이, 하루 이틀 지나는 동안에 이상한 소문이 떠돌았다. 앞으로 조선 독립이 되면 일본말뿐 아니라 옷이든 음식이든 일본 것은 모조리 못 쓰게 된다는 소문이었다. "아니, 앞으로는 일본 음식을 못 먹게 한다는데 그게 정말인지 알아봤으면 쓰겠어……." 오 여사는 또 아는 사람을 보면 댓자곤자로 이런 것을 물었다. "그럴 리가 있을라고?" 하면, "아니, 정말이여, …… 신문에까지 났다는듸, …… 저 가마보꼬는 참 일본 음식 아니겠지? 조선 사람들도 잘만 먹으닝께." "본데야 일본 거지" 하면, "그렇지 않을 것이여! 아니, 우리는 가마보꼬가 없으면 밥을 먹는 갚잖는듸. 다맛 한 숟가락을 떠먹더라도 가마보꼬를 쪼꼼 입에 넣어봐야 입이 깨끔하고 먹은 갚지, 그게 그럴 리가 없을 것이랑께……. 참, 저, 뭣인가 아부라앙에는 본디 일본 것이 아니지?" 오 여사는 동정을 구하듯이 고개를 머으로 약간 삐뚜름하게 잣겨서 상대자를 처다보는 것이다. "그것도 본데는 다 일본 음식이지."¹

이 글은 1949년 11월 8일자 《동아일보》에 게재된 김동리(金東里, 1913~1995)의 신문소설 〈해방(67)〉의 일부다. 소설 속 인물인 오금례는 이웃이었던 재조 일본인이 남겨두고 간 '가마보꼬'와 '아부라앙에' 제조시설을 보고 장사를 해볼 생각이었다. 이런 장사가 아니더라도 두부나 빈대떡을 팔거나 '고뽀 술집'(잔으로 술을 파는 집)을 했을지도 모른다고 소설에는 나와 있다.² 하지만 일본 음식인 '가마보꼬'와 '아부라앙에' 장사를 못하게 한다는 이야기가 신문에도 나왔다는 소리에 오금례는 못내 생각을 바꾸지 않을 수 없었다.

소설 〈해방〉에서 언급한 '가마보꼬'는 가마보코(蒲鉾, かまぼこ)이고, '아부라앙에'는 아부라아게(油揚, あぶらあげ)를 가리킨다. 가마보코는 날생선의 살을 갈아서 전분을 섞고 소금과 조미료로 간을 한 다음에 모양을 만들어 찌거나 굽거나 튀기거나 삶은 음식으로, 요사이 말로는 어묵이다. 아부라아게는 기름에 튀긴 두부로, 지금은 유부(油腐)라고 불린다. 가마보코나 아부라아게는 가루를 반죽하거나 이긴 음식인 네루(練る), 즉 연제품(練製品)에 속한다.

일본의 고문헌 중에서 가마보코에 대한 기록은 1528년경에 쓰인 《종오대초자(宗吾大草子)》가 처음인 것으로 알려진다.³ 이 책에서는 교토의 가마보코 재료로 메기를 언급했다. 가마보코를 만들 때 생선은 색이 변하지 않고 몸통 부분이 진한 백색의 도미가 주로 쓰였다.⁴ 하지만 가내수공업으로 생산한 가마보코가 상업적으로 판매되기 시작

하면서 쉽게 구할 수 있는 대구·상어·술뱅이(이도요리いとより, 금선어金線魚) 같은 생선이 도미와 함께 쓰이게 되었다. 가마보코란 이름은 모양을 만드는 틀에서 나왔다. 본래 대나무에 감아서 빼낸 원통 모양이었는데, 그것이 마치 부들의 이삭을 닮았다고 하여 붙여진 이름이다. 그래서 가마보코의 기본적인 모양은 가운데가 비어 있는 원통형이다.

그런데 흥미롭게도 가마보코에 대한 정보가 이미 조선 후기의 기록에도 나온다. 숙종의 어의였던 이시필이 지은 《소문사설》에 "숭어 또는 농어나 도미를 저미서 조각내고, 따로 소고기·돼지고기·목이버섯·석이버섯·표고버섯·해삼 등의 여러 가지 재료와 파·고추·미나리 등 여러 가지 양념을 가루로 만든다. 고기 조각 한 층에 소 한 층을 올리고, 다시 고기 조각 한 층에 소 한 층을 올린다. 이런 식으로 3, 4층을 쌓은 뒤 두루마리처럼 말아서 녹말가루로 옷을 입히고 끓는 물에 익힌 다음 칼로 썰어 조각내면 고기 조각과 소가 마치 태극 모양처럼 서로 둘둘 말려 있게 된다. 여기에 고추장을 찍어 먹는다. 소에 들어가는 여러 가지 재료를 오색으로 만들어 칼로 썰면 무늬가 더욱 아름답다"[5]라는 기록이 있다. 조선식으로 약간 변형된 듯하지만, 이시필은 이 음식의 이름을 '가마보곶(可麻甫串)'이라고 적었다. 그러니 앞에서 소개했던 가마보코임에 틀림없다.

이학규(李學逵, 1770~1835)는 이시필보다 늦은 시기의 인물이지만, 자신의 문집 《낙하생고(落下生稿)》에 동래(지금의 부산)에 있던 왜관에서 유행했던 음식 중에 승가기(勝歌妓, 스기야키), 우동, 아메다마(飴玉, 사탕) 등이 있었다고 적었다.[6] 이로 미루어보아 아마도 '가마보곶'도 동래 왜관에서 유행했던 음식 중의 하나가 아니었을까 여겨진다. 통감부 시절인 1907년 10월 18일자 《황성신문》에도 '가마보고'란 음

식이 나온다. "음식품 검사 : 여관요리점급 음식점에서 호열자(虎列刺) 예방상에 특히 주의할 건(件)을 경시청에서 훈시하였는데 기(其) 조건이 여좌(如左)하니"라고 하면서 제7항에 '가마보고'가 나온다. "좌게(左揭)한 제종(諸種)은 왕왕(往往)히 중독할 우려가 유(有)하니 차제(此際)에 공급함이 불가할 사(事). 낙지, 게-, 오증어, 새우, 가마보고 하한뻬이(はんぺん, 어묵의 한 종류) 등 조제(調製)한 후 시일을 경과한 자(者) 전유어, 회, 뜬 두부, 지진 두부 등 정선(精撰)치 아니한 자와 신선(新鮮)치 아니한 자와 및 성질이 불명한 버섯"[7] 곧 낙지·게·오징어·새우로 만든 '가마보고' 중에서 먹을 수 있는 기한이 지난 것을 공급하지 말라는 내용이다.

이와 같이 이미 20세기 초반이 되면 가마보코는 조선인의 입맛을 돋우며 판매량 또한 많아졌다. 심지어 1910년대 이후에는 가마보코 행상이 하나의 직업으로 자리를 잡을 정도였다. 가마보코는 인천·군산·목포·마산·부산·원산 등 재조 일본인의 거주지가 조성된 해안 도시를 중심으로 주로 생산되었다. 서울에서도 재조 일본인이 집단으로 거주하던 지금의 명동 일대에 마포를 통해 들여온 생선을 가마보코로 가공하는 소규모 가내공장이 있었다.

그런데 해방이 되자 이런 음식 이름을 왜색이라고 문제 삼기 시작했다. 1949년 10월 9일 한글날을 맞이하여 한글학회 한글전용촉진회에서는 왜색 보람판(간판)을 고쳐야 한다면서 한글 이름을 제안했다. 그중 일본 음식 이름만 따로 정리하면 다음 〈표 1〉과 같다. 앞에서 다루었던 가마보코(蒲보꼬)는 생선묵이란 이름으로 바꾸자고 제안했다. 여기에 소개된 한글 이름 중에는 오늘날 채택되어 본래의 일본어 이름이 잊힌 것도 있지만, 오랜 세월에도 불구하고 일본어 그대로 사

일본어	한국어	일본어	한국어	일본어	한국어
덴푸라(天婦羅)	튀김	스키야키(壽紀燒)	전골	소멘(素麵)	실국수
오뎅(おでん)	꼬치안주	소바(そば)	메밀국수	오야코동(親子井)	고기알덮밥
우동(うどん)	가락국수	돈부리(井)	덮밥	쇼유(醬油)	간장
다마고동(玉子井)	일덮밥	미소(味噌)	된장	다쿠앙(澤庵)	왜짠지
나마비루(生麥酒)	날맥주	나마가시(生菓子)	무른 과자	덴동(てんどん)	튀김덮밥
만주(饅頭)	만두떡	야키이모(やきいも)	구운 고구마	시루코(汁子)	알팥죽
우나동(鰻井)	(뱀)장어덮밥	젠자이(ぜんざい)	단팥죽	사시미(刺身)	생선회
돈카츠(豚かつ)	저육카틀리트	단고(團子)	단지	가마보코(かまぼこ)	생선묵
가바야키(蒲燒)	통구이	센베이(せんべい)	눌름과자	곤야쿠(蒟蒻)	곤약
간텐(寒天)	우무	시오야키(鹽燒)	소금구이	요캉(ようかん)	팥편
아부라아게(あぶらあげ)	유두부	앙코모치(あんこもち)	소떡		
가시와모치(かしわもち)	갈잎떡	스시(壽司)	초밥		

〈표 1〉 한글 이름으로 바꿀 일본어 음식명

1949년 10월 9일자 《동아일보》에 게재된 기사 〈왜색 보람판도 고쳐〉에 소개된 일본어 음식명을 한국어로 바꾸자는 제안이다. 과연 이 중에서 몇 가지가 바뀌어 실제 생활에서 사용되고 있을까?

용되는 경우도 있다.

이 가운데 생선묵은 1992년 11월에 국립국어원에서 제시한 '식생활관련순화안' 이후에 다시 어묵이란 이름으로 바뀌었다. 그런데 요사이 한국인들은 오뎅이 어묵인 줄 아는 사람이 많다. 이 표에서도 알 수 있듯이 오뎅은 본래 '꼬치안주'라고 부르자고 제안되었다. 그 이유는 오뎅이란 음식이 본래 "가다랑어포와 다시마를 이용하여 국물을 우려내고 간장 등으로 맛을 낸 국물에 여러 가지 재료를 넣어 푹 끓인 음식"[8]을 가리키기 때문이다. 해방 후 대한민국 정부나 한글학회에서 추진한 국어순화운동에서 오뎅은 처음에 꼬치안주로 제안되었다가 다시 꼬치로 바뀌었다. 하지만 사람들은 가마보코를 오뎅으로 착각하였고, 여러 차례 국어순화운동의 제안에도 불구하고 여전히 오뎅을 어묵이라고 생각하고 있다. 심지어 2005년 일본 도쿄 신오쿠보(新大久保)의 한국 음식점 거리에 '한국식 오뎅 어묵'이란 작은 패널을 건 포장마차가 들어서기까지 했다. 해방 후 가마보코와 오뎅의 본래 모습과 상관없이 한국인들이 오뎅을 어묵으로 바꾼 결과이다.

영국의 역사학자 펠리페 페르난데스-아르메스토(Felipe Fernández-Armesto, 1950~)는 "제국주의만큼 …… 요리에 영향을 미친 것은 없다. …… 제국의 중심에서 밖으로 밀려나간 물결은 제국의 변방에 다양한 문화가 혼재하는 도시와 '변경' 문화, 즉 혼성음식을 탄생시킨다"[9]라고 했다. 가마보코를 두고 조선인이 밥을 먹을 때 없으면 안 되는 음식이기에 조선 음식이라고 생각했던 소설 〈해방〉의 오금례와 같은 사람들이 제국 일본으로부터 해방된 대한민국에 많았을 것 같지는 않다. 하지만 본래의 가마보코는 사라지고 어느새 오뎅이 어묵이 되는 변신이 이루어졌다. 그 배경에는 줄기찬 국어순화운동의 결과이기도 하지만, 제국의 변경에서 오뎅 속의 가마보코가 다시 오뎅에 포섭된 결과이기도 하다. 그런데 어묵보다 더 본래의 정체를 숨겨버린 음식이 있는데, 바로 김밥이다.

일본 음식에서 비롯된 김밥

해방 이후 경향을 막론하고 장사꾼이 많아진 것만은 부인 못할 사실이며 현실이다. 그중에도 놀랄 만한 것은 열차 내의 장사꾼들이다. 이들 중 거개가 13세 내외의 소년소녀 아이들이다. 이들은 비좁은 차내 통로를 서슴지 않고 내왕한다. '담배 사세요' 하면 뒤이어 '물 잡수세요' 한다. 또 뒤이어 '떡 사세요', '김밥 사세요', '계란 사세요', '소주 집수세요', '감주 사세요', '약주 잡수세요', '신문 사세요' 등등 외치며 피곤한 여객들을 괴롭게 한다. 이네들이 팔고 있는 것은 전부가 비위생적이요 도저히 일소에 부쳐버릴 문제가 아닙니다. 관계 당국자는 이들의 선도에 좀 더 유의하고 적절한 대책을 세워 여행객으로 하여금 명랑한 기분으로 승차할 수 있도록 일하라!
(왜관면 박춘근)[10]

이 글은 1949년 6월 8일자 《경향신문》의 〈만인성(万人聲)〉 코너에 '열차 내의 장사꾼'이라는 제목으로 실렸다. 해방 정국에 사회적 혼란은 격심했다. 이 와중에 배를 곯는 국민이 많았다. 그러자 너 나 할 것 없이 무슨 장사라도 해서 생계를 해결하려 했다. 도시의 번잡한 거리에는 인파를 비집고 빈대떡 좌판이 깔렸다. 이동하는 열차는 또 다른 좌판이었다. 앞의 기사에서도 보았듯이 열차 내 장사꾼이 판매한 물품은 담배와 신문을 제외하면 물·떡·김밥·계란·소주·감주·약주 등 대부분 먹을거리였다. 이 중에서 떡·김밥·계란은 끼니로, 물과 감주는 음료, 그리고 소주와 약주는 열차 안에서 무료한 시간을 보내는 데 그만이었다. 열차 내 먹을거리 중에서 김밥은 떡이나 계란보다 찾는 사람이 많았다. 김밥은 밥이 들어 있을 뿐 아니라 먹기에도 편리해 이동 중에 끼니 대용으로 안성맞춤이었다. 그런데 언제부터 김밥이 이동에 편리한 끼니음식이 되었을까?

김밥은 원래 일본 음식인 노리마키스시(海苔卷壽司)에서 비롯되었다고 할 수 있다. 비록 오늘날 김밥 맛은 노리마키스시와 다르지만, 모양은 두 음식이 아주 닮았다. 노리마키스시 조리법이 한반도에 알려진 때는 아마도 19세기 말 이후 일본인들이 서울에 거주하기 시작하면서부터였을 것이다. 다만 출판물에 조리법이 등장한 때는 1930년대로 보인다. 1930년 3월 7일자 《동아일보》에 실린 '부인의 알아둘 봄철 료리법(2)'라는 칼럼에 노리마키스시 조리법이 실렸다. 이 칼럼의 저자는 당시 경성 동덕여고보의 교사였던 송금선이다. 그는 창경원에 꽃구경을 갈 때 준비할 도시락으로 각종 '샌도위취'와 '쌈밥(스시)'와 함께 '김쌈밥(노리마키스시)'를 소개했다. 그중 '김쌈밥(노리마키스시)'라고 표기한 것이 재미있다. 노리마키스시의 조선어로 '김쌈밥'이 채용된 셈이다. 노리마키스시에는 두꺼운 일본김인 '아사구사노리'를 사용해야 한다고 하면서 만약 없으면 조선김 두 장을 합해서 쓰면 된다고 했다. 그러면서 조선김은 맛이 이만 못하다고 했다. 조리법은 다음과 같다.

(가) 간표(干瓢)(말이초밥 재료인 박고지)를 물에 불려 일본장과 사탕 미린(일본 단술)으로 간 맞추어 졸여놓을 것
(나) 표고(시이다게)를 역시 간표와 같이 만들 것
(다) 계란을 잘 풀어 한 세 푼가량 두께로 부쳐서 삼 푼 너비로 길게 썰어놓을 것
(라) 덴부(デンブ)라고 되미살(도미살)을 잘게 익혀 간 맞추어 분홍빛을 들이어서 시장에서 파니 그것도 좀 준비할 것

이상 준비가 다 되었으면 '스시스'(스시 만드는 발) 위에 김을 놓고

밥을 삼 푼 두께로 양편은 남겨놓고 김 가운데 펴놓고 밥 가운데 간 표·표고·계란·덴부를 색 맞추어 일자로 놓고 앞에서부터 말아갑니다. 너무 단단히 말면 김이 터지고 너무 허술히 말면 해지기 쉽습니다. 몇 개든지 다 말아 잠이 좀 자거든 여덟 개나 열 개에 나누어 잘 드는 칼로 베되 차근차근 담습니다. 일본 빨간 생장아찌를 잘게 썰어 같이 먹습니다.[11]

이에 비해 1937년 경성여자사범학교 가사연구회가 펴낸 《할팽연구》에는 노리마키스시의 조리법이 약간 다르게 나와 있다. 일본어로 된 원문을 번역하여 옮겼다.

참나물(三葉, 미나리芹 또는 시금치菠薐草)을 삶아놓는다. 발[簾] 위에 깨끗한 행주[布巾]를 펴고 해태·밥(치라시스시의 내용과 같다)을 놓고 재료(말린 박고지·계란·참나물·생선살 보푸라기)를 나란히 죽 늘어놓고 말아서 2센티미터 두께로 자른다. (중략) 밥은 짧은 시간에 짓고 뜨거울 때 식초·사탕·소금·아지노모도를 넣은 즙을 뿌린다.[12]

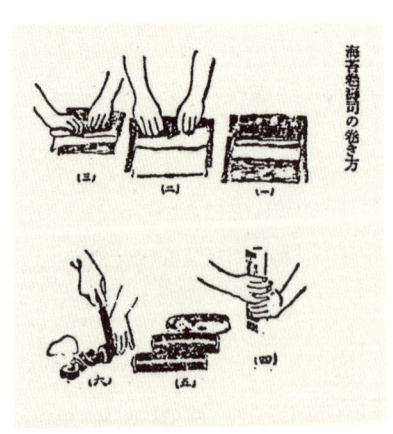

《할팽연구》에 소개된 노리마키스시 마는 방법

책에는 이러한 조리법과 함께 6단계에 걸친 노리마키스시 마는 방법을 그림으로 그려두었다. 당시 《할팽연구》는 경성여자사범학교의 조리학 교과서로, 당시 조선인 전체가 이 책을 읽지는 않았겠지만 적어도 교사가 될 예정인 일본인과 조선인 사범학교 학생들은 반드시 알아야 할 내용이었다.

한편, 일본에서 조리학을 배운 방신영은 《조선요리제법》에 김을 이용한 요리로 '산식기마끼다망고'라는 일본 음식을 소개했다.

> 좋은 김(빛 검고 좋은 것) 서너 장을 잠깐 구워놓고 계란을 끓는 물에 단단히 삶아내어 껍질을 벗기고 흰자위와 누른자위를 따로 내서 흰자위에는 소곰과 사탕으로 간을 맞추되 사탕을 소곰보다 조금 많이 쳐서 짭짤하고도 달게 섞고 누른 데는 사탕은 조금 치고 소곰을 조금 많이 쳐서 달고도 짭짤하게 하여 두 가지를 각각 굵은 체나 혹 얼멩이에 걸러놓고 이제 보자를 펴고 조희[종이]를 보자 위에 편 후 계란 누른 것을 한 겹 펴가지고(흰자위는 누른 것보다 분량을 조금만 넉넉히 하라) 보자 한 자락을 드는 듯하고 한 속으로 계란을 두루마지 말듯 둥글게 말아서(조희가 말려들어가지 않도록 하라) 그 보자로 그냥 싸서 양편 마구리를 노끈으로 단단히 잡아 매여가지고 솥에 얼멩이 같은 것을 엎어놓고 그 위에 놓아 한참 쪄내어 식거든 보자를 벗기고 닷 분 길이씩 두어 개씩 맞추어 접시에 담나니라.[13]

여기에서 '산식기마끼다망고'는 한국어로 하면 '삼색계란김밥'쯤 된다. 계란의 노른자와 흰자, 그리고 김이 들어가서 삼색이 된다. 비록 노리마키스시와는 다른 음식이지만, 1930년대에 이미 김을 이용한 일본 음식에 대한 이해가 근대 신여성에게 제법 정확하게 있었던 것으로 보인다.

조선시대 문헌에서는 김을 '해의(海衣)' 혹은 '해태(海苔)'라고 적었다. 정약용은 《경세유표(經世遺表)》 14권에서 '곽세(藿稅)', 곧 해대(海帶, 미역)·해태(海苔, 김)·곤포(昆布, 다시마)의 세금에 대한 문제를 언급하면서 "태(苔)는 해태이다. 혹 감곽(甘藿), 감태(甘苔)라고도 부른다. 그런데 태는 또한 종류가 많아서 자태(紫苔, 속명은 해의海衣라 부르고 방언은 진朕이라 부른다)도 있고 청태(靑苔)도 있지만 대개 비슷한 것으로 5~6종이나 있다."[14] 허균은 《도문대작》에서 "감태는 호남에서 나는데, 함평·무안·나주에서 나는 것이 썩 맛이 좋아 엿처럼 달다. 해의는 남해에서도 나고, 동해 사람들이 주먹으로 짜서 말린 것이 가장 좋다"[15]라고 했다. 정약용이 감태와 해의를 같은 계통으로 본 데 비해 허균은 그것을 산지에 따라 구분했다. 아마도 계절이나 지역마다 상태가 약간씩 다르고, 사람들이 부르는 이름도 정해져 있지 않았기 때문이 아니었을까 싶다.

정약용이 태 종류 중에 자태의 방언이라고 언급한 '진(朕)'은 '짐(朕)'의 가차자(假借字)이다. 본래 사람들은 '짐'이라고 불렀지만 천자가 스스로를 부르는 말인 '짐'을 쓰기가 마땅치 않아서 정약용은 '진'이라고 적었다. 김이 어떻게 생겼는지에 대해서는 이익이 《성호사설》의 〈만물문(萬物門)·윤조(綸組)〉에서 밝혀두었다.

> 우리나라에는 속명 청각채(靑角菜)라는 게 있어, 빛깔은 푸르고 생김새는 녹각(鹿角)과 같은데, 바로 바다 속에서 난다. 이가 바로 윤(綸)이다. 또 속명 해의란 것도 있는데, 이는 바로 바다 돌 위에서 돋는 태(苔, 이끼)로 빛깔은 붉다. 그것을 따서 마치 종이처럼 조각으로 만드니, 이것이 조(組)라는 것이다.[16]

아마도 이익이 《성호사설》을 지을 즈음에는 해의, 즉 김을 종이처럼 조각으로 만들어서 식용으로 유통했다고 볼 수 있다. 이 종이 조각과 같은 김을 조선시대 사람들은 기름과 소금으로 구워서 밥반찬으로 먹거나, 구운 김을 밥에 부숴 넣고 비빔밥을 해먹기도 했다.[17]

이처럼 김은 조선시대 사람들에게는 매우 친숙한 음식이었다. 조선시대 각 지역의 물산에 대해 기록한 《신증동국여지승람(新增東國輿地勝覽)》(1530)이나 《만기요람(萬機要覽)》(1808)에도 서해안과 남해안의 토산물로 해의가 소개되어 있다. 이로 미루어보아 송금선이 제시한 김쌈밥 조리법은 제법 오래된 것일 가능성이 크다. 하지만 김의 대중적인 소비는 식민지 시기에 들어와서야 가능했다. 조선총독부 식산국 수산과 기수로 식민지 시기를 보내고, 해방 후에는 수산학자로 유명했던 정문기는 1955년 5월 27일자 《경향신문》에 '한국 해태의 현상과 영양가(1)'라는 글에서 그러한 사정을 적나라하게 밝히고 있다. 그는 "약 4백 년 전부터 전남 광양 및 완도를 중심으로 인공적 해태 양식법이 시작되었다"라고 하면서 해태 양식업의 발전은 20세기 초반 일본인에 의해 이루어졌다고 보았다.[18]

실제로 식민지 시기에 히로시마현(廣島縣)의 해태업자들이 한반도의 "남서해안이 해태 양식의 적지임을 간파하고 각지에 해태 양식 전습소를 설치, 해태 양식 및 제조 방법의 개량에 착수했던 것이며, 이것이 이른바 개량식 해태라는 일본식 해태 제조 방법의 효시"[19]였다. 해태의 시험양식은 1922년 전남 당진에서 이루어졌다.[20] 그 후 1925년 들어 한반도 서남해 연안 도서에서 해태 양식이 자리를 잡았다. 앞에서 본 것처럼 1930년대에 송금선의 김쌈밥이나 경성여자사범학교의 노리마키스시 조리법이 등장할 정도로 이제는 김을 구입하는

비롯 김을 만드는 일은 오래되었지만 양식업의 발전은 20세기 초반 일본인에 의해서 이루어졌다.

일이 전보다 수월해졌다.

    해방 후 1950년대는 일본과 정식 수교가 이루어지지 않았던 시기였지만, 식민지 시기와 마찬가지로 한국 김은 중요한 일본 수출 상품이었다. 문인들 중에서 음식에 관해 상당히 수준 높은 글을 썼던 마해송(馬海松, 1905~1966)은 1960년 1월 7일자 《동아일보》에서 '한국 음식의 특징 — 잊을 수 없는 정월 요리'라는 글에서 "정월 시식(時食)은 김이 아닌가" 하면서 그 시절 김 이야기를 짤막하게 들려준다. "김이야 월세계(月世界)는 몰라도 우리나라 김이 최고라. 기름소금에 재어서 살짝 구운 돌김이라야 하는 것이니 일본에 팔려고 더덕더덕 땜질해놓은 두툼한 놈이란 아무리 값이 비싸더라도 우리 상에는 아예 놓지도 말 것이다"라고 했다.[21] 지금도 한국 김과 일본의 '노리(海苔)'는 마해송의 표현처럼 두께와 맛에서 다르다. 하지만 먹고살기 위해 한국의 어민들은 일본식 노리를 만들어 수출할 수밖에 없었다.

일본 정부는 자국의 해태산업을 보호하기 위해서 수시로 한국으로부터 수입을 제한했다. 1964년 6월 한국과 일본의 정식 수교를 준비하는 과정에서 일본 정부는 해태를 비롯한 몇 가지 수산물에 대한 수입 제한 조치를 풀어주는 선심을 보였다. 이후 국내에서 생산된 김은 대부분이 일본으로 수출되었다. 그 탓에 국내에 유통되는 김 물량이 적어 소풍 때 김밥을 싸줄 수 있는 집이 그다지 많지 않았다. 소풍날 "우리 엄만 김밥 싸고 사이다 하고 맛있는 과자 많이 사준댔다"[22]라는 말이 어린이들 사이에서 대단한 자랑거리였다. 그렇다고 김밥이 대단한 음식은 아니었다. 소시민이 먹는 간식에 지나지 않았다.

1970년대 들어서 김 생산이 늘어나자 김밥 또한 종류가 다양해졌다. 그중 오늘날 '충무김밥'이라 부르는 새로운 김밥이 등장했다. 경남 통영의 충무 항구에서 1960~70년대에 생겨난 이 김밥은 조미를 하지 않은 맨김의 한 면을 구운 다음에 밥만 손가락 길이만 하게 싸서 반찬으로 무김치나 오징어무침을 곁들여 먹는다. 충무김밥이 전국적으로 이름을 알리게 된 것은 1981년 5월 28일부터 6월 1일까지 5일간 여의도 광장에서 개최된 '국풍81' 행사 덕분이었다. 그때 경상남도관에서 어두이(魚斗伊) 할머니가 팔던 김밥이 언론의 주목을 받으면서, 많은 사람들이 충무김밥을 알게 되었다. 하지만 바다로 일을 나가는 뱃사람들을 위해 쉽게 상하지 않도록 만든 충무김밥은 속에 여러 재료가 들어간 한국화된 김밥에 길들여져 있던 서울 사람들 입맛에는 그다지 흔쾌하게 받아들여지지는 않았다.

1990년대 중반에는 김밥전문점이 문을 열었다. 여기에서는 치즈

김밥·고추김밥·누드김밥·샐러리김밥 등 기존 분식점보다 훨씬 다양한 종류의 김밥을 판매했다. 특히 1990년대 중반 이후 서울을 비롯한 대도시에서 일대 유행했던 일식집은 김밥의 새로운 변신에 크게 기여했다. 초밥의 일종으로, 생선, 야채, 과일 등 다양한 재료를 사용해 만드는 캘리포니아롤이라는 음식 덕에 김밥 또한 속재료가 다양해졌다. 이 무렵에 식민지 시기 일본의 노리마키스시에서 유래한 김밥은 한국형 김밥으로 완전히 자리를 잡았다. 이제 김밥은 재래식 조미김과 함께 한국 이름 그대로 일본 열도에서도 인기를 누리고 있다. 20세기에 김밥이 걸어온 역정이 대단해 보인다.

2

호황을 맞은 밀가루 음식점

식민지 시기에 출발한 근대적 제분업

한반도의 역사에서 밀은 대단한 관심의 대상이었다. 중국에서는 한나라 이후 지배층 사이에서 서북 지역의 밀로 만든 음식이 일대 유행하면서 그러한 음식을 '호식(胡食)'이라고 불렀다.[1] 특히 당나라 때는 서역에서 전해진 각종 밀가루로 만든 음식이 지배층은 물론이고 백성들 사이에서도 인기를 모았다.[2] 그 문명의 동쪽에 자리 잡고 있던 한반도의 삼국시대 지배층 사이에서도 밀가루 음식은 가장 먹고 싶은 음식 가운데 하나였다. 하지만 한반도는 평안북도와 함경남도의 일부 지역에서만 봄밀이 재배되었고, 황해도 전역과 경상북도·평안남도·강원도의 일부 지역에서는 겨울밀이 재배되어 중국 대륙의 북부 지역처럼 봄밀을 쉽게 구할 수 있는 처지가 아니었다. 조선 후기에 서울 사람들은 겨울밀이 수확되는 음력 6월 유두 때가 되어서야 유두면을

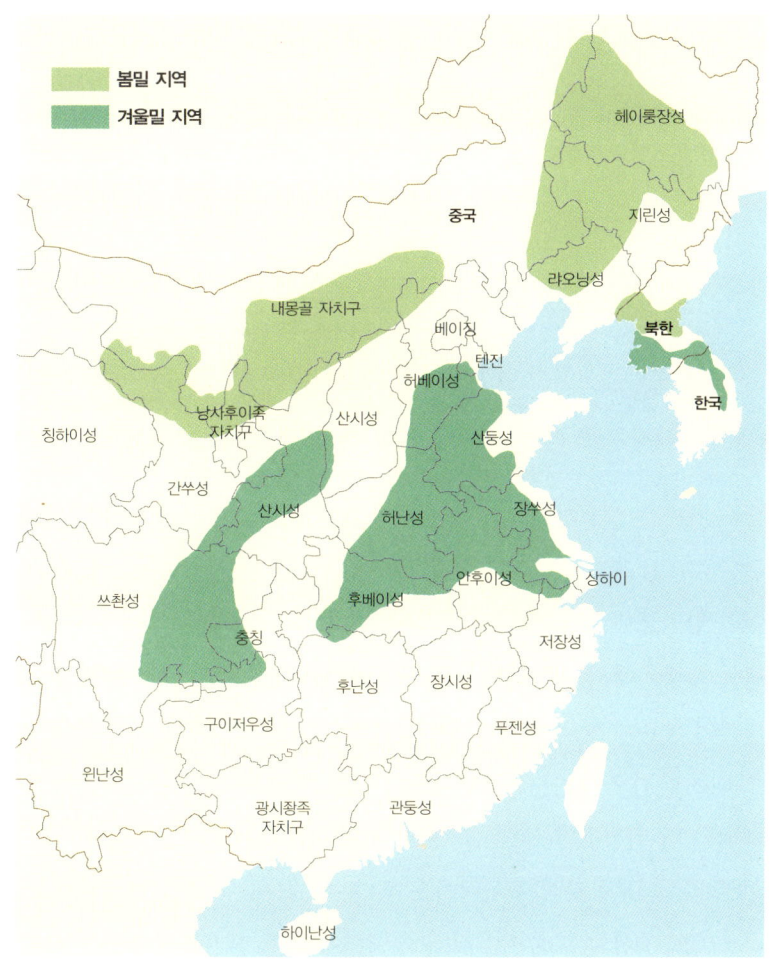

중국과 한반도의 밀 재배 지역

비롯하여 밀가루로 만든 음식을 만들어 먹을 수 있었다.

식민지 시기에 조선총독부는 중국은 물론이고 미국이나 러시아에서 밀을 수입했다. 하지만 당시에도 여전히 밀은 귀한 곡물이라 대량으로 소비하지는 못했다. 조선총독부는 밀이 쌀의 대용식이 된다고

구분	생산자	생산양
생산고(生産高)	일본인	317,830
	조선인	2,166
	중국인	7,200
	합계	327,200
소비고(消費高)		307,760

〈표 1〉 1927년 6월 18일 자 《동아일보》에 제시된 경성 밀가루 생산고와 소비고(단위: 대袋)
여기서 밀가루 양을 표시하는 단위로 대(袋)를 썼는데, 그 양이 얼마인지는 알 수 없다. 생산고의 합계도 틀렸다. 이 표는 밀가루 생산의 대략적인 경향성만 읽을 수 있을 뿐이다.

판단하고 1920년경부터 본격적으로 일본에서 개량된 일본종 밀을 들여와 한반도에서도 재배하도록 권장했다. 1930년대 들어서 조선총독부는 한반도에서 재배하기 좋은 수원85호·86호 등의 개량종 밀을 개발하여 농촌에 보급했다. 그렇다고 주식으로 먹는 벼 대신에 밀을 심으라고 할 수는 없어서 곡창지대인 남한 지역보다는 북한 지역에 밀 재배를 더 권장했다. 차츰 북한 지역에서 밀 생산량이 늘어나면서 신의주에는 제분공장이 들어서기도 했다.

밀의 생산지는 대부분 북한 지역이었지만, 밀가루 소비는 서울에서 가장 많았다. 그러다 보니 식민지 시기 서울에 대규모 제분공장이 여럿 자리를 잡았다. 1927년 6월 18일자《동아일보》에서는 향후 발전할 산업 중의 하나로 '제분업'을 꼽았다. 이 기사에서는 먼저 경성에서의 밀가루 생산량을 소개했다(〈표 1〉 참조). 하지만 대규모 제분공장은 대부분 재조 일본인이 소유하고 있었다. 그 탓에 조선인 개인이 경영하는 소규모 제분소는 운영이 어려웠다. 수입산이나 일본산에 비해서 조선인 제분공장에서 생산한 밀가루는 품질이 너무 떨어져서 일본인이 경영하는 제분공장으로 수요가 몰렸다. 앞의 표에서 볼 수 있듯이 서울 제분업의 97%를 제분공장을 소유한 일본인 제분업자가 차지하고 있었다. 제분업뿐 아니라, 밀가루로 만든 음식을 판매하는 빵집이나 제과점도 대부분 재조 일본인의 손안에 있었다.

1920년대 이후 꾸준히 남부 지역에서도 밀농사가 진행되어 생산량이 제법 늘었지만 제분공장이 없어서 생산된 밀은 모두 서울에서 제분되었다. 그러한 사정은 1936년 《호남평론(湖南評論)》 12월호에 나온다. 이 잡지사의 기자는 당시 목포부 남교동에서 마루미츠제분공장(丸光製粉工場)을 운영하던 김종기(金鍾沂)를 만나 당시 남부 지역의 제분업 사정을 취재했다. 김종기는 평안도에는 제분공장이 3개소나 있지만, 평안도 내 공급량을 맞추기도 벅찬 상황이라서 남조선에서는 여전히 러시아나 일본에서 밀가루를 수입할 수밖에 없다는 점을 지적하면서, 그로 인해 밀가루 값이 매우 비싸졌기 때문에 그 문제를 해결하기 위해 목포에 제분공장을 세웠다고 전했다. 실제로 그는 제분업에서 성공을 거두었다. 비록 규모는 작았지만 김종기의 제분공장에서 생산되는 밀가루는 당시 매월 1천 포대 정도였다. 김종기는 해방 이전까지 목포에서 가장 잘나가던 곡물상 겸 제분업자였다.

빵 행상에서 프랜차이즈 빵집까지

식민지 시기에 빵집은 지금과 다른 영업 방식을 취하고 있었다. 그것은 곧 '빵 행상'이었다. 1932년 1월 1일자 《별건곤》(제47호)에는 김원진(金元鎭)이란 필자가 '나는 왜 이렇게 됐나, 나는 왜 빵 행상을

대전의 오래된 빵집, 성심당의 과거와 현재

하나'라는 글을 실었다. 학교 교사도 했던 김원진은 돈이 없어서 빵 행상을 한다며 "먹어야 살고 입어야 사는 인간이니 돈 없는 우리는 품팔이도 하고 자유 행상도 하게 되는 것입니다"라고 밝혔다. "간혹 학생들의 하숙을 찾아가면 그전 나에게 배움을 받은 학생들이 있어 '선생님' 하고 매우 측은해하는 기색을 종종 보게 됩니다. 그때마다 나는 아무 말 없이 '빵 사세요' 하고 딴청을 부립니다. 나는 길가에서 그전부터 아는 친구, 동무, 동지들을 만나게 됩니다. 나를 보고 피하는 친구도 있고 혹은 달려와서 '자네 이게 웬일인가' 하고 손목 잡고 묻는 친구도 있습니다"라고 했다. 그러면서 결국 그는 "내가 빵 장사 하는 이유 그것 아무 이유 없소. 먹고 입기 위하여 하오. 거기 다른 이유를 붙이려면 그는 소불조아적[소부르주아적] 위선이요 가면(假面)인 것입니다"라고 적었다.[3]

빵 행상은 해방 이후에도 이어졌지만 점차 빵집이 늘어나면서 행상인의 수는 줄어들었다. 1949년 3월 4일자 《경향신문》에서는 서울에 음식점이 사태(沙汰)를 이루었다고 보도했다. 당시 서울 시내에 대중식당이 31군데, 선술집이 221군데, 다방이 61군데, 식당이 722군데, 중국 요리점이 259군데, 목로주점이 1,235군데, 학생빵집이 97군데나 된다고 했다.[4] 빵집은 선술집이나 목로주점의 수에 비할 바가 못 되지만, 재조 일본인이 물러난 해방 정국의 어수선한 상황임을 감안할 때 제법 많은 편이었다. 신문 기사에서는 중국빵집과 구별하기 위해 '학생빵집'이란 명칭을 붙였다.

해방과 함께 들이닥친 미국식 생활 방식은 너무나 자연스럽게 조선의 상류층에게 옮아갔다. 이미 1930년대 식민지 조선의 상류층은 미국식 생활 방식을 접하고 있었기 때문에 변화에 별 거부감이 없었다. 이런 분위기에서 서양 빵은 당시 가장 쉽게 접할 수 있는 음식 가운데 하나였다. 무상원조를 받기 시작한 밀가루는 공급 과잉으로 남아돌 지경이었다. 한국인이 주인인 제과점도 이때 등장했다. 1945년에 설립된 상미당이 대표적인 사례라 할 수 있다. 재조 일본인이 운영하던 제과점에서 점원으로 일했던 조선인이 빵집을 열거나 일본에서 귀국한 사람들 가운데 일본 빵집에서 일해본 사람이 문을 연 경우도 있었다.

1960년대 정부가 나서서 혼식을 장려하자 그 바람을 타고 동네 빵집이 급증했다. 익숙한 동네 빵집 이름을 옮겨보자. 덕수빵집·일미당·맘모빵집·신흥당·고려당·문화빵집·우미당·독일빵집·몽부랑·신라당·뉴욕제과점·태을당제과점·금천당·김선당·유정사·신미당·유성사·월성당·영흥당·신일·테일러제과·티파니·태양당·자미당·명보당·연쇄당·서울제과·한일당·미미당·리스본·동아·백운당·진설당·황금당·노벨·정미당·백설당·파리·오서울·삼각당·광명당·오산·제기당·대성·창신당·연용당·유진당·효미당·백옥당·풍년당·감천당·명수당·안미당·중앙당·호수당·향미당·만월당·청수당·신하당·백일당·금좌당·창원·성림·태성당·아카데미·일신당·카나다·아라스카·케익타운·크라운·케익쎈타·국제·뉴시카코·백화·금성당, 뉴종로 등이다.

이 빵집 이름을 두고 이은희 박사는 다음의 세 가지 경향성이 있다고 보았다. 첫 번째는 일본식 빵집 이름인 '○○당'이나 '○○사'와 같은 것이 거의 3분의 2에 이른다는 점이다. 이것은 식민지 시기에 재조일본인이 운영했던 빵집 이름에 영향을 받은 것으로, 1960년대까지도 그 영향이 지속되고 있었음을 알 수 있다. 두 번째는 빵집이 소재하고 있는 지역의 이름을 붙인 경우도 보인다. '서울'이라든지 '종로', '창원' 같은 빵집 이름에서 알 수 있듯이 외국 문물이 번성한 곳일 경우 매우 효과적으로 사용되었다. 하지만 이 경우는 극소수에 지나지 않는다. 세 번째 경향성은 외국의 유명 지명을 빵집 이름으로 채택한 경우이다. 한국전쟁 이후 미국의 영향으로 이러한 빵집 이름이 증가했다.[5]

당시 빵집에는 식탁과 의자가 놓여 있어 손님들이 빵집에서 바로 빵을 먹거나 음료를 마셨다. 남녀 고교생들의 이성교제도 이런 빵집에서 이루어졌다. 그런데 빵집과 분식점을 아예 통합한 곳도 있었다. 1969년 6월 4일자 《매일경제》에 당시 KBS 탤런트였던 이순희가 쓴 '마르다' 빵집이 바로 그런 곳이었다. 이순희는 "석유공사 앞 육교를 건너 왼편에서 남산으로 가자면 '마르다' 빵집이 있다. 간판에도 '숙녀의 집'이라고 써놓을 만큼 손님은 모두가 여성으로 붐빈다"라고 하면서 이 빵집에서는 "비빔국수는 물론 짜장면, 빵, 오징어튀김 등 없는 것이 없다. 여성들이 즐겨 먹을거리가 다채롭다. 값은 30원에서부터 50원. 그중에서도 내가 잘 먹는 것은 비빔국수, 매콤하면서도 쫄깃한 맛이 가경을 이룬다"라고 했다.[6]

밀가루 무상원조와 정부의 혼분식장려운동으로 1960년대 제과점은 또다시 변모했다. 행상을 통해서 빵을 공급하던 상미당은 1966년 '삼립산업제빵공사'로 규모를 확장하여 본격적으로 공장에서 빵을 대량으로 생산하기 시작했다. 이른바 '양산업체(대량생산업체의 줄임말)'라고 부르던 공장 빵집은 대량 생산 설비를 갖추고 완제품 빵을 공급했다. 삼립산업제빵공사는 다시 1968년에 서울 가리봉동에 대규모 설비를 갖추고, 상호도 '삼립식품공업(주)'으로 바꾸어 '삼립빵'을 생산했다. 유지업체로 출발했던 '서울식품공업(주)' 역시 1969년 제빵시설을 도입하여 빵을 생산했다. 부산에서는 '삼미식품'과 '기린'이 제빵 사업에 뛰어들었다. 1970년에는 신동아그룹이 '한국콘티넨탈식품'을 설립했으며, 1972년에는 지금의 '(주)샤니'의 전신인 '한국인터내셔날식품공업'이 빵을 생산·판매했다. 이어 1973년에는 부산에서 '삼우식품'이 제빵 사업에 뛰어들었다. 이처럼 경쟁이 심해지면서 1975년 삼우식품이 폐업하고, 1976년에는 삼미식품이 샤니에 흡수되었다.

1980년대는 전문 제과점의 전성시대였다. 이러한 제과점의 번성은 정부가 1986년 아시안게임과 1988년 서울올림픽게임을 유치한 것과 깊은 관련이 있다. 1981년만 해도 전국의 제과점은 2천 개가 넘지 않았다. 그런데 1984년에 6,954개, 1985년 말에 7,862개로 늘어났다.[7] 이 중에서 절반에 가까운 3,255개가 서울에 집중되었다. 유신독재가 막을 내린 뒤 또 다른 독재가 이어졌지만, 경제 성장은 지속되었다. 빵이나 케이크에 대한 수요 또한 늘어났다. 빵 소비 경향에도 변화의 바람이 불기 시작해 양산업체에서 대량으로 생산한 빵보다는 전문 제과점의 빵을 선호하는 경향이 두드러졌다. 직접 빵을 구워서 판매하는 제과점이 동네 입구에 자리를 잡고서 퇴근하는 가장들의 발목을 잡았다. 이런 제과점 가운데 고급 이미지를 내세워 동네 빵집 수준을 넘어선 곳도 생겨났다.

그 결과 빵 공장의 대표격이었던 한국콘티넨탈식품이 1988년에 문을 닫았다. 1970년대부터 1980년대 중반까지는 대체로 이들 양산업체들이 한국의 빵 시장을 쥐고 있었다. 그러나 양산업체에서 만든 빵은 유통기한이 길어서 동네 제과점에서 만든 신선한 빵맛을 따라잡지 못했다. 마침내 1980년대 중반 이후 고려당·뉴욕제과·신라명과 등의 유명 제과점이 프랜차이즈 사업에 본격적으로 뛰어들면서 양산 업체와 제과점의 싸움이 시작되었다. 또한 1980년대에는 아메리카나·버거킹(1980), 미스터도우넛·독일빵집(1981), 윈첼도우넛(1982), KFC(케이에프씨)·피자헛·하이델베르크·신라명과 가맹점(1983), 맥도날드·배스킨라빈스·파리크라상(1986), 피자인·크라운베이커리(1988) 등과 같은 프랜차이즈 업체에서 빵과 케이크, 그리고 피자와 햄버거 따위를 팔기 시작했다. 1990년대가 되면 이러한 프랜차이즈 빵집이 전성기를 맞이하게 된다.

프랜차이즈 빵집은 도시마다 새로 건설된 아파트 단지에 어김없이 자리를 잡았다. 심지어 경쟁업체의 빵집이 서로 문을 마주 볼 정도로 가까운 거리에 들어선 경우도 많았다. 서울의 경우 강북의 오래된 주택지 근처에 동네 빵집이 있었지만, 사람들이 빠져나가면서 한두 집만이 1970년대의 명성을 겨우 유지했다. 지방의 소도시 중심가에서도 오래된 빵집들이 프랜차이즈 빵집에 밀려 자취를 감추었다.

고려당·태극당·독일제과와 같이 1960년대 인기를 누렸던 빵집은 대체로 근대 이후 일본식 제과점의 변형이라고 할 수 있다. 이에 비해 2000년대 이후 주류가 된 프랜차이즈 빵집은 미국식 베이커리의 이미지와 시스템을 도입하여 한국식으로 변형시킨 결과이다. 하지만 한국인은 여전히 빵을 주식의 일부로 소비하지는 않는다. 그런 사정은 최근 대형 프랜차이즈 베이커리 회사들이 오래된 동네 빵집을 몰아내는 과정에서도 알 수 있다. 만약 빵을 주식의 일부로 생각하는 소비자가 있다면 그들은 결코 똑같은 제품군을 판매하는 프랜차이즈 베이커리 회사의 빵을 좋아하지 않을 것이다. 대부분의 소비자들은 각종 이벤트와 할인 전략을 내세운 프랜차이즈 빵집에서 간식용으로 빵을 사거나 축하용 케이크를 구입하는 수준이다. 이처럼 한국 사회에서 빵은 여전히 식탁의 주변부에 머물고 있다. 더욱이 1950~60년대에 태어난 세대들이 빵은 단지 학교에서 공짜로 주던 맛없는 음식이었다는 기억을 가지고 있는 이상 사정은 크게 바뀌지 않을 것 같다. 이에 비해 중국 음식인 짜장면은 그 세대 한국인들에게 추억의 음식으로 자리매김했다.

짜장면, 대중음식이 되다

◇ **재료(5인분)** 돼지고기(대합조개, 생선을 대신해도 좋다) 20문(匆)〔원문에는 총(匆)으로 표기되어 있으나, 3.75그램을 뜻하는 문(匆)이다〕, 오징어 1마리, 둥근 파 2개, 기름 큰술 3, 중국된장 2/3홉, 끓는 물 3홉, 녹말 큰술 2, 냉면소다 찻술 하나 반

◇ **만드는 법** 밀가루에 소금 조금 넣고 냉면소다를 물 한 사발에 타서 이 소다물로 밀가루를 반죽한다. 그것을 젖은 행주로 약 20분쯤 씌워 두었다가 밀대로 잘 밀어 밀가루를 뿌리면서 얇게 밀어 칼국수로 썬다. 끓는 물에 소금을 넣고 칼국수를 삶아 한 번 끓어오르면 냉수 조금을 더 붓고 다시 끓어오르면 냉수에 담갔다가 건져낸다. 그릇에 담은 국수 위에 짜장을 만들어 얹으면 되는데 짜장 만드는 법은 다음과 같다. 돼지고기를 곱게 다져놓고 둥근 파는 1센치 정방으로 썰고 생강을 다져놓는다. 파는 동글게 채로 썰고 오징어는 깍두기 모양으로 썬다. 냄비에 기름 큰술 3을 붓고 끓으면 생강과 파 등 채 친 것을 먼저 넣고 돼지고기 다진 것, 오징어, 둥근 파 순서로 넣어 볶다가 된장을 넣고 잘 볶는다. 끓으면 그릇에 국수를 담고 그

위에 얹는다. 오이채와 토마토 한 조각을 곁들여 내도 좋다.⁸

이 글은 1961년 5월 26일 《동아일보》에 김제옥(金濟玉)이라는 요리연구가가 쓴 '대용식 두 가지'란 기사에서 옮겨온 것이다. 바로 짜장면을 집에서 만들어 먹는 방법이다. 이 기사에서 짜장면의 재료로 '중국된장'을 제시하고 있는데, 이는 지금도 '춘장(春醬)'●이란 이름으로 한국에서 유통되고 있는 짜장면 재료이다. 또한 중국된장은 한국어로 '자장고추장'이란 이름으로 불리기도 했다.

한반도에서 짜장면이 음식점의 메뉴로 자리 잡은 시기에 대해서는 구체적인 자료가 없어 정확하게 알 수가 없다. 아마도 한반도에 중

● 중국어에는 춘장이란 말이 없다. 그렇다면 춘장이란 말은 어디에서 유래된 것일까? 중문학자 양세욱 박사는 자신의 논문에서 다음과 같은 논증을 펼쳤다. 중국에서는 짜장면의 소스를 면장(麵醬)이라고 부른다. 면장은 밀가루와 콩으로 메주를 띄운 뒤 소금물에 붓고 햇볕에 쬐어 까맣게 될 때까지 자주 뒤적여서 만든다. 밀가루가 주원료이기 때문에 면장이다. 그는 춘장의 어원에 대한 그동안의 여러 주장이 세 가지로 요약된다고 보았다. 첫째는 봄에 장을 담그므로 춘장이라고 불렀다는 설이다. 이에 대해 양세욱 박사는 중국의 면장이 '춘장'이라는 발음으로 한국에 정착된 뒤 이루어진 재해석의 결과라고 보았다. 둘째는 첨면장(甛麵醬)의 약어인 첨장(甛醬)에서 유래되었다는 설이다. 양세욱 박사는 이 주장이 중국에서 다양하게 불리는 면장의 이름 중 첨장을 채용했다는 면에서 일견 타당성이 있지만, 첨장이 음운 변화로 춘장이 될 가능성은 희박해 보인다고 했다. 셋째는 총장(蔥醬)에서 유래되었다는 설이다. 중국 산둥 지방 사람들은 면장을 총장, 즉 중국어로 '충쟝(cōngjiāng)'이라고 부르는데, 이는 대파를 찍어 먹는 장이다. 1950년대 이후 화교가 운영하는 식당에서 일하던 한국인들이 중국어 발음인 충쟝을 '춘장'으로 잘못 알아듣고 그렇게 사용하기 시작하면서 굳어지게 되었다는 것이다. 양세욱 박사는 1967년 식품위생법이 공포되면서 춘장이란 이름이 면장, 자장과 함께 공용되다가, '春醬'이란 한자어를 얻게 되었다고 보았다.⁹ 나 역시 그의 주장에 동의한다. 하지만 춘장의 유래에 대해서는 여전히 더 많은 조사연구가 필요하다.

국 음식점이 들어온 19세기 말과 20세기 초반에 짜장면도 메뉴로 끼여 있지 않았을까 추측할 뿐이다. 이 책의 1부에서도 밝혔듯이 조선에 들어온 중국인 가운데 제물포에 자리를 잡은 이들이 많았다. 대부분 산둥 동부 지역에서 돈을 벌기 위해 조선으로 건너온 독신 남성들로 제물포항에서 힘든 노동을 했다. 이들은 끼니를 싸게 해결하는 방도로 고향에서 먹던 음식들을 직접 만들어 먹었는데, 그 가운데 짜장면도 있었을 것이다. 그런데 문제는 조선에서 밀가루와 춘장을 구하기가 쉽지 않았다. 그런 탓에 인천과 즈푸를 오가는 여객선에는 중국에서 들여오는 밀가루와 함께 춘장도 실려 있었다. 이런 사정은 해방 정국에서도 마찬가지였다. 해방 이후 미군정의 통치 아래 대외무역이 본격적으로 이루어지기 전인데도 불구하고 중국에서 들어온 밀무역 상품 중에 춘장은 빠지지 않고 있었다.

예전에 베이징 토박이들은 "여름에는 자장면(炸醬麵), 겨울에는 다루몐(大滷麵)〔뜨거운 국물과 함께 먹는 쇠고기면의 일종〕을 먹어야 제격이다"라는 말을 했다. 그러나 오늘날 천만 명을 훨씬 넘는 베이징 사람들 중에 토박이는 겨우 몇십만 명에 불과하니 이런 말을 아는 베이징 사람도 거의 없을 것이다. 1990년대 말과 2000년대 초반에 베이징을 다녀온 일부 한국인들 중에서는 짜장면이 중국에서 발명된 것이 아니라, 100년 전 인천의 공화춘에서 발명된 것이라는 주장까지 나왔다.

식민지 시기 문헌 자료를 아무리 찾아도 조선인이 짜장면을 먹었다는 내용은 그렇게 많지 않다. 다만 1936년 2월 16일자 《동아일보》에서 제3회 전조선 남녀 전문학교 졸업생 대간친회가 열린 일을 보도하면서 근화여자교 교장 김미리사(金美理士, 차미리사, 1879~1955)의 축사를 소개했는데, 거기에 이런 내용이 나온다. "(선생님들이) 우둥 먹구 짜장면 먹구 식은 변또 먹어가며 그대들을 가르쳤느니라."[10] 김미리사 교장의 언급으로 보아 당시 교사들은 학생 지도로 시간이 없을 때 짜장면이나 우동 같은 걸 시켜 먹으며 간단히 끼니를 때웠나 보다. 아울러 당시에는 짜장면이 그다지 고급 음식도 아니었던 듯하다.

한편, 1946년 10월 19일자 《대동신문(大東新聞)》에 '구미(口味)엔 이상(異狀) 없다―세월 좋은 중국 요리'란 제목으로 아래와 같은 기사가 실렸다.

> 서울시 중화요리조합(中華料理組合) 조합장 이항련(李恒連) 씨는 현하 서울에 있어서의 중화요리조합 업무 상태에 관하여 다음과 같이 말하였다. 금 10월 현재로 서울에 사는 중국인 이천오백 명 중 그 과반수는 요리업으로 생계를 삼고 있다. 그중에는 아서원(雅敍園)을 비롯하여 열빈루(悅賓樓), 태화관 등 대요리점을 운영하여 단언 조선 요리업계를 영도하는 관(館)이 있음은 부인 못할 사실일 것이다. 그 하루 동안 팔리는 액수는 놀라운 숫자에 오르고 있으며 매월 세무서에 바치는 유흥세만 하여도 막대한 것이다. 그리고 우리 조합이 금년 4월부터 9월까지 여섯 달 동안 바친 유흥세에 관한 실정은 이러하다. 4월: 62만 2천3백6십2원, 5월: 62만 50원, 6월: 59만 9천1백18원, 7월: 47만 8천4백79원, 8월: 41만 9천2백26원, 9월: 53만 1천4백45원.[11]

1946년이라면, 갓 해방을 맞이하여 미군정 치하에서 혼란했던 시절이다. 그런데도 중화요리업은 여전히 세월이 좋다고 하니 해방과 같은 큰 사회적 변화도 직접적인 영향을 끼치지는 못한 듯하다. 이러한 사정은 한국전쟁이 나기 전까지 이어졌다. 하지만 당시에도 짜장면은 누구나 쉽게 먹을 수 있는 대중음식이라기보다는 그저 중국 요리 가운데 하나일 뿐이었다. 그 이유는 중국인만이 짜장면을 만들 수 있어서 먹고 싶으면 중국 요리옥을 찾아야만 했기 때문이다. 그렇다면 가격은 어떠했을까? 1951년 12월 2일자 《동아일보》의 '보건부, 고급 요정 및 유흥업자 준수 사항 발표'라는 기사에 당시 짜장면 가격이 나온다.

전(全)가복(福) 36,000 남전환자(南全丸子) 7,500 작돈육(肉) 4,500 육사(肉絲) 4,500 대(大)추계(鷄) 8,000 대(大)노면 1,500 소반(燒飯) 1,800 자작면 1,800 당초육(肉) 5,500 해삼(海參)탕 8,000 잡(雜)채 3,500[12]

기사에 나온 '자작면'이 바로 짜장면이다. 대노면은 앞에서 밝혔던 다루몐이고, 소반은 볶음밥이다. 짜장면과 볶음밥이 1,800원으로 가격이 같다. 1,500원의 대노면에 비해서는 비쌌지만 다른 음식들의 가격과 비교해보면 짜장면은 결코 비싼 음식이 아니었다. 이 점은 같은 기사에 실린 한국 음식과도 비교가 된다. 한국 음식은 비빔밥이 2,000원, 장국밥 1,500원, 만둣국 2,000원, 그리고 떡국이 1,500원이다. 그야말로 짜장면은 싼값으로 한 끼를 해결할 수 있었던 간편식이었다.

이렇게 접근성은 좋지 않으면서 값이 쌌던 짜장면이 한국인의 일상적인 대중음식으로 자리를 잡기 시작한 때는 1950년대 후반부터였다. 이 무렵 한국의 화교는 중국 대륙의 공산화와 한반도의 남북 분단으로 인해 중국을 고향이라고 당당히 내세우기 어려운 경계인이 되고 말았다. 1·4후퇴 때 상당수의 화교가 중공군에 잡혀서 중국 대륙으로 귀국당하는 운명을 맞았다. 또한 한국전쟁 후 북쪽에 살던 화교들 가운데 38도선 아래로 남하한 일명

1962년 7월 24일자 《경향신문》에 실린 '서울 시내 한복판의 차이나타운'

'화교 38따라지'가 생겨서 그전과 다른 새로운 화교집단이 형성되었다. "해방 후 6·25전란 때까지 자유를 찾아 남하한 화교가 1천3백 명, 1·4후퇴 때 '붉은 멍에'를 벗은 3백50명, 도합 1천6백여 명이 액운의 더부살이 피난민으로 남하해온 것이다."[13] 주로 무역업에 종사했던 화교들은 본국과의 연결이 끊기면서 새로운 직업을 찾을 수밖에 없었다. 사업 규모가 꽤 컸던 상인들은 타이완으로 거주지를 옮겼지만, 나머지 영세한 상인들은 중국 음식점을 차리는 방법으로 '호구지책'을 마련했다.

통계에 의하면, 1948년 332개소였던 중국 음식점이 1958년에 1,702개소, 1964년에 2,307개소로 급증했다.[14] 1950년대 말부터 갑자기 중국 음식점이 급증한 이유는 1963년 한국 정부가 화교의 토지 소유를 금하는 정책을 취했기 때문이다. 한국전쟁 이후 남한에 남은 화교들 가운데 상당수는 농촌에서 채소를 재배하며 먹고살았다. 그런데 토지 소유 금지 정책이 내려지자 농촌에서 살던 화교들이 도시로 나와 먼저 자리를 잡은 다른 화교들처럼 음식점을 내기 시작했다. 그렇

지만 그들은 고급 청요리를 만들 수 있는 조리 기술을 갖고 있지는 않았다. 그런 탓에 중국 요리 가운데 조리법이 수월했던 우동과 짜장면, 그리고 짬뽕 따위를 주요 메뉴로 내세울 수밖에 없었다. 우동은 본래 대노면이었는데, 식민지 시기에 우동이란 이름을 얻었다. 짬뽕은 나가사키의 찬폰에서 유래되어 한국식으로 바뀐 것이다.[15] 1960년대 이후 중국 음식점에서 우동과 짜장면, 그리고 짬뽕은 가장 대중적인 메뉴로 자리를 잡았다. 1970년대 들어 한국의 화교사회에서 중국 식당 영업은 거의 유일한 생계수단이었다. 박은경 박사의 연구에 의하면, 1958년에는 중국 음식점 사업에 참여한 화교가 전체의 58.2%에 지나지 않았다. 그런데 1972년에는 무려 77%로 증가했다. 비록 1963~65년 사이에 한국을 떠난 화교가 많아서 화교사회의 전체 규모가 줄어들긴 했지만, 화교사회 내의 비율로 보자면 그만큼 음식점 사업에 참여한 화교가 많았다는 것을 알 수 있다.[16]

한국식 짜장면의 탄생

화교사회가 변화를 겪는 과정에서 한국인을 위한 짜장면도 만들어지기 시작했다. 중국 본토나 화교들이 먹던 짜장면은 춘장의 짠맛이 강했다. 그런데 한국인을 위한 짜장면에는 춘장에 물을 섞어 만들기 때문에 간이 세지 않았다. 게다가 원래 중국 짜장면에는 춘장 외에 채 썬 오이를 얹어내는 게 전부였는데, 한국식 짜장면에는 춘장을 볶을 때 양파나 감자, 심지어 당근까지도 함께 볶아 넣어 단맛이 강했다. 한국식 짜장면은 검은 색에다 단맛이 나야 제맛이라는 인식이 굳어지면서 색과 맛을 내기 위해 캐러멜과 같은 인공착색료를 넣기도 했다. 이렇게 중국 본토의 짜장면은 한국 화교에 의해 변형되어 완전히 새로운 맛의 한국식 짜장면으로 탄생했다.

짜장면의 대중화에는 한국 정부의 공도 있었다. 그중 하나가 바로 혼분식 장려 정책이다. 앞에서도 보았듯이 밀가루 대용식으로 짜장면이 언급되면서 쌀밥을 먹지 않는 날에는 중국 음식점에 가서 밀가루 음식을 먹자는 운동이 일어나기도 했다. 이와 더불어 한국 정부의 물가 안정 정책도 한국식 짜장면의 탄생에 일조했다고 할 수 있다. 박정희 정부는 수시로 짜장면 가격을 두고 시비를 걸었다. 그러자 밀가루의 무상공급이 이루어지지 않았던 1964년부터 중국 음식점 주인들은 짜장면에 감자를 넣어 면의 양을 줄였다. 그런데 1965년 5월 시중에 고기가 부족하여 난리가 났다. 고기를 꼭 써야 하는 중국 음식점에서는 재료 값이 올라가자 음식 값을 올릴 수밖에 없었다. 이번에도 정부가 나섰다.

> 보건사회부는 23일 상오 전국 각 시·도 대중식사 값과 중국 음식 값을 인하하도록 종용했다. 음식 값은 약 보름 전부터 고기 값 인상을 이유로 중국 음식은 30%, 대중식사는 20%가량 각 지역별로 슬금슬금 올랐는데 보사부 당국은 '올릴 이유가 없다'고 지적, 인하를 종용한 것이며 이에 불응하면 경제기획원과 협의하여 2단계 조치를 취할 것이라 한다. (중략) 이날 보사부는 대한식품위생협회와 중화요리협회의 관계자를 불러 '원가 계산 결과 가격을 올릴 이유가 없다'고 주장하고 종전의 값으로 환원하라고 강력히 종용했다.[17]

결국 같은 해 6월 9일 음식점 협회는 한식 값은 물론이고 일본 음식과 중국 음식 값도 동시에 내릴 수밖에 없었다. 짜장면과 우동은 인상 후 40원이었던 것을 35원으로, 간짜장은 50원이었던 것을 45원으로 내렸다. 같은 자료에서 냉면이 80원에서 70원으로, 갈비탕이 90원에서 80원으로 내렸다고 했으니, 짜장면 값은 이들 음식에 비해 반값도 하지 않을 정도로 쌌다.

정부의 짜장면 가격 통제는 적어도 1970년대까지 줄기차게 이어졌다. 경제 성장과 더불어 물가가 치솟자 정부는 물가 안정 정책을 통해 정권에 대한 지지를 유지하려 했다. 그런데 중국 식당을 하는 화교들이 이를 잘 따르지 않자 위생 검사나 세무 감사를 엄격히 시행하고, 심지어 중국 음식이 불결하고 유해하다는 조사 결과를 내놓기까지 했다. 중국 음식점은 정부의 가격 통제에 짜장면의 원가를 낮추는 방식으로 대응했다. 밀가루를 덜 쓰고도 질긴 면발을 내기 위해 공업용 탄산나트륨을 섞어 쓰는 곳도 있었고, 값싼 '가짜 춘장'을 넣어 짜장면을 만드는 곳도 있었다.

1971년에는 석유 파동으로 모든 음식 값이 오르지 않을 수 없었다. 이어 1973년에는 밀가루 값이 20~30%가량 올랐다. 그 바람에 짜장면 값도 110원까지 올랐다가 다시 환원되는 과정을 매년 거쳤다. 마침내 1975년 4월 25일 대한요식업협회 산하 한성중화요식업총회에서는 현행 110원 하는 짜장면과 우동 값을 54.5% 인상해 170원으로 올려줄 것을 서울시에 요청했다. 이들은 인상 요구 진정서를 통해 소맥분 한 부대(22kg)가 2,100원에서 2,900원으로 38%, 돼지고기가 600g당 400원에서 550원으로 37.5%, 배추 1관당 450원에서 650원으로 44.4%씩 각각 올라 인상이 불가피하다고 주장했다.[18] 결국 2개월여간의 논쟁 끝에 그해 6월 서울시에서는 짜장면 값을 150원으로 인

옛 공화춘 건물에 들어선 짜장면박물관
고급 중국 음식점이었던 공화춘 건물에 짜장면박물관이 들어선 것을 두고 인천 화교 중에서는 볼멘소리를 내는 이도 제법 있다. 값싼 음식인 짜장면이 고급 음식점을 잡아먹었다는 생각 때문이다.

상한다는 결정을 하지 않을 수 없었다. 그런데 이 과정에서 중국 화교에 대한 사회적 반감이 커졌다.

1976년 박정희 정부는 화교에 대한 교육권과 재산권 박탈이라는 최악의 정책으로 화교의 중국 음식점을 한반도에서 쫓아내기 시작했다. 그 결과 중국 음식점은 대부분 한국인 손에 넘어갔다. 1980년대 이후 대도시 아파트 단지마다 한국인이 운영하는 중국 음식점이 들어섰다. 이제 한국에서 중국 음식은 한국인이 만들어 한국인이 배달하고 한국인이 먹는 음식으로 자리를 잡았다. 1983년 11월 리스피아르 경제조사연구소가 서울과 부산 등 대도시에서 실시한 '한국인 식생활 습관' 조사에서 혼자서 외식할 때 먹는 음식으로 남녀 모두 짜장면을 1위로 꼽았다.[19]

비록 2000년대 이후 베이징에서 중국 고유의 짜장면이 부활했지만,[20] 한국인이나 조선족이 운영하는 한국식 짜장면집이 베이징에 즐비할 정도로 해외에서도 한국인에게는 한국식 짜장면이 인기다. 한국인에게만 한정한다면 짜장면은 더 이상 중국 음식이라 할 수 없을 것이다. 오히려 짜장면은 21세기에도 여전히 한반도에서 소비되고 있는 한국인의 국민음식이라고 해야 옳을지 모르겠다. 그런데 짜장면이 국민음식이 되기까지 그 배경에는 1950년대부터 시작된 미국의 잉여농산물 유입과 1960년대 박정희 정부가 펼쳤던 혼분식장려운동이 자리 잡고 있다. 이 문제를 살펴야 해방 이후 밀가루 음식점의 호황이 품고 있는 빛과 그림자를 구분할 수 있다.

밀가루 무상공급과 혼분식장려운동

한국전쟁 이후 미국 정부는 한국에 자국의 농부들이 과잉생산한 농산물을 강제로 사도록 강요했다. 그 근거는 'MSA-402조'란 법이다. 'MSA'는 상호안전보장법(Mutual Security Act)을 가리킨다. 1954년 기존 상호안전보장법을 개정하면서 원조를 제공받는 국가가 원조액 가운데 일정액을 미국 잉여농산물 구매에 쓰도록 규정한 402조가 삽입되어 생겨난 이름이다. 미국 정부는 제2차 세계대전 발발 전에 농촌의 경작 체제를 대량 생산 체제로 전환시켰는데, 그로 인해 예상치 못한 과잉생산이 발생했다. 그런데 마침 세계대전이 발발해 미군들이 참전하게 되면서 잉여농산물은 군인들의 식량으로 소비되었다. 그리고 전후에는 군사동맹을 내세워 서유럽에 농산물 수입을 강요했다. 그러나 전후 프랑스와 독일은 3년도 채 되지 않아 전쟁으로 망가진 농촌을 복구해 점차 미국산 농산물 수입량을 줄여나갔다. 그런 와중에 한반도에서 전쟁이 발발해 잉여농산물의 또 다른 소비처가 되었다. 하지만 휴전 이후에는 새로운 조치가 필요했다. 그래서 생겨난 법이 'MSA'였는데, 다시 이 법을 개정해 강제 구매 조항 402조까지 추가했다. 아울러 1954년 7월 미국 의회는 PL-480호를 제정했다. 이 법에는 미국의 잉여농산물을 원조국의 빈곤층 원조, 재해구제 원조, 그리고 학교급식에 무상으로 제공한다는 내용이 포함되었다.

1956년 이후 한국의 국민학교에 식빵과 밀가루가 무상으로 공급되었다. 교사들 손에도 악수 그림이 그려진 원조 밀가루 부대가 들렸다. 이때부터 밀가루를 재료로 한 수제비·칼국수·잔치국수와 같은 음식이 가정에서는 물론이고 식당에서도 끼니로 식탁에 올랐다.

미국의 잉여농산물이 들어오면서 밀가루·설탕·면직물의 삼백산업(三白産業)이 한국 경제의 중심축이 되었다. 이와 함께 대한민국의 식품산업도 제분업과 제당업을 통해서 그 기반을 다졌다. 1960년대 들어 그러한 사정은 더욱 강화되었다. 1963년 인스턴트 라면이, 69년에는 인스턴트 칼국수가 상품으로 출시되었다. 특히 제3공화국이 줄기차게 추진했던 혼분식장려운동은 밀가루 음식의 소비를 더욱 부추겼다.

제3공화국의 혼분식 장려로 분식점이 유행처럼 생겨났다. 1971년 8월 11일자 《경향신문》에서는 서울의 새 풍속으로 명동에 밀가루 음식을 판매하는 분식점이 늘어나고 있다고 보도했다.[21] 같은 신문 1972년 12월 20일자에서는 1972년을 "쌀 편식서의 일대 변혁"이 이루어진 해로 보았다. 당시는 이미 유신독재가 시작된 상황인지라 신문 보도를 읽을 때 횡간의 의미를 살피는 수고를 아끼지 말아야 한다. 친정부적인 성향의 기자는 기사에서 "우리나라 식생활양식에 일대 변

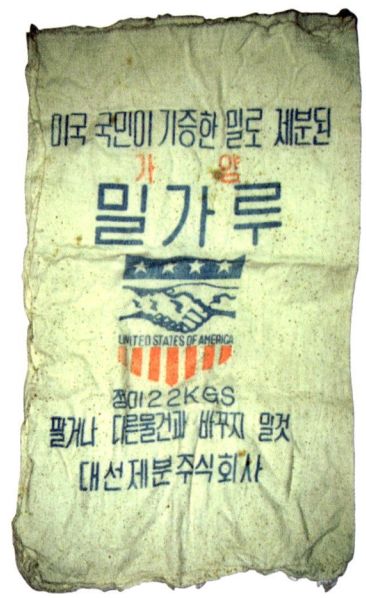
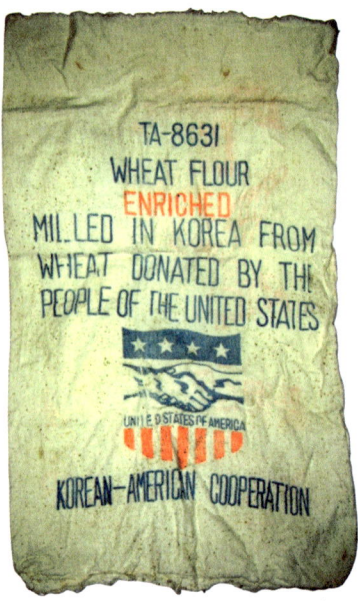

미국 원조 밀가루 부대

원조 밀가루를 보급했던 대선제분주식회사는 1952년 부산에서 수산물 유통업으로 출발한 계동산업에 뿌리를 두고 있다. 1958년 조선제분 영등포 공장을 계동산업이 인수해 대선제분주식회사를 설립했다.

혁을 가져온 해였다. 그 내용도 배불리 먹는 것보다는 영양가 높은 음식을 가려서 먹는 것으로 변화, 쌀의 소비 수요를 크게 줄였다. 하루 세 끼 쌀밥을 먹지 않으면 못 견디던 우리 주변은 이제 분식으로도 한두 끼를 때우는 것이 보통이다"라고 했다. 그야말로 분식의 시대가 1972년부터 본격적으로 시작된 셈이다. 이어서 신문 기사에서는 분식 장려 정책으로 쌀 수입이 줄어들어 외화 유출이 적었다며 "쌀 편식은 영양 면에서나 경제 면에서도 분식보다 못했다"라고 했다. 덧붙여 실제 분식의 결과도 소개했다. "라면의 생산량도 급격히 늘어 지난 68년 1백만 봉지를 생산하던 것이 71년도에 8억 7천5백만 봉지로, 1천3백

95만 개에 불과하던 빵도 1억 7천8백29만 개로 느는 등 분식류 식품의 대량 생산은 국민의 기호마저 바꾸어놓았다. 이제는 어느 가정에서나 하루 한 끼 분식은 예사로 볼 수 있는 현상이 되었다." 통계만 보면 분식은 대세였다. 신문 기사에서는 "일주일 두 번(수·토) 있는 분식의 날이 아니더라도 서울의 유명 칼국수집은 점심시간에 자리를 찾을 수 없도록 들끓는다. 그래서 서울 시내의 분식점은 계속 늘어 지난해보다 1백50여 개소가 많은 3백20여 개소에 이르고 있다"라고 밝혔다.[22] 이처럼 한국인들은 칼국수·냄비우동·쫄면·만두·밀떡볶이와 같은 밀가루로 만든 갖가지 음식을 분식집에서 즐겼다.

밀가루 음식의 새로운 진화

밀가루 음식이 유행하면서 1980년대 후반에 바지락칼국수라는 새로운 메뉴가 개발되었다. 나는 2010년 안산시 대부도에서 바지락칼국수의 역사에 대해 조사한 적이 있다. 특히 대부도의 '방아머리'라는 곳은 바지락칼국수를 전문으로 판매하는 음식점이 여럿 있어 그 역사를 파악하기 좋은 장소였다. 대부도에서 오래 산 주민들의 말에 의하면 이곳에서 바지락칼국수를 처음 먹기 시작한 때는 대체로 1960년대 이후였다고 한다. 그 이전에는 대부도에서 밀농사를 짓지 않아 밀국수를 먹기가 어려웠다. 한국전쟁 이후 미국의 원조로 밀가루가 대량으로 들어오면서 그때부터 국수를 먹기 시작했는데, 그게 바로 개펄에서 캐낸 바지락을 넣은 칼국수였다. 집에서 끓여 먹던 바지락칼국수가 음식점 메뉴가 된 데에는 1960년대 대부도에 있던 염전의 역할이 컸다. 지금은 염전이 다 문을 닫았지만 당시만 하더라도 염전 사업

이 활발했다. 바지락칼국수는 염전에서 일하던 염부들이 간편하게 한 끼를 해결하기 좋은 메뉴였다. 또한 1980년대 후반에 제부도 방조제 공사가 시작되면서 바지락칼국수는 건설 현장 인부들 사이에서도 인기 있는 메뉴가 되었다. 방조제가 완공된 이후에는 관광객을 위한 메뉴로 자리를 잡았다.

이처럼 1980년대 이후 밀가루 음식은 새로운 진화 과정을 밟고 있다. 비록 분식점은 1970년대와 같은 영광을 잃어버렸지만, 그래도 여전히 관광지에 가면 바지락칼국수에서부터 온갖 칼국수가 음식점 메뉴로 식탁에 오른다. 칼국수나 수제비로 대표되던 밀가루 음식은 1980년대 중반 이후에는 빵이나 샌드위치 따위로 확대되었다. 뿐만 아니라 인스턴트 라면은 아직까지도 한국인의 식탁에서 대세를 이루고 있다. 2009년 세계라면협회(WINA) 자료에 의하면, 국가별 인스턴트 라면 생산량은 인구가 많은 중국(홍콩 포함)이 408억 개로 1위이고, 그다음이 인도네시아(139억 개), 일본(53억 개), 베트남(43억 개), 미국(40억 개) 순이다. 여기서 한국은 6위를 차지하고 있다. 하지만 국민 1인당 연중 소비하는 인스턴트 라면 양은 한국이 단연 1위다. 1인당 1년에 무려 68개를 먹는다고 한다. 2위가 인도네시아(57개), 3위가 일본(44개), 4위가 중국(33개), 5위가 대만(32개) 순이다. 특히 한국인은 인스턴트 라면을 먹을 때 국물 맛을 따지고, 또 배추김치와 함께 먹어야 맛이 좋다고 여긴다. 심지어 남은 국물에는 밥을 넣어 말아 먹기도 한다.

1990년대 이후 많은 한국인이 쌀밥 대신 밀가루로 만든 국수류 음식을 즐겨 먹는다. 이렇게 된 이유는 한국전쟁 이후 풍부해진 밀가루 때문이다. 특히 1980년대 이후에 태어난 한국인 중에는 밀국수 음식을 쌀밥보다 즐겨 먹는 사람이 많다. 2013년 3월 29일 농촌진흥청의 보도자료에 의하면, 2012년 한국의 밀 자급률은 2% 미만으로 국내 식용 밀 수입량은 연간 240만 톤에 달하며, 이중 약 60%는 국수용으로 이용되고 있다고 한다.[23] 빵이 여전히 간식으로 취급되는 데 비해 국수가 주식의 자리에 올라선 데에는 품질 좋은 공장제 국수가 판매되고 있기 때문이다. 이처럼 1980년대 이후 밀가루 음식점의 호황에는 제분업과 국수류 식품회사의 성장이라는 배경이 있었다.

3

식품공업의 성장과 뒤안길

공장제 간장의 변신

1961년 5월 16일 새벽, 쿠데타를 일으킨 직후 군사혁명위원회가 내건 혁명공약 가운데 '절망과 기아선상에 허덕이는' 국민을 배불리 먹이겠다는 공약은 상당수의 사람들로부터 지지를 받았다. 이어 박정희 정부는 기아선상에서 벗어나기 위한 핵심 전략으로 경제 개발을 내세웠다. 경제 개발로 소득이 증대하면 그에 따라 식품공업도 성장할 터였다.[1] 그런데 박정희 정부는 소비재인 식품공업의 성장을 불량식품에 대한 단속을 강화하는 정책을 통해 이루려 했다. 그 첫 번째 법률적 행위가 1962년 1월 20일에 공포된 '식품위생법'이다. 비록 기본 골격은 1950년 12월 24일에 제정된 일본의 식품위생법에 근거했지만, 모든 식품의 생산과 영업에 관한 내용을 국가가 법률로 규정한 점에서 의의가 있다. 특히 조선총독부와 미군정청에서 운용된 기존의 관련 규칙을 이 법의 공포와 함께 폐지했다.

이 법이 공포되기 이전에 시행되었던 식품 관련 규칙을 보면 기가 막힐 지경이다. 가령 1900년의 '음식물 기타 물품 취체규칙', 1911년의 '위생상 유해음식 및 유해물품 취체규칙', 1911년의 '청량음료수 및 빙설 영업 취체규칙', 1912년의 '메칠알콜(목정木精) 취체규칙', 1916년의 '요리옥 음식점 영업 취체규칙', 1916년의 '예기 작부, 예기 치옥(置屋) 취체규칙', 1940년의 '조선 우유 영업 취체규칙', 1946년의 '공설욕장 및 음식점의 면허 중 일부' 등이 그것이다. 이로 미루어보아 대한제국, 조선총독부, 그리고 미군정청에 의해 공포된 음식과 위생 관련 법률이 대한민국 정부 수립 이후 1962년 1월 19일까지 거의 13년이 넘는 기간 동안 대한민국에서 지속되고 있었던 셈이다.

1962년에 공포된 식품위생법의 목적 중 하나는 불량식품의 생산을 금지하는 것이었다. 실제로 한국전쟁 이후 소규모 공장에서 생산된 불량식품이 유통되어 자주 사회 문제가 되었다. 가령 1954년 12월 초 서울시위생시험소에서 상품 간장을 조사한 결과, 인체에 해를 끼치는 불량염산을 사용한 제품이 시장에 범람하고 있다는 신문 보도가 있었다.[2] 1960년 12월 초에도 서울시위생시험소의 조사 결과, 과자·청량음료수·장류 등에 인체에 해가 되는 독소가 들어 있는 불량품이 범람하고 있다는 사실이 확인되었다.[3]

결국 1962년 5월 18일 식품위생법 위반 제1호로 부정통조림 제조업자 6명이 치안국에 의해서 구속되는 사건이 발생했다. 그들은 부산에서 꽁치 통조림, 소시지 통조림, 코카콜라 및 오렌지주스를 제조하는 업자들이었다. 하지만 불량식품이나 식품위생 문제는 여기서 그치지 않았다. 여름만 되면 불량 청량음료가 판을 쳤고, 냉장시설을 갖추지 못한 시장에는 파리 떼가 장사진을 이뤘다. 파리 떼는 음식점에서도 큰 골칫덩어리였다. 심지어 위생에 상당한 문제가 될 정도로 상한 과일까지 버젓이 판매되었다.

이런 일들이 계속해서 일어나면서 식품위생법 위반 단속 또한 맹렬하게 이어졌다. 하지만 문제가 해결될 기미가 보이지 않자 대통령이 직접 나서서 단속을 지시하기에 이르렀다. 박정희 대통령은 1966년 3월 24일 국무총리에게 국민 보건에 일대 위협을 야기하고 있는 부정의약품 및 부정식품의 범람을 철저히 단속·색출하라고 지시하며, 4월 말까지 정부는 그 결과를 대통령에게 보고하도록 했다.[4]

불량식품으로 가장 자주 적발된 것은 간장이었다. 간장회사에서 오랫동안 근무했던 이한창(李漢昌, 1928~)은 이를 두고 간장의 수난사라고 불렀다. 그가 꼽은 1차 수난은 1968년 5월 3일에 발생한 풀찌꺼기 사건이다.[5] 1968년 5월 4일자 《경향신문》에서는 방직공장에서 나오는 풀찌꺼기를 시중 무허가 식품공장에서 간장과 된장을 만드는 데 사용하다가 영등포보건소장에게 목격되어 경찰서에 고발되었다는 기사를 실었다. 이한창은 "여기서 풀찌꺼기라는 것은 밀가루 글루텐을 뜻하는 것이다. 당시 방직공장에서는 밀가루에서 녹말을 뽑아서 풀로 이용하고 부산물인 글루텐은 간장 공장에 산분해간장의 원료로 팔아 왔던 것이다"[6]라며 사건에 관해 언급했다. 당시 샘표간장의 연구부장으로 일했던 이한창은 그 사건이 일어났을 때 서울시경 수사2과에 가서 "당연히 글루텐은 산분해간장의 원료로서 전혀 하자가 없다"[7]라는 설명을 했지만 당시 일간지에서는 이한창의 설명과는 반대로 밀가루 글루텐이 간장 원료로 상당한 문제가 있는 것으로 기사를 내보냈다.

그렇다면 여기서 말하는 '산분해간장'은 어떤 간장일까? 산분해간장이란 탈지대두나 글루텐 등의 식물성 단백질 원료를 염산이나 황산으로 가수분해하고 소다회 등의 알칼리로 중화해서 적절히 가공한 간장류를 뜻한다.[8] 일종의 속성간장이라고 할 수 있는데, 다른 이름으로 '아미노산간장'이라고도 한다. 산분해간장은 일본의 화학자 이케다 기쿠나에가 개발한 것으로, 그는 1909년 밀의 글루텐을 염산으로 분해한 액에서 글루탐산을 추출하는 방식을 발견하여 특허를 획득하고 독점 생산했다. 하지만 1929년 특허권의 시효가 만료되자 일본의 다른 간장 공장에서도 이 간장을 생산하기 시작했다. 산분해간장은 하루 이틀이면 만들 수 있고, 아미노산 함량도 많아서 양조간장에 비해 훨씬 상품성이 좋았다. 식민지 조선에서도 1930년대에 재조 일본인이 운영하는 간장 공장에서 이 간장을 생산했다. 사람들은 이 일본식 간장을 '왜간장'이라고 불렀다.

1930년대 중반이 되면 산분해간장은 재조 일본인 가정은 물론이고 상층부 조선인 가정에서 꼭 갖추어야 할 필수품이 되었다. 1935년 5월 16일자 《동아일보》의 '가정 일용품 상식'이란 칼럼에서 "우리가 '왜간장'이니 또는 '진간장'이니 하는 것은 일본 내지인이 소금, 콩, 보리를 가지고 만든 것인데 우리 조선 사람의 간장보다 맛이 좋습니다"[9]라고 할 정도였다. 하지만 대부분의 조선인은 이 왜간장을 사먹지 않았다. 집에서 담근 조선간장이 훨씬 입에 맞았기 때문이다. 해방 이후 일본인 소유의 간장 공장은 대부분 한국인의 손에 넘어갔다. 그러나 주 소비자였던 일본인이 없어지자 대부분의 간장 공장들이 도산 위기에 빠졌다. 이 문제를 해결해준 사건이 한국전쟁이었다. 간장과 된장을 군대의 부식용으로 공급하면서 도산 위기의 일본식 간장 공장은 다시 활기를 찾았다.

한국전쟁 중 피난과 이주를 경험하면서 사람들은 공장제 간장이나 된장이 매우 편리하다는 생각을 갖게 되었다. 게다가 자주 먹게 되자 입맛에 익어 맛도 크게 문제가 되지 않았다. 1960년대 도시화가 급속하게 진행되는 과정에서 간장 공장은 누구나 마음만 먹으면 뛰어들 수 있는 사업이었다. 1960년대 초반 전국에 무려 150여 개의 간장 공장이 있었는데, 허가를 받은 곳도 있고 그렇지 않은 곳도 많았다.[10] 1950~60년대 공장에서 만든 간장 중에 인체에 유해한 성분이 들어 있어 불량식품으로 적발되는 사건이 자주 일어났는데, 이는 당시에 식품 제조와 관련된 규격이 국가 차원에서 정해져 있지 않았던 탓도 있다. 비록 식품위생법은 공포되었지만, 식품 제조의 규격 기준을 설정한 법률은 아니었다.

　간장의 제조·가공·사용에 관한 기준과 그 성분의 규격에 관한 규정은 1966년 10월 14일에야 처음으로 공포되었다. 그런데 이 규정은 오로지 간장에 대한 규격과 시험 방법에 대한 내용만 담고 있었다. 그만큼 공장제 간장 가운데 인체에 유해하거나 불량한 간장이 많았기 때문이다. 이 규정에서 간장의 성상(性狀)에 대한 규격은 다음과 같다. "고유의 색택(色澤)과 특유한 향미가 있어야 하며 불용성(不溶性) 물질 및 기타의 이물(異物)이 없어야 한다."[11] 곧 간장 본래의 광택과 향기가 있어야 하고 수분에 녹지 않는 물질이 들어 있으면 안 된다는 규정이다. 이 규정은 공포된 이후 60일이 경과한 날로부터 시행되었기 때문에 같은 해 12월 중순부터 법률적 규격에 의해서 공장제 간장이 관리되었다고 보아도 무방하다.

　결국 1960년대 후반이 되면 가내수공업 형태의 간장 공장은 문을 닫고, 규격에 맞는 간장을 생산할 수 있는 시설을 갖춘 업체만이 살아남았다. 그래도 간장 공장의 숫자는 크게 줄지 않았다. 당시 소규모

1954년 9월 23일자 《경향신문》에 실린 샘표간장 광고

1955년 9월 15일자 《동아일보》에 실린 서울대동식품공업주식회사의 만영간장 광고

간장 공장은 군납 장류를 공급하며 사업을 유지했다. 특히나 1962년 특수법인으로 설립된 '대한장류공업협동조합'에서 개별 간장 공장을 대신해 군납 계약을 일괄 체결하는 역할을 했기 때문에 영세한 간장 공장도 그나마 버틸 수 있었다. 간장 공장은 1970년대 초에 140여 개소였다가 1980년대 초에 114개소로 줄고, 그 이후 급격하게 줄어들었다.[12]

서울에는 규모가 비교적 큰 간장 공장이 제법 있었다. 이들 간장 공장에서는 일간지 광고를 통해 품질 개선에 관해 지속적으로 소비자들에게 알렸다. 이들이 경쟁 대상으로 삼았던 간장은 집에서 담그는 조선간장이었다. 그래서 광고에서 "삼 년간 묵힌 순곡장(純穀醬)"이라는 점을 강조하기도 했다. 광고만 믿으면 공장에서 제조된 간장도 결코 속성으로 만든 산분해간장이 아니었다. 더욱이 이런 간장 공장에서는 간장뿐 아니라, 된장·고추장·장아찌·조림반찬 등을 함께 판매

했다. 대형 간장 공장에서는 간장을 담는 용기도 개선했다. 가령 샘표간장에서는 1954년부터 식민지 시기 재조 일본인 간장 공장에서 사용하던 나무로 만든 목통과 함께 유리병에 간장을 담아서 팔았다.

마침내 1960년대 후반, 규모를 갖춘 공장제 간장회사가 출현했다. 특히 1963년 9월 인스턴트 라면이 한국에서 생산되기 시작했는데, 라면의 면 반죽에 공장제 간장을 사용했다. 그 덕분에 대형 간장회사는 제품 판매 면에서 안정성을 확보하게 되었다. 콩으로 만든 메주로만 간장을 내리는 조선간장과 달리 공장제 간장은 단맛이 강하다. 1960년대 이후 각종 조림이나 구이에 양조간장을 쓰면서, 한국 음식은 공장제 간장의 단맛에 빠지게 되었다. 1957년 1월 13일자 《동아일보》 2면에 실린 '샘표간장' 광고에서도 나오듯이 양조간장은 "대두·소맥〔밀가루〕·식염(食鹽)·설탕 등 순수한 곡물을 사용한 제국식(製麴式) 천연양조 '곡장(穀醬)'"[13]이었기 때문에 단맛이 강할 수밖에 없었다. 오늘날 이 공장제 간장은 음식점은 물론이고 가정의 주방에서도 필수품이 되었다. 간장의 공장제품화가 가져온 씁쓸한 풍경이다.

희석식 소주의 전성시대

1970년은 주류업체에 대한 정부의 개입이 가장 적극적으로 시행되기 시작한 때였다. 국세청이 주도한 주류업체 통합 정책은 품질 좋은 술을 소비자에게 제공한다는 명분을 내세우고 있었지만, 실제로는 세금을 거두어들이기 좋고 탈세도 막을 수 있다는 속내가 있었다. 업체 수가 한정돼 있다면 관리는 누워서 떡 먹기처럼 훨씬 수월해진다. 이런 의도로 국세청이 나서서 1970년에 전국 32개 도시의 387개 탁주

지금은 사라진 상표이지만, 강원도의 희석식 소주였던 경월소주이다.

제조장을 113개 제조장으로 통합시켰다.

같은 해에 국세청에서는 소주 업체도 통합시켰다. 가장 먼저 손을 댄 지역은 전라남도였다. 당시 전라남도에는 54개의 군소 소주 제조업체가 있었는데, 이를 하나의 업체로 통합시켰다. 전라북도에서도 27개 업체가, 제주도에서도 5개 업체가, 부산에서도 9개 업체가 하나로 통합되었다.[14] 이처럼 국세청은 정부의 권력을 앞세워 통합을 강행해 결국 1973년에 전국의 334개소 소주 제조장을 34개소로 줄였다. 소주회사에 주정을 판매하는 주정회사 역시 20개소에서 15개소로 줄였다. 청주 업체도 20개소에서 11개소로 통합되었다. 하지만 주류업체의 통합 과정은 순탄하지 않았다. 개인이 소유하고 있던 업체를 국가가 일방적으로 통합시키다 보니 통합 당사자들 간에 갈등이 발생할 수밖에 없었다. 결국 정치력을 가진 업체가 중심이 되어 통합 이후 주도권을 쥐게 되었다.

소주회사의 통합은 국세청 입장에서 여러모로 좋은 정책이었다. 통합의 중심이 된 업자에게도 유리했다. 가령 유리로 만든 소주병이

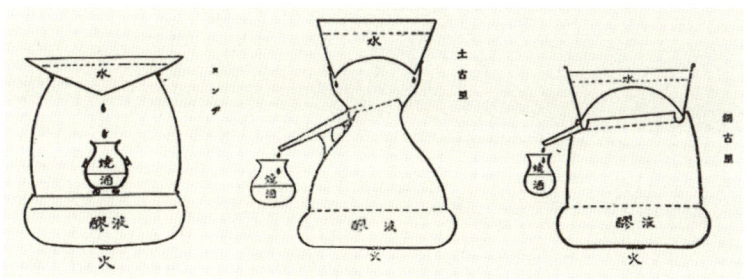

《조선주조사》에 소개된 조선식 고리
왼쪽부터 첫 번째는 '는지'라고 불리는 함경북도식 고리이다. 옹기로 만든 몸체와 뚜껑으로 이루어졌다. 두 번째는 제일 많이 사용되었던 옹기로 만든 고리이다. 세 번째는 서울에서 많이 사용한 동으로 만든 고리이다.

소비자 손에서 다시 공장으로 일부 회수되지만, 판매할 때는 항상 새로 만든 병 값이 소주 값 안에 포함되었다. 소주회사나 관리하는 정부 입장에서는 이중삼중으로 소주병에 부가되는 병 값을 자금으로 조성할 수 있었다.

소주회사의 통합 과정은 또 다른 측면에서 증류식 소주, 혼합식 소주, 희석식 소주 등으로 나누어져 있던 소주를 희석식 소주로 단일화시키는 역할도 했다. 희석식 소주는 고구마나 카사바와 같은 작물을 발효시켜 나온 알코올을 분해해 정제한 주정에 물과 향료를 희석해 만든 술이다. 주정은 그냥 마시면 치명적일 정도로 독하기 때문에 물을 섞어서 써야 한다. 이 같은 주정은 결코 전래의 증류 방식을 온전히 따라 만든 것이 아니다. 밑술인 양조주를 만들지 않고 발효균을 원료에 넣어서 기계에서 연속으로 증류시켜 만든다. 그렇기 때문에 발효주와 같은 독특한 향기가 주정에서는 나지 않는다.

희석식 소주를 만들기 위해서는 연속 증류기가 필요하다. 전래의 증류기는 위의 그림에 나오는 조선식 고리[15]와 같은 단식 증류기이다. 이에 비해 연속식 증류기는 알코올을 발효시킨 거르지 않은 밑술을 연속적으로 증류시키는 정제 장치로, 높은 온도에서 연속으로 증류시켜 불순물을 제거하는 기능이 탁월하다. 연속식 증류기는 1826년 스코틀랜드의 클라크매넌셔(Clackmannanshire)에 살던 로버트 스타인(Robert Stein)이 발명했다. 그런데 1831년 아일랜드인 아니아스 코페이(Aeneas Coffey)가 이를 개량해 특허(patent)를 획득하면서 패턴트 스틸(patent still)이라고 부르게 되었다. 세계 각지의 단식 증류기는 13세기 때 아라비아 반도에서 향수를 만들던 장치를 이용하여 생겨났기 때문에 기본적으로 원리가 똑같다. 패턴트 스틸의 등장 이후 종래의 증류기는 포트 스틸(pot still)이라고 부르게 되었다. 연속식 증류기가 개발되면서 19세기 중엽부터 영국에서는 옥수수를 주원료로 한 그레인위스키(Grain Whisky)의 대량 생산이 가능해졌다.

 1895년경 연속식 증류기는 영국에서 일본으로 수입되었다. 가고시마(鹿兒島)와 오키나와 지역을 제외한 다른 지역에서는 증류주를 마시지 않았기 때문에 연속식 증류기는 오로지 양주 제조에만 사용되었다. 한반도가 일본의 식민지가 된 후, 조선인들의 술에 소주가 있다는 사실을 알게 된 일본 양조업자들은 1920년대에 연속식 증류기를 한반도에 들여왔다. 대표적인 인물이 마스나가 이치마쓰(增永市松)이다.[16] 그는 1917년 9월 소주 제조 면허를 얻어 현재의 부산광역시 중구 부평동에 공장을 세우고, 북한 지역을 대상으로 영업했다. 1926년 연속식 증류기로 만든 소주가 인기를 얻자 마스나가는 보다 정교한 연속식 증류기 설비를 갖추었다. 그는 소주의 품질 향상을 위해 사탕무에서 설탕을 뽑고 남은 찌꺼기인 당밀을 타이완에서 수입해 그것을 원료로 소주를 만들었다. 이는 사실 알고 보면 소주가 아니라 일종의 럼

주를 만든 셈이었다.

　일본에서는 연속식 증류기로 내린 소주를 '신식 소주'라고 불렀다. 이 소주의 일본어 한자는 '燒酎'이다. 연속 증류한 신식 소주라는 뜻에서 붙인 이름이다. 지금도 한국의 희석식 소주는 모두 '燒酎'라고 표기하고 있다. 반면, 단식 증류기로 내린 규슈(九州)의 고구마 소주는 '구식 소주'라 불렸다. 연속식 증류기의 도입과 함께 조선에서도 신식 소주가 판매되면서 조선인 주당들의 입맛을 사로잡았다. 예전부터 알코올 도수가 40도가 넘는 단식 증류주를 좋은 술이라고 여겨왔던 조선인들은 신식 소주에 흠뻑 빠졌다.

　값싸고 알코올 도수가 일정한 신식 소주의 인기는 재래식 소주를 누르고 날이 갈수록 높아졌다.[17] 조선총독부는 이미 1928년 4월, 조선 주류는 연 5,000석 이상 제조와 연 2만 원의 주세를 납부하는 조합 또는 회사가 아니면 제조를 허가하지 않는다는 방침을 발표[18]한 적이 있었다. 이로 인해서 밀주가 아니면 소주는 오로지 대형 공장에서 생산된 제품만을 마실 수 있었다. 게다가 재래식 소주는 주식으로 먹는 쌀을 주원료로 삼았기 때문에 더욱 문제가 되었다. 주식도 부족한 상황에서 쌀로 증류주를 만드는 행위는 무모하달 수 있는 일이었다. 반면, 신식 소주는 같은 식민지였던 타이완에서 수입한 사탕무나, 구황작물로 재배가 권장되던 고구마나 감자 등의 전분을 원료로 썼다. 여기에는 일본인 양조업자와 조선총독부의 결탁도 한몫했다.

　고구마나 감자 등을 원료로 한 신식 소주는 '무수(無水)알코올'과 관련이 있다. 원래 무수알코올은 제1차 세계대전 이후인 1922년부터 석유 대용품으로 유럽과 미국 등지에서 개발되었다. 무수알코올의 재료는 각국의 사정에 따라 달랐다. 가령 독일에서는 감자, 프랑스에서는 사탕무, 러시아에서는 쌀보리, 미국에서는 당밀을 원료로 무수알코올을 만들었다. 일본에서도 고구마와 감자를 이용하여 무수알코올을 만들어 1937년경부터 실용하기 시작했다. 식민지 조선에서는 1936년부터 신의주와 안동 등지에 톱밥으로 무수알코올을 생산하는 공장이 설립되기 시작했다. 또한 제주도에서 동양척식주식회사가 주정용 고구마를 재배하는 데 성공을 거둔 뒤 1936년 6월 고구마를 원료로 한 무수알코올 공장을 세웠다. 하지만 제주도 공장의 무수알코올 채산성은 그다지 높지 않았다. 결국 낮은 채산성을 보완하기 위해 제주도의 무수알코올 회사에서는 1938년 말부터 주정으로 소주를 생산하기 시작했다. 하지만 그것도 그리 큰 인기를 얻지는 못했다.

고구마를 원료로 한 신식 소주의 생산은 1960년대에 들어와서 꽃을 피웠다. 바로 1964년 12월 21일 정부에서 주정과 소주 제조에 백미와 잡곡을 사용하지 못하도록 조치를 내린 것이다. 이러한 조치에 관해 같은 날 《동아일보》 기사에서는 "식량 소비 절약과 농가 부업의 장려 및 탈세 행위를 근절하기 위해 (중략) 주정과 소주 제조에 있어 백미 및 잡곡 사용을 별도 지시가 있을 때까지 일절 금지하고 국산 서류(薯類)로 대체토록 결정했다"라고 보도했다. 또한 주정 원료인 당밀의 수입도 금지시켰는데, 연간 700여만 달러의 외환이 당밀 수입에 쓰였기 때문이다. 아울러 정부는 이 조치를 통해 고구마 소비를 확산시키고자 했다. 앞의 정부 조치를 보도한 신문 기사에서는 "정부가 적극 장려하여 농민이 생산한 고구마의 시장 시세(관당 15원)가 정부 매상 가격(22원)보다 훨씬 하회(下廻)한 모순을 조속히 시정토록 하라는 박 대통령의 특별 지시에 따라 정부는 차(車) 농림부 장관의 제의로 앞으로 주정과 술을 제조하는 데 잡곡(실제로 일부는 백미도 혼용)을 일절 사용하지 못하도록 하고 국산 고구마로 대체토록 국무회의에서 결정함으로써 주세 행정의 일대 개혁을 단행하였다"라고 그 배경과 향후 파장을 설명했다.[19]

정부 조치로 인해서 그동안 주정 공장에서 주정을 공급받아 희석식 소주를 만들던 소주회사도 이제 자체적으로 주정을 생산할 수 있게 되었다. 곧이어 전국의 대형 희석식 소주 공장에서는 마당에 고구마를 말리는 진풍경이 펼쳐졌다. 여기에 이 무렵부터 시작된 이농 현상은 식민지 시기 이후 남한에서 줄기차게 소비되었던 막걸리의 운명을 바꾸는 계기가 되었다. 농민들은 도시로 이주하여 노동자가 되었다. 고된 노동 후에 그들의 목을 타고 넘어가는 술은 막걸리가 아니라 독한 소주였다. 도시화와 산업화와 함께 희석식 소주의 전성시대가 열린 것이다.

희석식 소주는 도수가 높아 쉽게 취하면서도 값이 싸다는 장점이 있었다. 바로 이 점 때문에 희석식 소주는 1960년대 도시화의 물결에 시달리던 국민들로부터 한국인의 술로 꼽혔다. 하지만 희석식 소주는 결코 좋은 술이 아니었다. 고구마·밀·감자·쌀 등에 포함되어 있는 녹말을 발효시켜 만든 주정은 보통 94% 이상의 순 에틸알코올과 인체에 해로운 메틸알코올·아밀알코올·부틸알코올 등의 퓨젤오일이 섞여 있다. 질이 좋은 희석식 소주는 퓨젤오일 함량이 아주 낮은 주정에 물을 섞어 도수를 25~30도 정도로 내린 술이다. 당시 주세법에서도 퓨젤오일의 함량을 일정하게 제한했지만, 문제는 퓨젤오일을 제거하는 데 화학약품을 쓴다는 점이었다.

1967년 5월 매일경제신문사에서 소비자보호운동의 하나로 '우수상품 뽑기'라는 행사를 벌였는데, 거기에서 '진로' 소주가 최고상인

'봉황대상'을 탔다. 1967년 6월 2일자 《매일경제》에서는 이 소식을 전하며 진로 소주는 퓨젤오일을 최소한으로 억제하기 위해 과망간산 가리와 활성탄소를 기술적으로 배합했기 때문에 많이 마신다고 해도 술이 깰 때 머리가 아프거나 기분이 상하는 예가 없다는 기술 책임자의 말을 인용했다. 또한 기사에서는 에틸알코올과 물만 희석시켰을 때는 맛이 몹시 독하고 무미건조한 데 비해서 진로는 그렇지 않다며 그 이유로 고구마를 주정 원료로 사용할 때 생기는 독한 맛을 연하게 하기 위해 14~15종의 방향제(芳香劑)를 가미시킨 결과라고 전했다. 뿐만 아니라 진로 소주는 인체에 해로운 메틸알코올 등 퓨젤오일의 함유량을 0.2%로 억제하여 애주가의 건강을 보호하는 것은 사실이나 0.2%도 인체에는 좋지 못하므로 외국과 같이 이를 완전 제거할 수 있는 정증기(精蒸機)를 도입하는 시설 개체를 해야 한다는 양조시험소 기술자의 말도 덧붙였다.[20] 신문 기사에서는 이렇게 언급하고 있으나 실제로 소주에 퓨젤오일 함유량이 0.2% 정도만 들어가 있었다면 그나마 다행이었다. 사실 속사정은 그렇지 않았다.

"시판 양주의 90%가 군용 메틸알코올이 섞인 위조품이란 사실이 당국에 의해 밝혀져 뭇 애주가의 간담을 서늘하게 해주었다"로 시작하는 1967년 10월 16일자 《경향신문》 기사에서는 당시 메틸알코올의 분리탑을 설비한 주정 공장은 불과 6개소뿐이며, 그마저도 생산 원가 관계로 가동을 못하고 있는 실정이라서 막대한 양에 해당하는 메틸이 우리가 마시는 술 속에 남아 있다는 사실을 지적했다.[21] 여기에 더하여 1973년에는 희석식 소주의 첨가제인 과망간산가리가 문제가 되었다. 같은 해 1월 25일에 소주 첨가제가 인체에 해롭다는 세계보건기구의 통보를 받은 보건사회부는 국세청에 "소주 등 주류 제조용 첨가물인 과망간산가리, 살리실산의 사용 금지 통보"를 했다.[22] 하지만 그 대체물로 의견이 분분했는데, 결국 '액티브 카본(active carbon)'이라는 활성탄소를 사용하게 되었다.

2012년 2월 15일 한국 주류산업협회와 주류업계가 밝힌 2011년도 희석식 소주의 총 출고량은 32억 7,225만 병이었다. 이를 19세 이상 성인 3,900만 명으로 나누면 성인 1인이 2011년 한 해에만 희석식 소주 84병을 마신 셈이다. 출고 가격 기준으로 계산하면 희석식 소주는 2조 8,675억 원이 팔렸다. 최근 희석식 소주의 알코올 도수는 날이 갈수록 낮아지고 있다. 알코올 도수를 낮춤으로써 소비자를 확산시키는 결과를 낳았다. 오늘날 한국의 희석식 소주 제조 기술은 세계 최고 수준에 도달했다. 더 이상 퓨젤오일 함유 문제를 따질 필요가 없을 정도로 순 100%의 주정을 생산해 소주를 제조하고 있다. 한때 소주에 첨가했던 인공감미료 사카린도 유해물질로 판정받은 뒤 더 이상 쓰지 않는다. 그 대신 인체에 무해한 천연감미료를 사용한다. 또한 활성탄소는 퓨젤오일을 제거하는 매개물이 아니라 탈취제로 사용되고 있다. 심지어 2000년대 이후에는 희석식 소주의 주정을 만드는 데 한국산 곡물이나 식물을 사용하기도 한다.

희석식 소주를 '순수 발효한 밑술을 가지고 증류한 술'이라고 보기는 어렵다. 그럼에도 불구하고 한국의 주당들은 이 희석식 소주 맛을 소주의 제맛이라고 여기고 있다. 1986년부터 민속주라는 이름으로 시장에 다시 나온 증류식 소주가 지금도 생산·판매되고 있다. 증류식 소주는 소비자의 취향에 맞춰 도수와 가격을 낮춘 상품도 선보였는데, 한국인들은 값이 비싸고 독한 증류식 소주에 입을 쉽게 대지 않는다. 이미 온갖 첨가물로 범벅이 된 희석식 소주에 길들여져 버렸기

부산 해운대해수욕장은 여름마다 희석식 소주병으로 몸살을 앓는다. 1970년대 도시 노동자가 급증하면서 값싼 희석식 소주는 대중적인 술의 대명사가 되었다. 희석식 소주는 급속한 경제 성장 속에서 도시 노동자의 고된 몸과 마음이 겪어낸 달콤한 독약이었다.

때문이다. 여기에 주세를 효율적으로 거두기 위해 주류회사를 통폐합하면서 정치 세력과 희석식 소주회사가 결탁하는 일까지 벌어졌다. 이제는 '희석식'이란 말을 슬그머니 빼버린 희석식 소주회사의 광고 전략에 치여 이 땅에서 증류식 소주는 예전의 영광을 누리기 힘들어졌다.

대형 식품회사의 등장과 독과점

주류업계가 정부 주도의 통폐합 정책의 일환으로 대형화된 데 비해, 식품회사는 경제 성장의 혜택을 받으며 대기업으로 성장했다. 식품 대기업의 출발에는 1950~60년대에 형성된 일부 식품의 독과점(獨寡占)과도 관련이 있다. 대표적인 식품회사의 독과점 현상으로 제당업을 들 수 있다. 1966년 5월 14일자 《매일경제》의 보도에 의하면 당시 조업 중인 제당업자는 제일(第一), 삼양(三養), 대동(大同), 부산(釜山)의 네 개 회사라고 했다. 이들 회사는 설탕의 원료를 수입하여 직접 가공한 정백 설탕을 국내에서 판매했다. 그런데 문제는 원료비와 가공비의 격차가 많이 난다는 점이었다. 가령 1965년 설탕의 생산원가는 톤당 48,785원이었지만, 상품으로 시중에 판매될 때에는 정백A당이 서울의 도매가격으로 톤당 97,680원이 될 정도로 차이가 났다.[23] 만약 다수의 업체가 제당업에 참여하고 있었다면 이러한 일은 발생할 가능성이 낮았을 것이다. 하지만 단 네 개 업체만이 제당업에 진출해 있다 보니 경쟁보다는 단합이 서로에게 더 유리하게 작용했다.

이처럼 제당업의 독과점이 가능했던 배경에는 원료를 수입에 의존하고 있던 제당업계의 상황과 그에 대한 정부의 적극적인 개입이 있었다. 한국전쟁이 끝난 1953년부터 56년 사이에 국내의 몇 안 되던 설탕 무역업자와 제과업자들이 제당업에 집중적으로 뛰어들었다. 이 무렵 정부 원조를 이용한 부흥계획이 이루어지고 있었는데, 여기에 참여하면 무역업보다 더 많은 이윤을 낼 수 있으리라 기대했던 것이다.[24] 특히나 1953년 유엔한국재건단에서 마련한 한국 경제 부흥을 위한 정책 중에 설탕 공장 설립 계획도 포함되어 있었다. 설탕을 수입하지 않고 직접 국내에서 생산할 경우 외환을 절약할 수 있었기 때문이다. 정부 기획처에서도 국내 설탕 공장 설립으로 매년 약 100만 달러를 절약할 수 있다고 보았다.[25] 실제로 부산에 설탕 공장이 설립되자, 그동안 한국에 설탕을 수출했던 일본 제당업계의 손실이 컸다는 사실에서도 그러한 사정을 짐작할 수 있다.

정부의 설탕 공장 국내 설립에 대한 지원책은 제당업체의 독과점을 유도하는 결과를 낳았다. 특히 정부가 제당업체에만 원료당이나 당밀을 수입할 수 있는 특혜를 준 점은 제과업체의 독과점에 상당한 기여를 했다. 더욱이 원료당의 구입 가격을 계산할 때 환율을 수출환율에 비해 거의 절반 수준으로만 책정한 사건은 이른바 '은폐보조(隱蔽補助)'라는 꼬리표를 달고 정치 문제로 비화되었다. 1957년 5월 2일 국회의원 김영선은 원료당의 은폐보조금이 거의 100억 환에 달한다고 폭로했다.[26]

1960년대 제당업의 성장은 과자제조회사가 대형 식품회사로 변모하는 데도 일정한 기여를 했다. 지금도 주요한 제과회사가 대부분이 시기에 기틀을 다졌다. 1945년 10월, 일본인 소유였던 제과회사를 인수해 해태제과합명회사로 출발한 해태제과는 1959년 7월부터 미국식 비스킷을 판매하기 시작했다. 또한 식민지 시기에 재조 일본인 제과회사에서 원료 조달 문제로 생산하지 못했던 코코아·커피·버터를 넣은 '쵸코카라멜, 맘보카라멜, 빠다카라멜, 커피카라멜' 등을 해태제과에서 생산했다.[27] 1934년에 설립된 풍국제과를 인수해 1956년 7월 동양제과공업(주)로 법인전환을 한 동양제과는 '오리온'이라는 브랜드로 소프트 비스킷인 '마미비스킷'을 판매했다.[28]

이와 같이 제당업의 국산화로 안정적인 설탕 공급과 미국 정부의

PL-480호에 따라 저렴하게 수입된 밀가루 덕분에 1950년대 후반에 출범한 국내 제과업체는 점차 대형 제과회사로 성장할 수 있었다.[29] 특히 정부와 유착관계에 있던 대기업 식품회사는 은행 융자를 통해서 새로운 기계를 수입하고, 재료도 안정적으로 공급받으면서 식품위생에서도 정부가 요구하는 제품 수준을 맞추어갔다. 공장제 식품은 대부분이 내수용이었기 때문에 국내 경제 성장은 곧장 식품공업을 성장시키는 계기가 되었다. 1960년대 후반 주요 식품회사들은 '신화적 성장'을 이루었다. 가령 1968년 대형 식품회사의 총자본 이익률이 3.15%였던 데 비해, 1969년에는 6.44%로 증가했다.[30]

'신화적 성장'을 이룬 식품회사는 날로 그 몸집을 불려갔다. 해태제과는 1960년대 말 국내 제과시장의 55%를 점유했다. 이어서 동양제과가 30%, 롯데제과가 20%를 점했다. 1957년부터 일본의 화학조미료 공정을 수입하여 국내 생산을 시작한 미원은 1960년대 말 전체 시장의 70%를 장악했다. 그 뒤를 이어 1960년대 중반에 화학조미료 시장에 뛰어든 제일제당의 미풍이 나머지 30%를 차지했다. 앞에서도 소개했던 인스턴트 라면은 1960년대에 가장 큰 인기를 끈 공장제 식품이었다. 본래 보험업을 했던 삼양식품 창업주가 1963년 처음 인스턴트 라면을 내놓았을 때만 해도 회사의 연간 매출액은 980만 원에 지나지 않았다. 그런데 분식장려운동 덕분에 1969년 시장 점유율은 80%에 이르렀으며, 매출액은 120억 원을 달성했다.[31] 후발주자로 1965년 국내 시장에 진출한 롯데라면은 1969년에 나머지 20%의 시장을 점유했다. 당시 맥주업계도 OB맥주와 크라운맥주가 시장을 양분하고 있었다.

이처럼 대형화된 식품회사는 1970년대 들어서는 청량음료와 빙과, 유아 식품으로까지 전방위로 사업을 확장하는 양상을 보였다. 한 가지 업종으로 성공한 식품회사는 장사가 된다면 무엇이든 손을 댔다. 1980년대 식품회사의 사업 확장은 최고도로 전개되었고, 1990년대에는 화려하지만 무서운 독을 품은 꽃으로 피어났다. 결국 1997년 IMF 원조 체제를 전후로 일부 대형 식품회사는 독을 품은 화려한 꽃이 숨겨두었던 어두운 그림자를 드러내듯 도산이라는 파국을 맞이했다. 반면, 위기를 전화위복의 기회로 삼아 더욱 성장한 일부 대형 식품회사는 동네 골목에서 소규모로 운영되던 음식점이나 빵집을 몰아내고, 심지어는 두부 공장 같은 오래된 소규모 식품공장까지 몰살시켰다. 대형 식품회사는 이제 한국인들이 식품을 선택할 수 있는 자유도 독점하는 지경에 이르렀다.

4

한국 음식점의 맥도날드화

호프집에서 '치맥'까지

치킨과 맥주를 줄여서 부르는 이름인 '치맥'은 요사이 한국인들 사이에서 자주 언급되는 음식 중 하나이다. 2010년 6월 제19회 남아공 월드컵이 열렸을 때 텔레비전으로 경기를 보면서 즐길 수 있는 음식으로 인기를 얻으면서 생겨난 이름이다. 따지고 보면 이런 음식 이름이 생겨난 이유는 도시든 시골 읍면 소재지든 관계없이 치킨집들이 동네마다 자리 잡고 있기 때문이다. 요즘 치킨집에서는 치킨과 함께 생맥주도 함께 판매하니, 치킨을 주문할 때 맥주도 함께 주문하면서 자연스레 '치맥'이라 부르게 되었을 것이다. 한여름 밤에 기름에 튀겨낸 느끼한 치킨을 생맥주와 함께 먹는 모습은 2010년 이후 한국인에게는 너무나 익숙한 풍경이다.

하지만 생맥주가 이렇게 대중적인 술이 된 때는 그다지 오래지 않다. 그렇다고 한국 사회에서 생맥주가 아주 최근에 나온 술이라는 말은 아니다. 식민지 시기에도 술집에서 생맥주를 팔았다. 1940년 7월 2일자 《동아일보》에는 "부내 명치정(明治町)〔현재의 서울 중구 명동1가〕1정목에 있는 동해카페에서는 지난 3월 5일에 결정한 맥주와 술의 공정가격을 무시하고 폭리를 탐하다가 본정서(本町署)에 적발되었다. 즉, 동해카페에서는 공정가격 1원 하는 생맥주(生삐루) 한 조끼에 1원 10전씩 250조끼와 한 병에 50전 하는 천학(千鶴)이라는 술을 60전씩 받고 판매하여 부당이익 250원을 받은 것이라 한다"[1]라는 기사가 실리기도 했다.

보통 일반 맥주는 살균을 위해 열처리를 하는 데 비해, 생맥주는 살균 처리를 하지 않고 양조한 그대로 판매한다. 그래서 열처리를 한 맥주보다 맛이 더 신선해 여름 맥주로 인기가 높지만 오래 두고 먹을 수 없는 단점이 있다. 특히, 생맥주는 오랜 시간 보관하거나 유통할 경우 발효하여 폭발하는 경우도 있어서 식민지 시기에도 특정 지역 이외에는 유통되지 않았다. 서울의 경우, 1933년 영등포에 공장을 설립한 쇼와기린(昭和麒麟)맥주가 한강 철교를 넘어 서울 시내에 생맥주를 공급했는데, 이런 유통망은 해방 이후에도 이어졌다.

해방이 되면서 쇼와기린맥주주식회사는 미군정청 귀속재산(歸屬財産)이 되었지만 상호는 그대로 계속 유지되었다. 그러다가 1948년 2월 27일에 동양맥주주식회사로 이름이 바뀌었다. 그리고 같은 해 7월 16일에 기업가 공모에 의해서 두산그룹 창업자인 박두병(朴斗秉, 1910~1973)이 대표취체역(지금의 대표이사)으로 임명되었다. 사실 박두병의 부친 박승직(朴承稷, 1864~1950)이 이미 쇼와기린맥주주식회사의 조선인 이사이면서 지분을 갖고 있던 터라, 어렵지 않게 박두병이 동양맥주 대표가 될 수 있었다. 하지만 당시 박두병은 미군정청의 지시를 받

1949년 7월 14일자 《동아일보》에 실린 동양맥주회사의 생맥주 광고

1949년 8월 4일자 《경향신문》에 게재된 태극그릴의 생맥주 광고

는 관리인에 지나지 않았다. 그는 미군정법령 제33호에 의해 군정청에서 이 회사에 파견한 스튜어트 대위와 그 보좌관 겔리스 중위의 지시를 받고 일일이 보고를 해야만 했다.[2] 그런 과정을 거쳐 박두병은 1948년 11월에 그동안 중단되었던 맥주 생산을 재개했다.

 1949년 7월 14일자 《동아일보》에는 서울 을지로1가에 있던 '금강원 비야홀'에서 'OB생맥주'를 "한 쪽끼에 안주 껴서 200원"에 판다는 광고가 게재되었다. 500cc 생맥주 컵은 지금이나 다를 바 없다. 또 다른 광고는 같은 해 《경향신문》 8월 4일자에 실렸다. 'OB Beer 생맥주'를 판매한다는 태극그릴의 광고에서도 역시 "한 쪽끼 200원"이다. 이해 여름에는 생맥주 붐이 일었다. 맥주 품귀 상태가 계속되어 없어

1955년 5월 3일자 《경향신문》에 게재된 동양맥주주식회사의 OB생맥주 광고
이 광고에서 OB생맥주는 '숏테 박사가 던진 제1탄'으로 '오직 OB만이 성취한 획기한 제품'이라는 점을 강조했다. 광고에 나오는 숏테 박사는 당시 동양맥주에서 맥주 제조 기술을 전수받기 위해 초청한 독일인 공학박사이다.

서 못 팔 지경이었다.[3] 앞에서도 소개했듯이 생맥주도 일본어이니 순한국어로 '날맥주'로 바꾸자는 주장이 한글학회에서 나올 정도로 당시 생맥주는 대단히 인기였다. 동양맥주의 판매 수입도 꽤 괜찮았다. 하지만 한국전쟁이 나면서 영등포 공장은 폐허가 되었다. 1951년 3월에 동양맥주 불하 공고가 나자, 박두병이 응모하여 관리인이 아닌 진짜 주인 자리에 앉았다. 이때부터 한국 기업으로서 동양맥주의 역사가 시작되었다.

한국전쟁이 끝난 후 다시 공장을 지은 동양맥주는 일반 병맥주와 함께 생맥주 판매에도 적극 나섰다. 1955년 5월 3일자 《경향신문》에 게재된 동양맥주 광고에서는 새로운 생맥주가 나왔다는 점을 강조했다. "종래의 생맥주는 변질을 방지키 위하여 저온으로 발효균을 죽인 것이 보통 맥주, 살균하지 않은 것이 생맥주. 생맥주 속에는 효모가 살아 있는 만큼 계속 번식하기 때문에 탱크에서 뽑은 지 24시간만 되어도 변질된다. 신선하고도 영양가 높은 관계로 누구나 생맥주를 찾지만 변질키 쉬운 것과 여러 가지 기구와 설비가 있어야 하는 것 등의 결점과 불편이 컸었다. 그러나 이러한 제 문제는 완전 해결되어 요정·식당·가정·야외 어디서나 언제나 누구든지 가장 간편하게 마실 수 있는 OB생맥주가 나온 것이다."[4] 광고 내용으로 보아 1950년대 중반에 이미 생맥주는 꽤 유명한 맥주 가운데 하나였음을 알 수 있다.

한편, 식민지 시기에 쇼와기린맥주와 경쟁관계에 있었던 삿포로(札幌)맥주 계열의 조선맥주는 1953년부터 크라운맥주를 브랜드로 내세워 영업했다. 1960년대 초반부터는 생맥주 시장에도 뛰어들어 동양맥주와 경쟁을 펼쳤다. 1969년이 되면 서울 명동과 을지로 일대에서 경양식을 판매하는 음식점에서 밤에 통기타 가수의 노래를 들려주며 생맥주를 팔았다. 생맥주를 '호프'라는 이름으로 부르기 시작한 때도 이 무렵이다. 1960년대의 생맥줏집은 지금과 달리 가수도 나오고 여자 종업원이 서비스를 하는 술집이었다. 그래서 유흥업소라고 부르기도 하고, 변태영업을 하는 곳이라는 곱지 않은 시선도 있었다.

이런 정황을 꿰뚫어본 동양맥주에서는 새로운 상호인 OB맥주를 내세워 1980년 10월에 '서서 마시는 생맥줏집 OB베어'를 개업했다. 그러자 이를 따라 조선맥주에서도 크라운비어를 열었다. 당초 체인점 모집을 목표로 기획된 OB베어와 크라운비어와 같은 생맥줏집은 '맥주목로집'이란 별명을 얻으면서 초기에는 대단한 인기를 누렸다. 100원 내외의 값싼 안주를 포장해 판매하고, 서비스는 생맥주 판매에만 집중되었다. 그러나 이 체인점은 1년이 채 되지 않아 실패했다. '서서 마시는 생맥줏집'이란 개념이 처음에는 신선했지만, 소비자들은 금세 불편해했다. 여기에 생맥주에 익숙해 있던 기존의 소비자 외에는 그

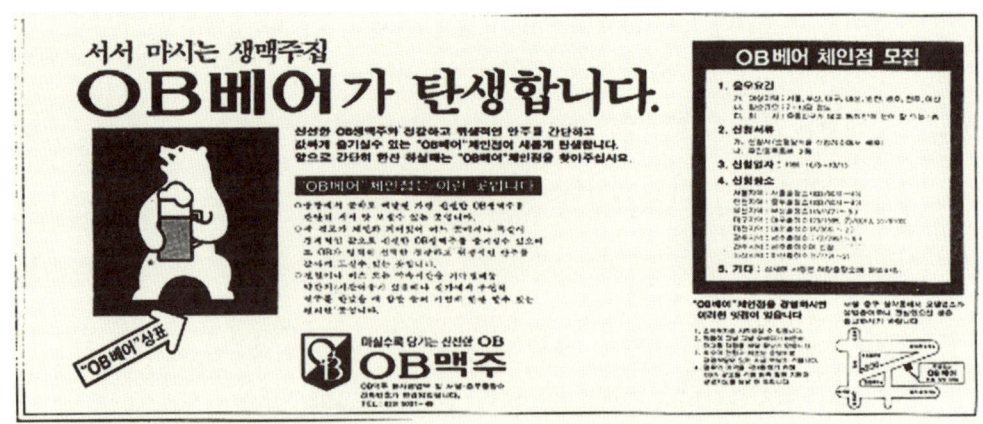

1980년 10월 6일자 《동아일보》에 실린 생맥줏집 OB베어 광고

다지 그 맛을 좋아하지 않았다. 결국 테이블과 좌석을 마련하고 병맥주와 생맥주를 함께 팔면서 안주도 낙지볶음이나 골뱅이 등을 내놓는 생맥줏집으로 바뀌었다.5 이처럼 생맥줏집의 외형은 변화를 겪었지만, 생맥주 선호 경향은 1980년대를 관통했다. 이 시기에 직장인들 사이에서는 2차로 생맥줏집에 가서 입가심하듯 술을 먹는 습관이 생겨났다.

1981년 전두환 정부 초기에 정치적으로 혼란을 겪으면서 경제 성장이 잠시 주춤했다. 그러자 서울의 아파트 단지에 들어선 프라이드치킨집에서 불황을 극복하기 위해 생맥주를 함께 팔기 시작했다.6 원래 프라이드치킨은 1730년대 미국 남부 지역에서 흑인 노예들이 백인 농장주가 내다버린 닭 날개나 발, 목 등을 먹기 쉽게 바싹 튀겨 먹었던 것에서 유래한다.7 백인 가정의 주방에서 요리를 하던 어느 흑인 노예가 닭고기를 자신들이 먹던 방식대로 20~30분간 바싹 튀겨서 식탁에 놓았는데, 이를 맛본 주인이 아주 좋아했다. 그 뒤로 백인 노예주들 사이에서 인기를 얻으면서 이 닭요리는 미국 남부를 상징하는 '딥프라이드치킨'이 되었다.[8]

한반도에 프라이드치킨은 한국전쟁 이후 미군 부대를 중심으로 유입되었다. 당시 미군 부대에서 근무하면서 프라이드치킨을 맛본 한국인들의 입소문을 타고 시중에 알려졌는데, 일반 사람들은 이 닭요리를 '치킨'이라고 부르며 '치킨센터'라는 음식점을 만들어냈다. 1960년대 서울에서는 생닭을 팔던 시장 상인들이 치킨센터를 함께 운영했는데, 대부분 닭을 통째로 식용유에 튀겨서 팔았다. 곧 튀김통닭이다. 2000년에 들어와 한때 대단히 유행했던 안동찜닭도 1970년대 초 안동 구시장에서 튀김통닭을 팔던 상인들이 개발해낸 음식이다.[9] 1970년대 이후 국내 식품공장에서 수입 농산물로 식용유를 만들기 시작하면서 튀김통닭은 급속도로 인기를 모았다. 서울 사람들은 이 튀김통닭을 줄곧 '치킨'이라고 불렀다.

튀김통닭이 인기를 누리기 전에는 오븐에 굽는 전기통닭구이가 소개되었다. 1958년 12월 25일자 《동아일보》에 요리연구가 조숙임이 제시한 통닭구이 조리법이 그것이다. 당시에는 식용유가 귀할 때라 오븐(화덕)이 전기오븐에 구운 통닭구이가 판매되었다. 하지만 1970년대 이후 통닭구이라고 하면 전기통닭구이가 아니라, 튀김통닭구이를 뜻했다. 한국개발연구원에서 실시한 소득·지출 조사 통계에 의하면, 1975년 서울 시민들은 한식집에서 416억 8천만 원, 중국 음식점에서 113억 원, 일식집에서 67억 원, 분식센터에서 47억 원, 통닭구이집에서 15억 8천만 원을 소비한 것으로 나왔다.[10] 비록 순위는 처지지만, 1975년 서울 시민의 외식에서 통닭구이가 차지하는 비중이 만만치 않았음을 알 수 있다.

앞에서도 소개했듯이 1981년경부터 프라이드치킨집이 새로 생긴 고층 아파트 단지 상가에 문을 열었다. 일부 프라이드치킨집에서 생맥주를 곁들여 팔긴 했지만 주류를 전문적으로 취급하지는 않았다. 아파트 단지 근처에 자리 잡은 치킨집은 음식을 직접 가정에 '배달'해준다는 이점을 앞세워 영업했다. 1988년 2월 15일자 《매일경제》 기사에서는 튀김닭고기가 인기를 끄는 이유로 영양이 풍부한 육류이면서도 가격이 싸고 별도로 조리할 필요가 없이 간편하게 배달시켜 먹을 수 있기 때문이라고 보았다.[11] 당시 튀김통닭 한 마리 값은 4,800원이었고, 이것을 6등분한 한 조각은 800원이었다.

이처럼 아파트 단지에 들어선 치킨집들이 배달 서비스를 제공할 수 있었던 것은 대부분이 프랜차이즈 업체의 가맹점이었기 때문이다. 이들 치킨집에서는 본사에서 제공해주는 모든 재료를 간단히 가공만 하는 가맹점 시스템으로 운영되었기에 주문을 받으면 즉석에서 조리해 바로 배달할 수 있었다. 국내 치킨체인점 가운데 1977년 신세계백화점 식품부에서 시작한 '림스치킨'이 유명하다. 앞에서 언급했던 《매일경제》 기사에서는 서울 방배동에 있는 7평 규모의 림스치킨 체인점을 예로 들어 운영비를 다음과 같이 소개했다. 보증금 500만 원, 권리금 500~700만 원, 간판·기계 등에 들어간 경비가 300만 원, 예치보증금 300만 원, 인테리어 비용 400만 원, 의자·탁자·컵 등 기타 집기 구입에 100만 원이 들었다. 이것을 모두 합치면 초기 투자비는 2,000만 원에서 2,300만 원 정도가 드는 셈이다. 하루에 40마리의 치킨을 파는데, 재료비·월세·관리비 따위를 빼면 월수입은 두 사람의 인건비를 포함하여 200만 원 정도였다.[12] 당시 대졸 초임이 40~50만원 정도였으니, 꽤 괜찮은 업종이라고 할 수 있다.

한국식 프랜차이즈 음식점은 미국에서 수입된 패스트푸드점 영업 기법을 도입해 1980년대부터 본격적으로 성업하기 시작했다. 체인점 본사에서 재료를 비롯해 음식과 관련된 모든 사항을 제공했기 때문에 음식점 운영과 관련된 특별한 노하우가 없어도 누구나 체인점을 개업할 수 있었다. 초기 투자 자본을 확보한 상태에서 성실히 일하면 수입도 제법 많이 올릴 수 있었다. 치킨 체인점 가운데 림스치킨은 국내에서 성공한 뒤, 1991년 프라이드치킨의 본고장인 미국 뉴욕에까지 진출했다. 비록 한인들이 주된 소비자였지만 대단한 성과였다.

1990년대 이후 치킨 프랜차이즈는 사회적 분위기와 신제품의 성공 여부에 따라 부침을 거듭하고 있다. 프라이드치킨에 이어 양념치킨, 간장치킨, 매운맛치킨, 콜팝치킨 등과 같은 신제품을 내세운 영업 전략은 일순간 성공하다 갑작스레 쇠락하는 국면을 맞이하곤 했다. 그 과정에서 일부 가맹점은 약간의 성공을 거두기도 했지만, 대다수 가맹점이 어려움을 겪으며 사회적 문제로까지 부각되었다. 이런 부침에도 불구하고 치킨 프랜차이즈는 이제 한국의 대표적인 프랜차이즈 업종으로 자리를 잡았다.

한국 음식점의 프랜차이즈화

한국 사회에 맥도날드화의 상징인 패스트푸드점이 처음 소개된 때는 1979년 10월 26일이다. 이날 서울 소공동 롯데호텔 아케이드에 햄버거와 탄산음료를 판매하는 롯데리아가 문을 열었다. 이후 1983년 2월 5일 던킨도너츠 1호점이 종로2가에서 개점했다. 이어서 1984년 4

월 20일 미국의 패스트푸드 체인점인 버거킹이 서울 종로3가에 문을 열었다. 또 같은 달 25일에 역시 미국의 패스트푸드 체인점인 켄터키프라이드치킨(KFC)이 서울 종로2가에 1호점을 개점했다.

이미 1968년 5월 24일 두산그룹 산하의 두산음료(주)가 서울 영등포에 코카콜라 공장을 준공하면서 미국 음료가 국내 청량음료 시장을 장악하고 있던 차였다. 1970년대 중반 이후 미국식 패스트푸드점이 일본 시장을 휩쓸면서 한국 시장을 노리고 있었다. 하지만 그들이 보기에 당시 한국의 경제 규모로는 패스트푸드 시장의 성공을 가늠하기가 힘들었다. 이후 한국 시장에서 선발주자였던 롯데리아의 성공이 예상되자 1983년 미국 패스트푸드 체인점의 진출이 본격화되었다. 더욱이 1986년 아시안게임과 1988년 서울올림픽 유치가 확정되었으니 세계 각국에 진출한 그들이 더 이상 서울을 마다할 이유가 없었다.

미국식 패스트푸드 프랜차이즈와 한국형 치킨 프랜차이즈 음식점이 성공 가도를 달릴 무렵 1988년 일본식으로 변형된 패밀리레스토랑 '코코스'가 한국에 상륙했다. 일본의 패밀리레스토랑 체인업체인 코코스 재팬사와 미도파백화점이 손을 잡고 1988년 3월 30일 서울 신사동에 문을 연 것이었다. 패밀리레스토랑은 호텔 레스토랑과 비슷한 품질의 메뉴를 제공하면서도 가격은 훨씬 싼 것이 장점이었다. 더욱이 호텔 레스토랑보다 나은 서비스와 분위기 덕분에 가족 단위의 깔끔한 외식을 바라던 도시 중산층에게 매우 인기가 높았다. 하지만 코코스는 1997년 IMF 경제위기 상황을 넘어서지 못하고 본사의 경영 실패로 인해 문을 닫게 되었다. 비슷한 시기에 들어온 T.G.I.프라이데이는 코코스에 밀려 한 번도 패밀리레스토랑 업계에서 1위 자리에 오르지 못했는데, 코코스가 문을 닫자 업계의 새로운 선두주자로 떠올랐다.

1980년대 후반 미국계 패스트푸드점, 한국형 치킨 프랜차이즈, 그리고 패밀리레스토랑의 성공은 한국 음식점의 프랜차이즈화를 이끌어낸 동력이었다. 한국 음식 가운데 프랜차이즈 사업이 처음 시도된 음식은 국수였다. 1987년 4월에 발간된 《국내외식업계현황》에 의하면, 당시 한국 음식 중 면류 프랜차이즈 본사에서는 모두 별도의 공장을 두고 있었다.[13] 식품을 다루는 프랜차이즈 사업에서 본사의 가장 중요한 역할은 이처럼 가맹점에서 판매할 음식을 재료 혹은 반가공 상태로 제공할 수 있는 공장 같은 기반시설을 갖추는 것이었다. 가령 당시 가장 큰 규모의 국수 프랜차이즈 사업을 하고 있던 '장터국수'의 경우, 경기도 김포에 공장을 두고 있었다. 장터국수 공장에서는 직영점 한 군데를 포함하여 102군데의 가맹점에 당일 사용할 국수를 매일 배송했다. 1984년 1월에 1호 직영점을 개설한 이후 장터국수는 국수를 비롯한 식재료 배송 거리를 고려해 주로 서울과 인천 지역에 집중적으로 점포를 개설했다. 취급하는 메뉴의 종류도 8~10종에 이르렀다. 가령 장터국수, 계란국수, 새우국수, 냉·온 모밀국수, 비빔냉면과 같은 국수류는 물론이고 유부초밥과 김밥도 취급했다. 당시 장터국수는 식재료를 가공하여 배송하는 일이 무엇보다도 중요했다.

1980년대 중반에 속속 문을 연 면류 프랜차이즈 회사의 핵심 전략은 빠르고 친절한 서비스였다. 1984년 5월 12일자 《경향신문》에 실린 장터국수 광고 가운데 "시간에 쫓기는 바쁜 현대인들에게 간편하고 맛있는 식사를 즉석에서 친절하게 서비스해 드리고 있습니다"[14]라는 문구는 미국식 패스트푸드점이 설립 초기에 내세운 전략과 똑같았다. 햄버거로 대표되는 미국식 패스트푸드점의 시초는 모리스 맥 맥도널드(Maurice Mac J. McDonald, 1902~1971)와 리처드 딕 맥도널드

1984년 5월 12일자 《경향신문》에 실린 장터국수 광고

(Richard Dick J. McDonald, 1909~1998) 형제의 햄버거 식당이다. 1940년 맥도널드 형제는 캘리포니아주에 있는 샌버너디노(San Bernardino)에서 처음에 핫도그 판매점을 열었지만 이내 실패하고 말았다. 그들은 실패를 교훈 삼아 1948년에 '빠른 서비스 시스템(Speedy Service System)'이라는 영업 전략 아래 새로 햄버거 식당을 개업했다.[15] 맥도널드 형제의 영업 전략은 기존 햄버거 식당과는 확연히 다른 점이었다. 여기에 붉은색·노란색·흰색으로 구성된 실내외 장식과 제품 포장은 곧 '세련된 표준화'의 전범이 되었다. 이러한 점을 장터국수를 비롯해 1980년대 중반 한국 땅에서 유행한 국수류 프랜차이즈에서 채택해 성공했다.

그렇다고 한국형 프랜차이즈 음식점이 패스트푸드의 특징만을 내세운 것은 아니었다. 앞에서 소개한 장터국수의 광고에서도 알 수 있듯이, '손으로 만든 국수', '크로렐라가 첨가된'이라는 문구는 빠른 서비스와 함께 건강에 좋은 전통 음식을 제공한다는 점을 소비자에게 내세웠다. 여기에 위생적인 시설에서 생산하고 매장도 위생적이라는 점을 앞세워 기존의 분식센터나 국수집과의 차별화를 시도했다. 그런

브랜드	주메뉴	체인점 수	음식 공급 방식
놀부보쌈	보쌈, 막국수류	96	중앙 공급 방식, 김치 공장 보유
보승보쌈족발	보쌈, 막국수류, 족발	11	중앙 공급 방식
장군보쌈	보쌈, 족발, 막국수류	29	중앙 공급 방식
정잿마루	꼬리곰탕, 설렁탕, 꼬리튀김 등	11	반조리 상태로 식재료 공급
종로빈대떡	빈대떡, 두부요리, 동그랑땡	20(분점)	업주가 직접 운영하는 분점

〈표 1〉 1991년 '전통음식'을 취급하는 국내 주요 프랜차이즈 업체

데 이러한 모든 전략을 아우르는 제품의 브랜드는 장터에서 싼값으로 먹을 수 있는 '장터국수'다. 지금이야 아주 상투적인 광고라고 생각하겠지만, 1984년 당시에는 '초현대적인' 광고였다. 이후 각종 브랜드의 국수류 프랜차이즈가 우후죽순 문을 열었다. 매출도 좋아서 1984년부터 88년 사이에 거의 40%의 신장률을 보였다.[16]

1986년이 되면 신문에서도 "전통음식도 '체인점 시대'"[17]라는 기사를 내보낼 정도였다. 당시 체인점에서 판매했던 '전통음식'은 국물국수·막국수·비빔국수와 함께 비빔밥·김밥·만두·순대·튀김 등이었다. 이들 음식이 왜 '전통음식'이냐고 문제를 제기할 수도 있지만, 햄버거·프라이드치킨·피자 등의 패스트푸드와 비교한다면 훨씬 '전통음식'에 가까운 음식임에 틀림없다. 1980년대 중·후반 국수 프랜차이즈가 성공하자 보쌈·족발·빈대떡·꼬리곰탕·설렁탕 같은 음식도 프랜차이즈 사업의 대상이 되었다. 1992년 1월호 《월간 식당》에 실린 자료에 의하면, 1991년에 가장 많은 프랜차이즈 업체의 메뉴는 보쌈·족발·막국수류였다. 이들 업체는 대체로 중앙 공급 방식으로

음식을 제공했다. 이에 비해 곰탕이나 설렁탕은 반조리 상태의 식재료를 공급하여 가맹점에서 조리해 판매했다.[18]

한편, 1980년대 중반에 '전통음식'을 내세운 프랜차이즈업이 성공하자 이번에는 지방의 유명 음식점이 서울에 분점을 여는 붐이 일었다. 이미 1970년대 후반 서울에 백화점이 들어서면서 전주비빔밥을 비롯한 한국 음식점이 백화점 식당가에 자리를 잡기 시작하더니 점차 지방의 소문난 음식점이 서울로 진출했다. 특히나 1981년 전두환 정부의 실정을 가리기 위해 5월 28일부터 6월 2일까지 5일간 서울 여의도에서 열린 '국풍81'은 지방 음식을 선보이는 좋은 기회였다. 행사가 펼쳐지는 동안 팔도명산물시장이 개설되었는데, 그중 '팔도 미락정(味樂亭)'에서는 지방에서 소문난 음식점의 메뉴를 팔았다. 앞에서도 소개했듯이 그때 선보인 '충무할매김밥'이 서울에 체인점을 운영하게 되었다.

하지만 이들 음식점은 대규모 프랜차이즈 사업으로 이어지지 않고 분점을 몇 곳 내는 수준에 그쳤다. 대부분의 한국 음식점은 메뉴를 아무리 간편하게 한다 하더라도 밥과 반찬이 함께 제공되어야 하기 때문에 메뉴를 표준화하는 데 한계가 있었다. 이로 인해서 국수류나 족발·보쌈·빈대떡과 같이 간단하면서도 표준화가 가능한 메뉴가 프랜차이즈 사업의 대상이 되었다.

본점과 분점의 형태로 운영된 한국 음식점의 경우, 영업권을 얻은 분점 업주는 본점으로부터 조리 기술을 배운 후 같은 브랜드의 간판을 내걸고 영업했다. 간혹 분점 업주가 본점과의 갈등으로 계약을 파기하고 유사한 상호를 붙여 영업하는 일이 생기면서 1980년대 말부터 식당 상호에 대한 서비스 상표권 분쟁이 자주 일어났다.

이런 와중에 1988년 서울올림픽 이후 서울 강남 지역이 새로운 도심으로 부상하자 강북 지역에서 영업하던 많은 한국 음식점이 강남에 분점을 내기 시작했다. 비록 전형적인 프랜차이즈는 아니었지만, 분점 형태의 영업으로 강남에 거주하거나 직장을 둔 사람들에게 굳이 강북의 본점으로 가지 않더라도 같은 메뉴의 음식 맛을 볼 기회를 제공했다. 주로 오래된 한정식 식당들이 강북 본점, 강남 분점 방식으로 영업했다. 1990년대 중반 이후 서울 인근에 신도시가 개발되자, 이들 한정식 식당 가운데는 성남시 분당이나 고양시 일산 등지에 분점을 내는 곳도 있었다.

국내에서 성공한 한국 브랜드의 프랜차이즈 음식점과 본점·분점 방식의 음식점은 1990년대 이후 해외로 진출했다. 그 가운데 냉전 체제가 붕괴된 후 모스크바나 베이징에 진출한 한국 음식점도 있었다. 특히 1990년대 중반 한국 기업의 중국 대륙 진출 붐을 타고 불고기나 갈비를 내세운 한국 음식점이 베이징 도심 곳곳에 자리 잡았다. 하지만 해외로 진출한 모든 한국 브랜드의 음식점이 성공을 거둔 것은 아니었다. 해외에서 프랜차이즈 사업을 하려면 국내와 똑같이 음식을 가공하는 공장을 세워야 하는데, 투자 문제로 인해 곤란을 겪는 경우가 많았다.

이런 사정은 국내에서도 마찬가지였다. 특별한 경력이나 기술이 없어도 누구나 가맹점 계약만 하면 일확천금을 벌 수 있다는 인식이 사회 저변에 퍼져나갔다. IMF 실직자 중에서도 '프랜차이즈는 곧 성공'이란 망상에 사로잡혀 프랜차이즈 음식점 사업에 뛰어든 경우가 많았다. 이처럼 음식점 운영 경험이 전혀 없어도 점주가 될 수 있는 프랜차이즈 시스템에 대한 과신으로 1990년대 한국 사회에서 음식점의 프랜차이즈화는 더욱 맹렬하게 진행되었다.

공급이 넘치면 수요가 따르지 못하게 마련이다. 2000년대에 들어 프랜차이즈 본사나 가맹점이 부도를 맞고 쓰러지기 시작했다. 이미 1980년대 중반부터 이런 사건이 자주 발생했음에도 불구하고 프랜차이즈 음식점에 관심 있는 사람들은 오로지 성공한 사람들의 이야기만 귀에 담았다. 그들은 여전히 음식점 프랜차이즈는 꿀물을 쏟아내는 사업이라고 믿었다. 그러자 대기업들이 음식점 사업에 뛰어들었다. 이제는 음식점뿐 아니라 빵집, 프라이드치킨집, 심지어 단체급식을 하는 식당 등 모든 음식 관련 사업에 대기업까지 가세하는 바람에 마침내 온 나라가 프랜차이즈 음식점으로 장식되었다.

2000년대 전국의 아파트 단지 상가에는 한국 음식을 판매하는 프랜차이즈 음식점이 마치 공장에서 찍어낸 벽돌처럼 똑같이 자리를 잡고 있다. 프라이드치킨집, 국수전문점, 감자탕집, 만두집 등 전국 어딜 가도 똑같은 간판과 메뉴를 만날 수 있다. 여기에 믹스커피를 판매하던 다방을 대신하여 자판기 커피가 1990년대를 풍미하더니 1999년 7월 27일 미국계 다국적 커피 체인점인 스타벅스 제1호점이 서울 이화여대 근처에 문을 열었다. 이 커피 체인점 역시 대기업인 신세계백화점과 미국 본사가 함께 운영한다. 이곳에서는 믹스커피가 아니라 에스프레소 커피를 판매하는데, 기존에 믹스커피에 길들여져 있던 한국인의 입맛이 빠르게 에스프레소 커피로 바뀌어갔다. 커피 맛은 물론이고 인테리어까지 달라진 커피전문점이 인기를 끌자 뒤이어 한국 브랜드의 체인점이 양산되었다. 결국 커피 프랜차이즈까지 가세하면서 오늘날 대한민국의 도심과 아파트 단지의 외식문화는 어느 곳에서나 똑같은 음식과 맛으로 맥도날드화되고 말았다.

맥도날드화의 문제점을 지적했던 조지 리처는 패스트푸드 산업이 '동네 밥집(Greasy Spoon)'을 사라지게 만들었다고 했다.[19] 왜냐하면 시간제 근무를 하는 종업원과는 단골 관계의 형성이 어렵기 때문이다. 그래서 고객이 식당의 여종업원이나 동네 밥집의 주방장을 잘 알고 지내던 시절은 사라졌다고 보았다. 하지만 한국의 사정은 조금 다르다. 프랜차이즈화된 한국 음식점은 미국의 패스트푸드점과는 달리 음식점의 주인과 손님은 마치 동네 밥집에서처럼 좋은 관계를 맺을 수 있다. 다만 메뉴의 종류나 맛은 강북이나 강남이나 분당이나 똑같아졌다. 이런 의미에서 한국 음식점의 프랜차이즈화는 음식점마다 지니고 있던 독특한 손맛을 사라지게 했다고 볼 수 있다.

1980년대 초반 산업화와 함께 교통이 편리해지면서 음식은 지역적 특색을 잃어버리고 '사천만 입맛의 일체화'가 진행되었다. 뿐만 아니라 1990년대 말이 되면 한국 음식점의 프랜차이즈화로 인해서 서울에 있는 아들도 광주에 있는 아버지도 부산에 있는 숙부도 마음만 먹으면 똑같은 재료와 비슷한 맛의 감자탕을 먹을 수 있게 되었다. 메뉴와 맛의 균질화(homogenization)가 1990년대 말 한국 사회에서 완성된 셈이다.

그렇다고 이 책의 5부를 '한국 음식점의 균질화'라는 비극으로 마무리 지을 수는 없다. 균질화 과정에서 얻어낸 좋은 점도 있기 때문이다. 역사학자 피터 버크(Peter Burke, 1937~)는 문화적 균질화(cultural homogenization)에 대한 대항 운동에 주목했다.[20] 그러면서 1990년대 중반, 미국인 인류학자 연구팀이 진행한 일본·한국·타이완의 패스트푸드 레스토랑 체인점 확산에 대한 연구에서 다음과 같은 결론이 나왔음을 소개했다. 곧 미국식 패스트푸드점에서 동아시아 사람들은

"위생적인 환경뿐만 아니라 민주주의의 상징인 셀프 서비스와 줄 서기를 통해 서구적 근대성의 사례와 기호를 제공"[21] 받았다는 것이다.

실제로 1990년대 한국 음식점이 프랜차이즈화되는 과정에서 깔끔한 인테리어와 수준 높은 위생시설을 갖춘 주방과 홀이 있는 음식점이 곳곳에 많이 생겨났다. 곧 음식점의 하드웨어가 글로벌화 과정에서 높은 수준에 이르게 된 셈이다. 하지만 메뉴와 맛의 균질화는 이제부터 극복해나가야 할 과제가 되었다. 1980년대 이후에 태어난 세대들이 경험한 혹은 경험할 세계의 다양한 음식은 또 다른 문화적 혼종성(Cultural Hybridity)을 한국 음식과 음식점에 제공해줄 것이다. 또한 균질화에 대항하여 오래된 음식과 조리법을 발굴하고 부각시키는 일도 상대적으로 중요한 가치를 부여받고 있다. 지금은 한국 음식점의 균질화에 어떻게 대항할 것인가를 고민할 때이다.

에필로그

비판적 음식학,
한국 사회를 읽는 새로운 시선

2013년 6월 초순 음식 관련 한 심포지엄에서 있었던 일이다. 관광학을 전공하는 한 교수가 한국 음식이 공간전개형(空間展開型)이라서 외국인 손님에게 불편을 준다면서 시간계열형(時間系列型)으로 바꾸어야 한다고 주장했다. 그러자 역시 관광학을 전공하고 토론을 맡은 한 교수가 한국 음식의 맛은 공간전개형에서만 제대로 나오는데, 시간계열형으로 바꾸면 '고유한' 맛이 사라지는 것 아닌가 하고 문제를 제기했다. 이윽고 공간전개형과 시간계열형을 두고 갑론을박이 벌어졌다. 그 과정을 지켜보던 나는 속에서 치미는 화를 참지 못하고 마이크를 잡았다.

"도대체 어떤 한국 음식이 공간전개형이고, 어떤 외국 음식이 시간계열형인가? 어느 문화권에서든 식사를 내는 방식은 상황에 따라 다르다. 어떤 서양 가정에서 식구들끼리 밥 먹을 때 시간계열형으로 음식을 내놓는가? 어떤 중국인 가정에서 자기들끼리 식사를 하면서 전채(前菜)를 내고 메인 요리를 내고 그러는가? 서양인이나 중국인이나 가정에서는 한국인처럼 식탁에 여러 음식을 펼쳐놓고 먹는다. 시간계열형으로 음식이 나오는 곳은 고급 레스토랑뿐이다. 한반도의 역사에서 조선시대 궁중 연회인 진찬이나 진연에서는 결코 공간전개형으로 임금에게 음식을 올리지 않았다. 1작, 2작, 3작 등에 맞추어 시간계열형으로 음식을 올렸다." 앞의 심포지엄 참가자를 비롯해 대부분이 놓치고 있는 점은 비교 대상의 범주를 제대로 설정하지 않은 채 이미 결론을 내놓고 무작정 비교해 의미를 도출한다는 점이다. 일반 가정의 식사를 비교한다 하더라도 일상 식사와 비일상 식사를 구분해야 한다. 당연히 음식점을 비교할 때도 끼니만을 해결하는 음식점인지, 사교를 목적으로 한 고급 음식점인지를 구분해야 한다.

한국인의 식사 방식이 지닌 특징으로 공간전개형을 처음 주장한 사람은 언론인 이규태(李奎泰, 1933~2006)이다. 그는 1979년 11월 17일자 《조선일보》 토요판 기획연재 〈한국인의 원점(原點)10〉에서 '의식주의 생활 주변에서 찾는 뿌리'를 다루었다. 글은 미국에서 20여 년 동안 살아온 한 친구와 그의 여섯 살 난 아들 이야기에서 시작한다. 그 친구는 2개월 동안 휴가를 내고 아들이 조부모와 함께 시간을 보낼 수 있도록 한국의 부모 집에 왔다. 하지만 그 친구는 애초 계획했던 두 달을 채우지 않고 보름을 앞당겨 미국으로 돌아간다고 했단다. 아들의 미국식 말투가 어른들에게는 버릇없는 것으로 여겨지는 등 갈등이 계속 생겼기 때문이다.

특히 그의 아들이 할아버지, 할머니와 겸상으로 식사를 할 때가 제일 곤란했다. 미국에서 온 여섯 살짜리 손자는 식탁에서 밥을 먹을 때 한 가지 음식을 모두 먹은 다음에 다른 음식을 먹었다. 가령 달걀

찜이 있으면 혼자서 다 먹은 다음에 다른 반찬에 손을 댔다. 할아버지, 할머니 눈에는 음식을 '독식'하려는 버릇없는 태도로 보였다. 매일 식사할 때마다 이런 갈등이 일어나서 귀국을 앞당길 수밖에 없었다는 것이다. 이 이야기로 글을 시작한 이규태는 양식(洋食)이 시간계열형으로 구성되어 있기 때문에 그 여섯 살짜리 아이가 그렇게 먹었다고 해석했다. 그러면서 미국의 대학 식당에서도 학생들은 식판에 빵·채소·고기 요리·디저트 등을 한국의 밥상처럼 함께 받아 오지만, 먹을 때는 하나씩 따로 먹는다고 했다. 곧 먹는 방식은 시간계열형이라는 것이다. 미국인뿐 아니라, 중국인도 심지어 한국인과 비슷한 습관을 가진 일본인마저도 일선(一膳)·이선(二膳)·삼선(三膳)씩 시간계열형으로 음식을 먹는다고 했다.

얼핏 생각해보면 이 주장은 일리가 있다. 한국인들은 밥을 한 숟가락 떠서 입에 넣은 채, 곧장 젓가락으로 반찬을 집어 입에 넣는다. 입안 가득 음식물을 씹으면서 다시 숟가락으로 국물을 떠서 입으로 가져간다. 이 순간을 멈추고 사진을 찍으면 입안의 음식은 좋은 말로 비빔밥이고, 나쁘게 말하면 음식물 쓰레기에 가깝다. 이 책의 2부에서도 보았듯이 20세기 초반에 찍은 젊은 조선인 남자의 밥상 사진을 보면 가장 큰 그릇에 밥과 국이 담겼다. 그리고 반찬은 짠 음식이 대부분으로, 밥과 같이 먹어야만 간이 적당히 맞을 음식들이다. 그런데 이러한 식사 방식은 쌀밥을 주식으로 하는 민족집단에게 나타나는 유사점이다. 쌀밥에 간이 배어 있지 않기 때문에 밥과 함께 반찬을 먹는 것이다. 다만 민족집단마다 식탁을 차리는 방식과 먹는 방법에서 약간 차이가 있다.

쌀밥처럼 낟알을 그대로 익혀 먹는 입식(粒食) 조리법에서는 도중에 간을 할 수가 없다. 그러니 밥을 먹을 때 반찬을 먹어야 맛을 낼 수 있다. 이에 비해 밀과 같은 곡물을 가루 내어 먹는 분식(粉食) 조리법에서는 굳이 간을 하지 않을 이유가 없다. 빵이나 만두 혹은 범벅과 같은 음식을 주식으로 먹는 민족집단은 요리할 때 소금으로 간을 하거나 다른 재료를 넣기도 한다. 가루 상태의 재료를 반죽하거나 다양한 방식으로 조리하기 때문에 분식 음식은 그 자체가 독자적인 것이 된다. 이것은 주식을 먹는 방식에서 입식과 분식의 차이를 드러내는 극명한 비교법이다. 그렇다고 모든 음식문화를 입식과 분식으로 설명할 수는 없다. 왜냐하면 지역마다 자연환경과 역사적 경험, 그리고 문화적 인식이 다르기 때문이다. 그런데 이규태는 이것이 한국인만의 특성이라고 보았다. 그러면서 이러한 관습이 생긴 이유는 바로 한국 사회가 서열 중심 사회였기 때문이라고 했다. 그는 "평등한 다수의 식사인 회식(會食)에서 시계형(時系型)이 발달되고 서열적인 각상(各床)에서 공간전개형이 발달할 수밖에 없었다"[1]라고 보았다.

 이규태는 한국인의 서열적인 식사의 예를 개화기 관아에서 점심 때 높은 직급의 사람이 먼저 독상을 받고 식사한 다음에 남은 것을 아랫사람에게 물리는 데서 찾았다. 그런데 여기에 치명적인 오류가 있다. 나는 아직까지 그러한 모습을 묘사한 기록을 발견하지 못했다. 아마도 관아에서 일하는 하인들에게 상관이 식사를 한 후에 남긴 음식을 주어 배고픔을 해결하도록 배려한 일을 두고 침소봉대(針小棒大)했을 가능성이 크다. 이 책의 1부에서 소개했듯이 대한제국 말기에 행해졌던 궁중 연회에서조차 참석자의 지위고하를 가리지 않고 독상을 내렸다. 다만 상에 차린 음식의 종류로 서열을 드러냈을 뿐이다. 하나의 문화적 현상이 얼마나 보편적인지를 먼저 살펴야지, 매우 특수한 사례를 들고 나와서 마치 보편적인 것인 양 문화적 특징으로 삼으면 안 된다.

또 다른 오류도 있다. 일본도 맨 처음에 일반(一飯)·일즙(一汁)·일체(一菜)가 놓인 밥상이 나오는 것은 한국과 같으나, 그 후 일선·이선·삼선으로 시간계열형으로 식사가 나온다고 한 점이다. 과연 그럴까? 일본 중산층 3인 혹은 4인 가족이 일상적인 식사를 할 때 그들은 결코 일선·이선·삼선의 방식으로 음식을 내놓지 않는다. 한국의 가정 식사처럼 여러 가지 반찬을 한 식탁에 차려놓고 먹는다. 다만 그들은 식사 전에 잘 먹겠다는 인사를 나누고, 젓가락만 사용하고 그릇을 들고 먹으며 마구 비벼 먹지 않는다. 이 점이 한국의 일상적인 가정 식사와 다르다. 이규태는 중국인도 서양과 같이 시간계열로 상을 차리고 먹는다고 했다. 하지만 적어도 내가 경험한 바에 의하면 중국인의 가정 식사 역시 상차림 방식은 한국인 가정과 다를 바가 없다. 다만 한국 음식처럼 밥에 따르는 반찬이 없고 모든 요리가 일품요리라는 점이 다를 뿐이다. 그 이유는 분식을 주식으로 하기 때문이다.

이규태가 말한 일본과 중국의 시간계열형 식사 방식은 적어도 고급 음식점에나 가야 경험할 수 있다. 식사는 일상과 비일상으로 크게 나눌 수 있다. 비일상 식사도 종교의례나 조상제의 때 하는 식사와, 명절이나 기념일 때 하는 식사가 있다. 비일상 식사의 상차림이나 먹는 방식은 일상 식사와 다른 경우가 많다. 그래야만 비일상 식사에 부여된 특별한 의미가 부각된다. 다른 문화를 관찰할 때 일상과 비일상을 구분하지 못하고 그것을 마구 섞어서 비교할 경우 생기는 오류가 이규태의 화법에 숨어 있다. 특히 음식점에서 개량되고 상품화된 식사 방식을 가정의 일상 식사와 같은 수준에 두고 비교하는 태도는 무언가 의도를 가지고 있을 가능성이 크다.

천정환은 이어령을 대중적인 스타로 만들어준 《흙 속에 저 바람 속에》(1962)라는 책을 두고 다음과 같은 평가를 내렸다. "'민족'을 바라보는 그의 시선은 타자, 그중에서도 서구와의 비교를 통해서만 작동한다. 내면화된 오리엔탈리즘은 처음부터 공공연한 기본 방법론으로 채택되어 있다."[2] 이규태 역시 다루는 소재에서 약간의 차이를 보일 뿐 이어령 식의 시선으로 한국 문화를 바라본다. 미국과 유럽을 내세우고, 또 중국과 일본도 언급하면서 한국과의 차이를 드러내는 전략이다. 이어령이 1960년대 초반 "객담의 수준에서 운위되던 한국 문화에 관한 상식이나 속언에, '당대의 지성'이 나서서 멋진 학문의 포장지를 둘러준 셈"[3]이었다면, 이규태의 글은 1970년대 말 급속한 경제 성장으로 미국이나 일본 등 직접적인 외국 경험이 잦아진 한국인들에게 '선진국'인 남과 다른 우월한 한국 문화론을 심어주었다.

한국인의 식사 방식과 상차림이 공간전개형인 점은 분명하지만, 그것이 독특한 문화적 특징이 되려면 가정에서는 물론이고 고급 한정식 음식점에서도 이렇게 식사를 차리는 것이 보편화되어 있어야 한다. 그래야 미국이나 유럽의 고급 레스토랑과 중국과 일본의 고급 음식점에서 시간계열형으로 내놓는 식사 방식과 같은 수준에서 비교를 할 수 있다. 18세기 중엽까지 파리의 귀족 가정이나 초기 레스토랑의 식탁은 "엄격하게 대칭으로 배열된 접시들과 전시용 접시들이 있는"[4] 모습이었다. 모든 음식을 식탁 위에 펼치는 이와 같은 공간전개형의 프랑스식 상차림은 16세기에 형성되었고 19세기까지 유럽 귀족들의 궁궐에서 열린 공식적인 행사 때 가장 보편적으로 행해졌던 식사 방식이다.[5] 그런데 프랑스혁명 이전에 발명된 '레스토랑(Restaurant)'[6]이

혁명 이후 파리 음식점의 주류가 되면서 다양한 코스 음식들이 한 가지씩 차례차례 제공되는 러시아식 상차림이 도입되었다. 러시아식 상차림에서는 급사들이 요리를 주방에서 은제 혹은 도자기 접시 위에 맛있게 보이도록 담아 식당으로 가져간다. 특히 커다란 구이의 경우에는 음식이 차려진 상에서 바로 썰어 대접한다.[7] 이런 사실에서 알 수 있듯이 서유럽의 시간계열형 식사 방식은 20세기에 들어와서야 파리의 레스토랑에서 일반화되었다. 곧, 근대적 고급 음식점이 만들어낸 결과물이라고 보아야 한다.

한국 음식을 둘러싼 '만들어진 전통'과 '오리엔탈리즘적 시선', 그리고 '자문화 중심적인 해석'은 20세기 내내 이루어져왔고, 지금도 진행되고 있다. 2000년대 이후 한국 음식이 세계 여러 곳의 관심을 받게 된 이유는 한국 경제의 성장과 함께 한국인이 세계 각지로 이동한 결과이다. 여기에 국경이 없는 매스미디어산업과 다국적 식품산업의 확산이 일정한 역할을 하기도 했다. 오늘날 많은 한국인은 지구촌 각 지역의 사람과 음식에 대한 정보를 매일같이 매스미디어나 책, 심지어 영화나 드라마를 통해서 간접 체험하고 있다. 물론 직접 체험한 사람도 적지 않다. 심지어 요즘은 외국 음식이라도 경제적 여건이 되고 마음만 먹는다면 국내에서도 충분히 맛볼 수가 있다.

외국 음식에 대한 경험이 늘어날수록 오히려 한편에서는 한국 음식 예찬론자들의 목소리가 높아지기도 한다. 한국 음식이 만병통치약이라도 되는 듯이 '식약동원(食藥同源)'을 외치는 학자들 사이에서도 이런 현상이 나타난다. 이들은 마치 '고유한 한국 음식'이 금세 외국 음식에 침략이라도 당할 것 같은 긴박함으로 자문화 중심주의를 강조하는 주장을 내세운다. 이런 현상은 '다문화사회'를 지향하는 오늘날의 한국 사회에서 수시로 나타난다. 외국인 노동자의 고유한 식생활에 대한 문화적 관심보다는 오히려 그들이 한국 음식을 매우 좋아한다는 사실을 부각시키려 애쓴다. 또한 다문화가정을 위한 식재료 공공 서비스에 대한 관심보다는 외국인 주부들을 행사장에 불러내기 바쁘다. 이것은 "차이를 전제한 동화 정책의 변주에 불과"[8]하다.

식재료와 조리법의 이동은 사람들의 이주와 교류의 결과였다. 지역마다 사정이 다르긴 하지만, 적어도 산업혁명 이전까지 지역 간 음식의 문화적 혼종은 매우 느리게 진행되었다. 그러나 '콜럼버스 교환'이라고 불리는 유럽인들의 아메리카 대륙 발견 이후 식재료와 조리법, 그리고 공장제 식품의 생산과 유통은 전 지구적 차원에서 진행되었다. 특히 20세기 초반 제국주의와 20세기 후반 다국적 식품회사의 출현은 이러한 혼종을 더욱 빠르고 강력하게 진행시켰다. 20세기 음식의 혼종 과정은 이미 지나간 과거이자 동시에 현재 진행형이다. 21세기 초입인 오늘날, 한국인이 생산하고 소비하는 이른바 한국 음식이란 것도 알고 보면 이 혼종 과정을 겪은 것이다.

2005년 드라마 〈대장금〉의 열풍으로 지구촌 여러 곳에서 나타나기 시작한 한국 음식에 대한 관심도 전 지구적으로 진행되어온 문화적 혼종의 한 결과에 지나지 않는다. 이렇게 말하면 화를 낼 독자들도 많겠지만 그것이 사실이다. 미셸 오바마의 한국 김치 사랑은 미국 사회의 비만 문제를 해결하기 위한 한 방편이지, 그녀가 한국 김치를 매일 먹는 '유사 한국인'이 되겠다고 선언한 것은 결코 아니다. 이런 일에 열광할 필요도 없고 해서도 안 된다. 그보다는 오늘날 한국 사회에서 먹고 마시는 일을 두고 벌어지는 다양한 사건들에 대해 고민해야 하지 않을까?

식량 자급자족 문제, 식품첨가물 문제, 수입 농수축산물 문제, 공장제 농축수산업(factory farming) 생산물의 안전 문제, 농수축산물을 둘러싼 유통 문제, 음식물 쓰레기 문제, 불량식품 문제, 농민과 어민의 가난 문제, 결식아동 문제, 학교급식의 균질화가 만들어낸 음식 기피 아동 문제, 영양과 건강의 진실 문제, 식구가 해체되는 문제, 갑과 을의 관계 속에서 신음하는 식음료 가맹점주의 비애, 음식점의 주방과 홀 사이에서 벌어지는 감정싸움, 음식점 감정노동자의 인권 침해 문제, 음식점과 식품회사를 골탕 먹이는 블랙컨슈머(Black Consumer) 문제, 심지어 원산지 표시가 없는 먹을거리에 대한 불안감까지 음식을 둘러싸고 한국 사회에서 매일같이 벌어지는 문제들을 어떻게 해결해야 할 것인가?

이 책은 결코 이러한 문제들의 속사정과 해결 방안을 모색하는 데 목표를 두지는 않았다. 하지만 이런 문제들을 노정시켜온 시간이 바로 지난 20세기임에는 틀림없어 보인다. 20세기 100년 사이에 한국의 음식점과 메뉴들은 어떤 역사적 경험을 했을까? 그 속살을 좀 더 들여다볼 생각으로 이 책을 썼다. 솔직히 말해서 나는 이 책을 마무리하면서 두려움을 갖게 되었다. 이 책에서 밝힌 음식의 역사가 자칫 독자들에게 '정답'으로 인식되지 않을까 하는 걱정 때문이다.

나는 이 책보다 먼저 쓴 《음식인문학》에서 "식사로서의 음식은 일상이지만, 문화와 역사로서의 음식은 인문학이다"라고 밝혔다. 문화와 역사에는 결코 정답이 없다. 오로지 그것을 해석하는 다양한 시선이 있을 뿐이다. 그 다양한 시선에 숨겨진 정치·경제적 함의를 밝히는 작업이 내가 지향하는 '비판적 음식학'이다. 하지만 음식을 역사로 만들고, 역사를 정답으로 생각하려는 사회적 풍토가 일반인들이나 학계를 가리지 않고 매우 강하게 퍼져 있다. 그래서 더욱 두렵다. 이 책은 한국 음식의 역사에 대한 정답을 제시하지 않는다. 다만 음식을 통해서 한국 사회를 바라보는 안목을 제안할 뿐이다. 생물학적인 음식에는 물질이 담겨 있지만, 문화적인 음식에는 생각이 담겨 있기 때문이다.

본문의 주

프롤로그 · 한국 음식의 역사를 어떻게 시대구분할 것인가

1   주영하, 《음식인문학: 음식으로 본 한국의 역사와 문화》, 휴머니스트, 2011, 112~123쪽.
2   주영하, 《음식인문학: 음식으로 본 한국의 역사와 문화》, 휴머니스트, 2011, 135~139쪽.
3   Crosby Jr., Alfred W., *The Columbian Exchange: Biological and Cultural Consequences of 1492*, Westport, CT: Praeger Publishers, 2003.
4   조지 리처, 김종덕 옮김, 《맥도날드 그리고 맥도날드화: 유토피아인가, 디스토피아인가》, 시유시, 2003, 43~48쪽.
5   주영하, 《음식인문학: 음식으로 본 한국의 역사와 문화》, 휴머니스트, 2011, 311쪽.

1부 · 개항기, 다양한 외래 음식이 들어오다

1   주영하, 《음식인문학: 음식으로 본 한국의 역사와 문화》, 휴머니스트, 2011, 163~191쪽.
2   끌라르 보티에 · 이쁘리트 프랑뎅, 김상희 · 김성언 옮김, 《프랑스 외교관이 본 개화기 조선》, 태학사, 2002, 20쪽.
3   일본 나가사키현(長崎縣) 출신으로 1878년 부산에 와서 서양 잡화업을 하다가, 1883년 인천이 개항되자 선박을 구입하여 인천과 서울을 잇는 한강 항로를 개척했다. 인천개항25년기념회(仁川開港貳拾五年記念會) 편, 《인천개항25년사(仁川開港貳拾五年史)》, 광촌합자회사대판공장인쇄소(光村合資會社大阪工場印刷所), 1908, 66쪽에는 호리 히사타로의 아들인 호리 리키타로(堀力太郎, 1870년 7월 7일 나가사키 출생)가 인천에서 대금업(貸金業)으로 성공한 내용이 상세하게 나온다. 호리 히사타로는 1898년에 아들에게 호주권을 넘겼다.
4   끌라르 보티에 · 이쁘리트 프랑뎅, 김상희 · 김성언 옮김, 《프랑스 외교관이 본 개화기 조

선》, 태학사, 2002, 19쪽.
5   인천부(仁川府), 《인천부사(仁川府史)》, 인천부, 1933, 1470쪽.
6   인천부, 《인천부사》, 인천부, 1933, 1470쪽.
7   헨리 G. 아펜젤러, 노종해 옮김, 《자유와 빛을 주소서》, 대한기독교서회, 1998, 19쪽.
8   인천부, 《인천부사》, 인천부, 1933, 1479쪽.
9   아오야마 고헤이(青山好惠), 《역주 인천사정(仁川事情)》, 인천광역시 역사자료관 역사문화연구실, 2004(1892), 20쪽.
10 경성거류민단역소 편, 《경성발달사》, 경성거류민단역소, 1912, 422쪽.
11 끌라르 보티에·이쁘리트 프랑뎅, 김상희·김성언 옮김, 《프랑스 외교관이 본 개화기 조선》, 태학사, 2002, 43쪽.
12 샤를 바라·샤이에 롱, 성귀수 옮김, 《조선기행》, 눈빛, 2001, 110~111쪽.
13 샤를 바라·샤이에 롱, 성귀수 옮김, 《조선기행》, 눈빛, 2001, 115~116쪽.
14 이 기관은 1880년 군국기무(軍國機務)와 외교통상 업무를 통괄하는 통리기무아문(統理機務衙門)의 설치에서부터 시작되었다. 그런데 1882년(고종 19) 7월 24일, 임오군란이 일어난 다음 날 흥선대원군 이하응(李昰應)이 정권을 잡으면서 잠시 폐지되었다. 그러나 같은 해 8월 26일 흥선대원군이 청군(淸軍)에 의해 납치되어 청으로 연행되자, 민비가 다시 정권을 잡아 통리기무아문의 기능이 회복되었다. 그 후 12월 26일 청의 북양대신 리흥장(李鴻章)이 조선에 파견한 고문관 마젠창(馬建常)과 묄렌도르프(Paul George von Möllendorff)의 건의에 따라 그전에 있던 통리기무아문이 내외아문으로 확대 개편되었다. 이때 설치된 통리교섭통상사무아문은 외교통상 업무를 주로 관장했다.
15 퍼시벌 로웰, 조경철 옮김, 《내 기억 속의 조선, 조선 사람들》, 예담출판사, 2001, 70~71쪽.
16 퍼시벌 로웰, 조경철 옮김, 《내 기억 속의 조선, 조선 사람들》, 예담출판사, 2001, 72~73쪽.
17 퍼시벌 로웰, 조경철 옮김, 《내 기억 속의 조선, 조선 사람들》, 예담출판사, 2001, 72쪽.
18 P. G. von 묄렌도르프, 신복룡·김운경 역주, 《묄렌도르프 자전(외)》, 집문당, 1999, 89쪽.
19 W. F. 샌드, 신복룡 역주, 《조선비망록》, 집문당, 1999, 108쪽.
20 W. F. 샌드, 신복룡 역주, 《조선비망록》, 집문당, 1999, 110쪽.
21 김원모, 〈미스 손탁과 손탁호텔〉, 《향토서울》 제56호(1996. 12), 서울특별시사편찬위원회, 1996, 183~184쪽.
22 정동구락부에 대한 자세한 소개는 앞의 김원모 교수의 글에 잘 나온다. 조선 측 기록에서는 '서촌화응자(西村和應者, 정동 서양인 마을에 모인 정객)' 혹은 '정동파(貞洞派)'라

고 불렀다. 이에 비해 미국 측 자료에서는 당시 미국 공사관 서기관 알렌(Horace N. Allen)이 지도자를 맡고 있었기 때문에 'American Party', 'Pro-American Party', 'Loyalist Party'라고 했다. 일본 측 자료에서는 '구미파(歐美派)' 혹은 '로미파(露美派)'라 적었다.

23 기쿠치 겐조(菊池謙讓), 《조선잡기(朝鮮雜記) 제2권》, 계명사(鷄鳴社), 1931, 98~105쪽.
24 기쿠치 겐조, 《조선잡기 제2권》, 계명사, 1931, 104쪽.
25 천주교명동교회 편, 《뮈텔주교일기 제1권》, 한국교회사연구소, 1986, 361쪽.
26 김원모, 〈미스 손탁과 손탁호텔〉, 《향토서울》 제56호(1996. 12), 서울특별시사편찬위원회, 1996, 201쪽.
27 까를로 로제티, 서울학연구소 역, 《꼬레아 꼬레아니(백 년 전 이태리 외교관이 본 한국과 한국인)》, 숲과나무, 1996, 99쪽.
28 고사카 사다오(小坂貞雄), 《외국인이 본 조선 외교 비화(外人の觀たる朝鮮外交秘話)》, 조선외교비화출판회(朝鮮外交秘話出版會), 1934, 187쪽.
29 기쿠치 겐조, 《조선잡기 제2권》, 계명사, 1931, 99쪽.
30 김정동, 《김정동 교수의 근대건축기행》, 푸른역사, 1999, 97쪽.
31 이순우, 《근대 서울의 역사문화공간: 손탁호텔》, 하늘재, 2012, 143쪽.
32 《황성신문(皇城新聞)》 1909년 8월 3일자, 〈독불여관찬동(獨佛旅館贊同)〉.
33 프랑스로 귀국한 손탁의 말년 역시 그다지 좋지 않았다. 기쿠치 겐조의 《조선잡기》(99~100쪽)에는 이렇게 기록되어 있다. "1909년 9월, 손탁 양은 조선을 떠나서 돌아갔다. 그의 친구는 거의 돌아갔고, 그의 우방(러시아)은 패전하여 조선에서 쫓겨났다. 그녀가 조선에 왔을 때는 30세의 단정하고 아름다운 꽃과 같은 미모를 지니고 있었지만, 돌아갈 때는 훤하면서 포동포동하고 예쁜 뺨과 빛나던 정숙한 자태는 파란 많은 조선에서의 30년사를 짊어진 듯 두둑해진 돈주머니의 무게보다도 내동댕이쳐진 경성의 풍파에 쫓겨나는 것처럼 가벼웠다. 그는 고국에 돌아가자마자 경치가 좋은 곳인 칸에 맑고 시원한 시설의 별장을 지었다. 그곳에다 극동의 왕국에서 가져온 재산을 쌓아두고, 유유히 말년을 보낼 계획이었으나, 어쩐 일인지 재산의 대부분은 여동생 베베르 부인의 명의로 러시아 은행에 저금되어 러시아의 기업에 투자되었다. 이윽고 러시아혁명, 공산정부의 적화는 손탁의 저금도 투자도 한꺼번에 아주 없애버렸다. 극동 왕국의 말기를 목격하고, 극동 제국의 패망을 바라보며, 그는 일대의 영화(榮華)를 꿈과 같이 지워 없앤 채로, 1925년 러시아에서 객사했다. 그때 그는 71세의 노양(老孃)이었다."
34 경성거류민단역소 편, 《경성발달사》, 경성거류민단역소, 1912, 422쪽.
35 《대한매일신보》 1909년 6월 29일자, 〈잡보-일인 두부회사〉.

36 《대한매일신보》1910년 8월 9일자, 4면 광고.
37 에도시대에 지금의 오사카는 큰 언덕을 뜻하는 '大坂'으로 표기되었다. 그런데 '坂'자가 땅을 뒤엎는다는 뜻으로 좋지 않다는 의견이 많아서 메이지유신 이후 1868년에 오사카부를 설치하면서 '阪'자로 바꾸어 오늘날에 이른다. 이 신문의 표기는 종래부터 적어온 대로 쓴 것으로 보인다.
38 《매일신보》1911년 5월 19일자, 〈식산계-경성의 두부 제조〉.
39 유근형, 《고려청자》, 홍익재, 1987, 60쪽.

2부·국밥집

0. 가장 오래된 외식업, 국밥집

1 이익(李瀷), 《성호사설(星湖僿說)》제17권, 한국고전종합DB.
2 정연식, 〈조선시대의 끼니〉, 《한국사연구》112집, 2001, 94~95쪽.
3 《경향신문》1982년 6월 4일자, 〈여적〉.
4 홍승면, 《꿈을 끼운 샌드위치》, 삼우반, 2003, 156쪽. 이 책은 본래 홍승면이 1976년 7월부터 1983년 4월까지 《주부생활》등에 80회에 걸쳐 '백미백상'이라는 제목으로 연재한 글을 두 권으로 다시 출판한 제2권이다. 1983년에 두 권에 실린 글 가운데 일부가 학원사에서 《백미백상》이란 제목으로 출판되었지만, 현재는 절판된 상태다.
5 《시의전서(是議全書)·음식방문(飮食方文)》, 개인 소장.
6 이성우 편, 《한국고식문헌집성》고조리서IV, 수학사, 1992, 1444쪽.
7 《경향신문》1982년 6월 4일자, 〈여적〉.
8 《경향신문》1982년 6월 4일자, 〈여적〉.
9 《매일신보》1912년 12월 18일자, 〈상점평판기(商店評判記)-조선요리점의 시조(始祖) 명월관(明月館)〉.

1. 서민의 한 끼, 설렁탕

1 우이생, 〈괄세 못할 경성 설넝탕, 진품·명품·천하명식 팔도명식물예찬〉, 《별건곤》 1929년 12월 1일(제24호), 개벽사, 1929, 65~66쪽.
2 이성우 편, 《한국고식문헌집성》고조리서VI, 수학사, 1992, 2349쪽.
3 김기선, 〈설렁탕·수라상의 어원 고찰〉, 《한국식생활문화학회지》Vol. 12, No. 1, 1997.
4 謝水蘭이 〈《蒙語類解》의 어휘 연구: 관련 자료와의 비교를 중심으로〉(한국학중앙연구원 한국학대학원 석사학위청구논문, 2013)에서 조선시대에 편찬된 몽골어 교재의 어휘를

분석한 결과, 이와 관련된 내용이 발견되지 않았다.
5   필자가 연구책임자가 되어 작업한 '조선시대 궁중음식 고문헌 아카이브 구축' 프로젝트에서 조선 왕실의 음식 관련 자료를 거의 대부분 정리했지만, 선농단과 설농탕(설렁탕)의 관계를 살필 수 있는 문헌 자료를 찾을 수 없었다.
6   박제가(朴齊家), 《북학의(北學議) · 내편(內篇) · 우(牛)》, 1821, 국립중앙도서관소장본.
7   도리고에 시즈에(鳥越靜岐) · 우스다 잔운(薄田斬雲), 《조선만화(朝鮮漫畵)》, 일한서방(日韓書房), 1909(메이지 42), 46쪽.
8   우이생, 〈괄세 못할 경성 설넝탕, 진품 · 명품 · 천하명식 팔도명식물예찬〉, 《별건곤》 1929년 12월 1일(제24호), 개벽사, 1929, 66쪽.
9   유인탁에 대한 이야기는 그의 친구 취원생(翠園生)이 1931년 6월 30일자 《매일신보》에 쓴 〈고(故) 유인탁 군을 다시 추모함〉이란 글에 자세하게 나와 있다. 아버지가 목사였던 유인탁은 경성제일고등보통학교를 졸업한 후 일본으로 건너가 1914년에 교토 제삼고등학교(第三高等學校)에 진학했다. 그러나 고교 2학년 어느 가을에 인생에 회의를 느껴 학교를 그만두고 일본 홋카이도(北海道)를 방황하다가 1년이 채 못 되어 폐결핵을 얻은 채 귀국했다. 이후 그는 신극운동에 투신하여 여러 편의 희곡을 썼으나, 결국 지병으로 1929년 2월 26일에 사망했다. 자세한 내용은 양승국, 〈김우진(金祐鎭)의 〈두데기 시인의 환멸〉, 유인탁의 〈요리ㅅ집의 밤〉과 '넌센스 소곡' 1편〉, 《한국극예술연구》 제10집, 1999를 참고하기 바란다. 〈넌센스 소곡〉 전체 내용도 이 논문에 게재되어 있다.
10 박○희, 〈무지의 고통과 설넝탕 신세, 신구 가정생활의 장점과 단점〉, 《별건곤》 1929년 12월 1일(제24호), 개벽사, 1929, 27쪽.
11 《동아일보》 1926년 8월 11일자, 〈설넝탕과 뚝배기〉.
12 홍승면, 《꿈을 끼운 샌드위치》, 삼우반, 2003, 158~159쪽.

2. 가을 식객을 사로잡은 추어탕

1   변영로(卞榮魯), 《명정(酩酊) 40년》, 서울신문사, 1953, 128쪽.
2   B기자, 〈추탕집 머슴으로 이틀 동안의 더부살이〉, 《별건곤》 1927년 10월 1일(제9호), 개벽사, 1927, 20~23쪽.
3   이규경(李圭景), 《오주연문장전산고(五洲衍文長箋散稿) · 행주음선변증설(行廚飮膳辨證說)》, 한국고전종합DB.
4   이용기(李用基), 《증보조선무쌍신식요리제법(增補朝鮮無雙新式料理製法)》, 영창서관, 1936(궁중음식연구원, 2001 영인본), 72쪽.
5   서유구(徐有榘), 〈추(鰍)〉, 《임원경제지(林園經濟志) · 전어지(佃漁志)》, 보경문화사, 1983.

3. 개장의 변이, 육개장

1 달성인, 〈대구의 자랑 대구의 대구탕반, 진품·명품·천하명식 팔도명식물예찬〉, 《별건곤》 1929년 12월 1일(제24호), 개벽사, 1929, 67쪽.
2 이유원(李裕元), 〈춘명일사(春明逸史)·심상기구갱(沈相耆狗羹)〉, 《임하필기(林下筆記)》 제27권, 한국고전종합DB.
3 유득공(柳得恭), 《경도잡지(京都雜志)》, 국립민속박물관 편, 《조선대세시기Ⅲ: 경도잡지·열양세시기·동국세시기》, 2007.
4 홍석모(洪錫謨), 《동국세시기(東國歲時記)》, 국립민속박물관 편, 《조선대세시기Ⅲ: 경도잡지·열양세시기·동국세시기》, 2007.
5 《정조실록(正祖實錄)》, 원년(1777년) 8월 11일자 기사.
6 이유원, 〈춘명일사·심상기구갱〉, 《임하필기》 제27권, 한국고전종합DB.
7 샤를르 달레, 안응렬·최석우 역주, 《한국천주교회사》, 한국교회사연구소, 1979, 33쪽.
8 샤를르 달레, 안응렬·최석우 역주, 《한국천주교회사》, 한국교회사연구소, 1979, 256쪽.
9 W. E. 그리피스, 신복룡 옮김, 《은자의 나라, 한국》, 집문당, 1999, 342쪽.
10 유득공, 《경도잡지》, 국립민속박물관 편, 《조선대세시기Ⅲ: 경도잡지·열양세시기·동국세시기》, 2007.
11 빙허각 이씨(憑虛閣 李氏), 정양완(鄭良婉) 역, 《규합총서(閨閤叢書)》, 보진재, 1975, 74쪽.
12 이성우 편, 《한국고식문헌집성》 고조리서Ⅳ, 수학사, 1992, 1445쪽.
13 달성인, 〈대구의 자랑 대구의 대구탕반, 진품·명품·천하명식 팔도명식물예찬〉, 《별건곤》 1929년 12월 1일(제24호), 개벽사, 1929, 67쪽.
14 달성인, 〈대구의 자랑 대구탕반〉, 《별건곤》 1929년 12월 1일(제24호), 개벽사, 1929, 67~68쪽.

4. 육회비빔밥 탄생의 비밀

1 주영하, 《음식인문학: 음식으로 본 한국의 역사와 문화》, 휴머니스트, 2011, 127쪽.
2 《시의전서·음식방문》, 개인 소장.
3 방신영(方信榮), 《조선요리제법(朝鮮料理製法)》, 광익서관(廣益書館), 1921, 67쪽.
4 이성우 편, 《한국고식문헌집성》 고조리서Ⅶ, 수학사, 1992, 2496쪽.
5 윤서석(尹瑞石), 《한국요리》, 수학사, 1977, 60쪽.
6 서유구, 《임원경제지·정조지(鼎俎志)》, 보경문화사, 1983.
7 조재삼(趙在三), 〈의식류(衣食類)〉, 《송남잡지(松南雜識)》, 강민구 옮김, 《교감국역 송남잡지(5)》, 소명출판, 2008.

8 《동아일보》 1931년 1월 2일자, 〈장생실화(長生實話) 고령자 생활기(1)〉.
9 비봉산인, 〈진주명물(晉州名物) 비빔밥, 진품·명품·천하명식 팔도명식물예찬〉, 《별건곤》 1929년 12월 1일(제24호), 개벽사, 1929, 65쪽.
10 《승정원일기(承政院日記)》, 영조 34년 음력 12월 19일자. "其中秋车飯·枯椒醬·汁菹, 似可適口矣."
11 왕준련(王晙連), 《한국요리》, 범한출판사, 1977, 61쪽. 왕준련은 개성 출신으로 1950년 수도여자사범대학(지금의 세종대학교) 가정과를 졸업하고, 한국전쟁 때 피난지인 부산 기독교청년회(YMCA) 강당에서 요리 강습을 시작한 인물이다. 1961년 대구에서 요리학원을 열었고, 그 후 서울로 옮겨왔다. 1969년에는 사단법인 한국식생활개발연구회를 설립해 본격적으로 '식생활개선운동'을 펼쳤다. 이러한 이력으로 보건대 왕준련은 황혜성(黃慧性, 1920~2006)이나 윤서석과 달리 시대적 변화를 조리서에 담으려 했을 것이다.
12 주영하, 《음식인문학: 음식으로 본 한국의 역사와 문화》, 휴머니스트, 2011, 127~157쪽.

5. 면옥집의 대표 메뉴, 냉면과 만두

1 《동아일보》 1925년 1월 28일자, 〈면옥노동조합 고주(雇主)에 대항할 조직〉.
2 정약용(丁若鏞), 〈희증서흥도호림군(戲贈瑞興都護林君)〉, 《여유당전서(與猶堂全書)·다산시문집(茶山詩文集)》 제3권, 한국고전종합DB.
3 홍석모, 《동국세시기》, 국립민속박물관 편, 《조선대세시기Ⅲ: 경도잡지·열양세시기·동국세시기》, 2007.
4 《주한 일본 공사관 기록(駐韓日本公使館記錄)》, 국사편찬위원회 한국사데이터베이스.
5 《대한매일신보》 1910년 4월 14일자, 〈잡보-제빙소까지〉.
6 《매일신보》 1913년 4월 6일자, 〈사설(社說)-용산 제빙회사 설립〉.
7 이성우 편, 《한국고식문헌집성》 고조리서V, 수학사, 1992, 1976~1977쪽.
8 김소저, 〈사시명물 평양랭면, 진품·명품·천하명식 팔도명식물예찬〉, 《별건곤》 1929년 12월 1일(제24호), 개벽사, 1929, 69쪽.
9 《동아일보》 1934년 5월 30일자, 6면 광고.
10 진학포, 〈천하진미 개성의 편수, 진품·명품·천하명식 팔도명식물예찬〉, 《별건곤》 1929년 12월 1일(제24호), 개벽사, 1929, 66~67쪽.
11 《시의전서·음식방문》, 개인 소장.
12 작자 미상, 《조점기(照點記)》, 3면, 한국학중앙연구원 장서각 소장(K2-2489).
13 왕런샹, 주영하 옮김, 《중국음식문화사》, 민음사, 2010, 240~241쪽.
14 조선총독부 농사시험장, 《조선총독부 농사시험장 25주년 기념지》, 조선총독부 농사시험장, 1931, 106쪽.

15 이용기, 《증보조선무쌍신식요리제법》, 영창서관, 1936(궁중음식연구원, 2001 영인본), 137쪽.
16 허균(許筠), 《도문대작(屠門大嚼)》, 한국고전종합DB.

6. 근대가 만들어낸 음식, 삼계탕

1 《동아일보》 1987년 9월 2일자, 11면 광고.
2 《동국세시기》, 국립민속박물관 편, 《조선대세시기Ⅲ: 경도잡지·열양세시기·동국세시기》, 2007.
3 장계향(張桂香), 《음식디미방》, 경북대학교 출판부, 2003.
4 방신영, 《조선요리제법》, 광익서관, 1921, 6쪽.
5 이용기, 《증보조선무쌍신식요리제법》, 영창서관, 1943(궁중음식연구원, 2001 영인본), 183쪽.
6 《동아일보》 1925년 10월 4일자, 〈작년 중에 삼천삼백여만 원 수육(獸肉)을 먹엇다〉.
7 방신영, 《조선요리제법》, 광익서관, 1921, 6쪽.
8 방신영, 《조선요리제법》, 한성도서(漢城圖書), 1942, 416쪽.
9 이용기, 《증보조선무쌍신식요리제법》, 영창서관, 1936(궁중음식연구원, 2001 영인본), 73쪽.
10 이용기, 《증보조선무쌍신식요리제법》, 영창서관, 1936(궁중음식연구원, 2001 영인본), 183쪽.
11 최민호, 〈한국 금산인삼축제 연구〉, 한국학중앙연구원 한국학대학원 박사학위청구논문, 2010, 52쪽.
12 《동아일보》 1969년 6월 26일자, 〈식육(食肉) 유통 구조의 이상(異狀)〉.
13 《동아일보》 1976년 7월 29일자, 〈한국의 토종, 황계(黃鷄)·삽살개 멸종 위기〉.

특집. 김치, 조선배추에서 호배추로

1 오구라 신페이(小倉進平), 《조선 방언 연구(朝鮮語方言の硏究)》, 이와나미쇼텐(岩波書店), 1944, 161~162쪽.
2 이용기, 《증보조선무쌍신식요리제법》, 영창서관, 1936(궁중음식연구원, 2001 영인본), 92쪽.
3 이용기, 《증보조선무쌍신식요리제법》, 영창서관, 1936(궁중음식연구원, 2001 영인본), 92~93쪽.
4 이용기, 《증보조선무쌍신식요리제법》, 영창서관, 1936(궁중음식연구원, 2001 영인본), 95쪽.

5 《동아일보》1923년 11월 9일자, 〈김장 시세〉.
6 조선총독부 농사시험장, 《조선총독부 농사시험장 25주년 기념지 상권》, 조선총독부 농사시험장, 1931, 246쪽.
7 《동아일보》1958년 10월 30일자, 〈김장(상)〉.
8 《동아일보》1958년 10월 30일자, 〈김장(상)〉.
9 《동아일보》1955년 10월 30일자, 〈개량 김장〉.

3부 · 조선요리옥

0. 고급 음식점, 조선요리옥의 탄생
1 喜田川季莊 編, 《守貞謾稿》 卷5, 일본국립국회도서관 디지털화 자료.
2 喜田川季莊 編, 《守貞謾稿》 卷5, 일본국립국회도서관 디지털화 자료.
3 江原絢子·石川尙子·東四柳祥子, 《日本食物史》, 吉川弘文館, 2009, 155쪽.
4 《매일신보》1936년 1월 16일자, 〈현대 조선 원조 이야기-그것은 누가 시작하엿던가?〉.
5 김은신, 《한국 최초 101장면》, 가람기획, 1998, 84쪽.
6 '今村鞆'의 일본어 발음은 두 가지이다. 하나는 '이마무라 도모에', 다른 하나는 '이마무라 도모'이다. 나는 이름이 지닌 독자성에 주목하여 '도모에'라고 읽는다.
7 이마무라 도모에(今村鞆), 〈경성 화류계의 변천(京城花柳界の變遷)〉, 《조선과 만주(朝鮮及滿洲)》제354호, 조선과만주사(朝鮮及滿洲社), 1937, 125쪽.
8 주영하·임경택·남근우, 《제국 일본이 그린 조선 민속》, 한국학중앙연구원, 2006, 311쪽.
9 《고종실록》33권, 1895년 4월 2일자 기사. 이 기사에는 전선사의 구성 조직도 적혀 있다. "장은 1인인데 주임관이고, 주사는 4인인데 판임관이다."
10 《대한매일신보》1908년 9월 18일자, 〈잡보〉.
11 벽종거사(碧鍾居士), 〈경성유람기〉, 《신문계(新文界)》1917년 2월(47호), 1917, 46~49쪽.
12 《만세보(萬歲報)》1906년 7월 14일자, 3면 광고.
13 김재은, 〈사랑함으로써 위해서 근심(3)〉, 《동아일보》1926년 3월 3일자.

1. 신선로, 조선요리옥의 상징이 되다
1 김상용(金尙鎔), 〈내 봄은 명월관 식교자(食交子)〉, 《동아일보》1935년 2월 23일자.
2 〈만목주시(萬目注視)하는 3대 쟁패전(爭覇戰), 동일은행(東一銀行)과 해동은행(海東銀

行)의 금융전(金融戰), 조선극장(朝鮮劇場)과 단성사(團成社)의 흥행전(興行戰), 명월관(明月館)과 식도원(食道園)의 요리전(料理戰)〉,《삼천리(三千里)》1932년 4월 1일(제4권 제4호), 삼천리사, 1932, 50쪽.

3 야노 간죠(矢野干城)·모리카와 기요히토(森川清人) 공편,《신판 대경성 안내(新版大京城案內)》, 경성도시문화연구소, 1936, 209~210쪽. 번역문은 한동수·토미이 마사노리·차지언,〈일본인의 눈에 비친 1930년대 경성: 야노 다테키의《신판 대경성 안내》로부터〉,《이방인의 순간포착, 경성 1930》, 청계문화관, 2011, 262쪽을 참고했다. 그런데 도쿄대학 도서관에서는 '矢野干城'의 일본어 읽기를 'ヤノ, カンジョウ'라고 적었기 때문에 본문에서는 한글로 '야노 간죠'라고 했다.

4 전경수 교수는〈조선민속학회와〈조선민속〉의 식민지(植民知)와 은항사본(隱抗寫本): 식민지혼종론(植民地混種論)의 가능성〉,《21세기 민(民)의 재해석과 민속학》, 2012한국민속학회동계국제학술대회, (사)한국민속학회, 2012, 47~48쪽에서 본문에 제시된 사진 속의 인물에 대한 나의 설명(주영하·남근우·임경택,《제국 일본이 그린 조선 민속》, 한국학중앙연구원, 2006, 64쪽)을 모른 채 남근우 교수의 오류(남근우,《조선민속학과 식민주의》, 동국대학교출판부, 2008, 표지 설명)라고 보았다. 전경수 교수가 지적한 오류와 사진에 대한 설명은 다음과 같다. "연회가 시작되면서 아직 음식을 먹기 전의 상황이다. '조선민속학의 장로인 今村이 벗은 외투가 뒤의 옷걸이에 걸려 있고, 今村이 정중앙에 좌정하였다. 그 좌우로 赤松과 秋葉이 앉았고, 赤松 좌측으로 村山과 송석하, 秋葉 우측으로 손진태와 김두헌이 자리를 잡았다. 연령순도 고려되었음이 분명하다. 상 위의 가운데에는 今村 쪽으로 신선로가 보이고, 사진 찍는 측 가까운 곳에 모듬과일 접시가 놓였고, '독구리'가 보인다. 사진을 찍기 위해서 '포즈'를 취한 상태라는 점을 알 수 있다."(앞의 논문 47~48쪽) 전경수 교수의 지적이 옳다.

5 《계산기정(薊山紀程)》, 1803, 한국고전종합DB.

6 홍석모,《동국세시기》, 국립민속박물관 편,《조선대세시기III: 경도잡지·열양세시기·동국세시기》, 2007.

7 이시필, 백승호·부유섭·장유승 옮김,《소문사설, 조선의 실용지식 연구노트》, 휴머니스트, 2011, 107쪽.

8 나식(羅湜),〈여우음화(與友飮話)〉,《장음정유고(長吟亭遺稿)》, 한국고전종합DB.

9 위수(魏收),《위서(魏書)》권101 열전(列傳) 89, 중국기본고적고(中國基本古籍庫).

10 원매(袁枚),《수원식단(隨園食單)》권1, 중국기본고적고.

11 서유문(徐有聞),《무오연행록(戊午燕行錄)》, 한국고전종합DB.

12 도리고에 시즈에·우스다 잔운,《조선만화》, 일한서방, 1909, 38~40쪽.

13 우보생(牛步生),〈진품 중 진품 신선로, 진품·명품·천하명식 팔도명식물예찬〉,《별건

곤》 1929년 12월 1일자(제24호), 개벽사, 1929, 63쪽.
14 《동아일보》 1921년 4월 4일자, 〈가정생활의 개조-음식은 개량(改良)보다 부흥(復興)〉.
15 김재은, 〈사랑함으로써 위해서 근심(3)〉, 《동아일보》 1926년 3월 3일자.
16 《동아일보》 1945년 12월 2일자, 〈외안(外眼)에 비친 우리의 자태(姿態)〉.
17 《경향신문》 1959년 1월 30일자, 〈그 나라의 주부 생활-외국 인사(人士) 가정방문〉.

2. 구절판은 궁중음식이었을까

1 한국학중앙연구원, 〈구절판〉, 《디지털한국민족대백과사전》, 인터넷 웹사이트.
2 네이버 지식백과 〈구절판〉.
3 《동아일보》 1935년 11월 9일자(석간), 〈가을요리(6) 내 집의 자랑거리 음식 구절판, 배추무름〉.
4 홍선표(洪善杓), 〈구절판〉, 《조선일보》 1938년 1월 4일자.
5 홍선표, 〈봄 반찬 가지가지-구절포〉, 《조선일보》 1940년 3월 14일자.
6 《동아일보》 1960년 12월 22일자, 〈구절판 음식〉.
7 《경향신문》 1968년 7월 29일자, 〈무더위를 이기는 복중 요리(伏中料理)〉.
8 《경향신문》 1973년 12월 28일자, 〈살림-칠기(漆器)의 손질〉.
9 《동아일보》 1935년 11월 9일자, 〈가을요리(6) 내 집의 자랑거리 음식 구절판, 배추무름〉.
10 홍선표, 〈구절판〉, 《조선일보》 1938년 1월 4일자.
11 방신영, 《조선요리제법》, 광익서관, 1921, 89쪽.
12 방신영, 《조선요리제법》, 광익서관, 1921, 88쪽.
13 이성우 편, 《한국고식문헌집성》 고조리서VI, 수학사, 1992, 2276쪽. 조자호(趙慈鎬)의 《조선요리법(朝鮮料理法)》은 1943년에 다시 출판되면서 1939년판의 내용 뒤에 17종의 항목에 60여 가지 조리법을 더했다. 1943년판에서 구절판 관련 내용은 조자호, 《조선요리법》, 경성가정여숙(京城家政女塾), 1943, 82쪽에 나온다. 다만 그 내용은 1939년판과 같다.
14 홍승원, 〈같은 재료 가지고 이왕이면 맛있게 조선 요리 강좌(6) 밀쌈〉, 《조선일보》 1934년 5월 25일자.
15 홍선표, 〈봄 반찬 가지가지-구절포〉, 《조선일보》 1940년 3월 14일자.

3. 한정식의 기본 요리, 탕평채

1 한식재단 편, 《맛있고 재미있는 한식 이야기》, 한식재단, 2013, 157쪽.
2 이성우 편, 《한국고식문헌집성》 고조리서VI, 수학사, 1992, 2399쪽.

3   조재삼, 〈의식류〉, 《송남잡지》, 강민구 옮김, 《교감국역 송남잡지(5)》, 소명출판, 2008, 195쪽.
4   유득공, 《경도잡지》, 국립민속박물관 편, 《조선대세시기III : 경도잡지·열양세시기·동국세시기》, 2007.
5   홍석모, 《동국세시기》, 국립민속박물관 편, 《조선대세시기III : 경도잡지·열양세시기·동국세시기》, 2007.
6   이성우 편, 《한국고식문헌집성》 고조리서IV, 수학사, 1992, 1442쪽.
7   《시의전서·음식방문》, 개인 소장.
8   이용기, 《조선무쌍신식요리제법》, 영창서관, 1936(궁중음식연구원, 2001 영인본), 154쪽.
9   이용기, 《조선무쌍신식요리제법》, 영창서관, 1936(궁중음식연구원, 2001 영인본), 154쪽.
10 《동아일보》 1931년 4월 24일자, 〈꼭 알어둘 이달 료리법〉.
11 《경향신문》 1971년 3월 18일자, 〈입맛 돋워주는 토속요리〉.
12 윤서석, 〈금주(今週)의 식탁〉, 《동아일보》 1971년 3월 29일자.
13 《조선일보》 1988년 8월 5일자, 〈한국의 맛(5) 탕평채〉.

4. 전복초가 요리옥 식탁에 오르기까지

1   《동아일보》 1951년 12월 2일자, 〈고급 요정 폐지 무허가 음식점 단속 강화〉.
2   《동아일보》 1951년 4월 23일자, 〈주간 물가 시세〉.
3   《동아일보》 1951년 9월 27일자, 〈기적적인 적자 생활, 봉급 노무자의 생계 실태〉.
4   이용기, 《조선무쌍신식요리제법》, 영창서관, 1936(궁중음식연구원, 2001 영인본), 181쪽.
5   채만식(蔡萬植), 〈초하(初夏) 콩트-향연(饗宴) 하(下)〉, 《동아일보》 1938년 5월 17일자(석간).
6   야노 간죠·모리카와 기요히토 공편, 《신판 대경성 안내》, 경성도시문화연구소, 1936, 210쪽.
7   홍선표, 〈격식과 쩨가 다른 궁중료리〉, 《조선일보》 1938년 1월 4일자.
8   서유구, 《난호어목지(蘭湖漁牧志)》, 웹사이트 국립중앙도서관 원문 제공 서비스.
9   정약전(丁若銓), 《자산어보(玆山魚譜)》, 정계섭(鄭啓燮) 필사(筆寫)·홍재하(洪在夏) 교정(校正), 1946, 웹사이트 국립중앙도서관 원문 제공 서비스.
10 《시의전서·음식방문》, 개인 소장.
11 《동아일보》 1934년 9월 5일자, 〈생량한 날씨 입맛 돕는 가을음식 연하고 맛있는 '전복' 요리제법〉.
12 김나영, 〈조선 후기 제주 지역 포작의 존재 양태〉, 《탐라문화(耽羅文化)》 제32호, 2008, 14~16쪽.

13 서유구, 〈채복법(採鰒法)〉, 《임원경제지 · 전어지》, 보경문화사, 1983.
14 쇼와여자대학식물학연구실(昭和女子大學食物學研究室) 편, 《근대일본식물사(近代日本食物史)》, 쇼와여자대학 근대문화연구소, 1971, 65쪽.
15 《동아일보》 1934년 9월 7일자, 〈가정 상식―점복을 오래 살리는 법〉.
16 《동아일보》 1932년 5월 6일자, 〈채복 금지(採鰒禁止)〉.
17 최영태, 〈전복산업 발전을 위한 제언〉, 《수산정책연구》 제1권, 2009, 16쪽.

5. 쇠고기편육, 고급 요정의 최상급 메뉴
1 《매일경제》 1973년 1월 4일자, 〈도매물가〉.
2 《매일경제》 1973년 1월 4일자, 〈도매물가〉.
3 《시의전서 · 음식방문》, 개인 소장.
4 이용기, 《조선무쌍신식요리제법》, 영창서관, 1936(궁중음식연구원, 2001 영인본), 181쪽.
5 이용기, 《조선무쌍신식요리제법》, 영창서관, 1936(궁중음식연구원, 2001 영인본), 181쪽.
6 《동아일보》 1926년 8월 22일자, 〈평양 인상(平壤印象)(10) 조선 명물 어복장국〉.
7 방신영, 《조선요리제법》, 광익서관, 1921, 38쪽.
8 방신영, 《조선요리제법》, 광익서관, 1921, 39쪽.
9 방신영, 《조선요리제법》, 광익서관, 1921, 39~40쪽.
10 이용기, 《조선무쌍신식요리제법》, 영창서관, 1936(궁중음식연구원, 2001 영인본), 182쪽.
11 이용기, 《조선무쌍신식요리제법》, 영창서관, 1936(궁중음식연구원, 2001 영인본), 182쪽.
12 이용기, 《조선무쌍신식요리제법》, 영창서관, 1936(궁중음식연구원, 2001 영인본), 181쪽.
13 《동아일보》 1966년 7월 28일자, 〈횡설수설〉.
14 《매일경제》 1976년 1월 28일자, 〈구정 상 차리기〉.
15 《동아일보》 1931년 11월 5일자, 〈료리(41) 젓〉.
16 김상용, 〈내 봄은 명월관 식교자〉, 《동아일보》 1935년 2월 23일자.

6. 한국식 어회에서 일본식 사시미로
1 김성열(金聖悅), 〈국제시장을 해부함(하)〉, 《동아일보》 1952년 3월 2일자.
2 新村出編, 〈刺身〉, 《廣辭苑》(第七版), 岩波書店, 2018.
3 일본풍속사학회(日本風俗史學會) 편, 《도설 에도시대 식생활 사전(図説江戸時代食生活事典)(신장판新裝版)》, 유잔가구출판(雄山閣出版), 1996, 159쪽.
4 조재삼, 〈의식류〉, 《송남잡지》, 강민구 옮김, 《교감국역 송남잡지(5)》, 소명출판, 2008, 195쪽.
5 일본풍속사학회 편, 《도설 에도시대 식생활사전(신장판)》, 유잔가구출판, 1996, 297쪽.

6 일본풍속사학회 편,《도설 에도시대 식생활사전(신장판)》, 유잔가구출판, 1996, 159쪽.
7 일본풍속사학회 편,《도설 에도시대 식생활사전(신장판)》, 유잔가구출판, 1996, 159쪽.
8 일본국립국회도서관 디지털화 자료.
9 芝恒男,〈日本人と刺身〉,《水産大學校研究報告》60-3, 2011, 169쪽.
10 염상섭(廉想涉),〈사랑과 죄(208)〉,《동아일보》1928년 3월 13일자.
11 《시의전서·음식방문》, 개인 소장.
12 《시의전서·음식방문》, 개인 소장.
13 《시의전서·음식방문》, 개인 소장.
14 《시의전서·음식방문》, 개인 소장.
15 《시의전서·음식방문》, 개인 소장.
16 이옥, 실시학사 고전문학연구회 옮김,《완역 이옥 전집3 : 벌레들의 괴롭힘에 대하여》, 휴머니스트, 2009, 123~124쪽.
17 《시의전서·음식방문》, 개인 소장.
18 이용기,《조선무쌍신식요리제법》, 영창서관, 1943(궁중음식연구원, 2001 영인본), 176~177쪽.
19 이용기,《조선무쌍신식요리제법》, 영창서관, 1943(궁중음식연구원, 2001 영인본), 176쪽.
20 《동국세시기》, 국립민속박물관 편,《조선대세시기III : 경도잡지·열양세시기·동국세시기》, 2007.
21 자세한 내용은 왕런샹, 주영하 옮김,《중국음식문화사》, 민음사, 2010, 272~278쪽을 참조하기 바란다.
22 허균,《도문대작》, 한국고전종합DB.
23 《동아일보》1935년 2월 23일자.
24 채만식,〈초하 콩트 향연 하〉,《동아일보》1938년 5월 17일자.
25 이용기,《조선무쌍신식요리제법》, 영창서관, 1943(궁중음식연구원, 2001 영인본), 176쪽.
26 야노 간죠·모리카와 기요히토 공편,《신판 대경성 안내》, 경성도시문화연구소, 1936, 204쪽.
27 《동아일보》1931년 5월 21일자,〈이철음식 가지가지(2) 생선회 맨드는 법〉.
28 《국민일보》2012년 6월 20일자,〈백석 미공개 시 3편·산문 2편 발굴… 6월 30일 '탄생 100주년' 세미나 개최〉.
29 이용기,《조선무쌍신식요리제법》, 영창서관, 1936(궁중음식연구원, 2001 영인본), 177쪽.
30 《동아일보》1931년 5월 21일자,〈이철음식 가지가지(2) 생선회 맨드는 법〉.
31 이용기,《조선무쌍신식요리제법》, 영창서관, 1936(궁중음식연구원, 2001 영인본), 177~178쪽.

32 《동아일보》 1931년 5월 21일자, 〈이철음식 가지가지(2) 생선회 맨드는 법〉.
33 이용기, 《조선무쌍신식요리제법》, 영창서관, 1936(궁중음식연구원, 2001 영인본), 178쪽.
34 《동아일보》 1931년 5월 21일자, 〈이철음식 가지가지(2) 생선회 맨드는 법〉.
35 정약용, 《탐진어가(耽津漁歌)》, 《다산시문집》 제4권, 한국고전종합DB.
36 정약전, 《자산어보》, 정계섭 필사·홍재하 교정, 1946, 웹사이트 국립중앙도서관 원문 제공 서비스.
37 《동아일보》 1931년 5월 21일자, 〈이철음식 가지가지(2) 생선회 맨드는 법〉.

7. 약주, 정종에 밀려나다

1 《동아일보》 1937년 11월 6일자, 〈약주(藥酒)와 모주(母酒) 유래〉.
2 《동아일보》 1937년 11월 7일자, 〈정정(訂正)〉.
3 서유구, 《임원경제지·정조지》, 보경문화사, 1983.
4 안순환, 〈요리에 대한 관념부터〉, 《동아일보》 1923년 1월 1일자.
5 쇼와여자대학식물학연구실 편, 《근대일본식물사》, 쇼와여자대학 근대문화연구소, 1971, 108쪽.
6 《동아일보》 1924년 2월 5일자, 〈조선의 주류(酒類)-양조 일본주 5만 석〉.
7 쇼와여자대학식물학연구실 편, 《근대일본식물사》, 쇼와여자대학 근대문화연구소, 1971, 536쪽.
8 염태진, 〈조선 사람은 엇지 하면 살고?〉, 《동아일보》 1922년 12월 21일자.
9 염태진, 〈조선 사람은 엇지 하면 살고?〉, 《동아일보》 1922년 12월 21일자.
10 조선총독부 관방문서과장(官房文書課長) 편, 〈경남의 특산〉, 《조선(朝鮮)》 1929년 10월호, 1929, 203쪽.
11 호소이 이노스케(細井亥之助) 편, 《조선주조사(朝鮮酒造史)》, 조선주조협회(朝鮮酒造協會), 1935, 제10장 16쪽.
12 호소이 이노스케 편, 《조선주조사》, 조선주조협회, 1935, 제11장.
13 《경향신문》 1953년 10월 27일자, 〈물가 시세〉.
14 《동아일보》 1967년 9월 16일자, 〈주세는 종가세로 세액도 대폭 증가〉.
15 《매일경제》 1968년 4월 23일자, 〈변모하는 재벌등기(4) 보해산업〉.

8. 명란이 후쿠오카로 간 사연

1 《매일신보》 1922년 10월 1일자, 〈물가 조절 문제가 고조된 작금(昨今) 식량품평회 개최〉.
2 이규경, 《오주연문장전산고·북어변증설(北魚辨證說)》, 한국고전종합DB.

3 방신영, 《조선요리제법》, 한성도서주식회사(漢城圖書株式會社), 1936, 110~111쪽.
4 《동아일보》 1931년 3월 8일자, 〈주요 도시 순회 좌담(140) 제29 홍원 편〉.
5 《동아일보》 1933년 8월 25일자, 〈명란 생산의 개량협의회〉.
6 자세한 내용은 콜린 테일러 셴, 강경이 옮김, 《커리의 지구사》, 휴머니스트, 2013을 참조하기 바란다.

특집. 한·중·일 3국의 합작품, 당면잡채
1 장계향, 《음식디미방》, 경북대학교 출판부, 2003.
2 이성우 편, 《한국고식문헌집성》 고조리서IV, 수학사, 1992, 1442쪽.
3 《동아일보》 1923년 10월 28일자, 3면 광고 〈우리 손으로 제조하는 재래지나제(在來支那製) 당면(唐麵)·분탕(粉湯)·호면(胡麵)〉.
4 《매일신보》 1939년 5월 23일자, 〈당면 제조의 원조(元祖), 상업학교 기지 만 평 희사(喜捨) 공흥공창 양재하 씨〉.
5 《동아일보》 1924년 5월 9일자, 3면 광고.
6 방신영, 《조선요리제법》, 광익서관, 1921, 24쪽.
7 송금선, 〈부인의 알아둘 봄철 료리법(1)〉, 《동아일보》 1930년 3월 6일자.
8 쇼와여자대학식물학연구실 편, 《근대일본식물사》, 쇼와여자대학 근대문화연구소, 1971, 69쪽.
9 이성우 편, 《한국고식문헌집성》 고조리서VI, 수학사, 1992, 2171쪽.
10 황혜성, 《한국요리백과사전》, 삼중당, 1976, 298쪽.

특집. 요리옥 사람들, 기생과 보이
1 이난향(李蘭香), 〈명월관〉, 《남기고 싶은 이야기들》, 중앙일보사, 1973, 553쪽.
2 이난향, 〈명월관〉, 《남기고 싶은 이야기들》, 중앙일보사, 1973, 584~585쪽.
3 이난향, 〈명월관〉, 《남기고 싶은 이야기들》, 중앙일보사, 1973, 585쪽.
4 이난향, 〈명월관〉, 《남기고 싶은 이야기들》, 중앙일보사, 1973, 586쪽.
5 《동아일보》 1926년 1월 8일자, 〈십 년을 하루갓치(8)〉.
6 《동아일보》 1926년 1월 8일자, 〈십 년을 하루갓치(8)〉.
7 《동아일보》 1926년 1월 8일자, 〈십 년을 하루갓치(8)〉.
8 《동아일보》 1926년 1월 8일자, 〈십 년을 하루갓치(8)〉.
9 《동아일보》 1929년 7월 13일자, 〈녀름 행진곡-환락의 파노라마 그 실은 고역거리〉.

4부 · 대폿집

0. 고달픈 서민의 안식처, 대폿집

1   손소희(孫素熙), 〈잃어버린 녹음〉, 《경향신문》 1949년 6월 25일자.
2   장승욱, 《재미나는 우리말 도사리》, 하늘연못, 2004, 204쪽.
3   홍성호, 《진짜 경쟁력은 국어 실력이다》, 예담, 2008, 189쪽.
4   왕런샹, 주영하 옮김, 《중국음식문화사》, 민음사, 2010, 223쪽.
5   《세조실록(世祖實錄)》 6권, 1457년 음력 1월 11일자 기사.
6   이훈종, 《흥부의 작은 마누라》, 한길사, 1994, 84~85쪽.
7   《독립신문》 1897년 11월 11일자, 광고.
8   이규보(李奎報), 〈주패(酒旆)〉, 《동국이상국후집(東國李相國後集)》, 한국고전종합DB.
9   오가와 다쿠지(小川琢治) 외, 《일본지리풍속대계16 조선편 상》, 신광사, 1930, 262쪽.
10 이갑기, 〈가두 풍경(5) 선술집 풍년〉, 《중외일보(中外日報)》, 1930년 4월 16일자.
11 《시대일보》 1924년 12월 23일자, 〈경성의 세모, 퇴폐한 유흥〉.
12 《동아일보》 1924년 7월 10일자, 〈내 동리 명물-청진동 내외주점〉.
13 《동아일보》 1924년 3월 9일자, 〈5전을 7전으로 잔술 값을 올린다〉.
14 《매일신보》 1935년 12월 15일자, 〈선술집에서는 방에 안저 못 먹는다〉.
15 《동아일보》 1962년 12월 13일자, 〈저무는 서울의 밤②〉.
16 《동아일보》 1963년 5월 4일자, 〈공약 2년〉.
17 《동아일보》 1963년 5월 4일자, 〈공약 2년〉.
18 《동아일보》 1961년 11월 28일자, 〈횡설수설〉.
19 《경향신문》 1965년 3월 20일자, 〈여적〉.
20 《동아일보》 1962년 12월 13일자, 〈저무는 서울의 밤②〉.

1. 대폿집의 끼니술, 막걸리

1   강경애(姜敬愛), 〈인간문제(99)〉, 《동아일보》 1934년 11월 29일자.
2   이용기, 《조선무쌍신식요리제법》, 영창서관, 1936(궁중음식연구원, 2001 영인본), 54~55쪽.
3   왕런샹, 주영하 옮김, 《중국음식문화사》, 민음사, 2010, 60~61쪽.
4   이용기, 《조선무쌍신식요리제법》, 영창서관, 1936(궁중음식연구원, 2001 영인본), 88쪽.
5   이용기, 《조선무쌍신식요리제법》, 영창서관, 1936(궁중음식연구원, 2001 영인본), 89~91쪽.

6   이용기, 《조선무쌍신식요리제법》, 영창서관, 1936(궁중음식연구원, 2001 영인본), 55쪽.
7   《동아일보》 1939년 1월 5일자, 〈농군의 노래〉.
8   《동아일보》 1934년 1월 11일자, 〈주객에 호기〉.
9   호소이 이노스케 편, 《조선주조사》, 조선주조협회, 1935, 132~133쪽.
10 《황성신문》 1910년 4월 24일자, 〈주초세(酒草稅) 증수(增收)에 관한 변론(辨論)〉.
11 《동아일보》 1939년 2월 14일자, 〈악질(惡質) 탁주가 발호(跋扈)-주판(酒販) 통제 후 신 현상〉.
12 이용기, 《조선무쌍신식요리제법》, 영창서관, 1936(궁중음식연구원, 2001 영인본), 55쪽.
13 허정구, 〈1970~80년대 막걸리 소비 퇴조에 관한 민속학적 연구〉, 중앙대학교 대학원 석사학위청구논문, 2011, 16쪽.
14 이광수, 〈명문(名文)의 향미(香味), 남유잡감(南遊雜感)〉, 《삼천리》 제6호, 1930년 5월 1일자, 65쪽. 이 글은 본래 잡지 《청춘》 제14호(1918년 6월)에 실린 글로, 글의 말미에 정사(丁巳) 9월이라 한 것으로 보아 집필 시기는 1917년이다.
15 《동아일보》 1939년 8월 4일자, 〈남조선(南朝鮮) 노력(勞力) 이산(離散)은 막걸리 없는 까 닭〉.
16 《경향신문》 1946년 10월 31일자, 〈금후 일절로 술 못 만든다〉.
17 《동아일보》 1946년 11월 12일자, 〈휴지통〉.
18 《경향신문》 1947년 5월 29일자, 〈역효과를 본 주조 금지령〉.
19 농수산부, 《한국양정사(韓國糧政史)》, 농수산부, 1978.
20 《동아일보》 1949년 3월 22일자, 〈요정 음식점을 정비 양곡소비규정 실시요강〉.
21 국무회의 기록, 국무회의 부의안(양곡 소비 규정 실시에 관한 건), BA0135050.
22 〈양곡관리법 시행령(대통령령 제393호)〉, 《관보(官報)》 제408호, 1950년 11월 14일자.
23 김종덕, 〈미국의 대한 농산물 원조와 그 영향에 관한 연구〉, 서울대학교 대학원 박사학 위청구논문, 1992, 78쪽.
24 김종덕, 〈미국의 대한 농산물 원조와 그 영향에 관한 연구〉, 서울대학교 대학원 박사학 위청구논문, 1992, 81쪽.
25 김종덕, 〈미국의 대한 농산물 원조와 그 영향에 관한 연구〉, 서울대학교 대학원 박사학 위청구논문, 1992, 90쪽.
26 김종덕, 〈미국의 대한 농산물원조와 그 영향에 관한 연구〉, 서울대학교 대학원 박사학 위청구논문, 1992, 91쪽.
27 김종덕, 〈미국의 대한 농산물원조와 그 영향에 관한 연구〉, 서울대학교 대학원 박사학 위청구논문, 1992, 95쪽.
28 《관보》 1963년 2월 26일자, 재무부 고시 제313호.

29 《관보》 1964년 6월 3일자, 재무부 고시 제348호.
30 《관보》 1965년 3월 29일자, 재무부 고시 제377호.
31 허정구, 〈1970~80년대 막걸리 소비 퇴조에 관한 민속학적 연구〉, 중앙대학교 대학원 석사학위청구논문, 2011, 24쪽.
32 허정구, 〈1970~80년대 막걸리 소비 퇴조에 관한 민속학적 연구〉, 중앙대학교 대학원 석사학위청구논문, 2011, 24쪽.
33 허정구, 〈1970~80년대 막걸리 소비 퇴조에 관한 민속학적 연구〉, 중앙대학교 대학원 석사학위청구논문, 2011, 39쪽.
34 강홍규(康弘圭), 〈관철동 시대-70년대 한국 문단 풍속화(51): 주점 '항아리집'서 생긴 일〉, 《경향신문》 1987년 4월 4일자.

2. 술국 중의 으뜸, 전주 탁백이국

1 심훈, 〈탈춤(25)〉, 《동아일보》 1926년 12월 4일자.
2 술국, 《두산백과》, 네이버지식백과.
3 《동아일보》 1981년 11월 24일자, 〈통금시대 37년, '발 묶인 4시간'의 세태만상〈2〉 해장국집〉.
4 《동아일보》 1981년 11월 24일자, 〈통금시대 37년, '발 묶인 4시간'의 세태만상〈2〉 해장국집〉.
5 《동아일보》 1977년 12월 14일자, 〈숙취 씻는 술국 몇 가지〉.
6 다가정인, 〈전주 명물 탁백이국, 진품·명품·천하명식 팔도명식물예찬〉, 《별건곤》 1929년 12월 1일자(제24호), 개벽사, 1929, 64쪽.
7 조선교육회(朝鮮敎育會) 편, 〈조선의 콩나물(朝鮮の豆芽)〉, 《문교의 조선(文敎の朝鮮)》 1932년 1월호, 조선교육회, 1932, 92쪽.
8 조선교육회 편, 〈조선의 콩나물〉, 《문교의 조선》 1932년 1월호, 조선교육회, 1932, 93쪽.
9 조선교육회 편, 〈조선의 콩나물〉, 《문교의 조선》 1932년 1월호, 조선교육회, 1932, 95쪽.
10 다가정인(多佳亭人), 〈전주 명물 탁백이국, 진품·명품·천하명식 팔도명식물예찬〉, 《별건곤》 1929년 12월 1일자(제24호), 개벽사, 1929, 64쪽.
11 방신영, 《조선요리제법》, 광익서관, 1921, 15쪽.
12 다가정인, 〈전주 명물 탁백이국, 진품·명품·천하명식 팔도명식물예찬〉, 《별건곤》 1929년 12월 1일자(제24호), 개벽사, 1929, 64쪽.
13 방신영, 《조선요리제법》, 광익서관, 1921, 15쪽.
14 다가정인, 〈전주 명물 탁백이국, 진품·명품·천하명식 팔도명식물예찬〉, 《별건곤》 1929년 12월 1일자(제24호), 개벽사, 1929, 64쪽.

15 解酲, 바이두바이커(百度百科)(http://baike.baidu.com/view/6552256.htm).
16 이색(李穡), 〈석반(夕飯)〉, 《목은집(牧隱集)》, 한국고전종합DB. "解酲呼正急, 醉夢覺來空. 開戶晴天碧, 抽毫夕照紅. 飯香堪咀嚼, 羹熱旋消融. 漸覺身彌健, 全憑爛煮功."
17 송영상, 《전주 사람 송영상의 전라도 풍물기》, 전주문화원, 2000, 228쪽.

3. 갈비구이는 본래 대폿집 메뉴

1 조풍연, 《서울잡학사전: 개화기의 서울 풍속도》, 정동출판사, 1989, 452쪽.
2 조풍연, 《서울잡학사전: 개화기의 서울 풍속도》, 정동출판사, 1989, 452쪽.
3 《동아일보》 1930년 12월 7일자, 〈강릉 물가도 일률적으로 감하(減下)〉.
4 이용기, 《조선무쌍신식요리제법》, 영창서관, 1936(궁중음식연구원, 2001 영인본), 170쪽.
5 정약용, 《아언각비(雅言覺非)》, 한국고전종합DB.
6 《시의전서·음식방문》, 개인 소장.
7 이용기, 《조선무쌍신식요리제법》, 영창서관, 1936(궁중음식연구원, 2001 영인본), 169~170쪽.
8 최영년(崔永年), 〈해동죽지(海東竹枝)·음식명물(飮食名物)》, 장학사(獎學社), 1925, 113~114쪽.
9 《매일경제》 1966년 9월 28일자, 〈상품-소갈비, 추석 앞두고 값 올라〉.
10 《경향신문》 1968년 5월 25일자, 〈쇠고기 3백 톤 수입, 6백 g에 2백 원으로 산매(散賣)될 듯〉.
11 이 글은 필자가 《월간 쿠켄(Cookand)》 2004년 10월호에 쓴 글을 기초로 수정·보완한 것이다. 그런데 농수산물유통공사에서 제작한 《국내외 한식당 대표 음식 125개 스토리텔링》(2011)에 일부가 인용처를 밝히지 않고 전제되어 있다. 음식의 역사와 관련된 글을 쓰는 데는 대단한 노력이 필요하다. 단지 좋아서 옮겼다고 해도 표절임에 틀림없다.
12 이재규, 〈수원 갈비의 역사성에 관한 연구〉, 경기대학교 관광전문대학원 석사학위청구논문, 2002, 37~38쪽.
13 이지혜, 〈도시 향토음식의 형성과 변화-마포 고기요리를 중심으로〉, 서울대학교 대학원 인류학과 석사학위청구논문, 2011, 25쪽.
14 주영하·전성현·강재석, 《한국의 시장: 사라져가는 우리의 오일장을 찾아서 제1권 경기도·강원도·인천·서울 편》, 공간미디어, 1995, 143~145쪽.
15 《매일경제》 1976년 1월 28일자, 〈구정 상 차리기〉.
16 《기호일보》 2012년 1월 17일자, 〈연근에 감싼 떡갈비 명절음식으로 제격〉.
17 황익주, 〈향토음식 소비의 사회문화적 의미: 춘천 닭갈비의 사례〉, 《한국문화인류학》

26권, 한국문화인류학회, 1994, 81쪽.

4. 좌판에서 시작한 저렴한 안주, 빈대떡

1 《동아일보》 1926년 7월 3일자, 〈자정 후의 경성-가상(街上)의 인생과 현실의 일면(一面)(14)〉.
2 방종현(方鍾鉉), 《일사국어학논집》, 민중서관, 1963, 259~260쪽.
3 방종현, 《일사국어학논집》, 민중서관, 1963, 262쪽.
4 장계향, 《음식디미방》, 경북대학교 출판부, 2003, 133쪽.
5 빙허각 이씨, 정양완 역, 《규합총서》, 보진재, 1975, 97쪽.
6 이기문, 〈빈대떡과 변씨만두〉, 《새국어생활》 제17권 제2호, 2007, 135쪽.
7 이용기, 《조선무쌍신식요리제법》, 영창서관, 1936(궁중음식연구원, 2001 영인본), 124쪽.
8 이용기, 《조선무쌍신식요리제법》, 영창서관, 1936(궁중음식연구원, 2001 영인본), 124쪽.
9 방신영, 《조선요리제법》, 광익서관, 1921, 92쪽.
10 《동아일보》 1936년 2월 29일자(석간), 〈방탕한 남자에 저항-팥죽·빈대떡 장사로 일가를 부흥시킨 과부들〉.
11 화돈(花豚, 김문집), 〈문예춘추(12)-빈대떡의 사상〉, 《동아일보》 1938년 3월 12일자.
12 《경향신문》 1947년 6월 28일자, 〈거리의 화제(話題)⑤ 날로 번창하는 빈자떡집〉.
13 《경향신문》 1948년 10월 5일자, 〈서울의 단면-"삶"을 위한 노상전신(露商轉身)④ 청계천 변두리에 "와글와글"〉.
14 《경향신문》 1952년 3월 22일자, 〈빈대떡과 영 여사 이모〉.

5. 고급 음식에서 대폿집 메뉴가 된 돼지순대

1 《동아일보》 1964년 1월 29일자, 〈살림의 아이디아-오징어순대〉.
2 《시의전서·음식방문》, 개인 소장.
3 장계향, 《음식디미방》, 경북대학교 출판부, 2003, 150쪽.
4 유중림(柳重臨), 《증보산림경제(增補山林經濟)》, 한국근세사회경제사료총서III 농서4, 아세아문화사, 1981, 104~104쪽.
5 《제민요술(齊民要術)·적법(炙法)》, 중국기본고적고(中國基本古籍庫).
6 《거가필용(居家必用)·육관장홍사품(肉灌腸紅絲品)》, 중국기본고적고.
7 《고도식물백영》, 바이두원쿠(百度文庫)(http://wenku.baidu.com/view/95d085fc0242a8956aece406.html). "灌腸 : 猪腸紅粉一時煎, 辣蒜咸鹽說美鮮. 已腐油腥同臘味, 屠門大嚼亦堪怜."
8 이용기, 《조선무쌍신식요리제법》, 영창서관, 1936(궁중음식연구원, 2001 영인본), 81쪽.

9   이성우 편, 《한국고식문헌집성》 고조리서VII, 수학사, 1992, 2527쪽.
10   이성우 편, 《한국고식문헌집성》 고조리서VII, 수학사, 1992, 2464쪽.
11   이종숙, 〈주부 수필-주부의 낭비〉, 《매일경제》 1969년 4월 29일자.
12   황교익·정은숙, 《서울을 먹다: 음식으로 풀어낸 서울의 삶과 기억》, 따비, 2013, 88~89쪽.

6. 복엇국이 시민권을 얻기까지

1   서거정, 《사가집(四佳集)》, 한국고전종합DB.
2   왕런샹, 주영하 옮김, 《중국음식문화사》, 민음사, 2010, 427쪽.
3   이규경, 《오주연문장전산고·하돈변증설(河豚辨證說)》, 한국고전종합DB.
4   이덕무(李德懋), 《청장관전서(青莊館全書)·영처시고(嬰處詩稿)》, 한국고전종합DB.
5   이덕무, 《청장관전서·영처시고》, 한국고전종합DB.
6   유중림, 《증보산림경제》, 한국근세사회경제사료총서III 농서4, 아세아문화사, 1981, 141~142쪽.
7   유중림, 《증보산림경제》, 한국근세사회경제사료총서III 농서4, 아세아문화사, 1981, 141~142쪽.
8   유중림, 《증보산림경제》, 한국근세사회경제사료총서III 농서4, 아세아문화사, 1981, 142쪽.
9   서유구, 〈하돈갱탕법(河豚羹湯法)〉, 《임원경제지·정조지》, 보경문화사, 1983.
10   《동아일보》 1924년 1월 10일자, 〈휴지통〉.
11   《동아일보》 1924년 1월 10일자, 〈살인 독약 복어 내장-일 개월간에 경성에서만 십이 명 참사〉.
12   정석태(鄭錫泰), 〈취미실익(趣味實益) 과학강좌(기이基二) 4월 철에 제일 위험한 하돈중독에 관하야〉, 《별건곤》 1929년 4월 1일자(제24호), 개벽사, 1929, 151~152쪽.
13   일본국립국회도서관 레퍼런스협동데이터베이스(crd.ndl.go.jp), 교토부립교토학(京都府京都學)·역채관(歷彩館) 회답(京歷-500).
14   슌판로(春帆樓) 홈페이지(hunpanro.com).
15   《동아일보》 1962년 3월 12일자, 〈횡설수설〉.
16   《동아일보》 1967년 11월 23일자, 〈복어 요리〉.
17   《동아일보》 1967년 11월 23일자, 〈복어 요리〉.
18   《경향신문》 1970년 12월 5일자, 〈여적〉.
19   빙허각 이씨, 정양완 역, 《규합총서》, 보진재, 1975, 58쪽.
20   《경향신문》 1977년 11월 12일자, 〈내 고장 맛 자랑-부산 복국〉.

21 마산시사편찬위원회, 《마산시사(馬山市史)》, 마산시사편찬위원회, 2011, 243쪽.
22 《경향신문》 1957년 2월 26일자, 〈3명은 즉사 2명은 위독〉.
23 《경향신문》 1976년 9월 28일자, 〈내 고장 별미〈5〉-군산 복어찜〉.

7. 보양식에서 술꾼의 별미가 된 쏘가리매운탕

1 《매일경제》 1992년 2월 21일자, 〈8차 백두산 9차 제주서 회담 열자〉.
2 유태종(劉太鍾), 〈식품 카르테(165) 쏘가리〉, 《동아일보》 1976년 8월 16일자.
3 《동아일보》 1933년 9월 3일자, 〈지상병원〉.
4 《동아일보》 1933년 9월 3일자, 〈지상병원〉.
5 빙허각 이씨, 정양완 역, 《규합총서》, 보진재, 1975, 59쪽.
6 서유구, 〈궐어(鱖魚)〉, 《임원경제지·전어지》, 보경문화사, 1983.
7 정문기(鄭文基), 〈조선담수산명어(朝鮮淡水産名漁)(5)〉, 《동아일보》 1938년 7월 29일자.
8 서유구, 〈궐어〉, 《임원경제지·전어지》, 보경문화사, 1983.
9 서유구, 〈궐어〉, 《임원경제지·전어지》, 보경문화사, 1983.
10 허균, 《도문대작》, 한국고전종합DB.
11 허균, 《도문대작》, 한국고전종합DB.
12 이용기, 《조선무쌍신식요리제법》, 영창서관, 1936(궁중음식연구원, 2001 영인본), 155쪽.
13 이용기, 《조선무쌍신식요리제법》, 영창서관, 1936(궁중음식연구원, 2001 영인본), 154쪽.
14 이용기, 《조선무쌍신식요리제법》, 영창서관, 1936(궁중음식연구원, 2001 영인본), 156쪽.
15 이용기, 《조선무쌍신식요리제법》, 영창서관, 1936(궁중음식연구원, 2001 영인본), 155쪽.
16 이용기, 《조선무쌍신식요리제법》, 영창서관, 1936(궁중음식연구원, 2001 영인본), 154쪽.
17 《동아일보》 1951년 12월 2일자, 〈고급 요정 폐지 무허가 음식점 단속 강화〉.
18 이영춘, 〈내고장 별미(14) 춘천 막국수·쏘가리매운탕〉, 《경향신문》 1976년 10월 22일자.
19 우치다 게이타로(内田惠太郎), 《稚魚を求めて-ある研究自叙伝-》, 이와나미쇼텐, 1964, 104쪽.
20 이기복, 〈일제 강점기 우치다 게이타로의 조선산 어류 조사와 '바다식민'의 잔재〉, 《역사민속학회》 제19호, 2004, 202~211쪽.
21 이기복, 〈일제 강점기 우치다 게이타로의 조선산 어류 조사와 '바다식민'의 잔재〉, 《역사민속학회》 제19호, 2004, 184~185쪽.
22 박병환, 〈양어와 농촌(하)-무자본으로 용이하다〉, 《동아일보》 1936년 2월 1일자.
23 정문기, 〈조선담수산명어(朝鮮淡水産名漁)(1)〉, 《동아일보》 1938년 7월 22일자.
24 주영하, 《음식인문학: 음식으로 본 한국의 역사와 문화》, 휴머니스트, 2011, 233쪽.

특집. 식민지 시기 조선인 양조업자 장인영과 천일양조장

1   《매일신보》 1936년 6월 10일자, 〈나는 어떠케 성공하얏나(13)〉.
2   《매일신보》 1936년 6월 10일자, 〈나는 어떠케 성공하얏나(13)〉.
3   호소이 이노스케 편,《조선주조사》, 조선주조협회, 1935, 제11장 6쪽.
4   〈삼천리 기밀실 The Korean Black cham-ber: 서울 장안(長安)의 부호명부(富豪名簿) – 개인소득세액(個人所得稅額)에 나타난〉,《삼천리》 1935년 12월 1일자(제7권 제11호), 삼천리사, 1935, 19쪽.
5   〈삼천리 기밀실 The Korean Black cham-ber: 서울 장안의 부호명부 – 개인소득세액에 나타난〉,《삼천리》 1935년 12월 1일자(제7권 제11호), 삼천리사, 1935, 19쪽.
6   《매일신보》 1936년 6월 10일자, 〈나는 어떠케 성공하얏나(13)〉.
7   《동아일보》 1921년 5월 19일자, 〈피병원기부금(3)〉.
8   《동아일보》 1933년 4월 14일자, 〈동서학원서광〉.
9   《동아일보》 1937년 8월 19일자, 〈답지하는 국방헌금〉.
10 《동아일보》 1939년 10월 6일자, 〈경성 세무감독국 사건 금일, 31명 송국〉.
11 《경향신문》 1949년 8월 3일자, 〈장 씨의 특지(特志)〉.
12 《매일경제》 1973년 6월 4일자, 〈산업 인맥(45) 주조업〈2〉 초창기〉.

특집. 청어과메기와 꽁치과메기

1   정문기, 〈조선 중요 수산물(10) 청어〉,《동아일보》 1939년 5월 9일자.
2   빙허각 이씨, 정양완 역,《규합총서》, 보진재, 1975, 61쪽.
3   이용기,《조선무쌍신식요리제법》, 영창서관, 1936(궁중음식연구원, 2001 영인본), 192쪽.
4   예종석, 〈예종석의 신도문대작 – 청어 과메기〉,《한겨레신문》 2009년 12월 9일자(인터넷판).
5   《동아일보》 1924년 3월 23일자, 〈영일만의 청어〉.
6   정문기, 〈'대양을 회유(洄游)하는 청어 이야기(6)〉,《동아일보》 1931년 2월 13일자.
7   《동아일보》 1933년 2월 18일자, 〈지방 논단 – 청어 어업과 영일만 주민(하)〉.

5부 · 해방 이후, 음식의 혼종과 음식점의 글로벌화

0. 음식점과 메뉴의 끊임없는 진화

1   조지 리처, 김종덕 옮김,《맥도날드 그리고 맥도날드화: 유토피아인가, 디스토피아인가》, 시유시, 2003, 43~48쪽.

1. 한국 음식으로 자리 잡은 일본 음식

1. 김동리, 〈해방(67)〉, 《동아일보》 1949년 11월 8일자.
2. 김동리, 〈해방(70)〉, 《동아일보》 1949년 11월 11일자.
3. 일본풍속사학회 편, 《도설 에도시대 식생활사전(신장판)》, 유잔가구출판, 1996, 312쪽.
4. 일본풍속사학회 편, 《도설 에도시대 식생활사전(신장판)》, 유잔가구출판, 1996, 312쪽.
5. 이시필, 백승호·부유섭·장유승 옮김, 《소문사설, 조선의 실용지식 연구노트》, 휴머니스트, 2011, 116~117쪽.
6. 주영하, 《그림 속의 음식, 음식 속의 역사》, 사계절출판사, 2005, 132쪽.
7. 《황성신문》 1907년 10월 18일자, 〈잡보〉.
8. 오뎅(御田), 《두산백과》, 네이버지식백과.
9. Felipe Fernández-Armesto, *Near a Thousand Tables: A History of Food*, New York:Free Press, 2002(콜린 테일러 센, 강경이 옮김, 《커리의 지구사》, 휴머니스트, 2013, 15쪽에서 재인용)
10. 《경향신문》 1949년 6월 8일자, 〈만인성(万人聲)-열차 내의 장사꾼〉.
11. 송금선, 〈부인의 알아둘 봄철 료리법(2)〉, 《동아일보》 1930년 3월 7일자.
12. 이성우 편, 《한국고식문헌집성》 고조리서VI, 수학사, 1992, 2098쪽.
13. 방신영, 《조선요리제법》, 광익서관, 1921, 118쪽.
14. 정약용, 《경세유표(經世遺表)》, 한국고전종합DB.
15. 허균, 《도문대작》, 한국고전종합DB.
16. 이익, 《성호사설》, 한국고전종합DB.
17. 이규경, 《오주연문장전산고·제선(諸膳)》, 한국고전종합DB.
18. 정문기, 〈한국 해태의 현상과 영양가(1)〉, 《경향신문》 1955년 5월 27일자.
19. 한국은행산업조사과, 〈해태양식업의 현황과 수출 전망〉, 《주간내외경제》 제457호, 한국은행, 1970, 12쪽.
20. 《동아일보》 1922년 5월 15일자, 〈수산계의 신시설〉.
21. 마해송, 〈한국 음식의 특징·잊을 수 없는 정월 요리-개성에만 있는 '찜'〉, 《동아일보》 1960년 1월 7일자.
22. 《경향신문》 1968년 4월 8일자, 〈창-또록또록한 눈길〉.

2. 호황을 맞은 밀가루 음식점

1. 왕런샹, 주영하 옮김, 《중국음식문화사》, 민음사, 2010, 239쪽.
2. 왕런샹, 주영하 옮김, 《중국음식문화사》, 민음사, 2010, 333쪽.
3. 김원진(金元鎭), 〈나는 왜 이렇케 됏나, 나는 왜 빵 행상을 하나〉, 《별건곤》 1932년 1월

1일자(제47호), 개벽사, 1932, 18~19쪽.
4   《경향신문》 1949년 3월 4일자, 〈음식점 사태의 '서울'〉.
5   이은희, 〈근대 한국의 제당업과 설탕 소비문화의 변화〉, 연세대학교 대학원 사학과 박사학위청구논문, 2012, 304쪽.
6   이순희, 〈나의 단골집-'마르다' 빵집〉, 《매일경제》 1969년 6월 4일자.
7   《매일경제》 1986년 1월 11일자, 〈전문 제과점이 늘고 있다〉.
8   김제옥, 〈대용식(代用食) 두 가지〉, 《동아일보》 1961년 5월 26일자.
9   양세욱, 〈음식 관련 중국어 차용어의 어원(語原): '춘장·짬뽕·티'를 중심으로〉, 《국제중국학연구》 제60집, 2009, 149~169쪽.
10 《경향신문》 1962년 7월 24일자, 〈대회여록(大會餘錄)-인상(印象)의 점묘(點描)〉.
11 《대동신문(大東新聞)》 1946년 10월 19일자, 〈구미(口味)엔 이상(異相) 없다-세월 좋은 중국 요리〉.
12 《동아일보》 1951년 12월 2일자, 〈고급 요정 폐지 무허가 음식점 단속 강화〉.
13 《경향신문》 1962년 7월 24일자, 〈서울 조계(租界)(5)-화교들(상) 아세아(亞細亞)의 유태인(猶太人)〉.
14 박은경, 〈중국 음식의 역사적 의미〉, 《한국문화인류학》 제24집, 1994, 97쪽.
15 자세한 내용은 주영하, 《차폰 잔폰 짬뽕: 동아시아 음식 문화의 역사와 현재》, 사계절출판사, 2009, 15~43쪽을 참고하기 바란다.
16 박은경, 《한국 화교의 종족성》, 한국연구원, 1986, 133쪽.
17 《경향신문》 1965년 4월 23일자, 〈"음식 값 내려라" 보사부(保社部)서 종용〉.
18 《매일경제》 1975년 4월 26일자, 〈중국 음식 값 인상 요구〉.
19 《경향신문》 1983년 12월 30일자, 〈가족 외식 인기 메뉴는 불고기 혼자 땐 남녀 모두 자장면 1위〉.
20 주영하, 《차폰 잔폰 짬뽕: 동아시아 음식문화의 역사와 현재》, 사계절출판사, 2009, 97~102쪽.
21 《경향신문》 1971년 8월 11일자, 〈서울 새 풍속도(214) 명동⑭ 특색 잃어가는 식당〉.
22 《경향신문》 1972년 12월 20일자, 〈1972년③ 식생활-쌀 편식서의 일대 변혁 식생활〉.
23 〈맞춤 품종 개발로 국산 밀 경쟁력 높인다-농촌진흥청, 생면 전용 밀 '호중' 개발〉, 웹사이트 《공감코리아》 2013년 3월 29일자.

3. 식품공업의 성장과 뒤안길

1   국가가 국민의 식생활에 간여한 연구로는 다음의 글이 주목된다. Kyoung-Hee Park, "State and Food in South Korea: Moulding the National Diet in Wartime and

Beyond", Leiden University Institute for Area Studies (LIAS) doctorial dissertation, 2013.
2 《경향신문》 1954년 12월 5일자, 〈유독성 간장 출현〉.
3 《동아일보》 1960년 12월 5일자, 〈시민 보건에 SOS〉.
4 《경향신문》 1966년 3월 24일자, 〈부정의약·식품 철저 단속 색출〉.
5 이한창(李漢昌), 《장(醬), 역사와 문화와 공업》, 신광출판사, 1999, 217쪽.
6 이한창, 《장, 역사와 문화와 공업》, 신광출판사, 1999, 217쪽.
7 이한창, 《장, 역사와 문화와 공업》, 신광출판사, 1999, 219쪽.
8 이한창, 《장, 역사와 문화와 공업》, 신광출판사, 1999, 215쪽.
9 《동아일보》 1935년 5월 16일자, 〈가정 일용품 상식(14) – 소금의 두 가지 종류〉.
10 이한창, 《장, 역사와 문화와 공업》, 신광출판사, 1999, 116쪽.
11 《관보》 제4473호, 1966년 10월 14일자, 보건사회부령 제185호, 국가기록원 관보 웹사이트. 덧붙여 간장의 성분 규격으로는 식염이 17W/V% 이상, 전질소(全窒素)가 0.6W/V% 이상, 순엑기스분이 8W/V% 이상, 비소가 1.5ppm 이하, 중금속이 20ppm 이하로 표기되어 있다. 여기에서 W/V%란 농도를 표시하는 단위이다. W는 무게(weight), V는 부피(volume)의 첫 글자이다. %는 성분의 함량을 가리킨다. 그러니 식염은 용액 100mL마다 17g 이상이어야 한다는 것이다. 질소와 비소가 들어 있는 것으로 보아 산분해간장을 기준으로 한 규격이다.
12 이한창, 《장, 역사와 문화와 공업》, 신광출판사, 1999, 116쪽.
13 《동아일보》 1957년 1월 13일자, 2면 '샘표간장' 광고.
14 《매일경제》 1971년 4월 3일자, 〈소주업자 합병에 자찬…〉.
15 호소이 이노스케 편, 《조선주조사》, 조선주조협회, 1935, 187쪽.
16 호소이 이노스케 편, 《조선주조사》, 조선주조협회, 1935, 412쪽.
17 주영하, 《차폰 잔폰 짬뽕: 동아시아 음식문화의 역사와 현재》, 사계절출판사, 2009, 151~152쪽.
18 《동아일보》 1928년 4월 14일자, 〈김천주조회사(金泉酒造會社) 진행 방침 결정〉.
19 《동아일보》 1964년 12월 21일자, 〈주정·소주 제조에 쌀·잡곡 사용 일체 금지〉.
20 《매일경제》 1967년 6월 2일자, 〈봉황상(鳳凰賞)을 탄 이 상품의 특징은!(27) 진로(眞露)〉.
21 《경향신문》 1967년 10월 16일자, 〈술… 당신도 메틸알콜을 먹고 있다〉.
22 《매일경제》 1973년 2월 2일자, 〈술 방부제, 인체 유해 판정〉.
23 《매일경제》 1966년 5월 14일자, 〈한국의 독과점 기업(3) 설탕〉.
24 이은희, 〈근대 한국의 제당업과 설탕 소비문화의 변화〉, 연세대학교 대학원 사학과 박

사학위청구논문, 2012, 287쪽.
25 《동아일보》 1953년 7월 5일자, 〈국내 산업재건계획 추진-설당공장(雪糖工場)을 설치〉.
26 《경향신문》 1957년 5월 3일자, 〈은폐보조(隱蔽補助)의 실정 폭로〉.
27 이은희, 〈근대·한국의 제당업과 설탕 소비문화의 변화〉, 연세대학교 대학원 사학과 박사학위청구논문, 2012, 304쪽.
28 이은희, 〈근대 한국의 제당업과 설탕 소비문화의 변화〉, 연세대학교 대학원 사학과 박사학위청구논문, 2012, 305쪽.
29 이은희, 〈근대 한국의 제당업과 설탕 소비문화의 변화〉, 연세대학교 대학원 사학과 박사학위청구논문, 2012, 305쪽.
30 《경향신문》 1970년 6월 3일자, 〈성장산업(成長産業) 변모하는 시장-한국적 특질(6) 식품공업〉.
31 《경향신문》 1970년 6월 3일자, 〈성장산업 변모하는 시장-한국적 특질(6) 식품공업〉.

4. 한국 음식점의 맥도날드화

1 《동아일보》 1940년 7월 2일자, 〈삐루 공가(公價) 위반(違反)〉.
2 《경향신문》 1977년 12월 19일자, 〈비화(秘話) 한 세대(世代)(279) 귀속재산(歸屬財産)-첫 국산 맥주(麥酒)〉.
3 《경향신문》 1977년 12월 20일자, 〈비화 한 세대(280) 귀속재산-OB상표〉.
4 《경향신문》 1955년 5월 3일자, 4면 광고. 이 광고에 언급된 '숏테 박사'에 관해서는 오한진, 〈나의 학문 여정에 관한 소감〉, 《독일문학》, 2000, 426쪽을 참고하라.
5 《매일경제》 1981년 10월 8일자, 〈한물간 음식백화점·생맥주집〉.
6 《매일경제》 1982년 4월 20일자, 〈긴 불황… 겸업 점포 늘어나〉.
7 우에하라 요시히로, 황선종 옮김, 《차별받은 식탁》, 어크로스, 2010, 20쪽.
8 우에하라 요시히로, 황선종 옮김, 《차별받은 식탁》, 어크로스, 2010, 21쪽.
9 배영동, 〈안동 지역 전통음식의 탈맥락화와 상품화: 1970년대 이후를 중심으로〉, 《사회와역사》 66집, 2004, 59쪽.
10 《동아일보》 1977년 1월 18일자, 〈서울 시민은 얼마나 벌고 얼마나 썼나…〉. 참고로 같은 기사에 다음과 같은 자료도 소개되었다. "술집의 경우 역시 서민적인 대폿집(183억 9천만 원)이 가장 많았고 다음으로 비어호을(79억 원), 살롱(39억 원), 바(33억 원), 카바레(20억 원), 양주센터(8억 원) 순으로 나타나고 있는데 술군 등이 접대부 등에게 팁으로 바친 돈도 무려 122억 4천6백80만 원이나 됐다는 것."
11 《매일경제》 1988년 2월 15일자, 〈가게 경영-치킨집〉.
12 《매일경제》 1988년 2월 15일자, 〈가게 경영-치킨집〉.

13 배기철(裵基喆), 〈한국 외식산업의 이용 실태에 관한 연구: 서울 지역 속성음식(fast food) 체인점을 중심으로〉, 경기대학교 대학원 석사학위청구논문, 1988, 35쪽.
14 《경향신문》 1984년 5월 12일자, 6면 광고.
15 주영하, 《맛있는 세계사》, 소와당, 2011, 149쪽.
16 강병남(康炳南), 〈국내 브랜드 패스트푸드 산업의 마케팅 전략〉, 숭실대학교 중소기업대학원 석사학위청구논문, 1993, 38쪽.
17 《동아일보》 1986년 7월 21일자, 〈전통음식도 '체인점' 시대〉.
18 강병남, 〈국내 브랜드 패스트푸드 산업의 마케팅 전략〉, 숭실대학교 중소기업대학원 석사학위청구논문, 1993, 51쪽에서 재인용.
19 조지 리처, 김종덕 옮김, 《맥도날드 그리고 맥도날드화: 유토피아인가 디스토피아인가》, 시유시, 2003, 247~249쪽.
20 피터 버크, 강상우 옮김, 《문화 혼종성: 뒤섞이고 유동하는 문화를 이해하기 위한 가이드》, 이음, 2012, 82쪽.
21 피터 버크, 강상우 옮김, 《문화 혼종성: 뒤섞이고 유동하는 문화를 이해하기 위한 가이드》, 이음, 2012, 84쪽.

에필로그 · 비판적 음식학, 한국 사회를 읽는 새로운 시선

1 이규태(李奎泰), 〈한국인의 원점(原點)10-의식주의 생활 주변에서 찾는 뿌리〉, 《조선일보》 1979년 11월 17일자.
2 천정환, 〈6장 민족 혹은 소명의 나르시시즘〉, 《1960년을 묻다: 박정희 시대의 문화정치와 지성》, 천년의상상, 2012, 298쪽.
3 천정환, 〈6장 민족 혹은 소명의 나르시시즘〉, 《1960년을 묻다: 박정희 시대의 문화정치와 지성》, 천년의상상, 2012, 303쪽.
4 하이드룬 메르클레, 신혜원 옮김, 《식탁 위의 쾌락: 부엌과 식탁을 둘러싼 맛있는 역사》, 열대림, 2005, 318쪽.
5 하이드룬 메르클레, 신혜원 옮김, 《식탁 위의 쾌락: 부엌과 식탁을 둘러싼 맛있는 역사》, 열대림, 2005, 318쪽.
6 프랑스에서 레스토랑이 발명된 역사는 다음 책을 참고하기 바란다. Williams, Ellen., *The Historic Restaurants of Paris: A Guide to Century-Old Cafes, Bistros, and Gourmet Food Shops*, NewYork:The Little Bookroom, 2001.
7 하이드룬 메르클레, 신혜원 옮김, 《식탁 위의 쾌락: 부엌과 식탁을 둘러싼 맛있는 역

사》, 열대림, 2005, 318쪽. 이 책의 독일어 제목은《식사의 즐거움: 먹고 마시는 것의 역사(Tafelfreuden-Eine Geschichte des Geniessen)》이다. 호텔 경영과 요리를 전공한 하이드룬 메르클레(Heidrun Merkle)는 19세기 시민사회의 식사 방식에 대해서 이 책 6장에서 자세하게 다루었다. 그가 정리한 내용은 다음과 같다. 19세기에 러시아식 상차림이 파리에 빠르게 퍼지면서 소위 '업무적인 식사'가 유행하게 되었다. 식탁이 회의용 탁자로 변하면서 음식을 먹는 분위기는 호감으로 가득 찼다. 회의 테이블에서 정치적인 일이 진행되었으며 요리 기술은 의사소통의 특별한 형식이 되었다. 이런 과정에서 다음에 나올 코스 요리에 대한 관심으로 메뉴판이 매우 구체적으로 서술되기 시작했다.

8   이택광, 〈문화 혼종성의 현실과 곤경〉, 피터 버크 지음·강상우 옮김, 《문화 혼종성: 뒤섞이고 유동하는 문화를 이해하기 위한 가이드》, 이음, 2012, 199쪽.

| 찾아보기 |

가

가라시멘타이코(辛子明太子) · 277
《가례(家禮)》· 63
가리 · 351~353
가리구이 · 350~353
가리쟁임 · 352
가마보곶(可麻甫串) · 436
가마보코(蒲鉾, かまぼこ) · 20, 432~439
가미타 쓰네이치(上田常一) · 342, 343
가수분해 · 288, 317, 480
가와하라 도시오(川原俊夫) · 277, 279
《각사당각묘소제향신정식등록(各祠堂各墓所祭享新定式謄錄)》· 211
간장 · 22, 68, 82, 121, 122, 157, 178, 286, 477, 478, 479
갈비(曷非) · 237, 241, 350~357, 359, 360
갈비구이 · 312, 314, 350, 351, 353~355, 357, 359, 360
갈비찜 · 202, 351, 354
갈비탕 · 355
갑회(甲膾) · 232
강경애(姜敬愛) · 315
강복어 · 386
강정집 · 71
강홍규(康弘圭) · 334, 335
개고기 · 102~107, 109, 112
개성편수 · 135~139

개장 · 72, 101~110
개장국→개장
갱 · 63
《거가필용(居家必用)》· 376, 377
건복(乾鰒) · 219
건청어(乾青魚) · 421, 423
겨울밀 · 63, 66, 126, 137, 450, 451,
겨자 · 121, 203, 210, 212, 234, 244, 246, 250, 255, 281, 286, 375
결구(結球)배추 · 159, 160
결착제(結着劑) · 377
《경도잡지(京都雜志)》· 103, 107, 142, 143, 208
경룡두부회사 · 51, 52
경성천연빙회사(京城天然氷會社) · 129, 130
《경세유표(經世遺表)》· 444
결상 · 230, 231
《계산기정(薊山紀程)》· 185
계삼탕(鷄蔘湯) · 142, 143, 147, 148, 150, 153
계탕(鷄湯) · 147
고구마 · 282, 485, 487~490
고구마 전분 · 432
《고도식물백영(故都食物百詠)》· 377
고량주 · 282
고려관(高麗館) · 177
고려정(高麗亭) · 148
고사카 사다오(小坂貞雄) · 46

고우노모노(香の物)·168
고종(高宗)·209, 211, 232, 415
고지미(膏脂美)·273
고초(苦椒)·18
고추·18, 121, 400, 436
고추장·113, 116, 121, 122, 244, 395, 396, 397, 399, 406, 407, 436, 482
고춧가루·68, 76, 82, 107, 109, 116, 121, 136, 147, 210, 233, 234, 244, 245, 276, 277, 379, 407
곡장(穀醬)·482, 483
곤약·20, 242, 439
골동반(骨董飯)·113
곰보추탕집·89
공간전개형(空間展開型)·7, 516, 517, 519, 521
공장제 농축수산업·524
공장제 조미료·22
공지회·249
과메기·314, 420~426
《과정일록(課程日錄)》·364
과하주(過夏酒)·263
관목(貫目)·421, 422
관장(灌腸)·377, 378
《광재물보(廣才物譜)》·364
광흥공창제면부(廣興工廠製麵部)·283
교자(餃子)·36, 137, 139
구장(狗醬)·103, 104, 107, 143
구절판·194~205
구절포(九折包)·196, 203
구첩반상·230
구치토리가시(口取菓子)·168
구치토리자카나(口取肴)·168
국말이·59, 349

국밥집·26, 55, 59, 60, 65, 69~73
국얼(麴糵)·318
국일관(國一館)·171, 177
국정종주(菊正宗酒)·264
굴회·244, 245
궁내부용달여관(宮內府用達旅館)→손탁호텔
궐어(鱖魚)·402~205
《규곤요람(閨壼要覽)·음식록(飮食錄)》·68, 108, 209, 210, 281
《규합총서(閨閤叢書)》·107, 109, 185, 259, 262, 363, 376, 397, 403, 421
그레인위스키(Grain Whisky)·486
글루탐산·480, 132
글루텐·479, 480
금린어(錦鱗魚)·247, 402, 404, 411
기린·458
기생·92, 94, 170, 171, 172, 176, 180, 290~295
기쿠치 겐조(菊池謙讓)·43
김·208, 210, 441~447, 449
김동리(金東里)·435
김두헌(金斗憲)·184
김매순(金邁淳)·142, 208
김문집(金文輯)·366, 367
김밥·26, 432, 439~442, 447, 449, 507, 509, 510
김장·157, 158, 161~163
김종기(金鍾沂)·453
김종화(金鍾和)·46
김치·226, 228, 229, 237, 447, 509, 523, 524
김칫국·121, 132
김화진(金和鎭)·66

깃코만주식회사(龜甲萬油株式會社)·288
까를로 로제티(Carlo Rossetti)·46
꼬치안주·438, 439
꽁치과메기·426
《꿈을 끼운 샌드위치》·65
꿩고기·118, 136, 144, 376

나

〈넌센스 소곡(小曲)〉·82
나박김치·131
나식(羅湜)·187
낙지회·244
《낙하생고(落下生稿)》·436
난주기(煖酒器)·187
난해(卵醢)·273
《난호어목지(蘭湖漁牧志)》·219
남만초(南蠻椒)·18
납육(臘肉)·377
내부비전국(內府秘傳麴)·318
내외주점·306~308
《내외진연등록(內外進宴謄錄)》·218, 219
냉면·70, 72, 125~134
냉면집·71, 126, 127, 131~133, 350
넙치회·249
노다쇼유주식회사(野田醬油株式會社)·288
노동주(勞動酒)·316
노리(海苔)·446, 447
노리마키스시(海苔卷壽司)·441~443, 445
노회(鱸膾)·248
녹두·207, 318, 363~365, 370, 372
녹두나물·343
녹두묵·206~208
녹두묵탄평채·210

녹두병(菉豆餅)·363
녹두유(綠豆乳)·208, 211
녹두청포(菉豆淸泡)·211
녹두포(綠豆泡)·208, 211
녹말묵·210, 212
농어회·248, 249
누룩(麴麵)·239, 316~318, 333, 334, 337, 378
누르미·116
니나노집·308
니혼슈(日本酒)·184

다

다루멘(大滷麵)·464
다모토리·301, 303
다반옥·167
다이부쓰(大佛)호텔·31~34
다카미쇼유양조장(高見醬油釀造場)·288
단식 증류기·485~487
닭고기·53, 69, 110, 143, 144, 146, 148, 150, 151, 153, 188, 376, 502, 504
닭곰탕·72
닭국·144, 146~148, 150, 153
당면·209, 280~289, 381, 382
당면잡채·26, 214, 280, 281, 285, 289
당밀·486, 488, 494
당화(糖化)→가수분해
대구탕반·69, 101, 102, 108, 109
대노면·464, 466
대창·381, 384
대포·301~304, 309, 339

대폿술 · 301~303
대폿집 · 26, 301~304, 308~314, 315, 335, 336, 350, 370
덕대 · 251
덴뿌라 · 240, 241
도리고에 시즈에(鳥越靜岐) · 78
《도문대작(屠門大嚼)》· 139, 249, 404, 444
도미타 기사쿠(富田儀作) · 55
도미회 · 215, 216
도이 가즈요시(土井一義) · 52, 53
돈의동 명월관 · 176, 182, 183, 215, 217, 218, 239
돈장탕(豚腸湯) · 379
돌솥비빔밥 · 113, 124
동과 · 138
《동국세시기(東國歲時記)》· 186, 208, 247, 252
동명태(凍明太) · 273
동아만두 · 138
동양맥주 · 498, 500, 501
동양제과 · 494
《동의보감(東醫寶鑑)·탕액편(湯液篇)》· 98
동치미 · 128, 132~134, 163, 233
동치회(凍雉膾) · 118
동태(冬太) · 273
돼지갈비 · 237, 307, 312, 350, 357~360
돼지갈비구이 · 359
돼지고기 · 237, 239, 355, 359, 365, 373, 379, 380, 468
돼지고기편육 · 233, 235, 239
돼지껍질 · 312
돼지보쌈 · 237, 335

돼지순대 · 314, 373, 374, 381, 382, 384
돼지창자 · 374, 377, 378~381
두강(杜康) · 317
두부 · 50~53, 93, 133, 135~138, 242, 287, 307, 405, 496
딥프라이드치킨 · 503
따로국밥 · 60, 340
떡갈비 · 237, 355~357, 360
떡국 · 70, 72, 464
뚝배기 · 74, 81~85, 319, 347, 406

라

로버트 스타인(Robert Stein) · 486
롯데제과 · 495
료리야 · 167
리차드 딕 맥도날드(Richard Dick J. Mc-Donald) · 507
린데(Carl von Linde) · 129
림스치킨 · 504, 505

마

마고(蘑菰) · 139
마루미츠제분공장(丸光製粉工場) · 453
《마산시사(馬山市史)》· 398
마산아구찜 · 22
마스나가 이치마쓰(增永市松) · 486
마포갈비 · 355, 356
마해송(馬海松) · 335, 446
막걸리 · 69, 85, 157, 250, 252, 253, 265, 266, 302, 308, 311, 312, 315~322, 325~327, 329, 332~337, 340, 346~348, 359, 370, 489

막걸리 주조 금지령→주조 금지령
막스 베버(Max Weber)·24
《만기요람(萬機要覽)》·445
만두(饅頭)·36, 63, 72, 126, 134~139, 141, 473, 509, 519
만둣국·69, 72
만회(鰻膾)·253
맥도날드화(McDonaldization)·433, 497, 505, 512, 513
메·64
메기·411, 435
메밀가루·93, 126, 138, 201
메밀국수·128
멘타이(明太)·279
멥쌀·68, 259, 266, 316, 317, 325, 327, 333
면(麵)·63
면식(麵食)·63
면옥(麵屋)·126, 141
면옥집·72, 73, 126, 132, 134
면합·47
명란(明卵)·179, 272~279
명란젓·273, 274, 279
명월관(明月館)·41, 170, 171, 173~178, 181~183, 215, 218, 239, 249, 262, 264, 273, 290
명태(明太)·273~277
명포(明鮑)·219
《모리사다만코(守貞謾稿)》·242, 243
모리스 맥 맥도날드(Maurice Mac J. McDonald)·507
모리카와 기요히토(森川清人)·183
모야시(もやし)·343, 344
모주·312, 361

《목은집(牧隱集)》·347
묄렌도르프(Paul George von Möllendorff)·41, 43
무라야마 지준(村山智順)·184
무수(無水)알코올·487, 488
《무오연행록(戊午燕行錄)》·188
묵청포·210, 211
《문교의 조선(文教の朝鮮)》·544, 342
문화적 혼종성(Cultural Hybridity)·7, 8, 26, 432, 433, 523
뭉티기·120
뮈텔(Gustave C. M. Müte)·44
미가키니신(身欠き鰊)·425, 426
미꼬리·91, 92, 94, 95, 97
미꾸라지·95, 97, 98, 100
미꾸리·95~98, 100
미나리·206, 208, 210~212, 220, 233, 245, 289, 365, 374, 389, 397, 398
미소(味噌)·287
미소스이모노(味噌吸物)·168
미소시루(味噌汁)·287
미식(米食)·63
믹스커피·512
《민보의 생활표》·303
민비(명성황후)·43~45
민어풀·374
민어회·244, 250
민영익(閔泳翊)·40
밀가루·18, 22, 63, 85, 95, 97, 126, 136~139, 201, 280, 281, 330, 332, 432, 433, 450, 453, 456~458, 461, 462, 467, 468, 470~473, 475, 476, 479, 495
밀누룩·318

밀막걸리 · 333, 334
밀만두 · 338, 340
밀쌈 · 198, 199~201, 204, 205
밀전병 · 196, 199~201, 204, 205
밋구리 · 95, 98

바

바닷복어 · 386, 399
바지락칼국수 · 473, 475
박제가(朴齊家) · 77
《박통사언해(朴通事諺解)》 · 363
반(飯) · 63
반결구배추 · 160
반상식도 · 230, 231
발갱이지짐이 · 406
방신영(方信榮) · 94, 114, 144~146, 156, 191, 201, 233, 274, 285, 286, 344, 345, 346, 365, 378, 443
《방언유석(方言類釋)》 · 364
방종현(方鍾鉉) · 362~365
배갈 · 264, 282, 326
배추김치 · 5, 73, 136, 154~159, 161~163, 374, 475
백김치 · 131
백만두(白饅頭) · 137
백반집 · 24, 25
백삼(白蔘) · 148~150, 153
백숙(白熟) · 144, 146, 147~149
백어(白魚) · 249
밴댕이회 · 152
뱀장어회 · 253
뱅어회 · 249
번초(蕃椒) · 18

《별건곤》 · 75, 59, 83, 90, 101, 104, 108, 109, 121, 132, 135, 139, 340, 344~346, 349, 392, 453
병국(餠麴) · 333
병시(餠匙) · 137
병어회 · 249, 251, 252
〈병오 칠월이십오일 억만세 탄일 진어상 사찬상 발기〉 · 47, 48
보리누룩 · 318
보빙사(報聘使) · 40
보신탕 · 105, 106, 110
보쌈 · 237, 509
보쌈김치 · 136, 138
보에르(J. Boher) · 45, 49
보이 · 290, 291, 294~296
보일(David Boyle) · 129
복국 · 314, 389, 390, 394, 397~400
복매운탕 · 397, 399, 400
복신지(福神漬) · 178
복어 · 216, 256, 385, 386, 389~400
복어 식용 금지령 · 393, 394
복엇국 · 385, 391, 394~397
복어찜 · 399, 400
복지리 · 394, 399
복회(鰒膾) · 118
볶음밥 · 464
봄밀 · 63, 64, 126, 137, 451
부뷤밥 · 114
부빔밥 · 116
부어(鮒魚) · 410, 411
북어(北魚) · 273, 307
북엇국 · 240
북어회 · 245
《북학의(北學議) · 내편(內篇) · 우(牛)》 · 77

분식점 · 289, 432, 433, 449, 457, 471, 473, 475
분탕 · 282, 284
블랙컨슈머(Black Consumer) · 524
비빔밥 · 18, 19, 25, 65, 72, 113~122, 124, 349, 510, 518
비빔밥집 · 71, 73
빈대떡 · 310, 314, 361~370, 372
빙수점(氷水店) · 130
〈빙자떡〉 · 362
빙허각 이씨(憑虛閣 李氏) · 376, 397, 403, 421
빵집 · 432, 433, 453, 455~459, 496, 512
뼈해장국 · 340

사

《사계(四季)의 조선요리(朝鮮料理)》 · 132
사바친(A. I. S. Sabatin) · 49
사발(沙鉢) · 312, 326
사시미(刺身) · 179, 241~244, 251, 255~257
《사전(辭典)》 · 364
사철탕 · 103
사카린 · 86, 491
사쿠라마사무네(櫻正宗) · 268
사태(고기) · 95, 231
산국(散麴) · 333
산규(山葵) · 250
《산림경제(山林經濟)》 · 18
산분해간장 · 479, 480, 482
삼겹살 · 237, 335
삼계탕(蔘鷄湯) · 72, 142, 147, 148, 150, 151, 153, 227

삼립빵 · 457
삼립산업제빵공사 · 457
삼립식품공업(주) · 457
삼미식품 · 458
삼양식품 · 495
삼우식품 · 495
《삼천리》 · 415, 417
삿포로(札幌)맥주 · 501
상미당 · 456, 457
상호방위원조법 · 329
생강 · 241, 280, 246
생굴 · 135, 138, 244
생맥주 · 335, 336, 497~502
생맥줏집 · 501, 502
생복(生鰒) · 216, 217, 219, 223, 226, 227, 244, 255
생복회(生鰒膾) · 216, 217, 227, 255
생선묵 · 437, 349
생선회 · 118, 121, 246, 249, 251, 253, 255, 257
생전복 · 217, 218, 225
샤를 바라(Charles L. Varat) · 37, 38
서거정(徐居正, 1420~1488) · 385
서두(鼠豆) · 343
서목대두(鼠目大豆) · 343
서울비빔밥 · 119, 120
서울식품공업(주) · 458
서유구(徐有榘) · 117, 186, 219, 221, 223, 261, 390, 403, 404
서유문(徐有聞) · 188
서유본(徐有本) · 185
서장보(徐長輔) · 185
서피규판형칠합(犀皮葵瓣形漆盒) · 204
〈석반(夕飯)〉 · 347

섞어찌개 · 70
선술집 · 21, 92, 301, 305~308, 345, 351, 359, 370
선짓국 · 312, 340
설농탕(雪濃湯) · 76
설렁탕 · 59, 62~72, 75~79, 81~83, 85, 86, 88, 113, 341, 355, 369, 509, 510
설렁탕집 · 65, 81~83, 86, 88
설리적 · 353
《설문해자(說文解字)》 · 317
설탕 · 471, 483, 486, 493, 494
《성종실록(成宗實錄)》 · 248
《성호사설(星湖僿說)》 · 62, 444, 445
《세조실록(世祖實錄)》 · 376
센차(煎茶) · 168
소금 · 82, 156, 157, 161, 168, 234, 242, 274, 276, 344, 446, 480
《소문사설(謏聞事說)》 · 186, 436
소식(蘇軾) · 385
소어(蘇魚) · 247
소주→희석식 소주
소창 · 381, 382
손정규(孫貞圭) · 379, 380, 384
손진태(孫晉泰) · 184
손탁(Antoinett Sontag) · 42~47, 49
손탁호텔 · 31, 42, 43, 47, 49, 50
손택부인가(孫澤夫人家)→손탁호텔
손택양저(孫澤孃邸)→손탁호텔
송금선(宋今璇) · 285, 286, 288, 289, 441, 445
《송남잡지(松南雜識)》 · 118, 208, 211, 242, 244
송석하(宋錫夏) · 184
송정리 갈비 · 350

쇠갈비 · 307, 350, 353, 354, 357, 359, 360
쇠고기편육 · 233, 237, 239
쇠머리 스프 · 79
쇠머리편육 · 88, 230, 232, 234
쇼와기린맥주주식회사 · 498, 500
수교자 · 137
수돈(水豚) · 404, 410
수삼(水蔘) · 147~151, 153
수어(水魚) · 249
수어(秀魚) · 247
《수원식단(隨園食單)》 · 188
수월루(水月樓) · 65, 170~172
숙복(熟鰒) · 219
숙수집 · 72
숙육 · 230, 231, 234, 235
숙종(肅宗) · 186, 248, 436
숙주 · 120, 135, 137, 212, 281, 289, 343, 389, 380, 384
순갱(蓴羹) · 248
순대 · 373~382, 384
순댓국 · 378~382, 384
순조(純祖, 1790~1834) · 185, 218
순종(純宗, 1874~1926) · 46
술국 · 307, 314, 316, 335, 338~340, 384, 396
술국집 · 339, 340
술밑 · 263, 317
술상 · 230, 231, 269, 307
숭어(崇魚) · 247, 411
숭어 어란 · 411
스마시스이모노(すまし吸物) · 168
스즈키상점(鈴木商店) · 132
스키야키(鋤燒) · 192

스타벅스 · 512
승가기(勝歌妓) · 436
《승정원일기(承政院日記)》· 247
시간계열형(時間系列型) · 516, 520~522
《시의전서(是議全書)·음식방문(飮食方文)》·
　66, 68, 114~116, 136,~138, 210, 230,
　231, 234, 244~246, 352, 374
시일(John M. B. Sill) · 42
시자(豕䐉) · 118
식도원(食道園) · 171, 177, 182, 184,
　272, 273
식품공업 · 26, 50, 53, 431, 432, 477
식품위생법 · 461, 477~479, 481
식품첨가물 · 524
《신문계(新文界)》· 175
신선로(神仙爐) · 178, 179, 181~193,
　202, 203, 289, 342
신선로상 · 230, 231
《신증동국여지승람(新增東國輿地勝覽)》·
　445
《신판 대경성 안내(新版大京城案內)》· 183,
　184, 218
실리실산메틸(methyl salicylate) 263, 491,
심상규(沈象奎) · 103, 104
심의석(沈宜碩) · 49
심환진(沈晥鎭) · 66
심훈(沈熏) · 339
쌀막걸리 · 312, 332~334
쌀밥 · 63, 64, 120, 248, 316, 471, 475,
　518
쏘가리 · 247, 314, 401~405, 408, 412
쏘가리매운탕 · 314, 401~403, 405, 407,
　408, 411, 412
쏘가리회 · 401

아

아니아스 코페이(Aeneas Coffey) · 486
아메다마(飴玉) · 436
아미노산간장 · 288
아부라아게(油揚, あぶらあげ) · 435
아사구사노리 · 441
《아언각비(雅言覺非)》· 351
아지노모도(味の素) · 127, 131~134, 192
아카마쓰 지조(赤松智城) · 184
아키바 다카시(秋葉隆) · 184
아펜젤러(Henry G. Appenzeller) · 33
안동찜닭 · 503
안순환(安淳煥) · 171, 173~175, 177,
　182, 262, 272
액티브 카본(active carbon) · 491
야노 간죠(失野干城) · 182
야마무라주조(山邑酒造) · 267, 268
야키자카나(燒肴) · 168
약고추장 · 121
약산적 · 68
약산춘(藥山春) · 259, 261
약주(藥酒) · 85, 179, 258, 259, 261~263,
　265~269, 271, 319, 321~324, 332,
　440
양갈비 · 359
양곡 소비 규정 · 328
양곡관리법 · 329
양산업체 · 457, 458
《양생기(養生記)》· 403
양자(羊䐉) · 118
양재하(楊在河) · 283, 284
양조간장 · 22, 178, 285, 288, 289, 480,
　483

양지머리편육 · 232, 234, 235
어교순대 · 374
어란(魚卵) · 274, 411
《어류박물지(魚類博物誌)》 · 409
어리굴젓 · 182, 239
어만두 · 138
어묵 · 20, 432, 435, 438, 439
어복(魚腹)장국 · 341, 342
어북쟁반 · 342
어북장국→어복장국
어채(魚菜) · 220
어회(魚膾) · 179, 181, 241, 244~253, 255, 257
업진편육 · 232~234, 239
에밀 마르텔(Émile Martel) · 46
에스프레소 커피 · 512
에틸알코올 · 489, 490
LA갈비 · 359
MSA-402조 · 329, 470, 471
MSG→화학조미료
《역어유해(譯語類解)》 · 364
연계(軟鷄) · 47
연계백숙(軟鷄白熟) · 144, 147
연병(連餠) · 204
연속 증류기 · 485
열구자신선로(悅口子神仙爐) · 186
열구자탕(悅口子湯) · 185~188, 193
열목어(熱目魚) · 411
《열양세시기(洌陽歲時記)》 · 142, 143
염만어(廉鰻魚) · 404
염상섭(廉想涉) · 243
염태진(廉台鎭) · 264, 265
엿기름 · 318
영계(嬰鷄) · 147

영계백숙(嬰鷄白熟) · 147, 148, 151
《영접도감잡물색의궤(迎接都監雜物色儀軌)》 · 363
영조(英祖) · 121, 207~209, 214
《영처시고(嬰處詩稿)》 · 386
오구라 신페이(小倉進平) · 154
오뎅(御田) · 20, 438, 439
《오백년기담일화(五百年奇談逸話)》 · 66
OB맥주 · 495, 501
OB베어 · 501
OB생맥주 · 499, 501
《오주연문장전산고(五洲衍文長箋散稿)》· 북어변증설(北魚辨證說)》 · 273
《오주연문장전산고(五洲衍文長箋散稿)》· 행주음선변증설(行廚飮膳辨證說)》 · 93
오징어순대 · 373
오첩반상 · 230
온반(溫飯) · 69, 126
와사비 · 241, 250
와요카시(和洋菓子) · 20
왕대폿집 · 312
왕준련(王畯連) · 122, 162, 236, 237, 240, 395, 297
왜간장 · 192, 287, 480
왜개자(倭芥子) · 18
외갈비 · 359
《외국인이 본 조선 외교 비화(外人觀たる朝鮮外交秘話)》 · 46
요리다옥 · 167, 168
요리옥 · 12, 26, 94, 148, 167, 169, 172, 173, 241, 255, 292, 294~296, 311, 326, 351
요리점 · 169, 171, 172, 290, 291, 310
요릿집 · 169, 178, 182, 290, 291, 295,

요정(料亭) · 168, 169, 182, 193, 214, 215, 228, 229, 309, 310, 311, 339, 406, 464
우동 · 436, 463, 466, 468
우마니(甘煮) · 168
우스다 잔운(薄田斬雲) · 78, 189
우에다 가츠치(植田勝治) · 224
우육회(牛肉膾) · 118, 120
우자(牛胾) · 118, 120
우장증방(牛腸蒸方) · 375
우지(牛脂) · 118
우치다 게이타로(內田惠太郎) · 408~410
우협(牛脅) · 351
웅어회 · 249, 252
원매(袁枚) · 188
《원행을묘정리의궤(園幸乙卯整理儀軌)》· 248
《위서(魏書)》· 188
위어(葦魚) · 247, 249, 252
윌리엄 그리피스(William E. Griffis) · 105
윌리엄 샌즈(William F. Sands) · 41, 42
유근형(柳根瀅) · 54
유득공(柳得恭) · 103, 142, 208
유명추탕 · 89, 96
유바(ゆば) · 287
유인탁(柳仁卓) · 82
유중림(柳重臨) · 375, 376, 389, 390
육개장 · 69, 72, 101, 102, 107~110, 112
육만두 · 138
육즙(肉汁) · 78
육탕법(肉湯法) · 108
육회 · 114, 117~232, 246, 251, 257
육회비빔밥 · 18, 72, 113~115, 117, 119, 121, 124
윤병규(尹炳奎) · 171, 172
윤서석(尹瑞石) · 117
《음식디미방》· 144, 280, 281, 363, 374, 375
《음식인문학》· 6, 24, 113, 542
《의례(儀禮)·공경대부례(公卿大夫禮)》· 118
의적(儀狄) · 317
이갑기(李甲基) · 305
이귀성(李貴成) · 354, 355
이규경(李圭景) · 93, 273, 386
이규보(李奎報) · 304
이규태(李奎泰) · 517~521
이기문(李基文) · 364, 365
이난향(李蘭香) · 290
이덕무(李德懋) · 386, 389, 390, 397
이동갈비 · 355, 356
이마무라 도모에(今村鞆) · 173, 184
이북명(李北鳴) · 303
이색(李穡) · 347, 348
이시필(李時弼) · 186, 436
이용기(李用基) · 94, 138, 144, 147, 156, 157, 210, 217, 232~235, 246, 249~255, 316, 318, 351, 352, 365, 378, 380, 405, 406, 412, 421
이유원(李裕元) · 103
이익(李瀷) · 62, 444, 445
이종성(李宗城) · 103, 104
이창(李昶) · 129
이추(泥鰌) · 98
이케다 기쿠나에(池田菊苗) · 132
이토 히로부미(伊藤博文) · 49, 78, 169, 394

이폴리트 프랑댕(Hippolyte Frandin)·33
이하라케이(伊原圭)·116, 117
이학규(李學逵)·436
이훈종(李勳鍾)·302, 303
인공감미료·491
인공얼음·129
인스턴트 라면·22, 471, 475, 483, 495
인스턴트 칼국수·471
《인천부사(仁川府史)》·33, 34
일본 간장·20, 287
일본요리옥·31, 167, 169, 170, 177, 178
《일사국어학논집(一蓑國語學論集)》·362
일즙이채(一汁二菜)·168
일즙일채(一汁一菜)·168
일품요리·19, 520
《임원경제지(林園經濟志)·전어지(佃漁志)》·221
《임원경제지·정조지(鼎俎志)》·98, 117, 120, 186, 190, 221, 261
《임하필기(林下筆記)》·103
입매상·230, 231
입식(粒食) 조리법·518
잉어지짐이·405, 406
잉어회·249
잉여농산물·18, 236, 329, 423, 432, 470
잉여농산물처리법·18

자

《자산어보(玆山魚譜)》·219, 253
자신(刺身)·241, 242
자오쯔(餃子)·36
자장면(炸醬麵)·462
잠녀·221~223, 225~227

잡채(雜菜)·203, 280~286, 288, 289
장(醬)·65
장경춘(張慶春)·47~49
장계향(張桂香)·144, 280, 63, 364, 374
장국밥·59, 65~72, 113, 171
장국밥집·65, 72
장빙(藏氷)·129
장산적(醬散炙)·68
장서언(張瑞彦)·303
장유(醬油)·179
《장음정유고(長吟亭遺稿)》·187
장인영(張寅永)·314, 431~439
장춘원(長春園)·177
장터국밥·69
장터국수·507, 508
쟁반기·47
저숙탕(猪熟湯)·378
전골집·71
전기통닭구이·503
전복다식·220
전복숙(全鰒熟)·220
전복쌈·220
전복찜·79, 202
전복초·183, 215, 218~220, 226, 227
전봉준(全琫準)·211
전분·269, 282~284, 317, 487
전선사(典膳司)·173, 218
전유어·116, 217, 365
전주곱돌비빔밥·124
전주비빔밥·124, 349, 510
전 지구적 교환(The Global Exchange)·20
정동구락부(貞洞俱樂部)·42, 45
정동화부인가(貞洞花夫人家)→손탁호텔
정동화옥(貞洞花屋)→손탁호텔

정문기(鄭文基) · 403, 409, 420, 422, 423, 445
정백 설탕 · 493
정약용(丁若鏞) · 127, 351, 376, 444
정약전(丁若銓) · 219, 253
정조(正祖) · 104, 209, 247
정종(正宗) · 85, 178, 243, 263, 264, 268~271
제과점 · 453, 455~459
제당업 · 471, 493~495
《제민요술(齊民要術)》· 376~378
제분소 · 18, 452
제분업 · 21, 53, 432, 450, 452, 453, 471, 476
제빙(製氷) · 129
제빙소(製氷所) · 130
제어(鱭魚) · 247
제육편육 · 230, 232~235, 239
제일제당 · 495
젠빙(煎餅) · 36
조개회 · 253, 255
조기회 · 244
조동원(趙東源) · 191
《조선 방언 연구(朝鮮語方言の研究)》· 154
조선간장 · 65, 121, 122, 192, 287, 288, 483
《조선교회사》· 104
조선김 · 441
《조선만화(朝鮮漫畵)》· 78~80, 189
조선맥주 · 501
조선민속학회 · 184
조선배추 · 159~162
조선식 고리 · 485
《조선에서(En Coree)》· 32

《조선요리(朝鮮料理)》· 117
《조선요리법(朝鮮料理法)》· 201
조선요리옥 · 55, 65, 72, 167, 169~185, 191, 193, 207, 215, 217, 218, 234, 241, 249, 258, 262, 273, 291, 291, 294, 306
《조선요리제법(朝鮮料理製法)》· 94, 114, 121, 139, 144~147, 274, 285, 344, 378, 405, 443
《조선요리학(朝鮮料理學)》· 76
《조선잡기(朝鮮雜記)》· 43
《조선주조사(朝鮮酒造史)》· 267, 319, 321~324, 414, 418, 485
조선천연빙회사(朝鮮天然氷會社) · 131
《조선총독부 농사시험장 25주년 기념지》· 138, 159
조자호(趙慈鎬) · 201, 203
조지 리처(George Ritzer) · 24, 513
조풍연(趙豊衍) · 350
종가세(從價歲) · 269, 270
종량세(從量歲) · 269, 270
종어(宗魚) · 410, 411
《종오대초자(宗吾大草子)》· 435
주가탕반(酒家湯飯) · 339
주막 · 21, 38
(주)샤니 · 458
주세령(酒稅令) · 258, 259, 266, 320, 321, 323, 414
주세법(酒稅法) · 258, 269, 270, 319, 320, 332, 414, 489
주정(酒精) · 270, 321, 332, 484, 485, 488~491
주조 금지령 · 325, 327, 329, 332
주초세(酒草稅) · 319

주탕(酒湯)· 339
주패(酒旆)· 305
주희(朱熹)· 63
준치회· 249
중화루(中華樓)· 31, 32, 34
즉어(鯽魚)· 249
증구법(蒸狗法)· 107
《증보산림경제(增補山林經濟)·치선상(治膳上)》· 375, 376, 389
《증보조선무쌍신식요리제법(增補朝鮮無雙新式料理製法)》· 94, 138, 147
진간장· 74, 227, 480
진장(珍藏)· 155, 250
진주비빔밥· 119, 120
《진찬의궤(進饌儀軌)》· 218
짜장면· 36, 433, 460~470
짬뽕· 466

차

차완모노(茶碗もの)· 168
찰전병· 201
참치회· 256
채만식(蔡萬植)· 217, 250
채빙(採氷)· 129, 130, 134
천연감미료· 491
천일관(天一館)· 148
천일양조장(天一釀造場)· 413, 414, 415, 418
천자어(天子魚)· 404
청어과메기· 426
청요리옥· 178, 306
청장탕(淸醬湯)· 187
청주(淸酒)· 261~264, 266~268, 270, 271, 319, 322, 323, 332, 484
청포(靑泡)· 208, 211
청포묵· 210, 211
초나물· 207, 208, 210~212
초선탕원(貂蟬湯圓)· 93
최영년(崔永年)· 353
추두부탕(鰍豆腐湯)· 93
추어(鰍魚)· 89, 93, 94, 96~98
추어탕· 69, 72, 89, 90~98
추탕· 92, 98, 96
추탕집· 72, 89, 90, 92
춘외춘(春外春)· 176, 292~294
춘장(春醬)· 461, 462, 466
춘쥐안(春卷)· 204
춘천닭갈비· 359
춘태(春太)· 273
충무(할매)김밥· 510
츠케모노(漬物)· 154
치맥· 497
치킨· 497, 502~507
《친림정부시의궤(親臨政府時儀軌)》· 232
칠첩반상· 230, 231
침장(沈藏)· 155

카

카페 취체법(取締法)· 308
칼 베베르(Karl I. Weber)· 43
칼국수· 460, 471, 473, 475
캘리포니아롤· 449
코우지(麴)· 333, 334
코코스· 508
콜럼버스 교환(The Columbian Exchange)· 20, 523

콜로이드(colloid) · 76
콩나물 · 13, 116, 339, 341~345
콩나물국 · 340, 344~346, 348, 349
콩나물해장국 · 347
크라운맥주 · 495, 501
크라운비어 · 501
클로드 샤를 달레(Claude Charles Dallet) · 104

타

타피오카 · 485
탁백이국 · 69, 312, 340, 341, 343~347, 349
탁주(濁酒) · 69, 262, 269, 316, 319, 321~324, 332, 332, 483
탄평채묵(炭平采默) · 209
탈지대두 · 479
탕 · 63
탕국 · 64
탕반(湯飯) · 59, 67, 69, 400
탕반점(湯飯店) · 69
탕평채 · 169, 203, 206~212, 214
태서관(太西館) · 177, 184, 185
태화관(泰和館) · 174
토장(土醬) · 272, 273
통김치 · 156, 157
통리교섭통상사무아문(統理交涉通商事務衙門) · 38, 39
통조림 · 20, 38, 151, 222, 224, 225, 478
통조림 전복 · 221, 225
튀김통닭 · 503, 504
T. G. I. 프라이데이 · 506

파

파래스여관→팔레호텔
파리쓰호텔→팔레호텔
팔레호텔(Hotel du Palais) · 48~50
패밀리레스토랑 · 506, 507
패스트푸드점 · 505~508, 513
패턴트 스틸(patent still) · 486
퍼시벌 로웰(Percival Lowell) · 39, 40
펀쓰(粉絲) · 282
펀탸오(粉條) · 282
펠리페 페르난데스-아르메스토(Felipe Fernández-Armesto) · 439
편수 · 69, 126, 135~139, 198, 236
편식 · 137
편육(片肉) · 179, 217, 229, 231~237, 240, 307, 342
평양면옥상조합(平壤麵屋商組合) · 131
포자(包子) · 137, 139
포작인(鮑作人) · 221
포트 스틸(pot still) · 486
퓨젤오일 · 489~491
프랜차이즈(franchise) · 24, 432, 433, 453, 458, 459, 504~513
PL-480호(Public Law-480) · 18, 330, 332, 470, 495
피터 듀란드(Peter Durand) · 225
피터 버크(Peter Burke) · 513

하

하꼬방 술집 · 240, 241
하돈(河豚) · 385, 390, 392, 393
하돈갱탕(河豚羹湯) · 390

〈하돈변증설(河豚辨證說)〉· 386
〈하돈탄(河豚歎)〉· 386
학생빵집 · 55
《한국요리》· 117, 122
《한국요리백과사전》· 289
한국인터내셔날식품공업 · 458
한국콘티넨탈식품 · 458
한성빈관(漢城賓館)→손탁호텔
《한영ᄌᆞ뎐(韓英字典)》· 364
《할팽연구(割烹研究)》· 289, 442, 443
합회(蛤膾) · 81, 253
《해동죽지(海東竹枝) · 음식명물(飮食名物)》· 353
해운대갈비 · 355, 356
해의(海衣) · 208, 346, 444 445
해태(海苔) · 442, 444, 445, 447
해태제과 · 494
허균(許筠) · 139, 249, 404, 412, 444
허신(許愼) · 317
헛제삿밥 · 121, 122
협적(脅炙) · 352
형제주점 · 96
혜천관(惠泉館) · 170~173, 175
《호남평론(湖南評論)》· 453
호두과자 · 21
호리 히사타로(堀久太郎) · 33
호면 · 282, 284
호배추 · 155, 159~162
호소이 이노스케(細井亥之助) · 267
호식(胡食) · 450
호프 · 497, 501
혼누룩(백국白麴) · 318
혼분식장려운동 · 470, 471, 457
홍곡(紅曲) · 378

홍국(紅麴) · 318
홍만선(洪萬選) · 18
홍삼(紅蔘) · 148, 149
홍석모(洪錫謨,) · 128, 142, 186, 208, 247
홍선표(洪善杓) · 76, 196, 200, 201, 203, 207, 208, 211, 218, 219
홍승면(洪承勉) · 65, 99
화과(火鍋) · 188
화교(華僑) · 82, 159, 461, 464~469
화양적(華陽炙) · 232
화월루(花月樓) · 169, 170
화춘옥 · 355
화학조미료 · 22, 86, 131, 142, 192
활성탄소 · 490, 491
황보추탕(黃甫鰍湯) · 89, 90, 94, 95, 98
황쏘가리 · 404, 412
황토현 명월관 · 174~178
황혜성(黃慧性) · 289
회 · 117, 118, 229, 241, 242, 245, 246, 250~253, 260
회포(灰鮑) · 219
후루이치 고이(古市公威,) · 52
후춧가루 · 68, 95, 108, 109, 136, 147, 220, 250, 285, 289, 377, 387, 397
훈제청어 · 423
훈탕(薰湯) · 340
희석식 소주 · 26, 69, 178, 268~271, 311~314, 322, 324, 332, 335, 414, 418, 433, 483~492
히구치 이츠하(樋口伊都羽) · 277

식탁 위의 한국사

1판 1쇄 발행일 2013년 9월 2일
1판 10쇄 발행일 2022년 9월 26일

지은이 주영하

발행인 김학원
발행처 (주)휴머니스트출판그룹
출판등록 제313-2007-000007호(2007년 1월 5일)
주소 (03991) 서울시 마포구 동교로23길 76(연남동)
전화 02-335-4422 **팩스** 02-334-3427
저자·독자 서비스 humanist@humanistbooks.com
홈페이지 www.humanistbooks.com
유튜브 youtube.com/user/humanistma **포스트** post.naver.com/hmcv
페이스북 facebook.com/hmcv2001 **인스타그램** @humanist_insta
편집주간 황서현 **편집** 최세정 정다이 엄귀영 **디자인** 민진기디자인
용지 화인페이퍼 **인쇄** 청아디앤피 **제본** 정민문화사

ⓒ 주영하, 2013

ISBN 979-89-5862-654-1 03900

- 이 책은 저작권법에 따라 보호받는 저작물이므로 무단 전재와 무단 복제를 금합니다.
- 이 책의 전부 또는 일부를 이용하려면 반드시 저자와 (주)휴머니스트출판그룹의 동의를 받아야 합니다.